Andreas Schwab

ZEIT DER AUSSTEIGER

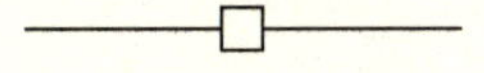

Andreas Schwab

ZEIT DER AUSSTEIGER

Eine Reise
zu den Künstlerkolonien
von Barbizon
bis Monte Verità

C.H.Beck

Mit 57 Abbildungen im Text
sowie 16 Farbabbildungen im Tafelteil

2. Auflage. 2021

www.chbeck.de
Umschlagentwurf: geviert.com, Nastassja Abel
Umschlagabbildungen: Vorne: Peder Severin Krøyer,
«Die Frau des Malers im Rosengarten», 1883,
Skagens Museum, Dänemark; Foto: © Bridgeman Images
Hinten: John Lavery, «Auf der Brücke bei Grez», 1884;
© National Gallery of Ireland/Heritage Gift, Lochlann and
Brenda Quinn, 2008, Foto: Roy Hewson
Satz: Fotosatz Amann, Memmingen
Druck und Bindung: Pustet, Regensburg
Gedruckt auf säurefreiem und alterungsbeständigem Papier
Printed in Germany
ISBN 978 3 406 77524 6

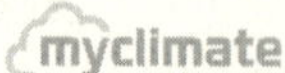

klimaneutral produziert
www.chbeck.de/nachhaltig

Inhalt

Einleitung

Leben an Traumdestinationen

Den Impuls haben viele von uns schon verspürt: dem ganzen komplizierten Alltag zu entfliehen, dem Termindruck, den tausend Verpflichtungen des Arbeits-, Freizeits- und auch des Privatlebens und irgendwo, weit abgeschieden, möglicherweise an einer fernen Küste, mit ein paar Gleichgesinnten selbstverantwortlich neu anzufangen und sein Leben in Eigenregie zu gestalten. Am Morgen, nach einer ausgedehnten Yogasession unter Palmen mit Blick auf das leicht bewegte Meer, würde man sich an den Computer setzen und sich mit der Welt verbinden. Ein paar Stunden später, nur unterbrochen von einem leichten Lunch, wäre das Tagwerk vollbracht. Der Nachmittag und Abend würde ganz den eigenen Interessen gewidmet sein: Endlich hätte man Zeit, zu schreiben, zu malen oder zu meditieren; auch das Feiern dürfte nicht zu kurz kommen, man würde ... – vielfältig sind die Fluchtphantasien, doch in den allermeisten Fällen eint sie etwas: Es sind bloße Phantasien, die die meisten von uns nie umsetzen, obschon in eindrucksvoll bebilderten Reportagen attraktive, braungebrannte Frauen und Männer in ihren Zwanzigern ihr selbstbestimmtes Leben an fernen Destinationen in den allerhöchsten Tönen preisen. Manche von ihnen lassen uns an ihren Abenteuern sogar auf einem eigenen Youtube-Kanal teilhaben. Wir, die wir in festgefügten Verhältnissen leben, sehen uns diese Filme mit einem unbestimmt sehnsüchtigen Gefühl an und gönnen uns, wenn es hochkommt, einmal einen verlängerten Urlaub oder eine mehrmonatige Weltreise.

Eine Minderheit jedoch steigt wirklich aus – und das ist kein ganz neues Phänomen: Immer wieder seit dem 19. Jahrhundert haben sich

Menschen auf das Abenteuer eingelassen, ihr Leben, zumindest für eine gewisse Zeit, auf eine komplett neue Grundlage zu stellen. Bezeichnenderweise waren es in vielen Fällen Künstlerinnen und Künstler, die den Neuanfang an einem anderen Ort wagten. Als Randfiguren der bürgerlichen Gesellschaft und Freiberufler befanden sie sich ohnehin in einer prekären Position. Um den damit verbundenen Schwierigkeiten zu trotzen, schlossen sich nicht wenige zu alternativen Gemeinschaften zusammen. Fernab der hektischen Welt der Städte wollten sie in gemeinschaftlicher Verbundenheit und ohne Störung an ihren Werken arbeiten, abends gesellig zusammensitzen und darüber sprechen. Ihre Entscheidung begründen viele der früheren und gegenwärtigen Aussteiger mit der landschaftlichen Schönheit oder dem milden Klima. Eher selten machen sie sich hingegen klar, dass ihr selbstbestimmtes Dasein letztlich vom ökonomischen Ungleichgewicht der Welt begünstigt wird, das sich in unterschiedlichen Preisniveaus äußert.

1886 schreibt August Strindberg über seinen Aufenthalt in Grez-sur-Loing: «Ich stelle mir vor, einige Sommer meines Lebens darauf zu verwenden, Europa zu entdecken, so wie Stanley Afrika entdeckte! Alle Welt schreibt über die Hauptstädte, die Museen, die alten Denkmäler, die Zeitungen und die Agenten der Polizei, über die Theater und über die Hotels, aber keiner spricht über die Menschen auf dem Lande und über deren Lebensweise, obwohl sie es sind, auf denen die Stadt und die ganze Gesellschaft ruht.»[1] Die damaligen Aussteiger gingen davon aus, dass sich abseits der Städte ein ursprünglicheres und besseres Leben entdecken lasse, eines, das noch nicht durch Industrialisierung und die damit einhergehenden Folgeprobleme deformiert worden sei. Die rücksichtslose Zerstörung der Landschaft, die Verdrängung von Wäldern und Bauernhöfen durch Fabriken und Kohlegruben, die wachsenden tristen Großstädte ließen den Wunsch entstehen, aufs Land und in die Provinz zu gehen.

Wie ambivalent diese Suche ist, lässt sich am Gemälde *Auf der Brücke bei Grez* (1884) des irischen Malers John Lavery ablesen. Ein junger Mann blickt neugierig auf zwei Frauen, deren traditionelle Kleidung sie als Landbewohnerinnen ausweist. Die beiden schenken

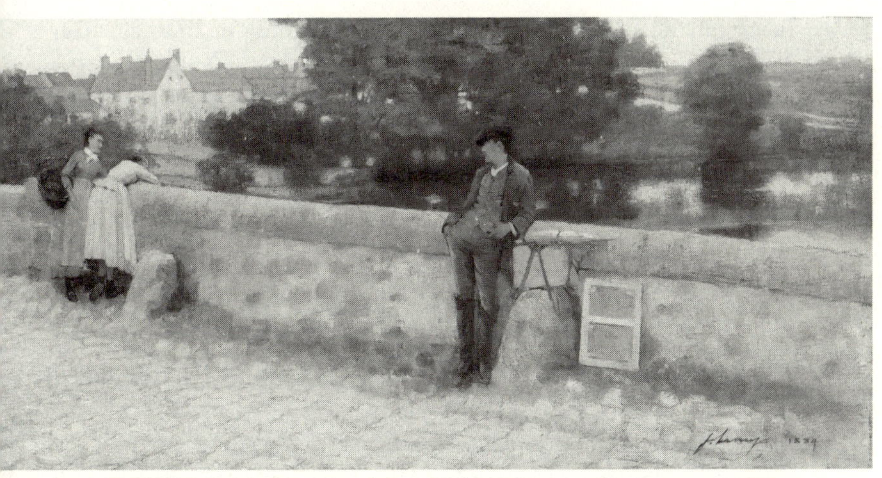

Wie eine Allegorie des Zusammenlebens von Künstlern und Einheimischen: John Lavery bildet auf der oft gemalten Brücke von Grez seinen irischen Malerkollegen Frank O'Meara und zwei einheimische Frauen ab.

dem jungen Städter, der mit den Händen in den Hosentaschen und hohen Reitstiefeln elegant dasteht, keine Beachtung. Eine an die Brückenbrüstung angelehnte aufgezogene Leinwand und ein klappbares Tischchen, das zum stehenden Aquarellieren verwendet wird, stellen die Utensilien des Malers dar. Es handelt sich um Laverys irischen Landsmann Frank O'Meara, der zu diesem Zeitpunkt einunddreißig Jahre alt ist. Oder beobachten die beiden Frauen den Fremden heimlich aus den Augenwinkeln? Jedenfalls lassen sie es den malenden Geck nicht merken. Im Hintergrund sind über dem bloß angedeuteten Fluss die am Ufer stehenden Bäume und die Bürgerhäuser von Grez zu erkennen.

Laverys Bild lässt sich als Allegorie des Zusammenlebens von Künstlern und Einheimischen in Künstlerkolonien verstehen. Die Einheimischen werden zu einem Subjekt des Interesses, die ländliche Kultur wird neu entdeckt und erforscht. Volkskundler wie Rudolf Meringer und Ferdinand Andrian sammeln Volkssagen und dokumentieren die Konstruktionsweisen von Bauernhäusern, die sie in verschiedene Typen unterteilen. Paul Bowles zeichnet mit einem

Tonbandgerät die marokkanischen Dialekte und Gesänge auf. Gefährdete oder bereits verschwundene Traditionen wie die Sommersonnwendfeiern werden neu belebt. Mit ihren Werken tragen die Künstler maßgeblich zur Popularisierung der Volkskultur bei.

Moderne Menschen

Das Interesse für die «rückständige» und sesshafte Landbevölkerung steht in einem merkwürdigen Kontrast zu den Lebensumständen der Künstler. Denn sie gehören zu den mobilsten Bevölkerungsgruppen und bereisen ganz Europa, wie der amerikanische Landschaftsmaler Arthur Hoeber berichtet: «Hier [in Pont-Aven] verkehrten Männer, die italienische Sonnenuntergänge und das Blau des Mittelmeers gemalt hatten; die sich im Schatten eines Orangenbaums in Capri ausgeruht oder die kühleren Farbtöne des Nordkaps und die Schönheiten der norwegischen Fjorde studiert hatten.»[2]

Die Künstler erscheinen als moderne mobile Menschen, man könnte sie, überspitzt gesagt, als Trendsetter, Influencer und Frühversionen der heutigen digitalen Nomaden bezeichnen. Sie bewegen sich als ökonomisch selbstverantwortliche Individuen durch den geografischen und sozialen Raum, sie wählen ihren Wohnort unter Gleichgesinnten in einer schönen landschaftlichen Umgebung und sind trotzdem in der Stadt präsent. Denn auch die abgeschiedenste Künstlerkolonie bleibt in vielfältiger Hinsicht mit den Metropolen Paris, London oder Berlin verbunden. Dort ist der Sitz der Museen, der Galerien und der Verlagshäuser, dort findet das kulturelle Leben statt, auf welches sich die Künstler immer noch beziehen, selbst wenn sie ihren Aufenthaltsort dauerhaft in die Künstlerkolonie verlegen. Als Privatpersonen ziehen sich die Künstler zwar aufs Land zurück, aber mit ihren Werken prägen sie den gesellschaftlichen Diskurs in den Metropolen, und dort generieren sie zumeist auch ihre Einkünfte.[3] Selbst ein Schriftsteller wie Henry Miller, der auf Korfu keine Zeitungen liest und grundsätzlich keinen Anteil am Weltgeschehen nimmt, ist davon nicht ausgenommen. In der später veröffentlichten Reisebeschreibung *Der Koloss von Maroussi* stellt er seine dortige Lebensweise dar und übt eine Gesellschaftskritik, die ihn als aufmerksamen Zeitgenossen ausweist.

Innerhalb der Künstlerkolonien führt der Bonus der Fremdheit zu schwach ausgeprägter sozialer Kontrolle: Die Künstler haben hier die Freiheit, ein nonkonformistisches Leben zu führen. Daher entwickeln sich in diesem geschützten Rahmen neue Lebensstile, die sich erst deutlich später in der gesamten Gesellschaft durchzusetzen beginnen, manche von ihnen erst im 21. Jahrhundert. Dazu gehören die Frauenemanzipation und das Spiel mit verschiedenen Geschlechterrollen ebenso wie das nahezu offene Ausleben einer freieren Sexualität. Nicht nur in Capri und Taormina werden Homosexualität, Bisexualität, Polyamorie und Queerness zu einer reellen Option; zahlreiche lesbische und schwule Paare, denen wir begegnen werden, können in Künstlerkolonien ähnlich wie in der anonymen Großstadt ihrer sexuellen Neigung unbehelligt nachgehen, was von den Einheimischen oft mehr toleriert als begrüßt wird. Die noch stark von der Religion geprägten gesellschaftlichen Moralvorstellungen beginnen sich unter dem Einfluss der oft freigeistigen oder zumindest kirchenfernen Künstlerinnen und Künstler zu wandeln.

Viele von ihnen kämpfen für ein selbstbestimmtes und modernes Ich. Sie wehren sich gegen die Uniformierung des Menschen im industriellen Zeitalter und betonen stattdessen ihre ausgeprägte Individualität. Sie wollen die körperfeindlichen Dogmen des 19. Jahrhunderts, wofür symbolisch das Korsett steht, hinter sich lassen und legen Wert auf Selbstverwirklichung. Manche von ihnen, etwa auf dem Monte Verità in der Schweiz, ernähren sich bewusst vegetarisch und legen großen Wert auf eine gesunde Lebensweise. Damit verbunden ist eine Hinwendung zum Ästhetischen und eine Lust, diesen Lebensstil ostentativ zu zeigen und andere an ihm teilhaben zu lassen.

Mit ihrer Bohèmegesinnung nehmen die Künstlerinnen vorweg, was sich in der Nach-68er-Generation unter dem Stichwort des «erweiterten Kunstbegriffes» ausbreitet: Kunst und Leben gehen ineinander über. Nicht mehr die Werke sind der Grund für die Daseinsberechtigung des Künstlers, sondern das richtige, das authentische

Leben. Überspitzt gesagt, wird die Darstellung des Künstlerischen wichtiger als die Kunst selbst. Damit verbunden ist ein unsteter, aktionistischer Lebenswandel, der oft von ökonomisch prekären Bedingungen bestimmt wird.[4]

Doch selbst in den Künstlerkolonien bleiben Tabuzonen bestehen. Nicht alles ist für die Öffentlichkeit bestimmt. Der von Frank Brangwyn mit homosexuellen Motiven bemalte Speisesaal in der Casa Cuseni in Taormina darf beispielsweise nur auf Einladung des Villenbesitzers Robert Kitson besichtigt werden. Anderes wird heute kritischer gesehen als zur Zeit der Entstehung: Die Fotografien Wilhelm von Gloedens aus Taormina, in denen er junge Männer häufig nackt in Szene setzt, oder der Umgang mit südländischen oder arabischen Knaben, wie Oscar Wilde und André Gide ihn beschreiben und teilweise ausleben, gelten heute kaum noch als Anschauungsbeispiele für eine erstrebenswerte liberale Grundhaltung. Vielmehr stehen sie für einen problematischen zwischenmenschlichen Umgang in sozial und ökonomisch ungleichen Verhältnissen. In die Inszenierungen des befreiten Lebens schleichen sich häufig, wie wir sehen werden, auch kolonialistische Bilder der weißen, städtischen und häufig männlichen Überlegenheit ein.

Ein grenzenloses Europa

Das Leben in den Künstlerkolonien ist von einer bewussten Abgrenzung zur bürgerlichen Gesellschaft bestimmt. Die Künstlerinnen und Künstler suchen eine Gegenwelt zum Konkurrenzdruck in den Städten, zum übersteigerten Nationalismus und zum allgegenwärtigen Krisengefühl, das sie seismografisch aufnehmen. Innerhalb ihrer Blase, wie wir das heute nennen würden, bewegen sie sich in einer Wirklichkeit, in der Nationalstaaten keine dominierende Rolle spielen. Die meisten von ihnen sind kosmopolitisch eingestellt und viel stärker an Kunst als an Politik interessiert. Sie nehmen allgemeine künstlerische Trends auf und transportieren sie bis in die hinterste Provinz – und von dieser zurück in die Metropolen.

Untereinander funktionieren die Künstlerkolonien wie kommunizierende Röhren: Taucht ein künstlerischer Gedanke oder Sujet irgendwo auf, so dauert es häufig nicht lang, bis man ihm auch andernorts begegnet. Selbst ein so unscheinbares Motiv wie die in der Sonne trocknende Wäsche haben Helene Schjerfbeck in Pont-Aven (Tafel 4), Marie Krøyer in Skagen oder John Singer Sargent in Italien gemalt. Sinnfälligstes Beispiel dieser Konvergenz sind die mit Bildern ausgeschmückten Speisesäle der Künstlerhotels, die es in klassischer Weise in Barbizon, Pont-Aven, Skagen und Capri und an vielen anderen Orten gibt. Auch Vogelers Barkenhoff in Worpswede, die Casa Cuseni in Taormina oder das Achilleion auf Korfu sind dieser Tradition zuzuordnen. Nur auf dem Monte Verità verzichten die Betreiber bewusst auf eine Ausmalung der Innenräume: Die Landschaft, die durch das Fenster scheint, soll hier Bild genug sein!

Künstlerische Gegenbewegungen gibt es sowohl in den großen Industrienationen England, Frankreich und Deutschland wie auch in den kleineren Staaten: sie sind ein gesamteuropäisches Phänomen. In einer Zeit, in der die Nationalstaaten häufig miteinander verfeindet sind und gegeneinander Kriege führen, treffen sich die Künstler aus allen Ländern an den einschlägigen Orten, leben friedlich, ja freundschaftlich miteinander und verfolgen ähnliche ästhetische Ziele. Ansatzweise stehen sie bereits für einen gemeinsamen Kulturraum, für ein geeintes Europa. Aber auch unter Künstlern erschweren nationale Vorurteile das Zusammenleben. Aufgrund der Niederlage im Deutsch-Französischen Krieg von 1870/71 weigert sich Jean-François Millet, den 1874 eigens seinetwegen nach Barbizon gereisten Max Liebermann zu empfangen. Trotzdem ist bei Liebermanns Gemälde *Die Kartoffelernte* von 1875 der Einfluss Millets unverkennbar.[5]

Ein Reigen

Das Gliederungsprinzip dieses Buches ist einfach: Elf Personen, darunter Ida Gerhardi, Marianne Stokes, Alma Mahler-Werfel, Arthur Schnitzler, Truman Capote und Gerhart Hauptmann, begleiten uns in zehn verschiedene Künstlerkolonien. Nach einer Zeit des Aufenthalts machen wir uns mit einer dort lebenden Künstlerin oder einem Künstler in die nächste Kolonie auf – wie bei einem Reigen nach dem Vorbild von Arthur Schnitzlers berühmten gleichnamigen Theaterstück. Zu Beginn führt uns Jean-François Millet nach Barbizon, der Mutter der Künstlerkolonien Europas. Von dort nimmt uns Ida Gerhardi nach Pont-Aven mit, wo wir auf den Maler P. S. Krøyer treffen, mit dem wir nach Skagen weiterreisen, bis wir am Schluss auf dem Monte Verità angelangen, wo uns der «wilde Denker» Harald Szeemann in Empfang nimmt. Von Skagen an der Nordspitze Jütlands bis nach Tanger an der marokkanischen Küste, von der Finistère, der äußersten Spitze der Bretagne, bis nach Korfu erstreckt sich ein immenser geografischer Raum, der in dieser Darstellung wie mit Siebenmeilenstiefeln durchmessen wird. Die gewählte Form des Reigens legt nahe, dass es sich um ein reales gegenkulturelles Netzwerk von Künstlerinnen und Künstlern im Zeitraum von 1850 bis in die 1950er Jahre handelt, die reisen und sich an den einschlägigen Orten begegnen.

Selbstverständlich soll mit diesem Vorgehen nicht suggeriert werden, dass es sich bei dem hier vorgestellten Reigen um den einzig möglichen handelt. Dessen Konstruktionscharakter wird schon allein daran deutlich, dass sich die chronologische Ordnung nicht immer einhalten ließ. Mit gleichem Recht hätten Orte wie St Ives, Laren, Nidden oder Murnau, um nur ein paar zu nennen, eingefügt werden können. Auch bei jeder einzelnen der gewählten zehn Künstlerkolonien hätte man sich für andere Hauptfiguren entscheiden, andere Sachverhalte darstellen, andere Kunstwerke beschreiben, sogar ein eigenes Buch verfassen können. Das Ziel bestand gerade nicht in einer umfassenden Darstellung der jeweiligen Schauplätze, vielmehr sollen ihre spezifische Atmosphäre und ihre «Intensitäten» spürbar werden. Bewusst habe ich den Blick nicht vornehmlich auf die dort verkehrenden Berühmtheiten gelenkt. Höchstens Eingeweihten bekannte Maler wie Nicolae Grigorescu oder zu Unrecht vergessene Schriftstellerinnen wie Maria Lazar fanden daher ebenso Platz wie kanonisierte Größen. «Stars» waren bestimmt wichtig für eine Künstlerkolonie, sie konnten sie prägen, aber in nicht wenigen Fällen, wie bei Paul Gauguin in Pont-Aven, gilt dies stärker in der Retrospektive als während ihres Aufenthalts. Daher steht in diesem Buch bewusst nicht Gauguins Pont-Aven, nicht Burroughs' Tanger und nicht Mackensens und Vogelers Worpswede im Zentrum. Denn in Pont-Aven verkehrte ebenfalls die junge Helene Schjerfbeck, in Tanger Jane Bowles und in Worpswede Paula Modersohn-Becker und Julie Wolfthorn, also Künstlerinnen, die (zumindest zu Lebzeiten) längst nicht die gleiche Aufmerksamkeit erhielten wie ihre männlichen Kollegen.

Als Künstler – manchmal bewusst auch: Künstlerinnen im generischen Femininum – werden hier kreativ tätige Menschen bezeichnet, keineswegs nur bildende Künstler oder gar Malerinnen. Der Fokus ist viel weiter gefasst:[6] Maler, Schriftstellerinnen, Intellektuelle, Musiker und, ganz besonders wichtig, Lebenskünstlerinnen, die viel stärker durch ihre stilbildende Lebensart prägend sind als durch unvergängliche Werke, so wie es der «Taorminese» und homosexuelle Schriftsteller Roger Peyrefitte über den Dichter Jacques d'Adelswärd-Fersen formuliert: «Er hätte Baudelaire sein wollen und tröstete sich mit dem Gedanken, dass Baudelaire vielleicht ein Müßiggänger wie er hätte sein wollen.»[7]

Kunsthistorische Erwägungen über Stile und Maltechniken spielen in diesem Buch nur eine untergeordnete Rolle. Die Abfolge der «Ismen» – für Pont-Aven beispielsweise Realismus, Naturalismus, Impressionismus, Synthetismus, Symbolismus – sind für die Künstler selbst, die sich gerne einer bestimmten Schule zuordnen und sich von einer anderen abgrenzen, zwar häufig sehr wichtig. Dies gilt jedoch weniger für ihre Entscheidung, in einer Künstlerkolonie zu leben, die von anderen Motiven bestimmt ist. Gerade in der hier praktizierten flaneurhaften Beschreibung mit zahlreichen Figuren über zehn verschiedene Schauplätze werden übergreifende Motive herausgearbeitet, die in einer gesonderten Betrachtungsweise leicht übersehen werden.

Spurensuche

Flaniert man heute durch ehemalige Künstlerkolonien, wird man, die richtige Perspektive vorausgesetzt, immer wieder auf die Vergangenheit stoßen: Ist das nicht der Eingang des Hotels Victoria in Taormina, den Johann Viktor Krämer erst im Brief an seine Eltern skizziert und später in Öl gemalt hat? Und dieser Blick von Capri über das tiefblaue Meer auf den Vesuv – ist er nicht ebenso prächtig, wie ihn Adrian Stokes mit vielen Superlativen beschrieben hat? Wie bei einem Palimpsest überlagern sich die Zeiten an einem Ort, wodurch den realen Schauplätzen eine besondere Bedeutung für die historische Erkenntnis zukommt. Noch in seiner heutigen Gestalt vermittelt der reale Ort Ansichten, Stimmungen und Emotionen, in denen die frühere Erfahrung der Künstler spürbar wird. Um die jeweiligen Künstlerkolonien aus möglichst vielen Blickwinkeln darstellen zu können, habe ich auf sehr unterschiedliche Quellen zurückgegriffen: Aufzeichnungen der Künstler in Tagebüchern, Notizen, Briefen und nachträglich veröffentlichten Erinnerungen werden ebenso herangezogen wie ihre künstlerischen Werke, das heißt die Gemälde, Grafiken, Skizzen, Fotografien, Romane und Partituren. Die Eigenaussagen werden kontrastiert durch Quellengattungen anderer Herkunft wie Werbungen und Plakate, Auszüge aus Reiseführern und Zeugnisse der einheimischen Bevölkerung, die jedoch leider sehr selten sind.

«Ist das literarische Reisen nicht ein Widerspruch in sich?», hat Barbara Piatti gefragt. «Lässt sich ein Schauplatz überhaupt außerhalb des Buches besichtigen?» Ihre Antwort: «Offenbar ja. Denn trotz aller Einschränkungen sind literarische Schauplätze in Kombination mit ihren realweltlichen Pendants Portale in andere Welten. Über sie scheint sich ein Teil der fiktionalen Welt zu materialisieren, scheint greifbar, begehbar, spürbar zu werden.»[8] Doch auch das Gegenteil kann der Fall sein: Nicht selten sind es die literarischen und künstlerischen Quellen, die einen Ort erst erhellen und fassbar machen. Manchmal kann dieses Vorgehen sogar zu Enttäuschungen führen, dann nämlich, wenn sich das Eintauchen in historische

Künstlerkolonien durch Lektüre und Kunstbetrachtung viel plastischer, geradezu realer anfühlt als der Spaziergang durch den Ort selbst.

Nur sparsam habe ich Hinweise auf heutige Verhältnisse integriert, beispielsweise auf Museen, Gedenktafeln oder im Originalzustand erhaltene Wandbemalungen. Das vorliegende Buch kann daher keinen aktuellen Reiseführer ersetzen; praktische Informationen wie Anfahrtswege, Preise und Öffnungszeiten finden sich ohnehin am präzisesten im Internet. Gleichwohl spricht nichts dagegen, das entsprechende Kapitel vor oder während der Reise an einem der beschriebenen Orte zu lesen – und sich mit ihm zu Exkursionen an Schauplätze oder in die Literatur leiten zu lassen!

Jean-François Millet ↓

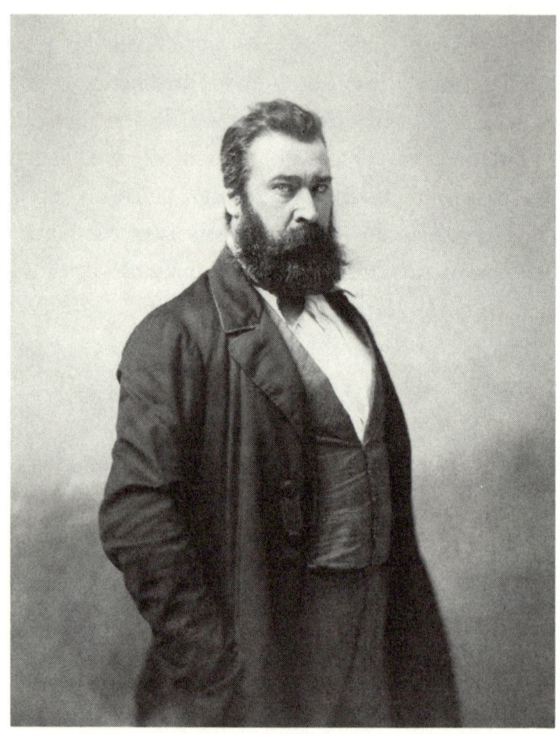

Als einer der wenigen Maler lebt Jean-François Millet mit seiner Frau und seinen neun Kindern ganzjährig in Barbizon. Sein amerikanischer Schüler Edward Wheelwright beschreibt ihn wie folgt: «Ich hatte gehört, er wäre ein derber Bauer: Bauer oder nicht Bauer, Millet ist ein Edelmann von Gottes Gnaden.»

In Paris wird der Bauernsohn nicht wirklich heimisch. Zwar kann er schon erste Erfolge als Künstler vorweisen, doch die Werke, welche seinen Ruhm begründen, werden erst in Barbizon entstehen. 1849, mit fünfunddreißig Jahren, kommt Jean-François Millet erstmals in den kleinen Ort im Süden von Paris, der damals noch kaum bekannt ist. Zunächst lebt er in Chailly in der Nähe, bevor er in Barbizon selbst eine entsprechende Unterkunft findet. Nichts Luxuriöses: Er mietet für sich und seine sich ständig vergrößernde Familie eine Wohnung mit zwei Zimmern. Zum Malen hat er nur einen unterhalb des Straßenniveaus gelegenen Raum mit einem kleinen Fenster.

Erst der mit der Zeit wachsende Erfolg Millets auf dem Kunstmarkt macht es möglich, dass der Maler mit seiner Frau Catherine Lemaire in ein größeres Haus direkt an der Hauptstraße von Barbizon ziehen kann. Der große Gemüsegarten hinter dem Haus erlaubt wenigstens zum Teil eine Selbstversorgung. Die Rollenverteilung zwischen den Ehepartnern ist klassisch. Er verdient mit seinen Kunstwerken das Geld, sie ist für den Haushalt und die Erziehung der Kinder zuständig, von denen sie nicht weniger als neun haben. Mit ihrer mutigen Zuversicht soll sie ihrem Mann aber auch eine zuverlässige Stütze bei seinen häufigen Depressionen gewesen sein.[1]

In einer ehemaligen Scheune richtet Millet sein Atelier ein. Als Luxus lässt er einen Dielenboden verlegen. Die Einrichtung ist einfach, aber erlesen. Auf Wandbrettern stellt Millet Kopien der *Elgin Marbles* auf – jenes Wandfrieses, den Lord Elgin mit brutaler Gewalt aus dem Parthenon auf der Akropolis in Athen hat herausbrechen lassen, um sein schottisches Landhaus damit zu verschönern. Längst hat Millet sich entschieden, dass er nicht mehr von Barbizon wegziehen will. Fast als einziger Maler hat er seinen ständigen Lebensmittelpunkt hier. Als ungeselliger Mensch, der froh ist, seine Ruhe zu haben, vermisst er den Trubel des Stadtlebens nicht. Erst nach Jahren fasst er zu Théodore Rousseau, dem anderen großen Maler von Barbizon, Vertrauen, und noch viel länger braucht es, bis sie Freunde werden. Regelmäßig gehen die beiden Maler gemeinsam auf einen Spaziergang.

In Barbizon begeistern Millet die Nähe zur Natur und die Landschaft. Er legt sich auf den Boden und sieht den Wolken beim Segeln zu. Einem Freund schreibt er: «Wenn Sie nur die Schönheit des Waldes sehen würden!» Er strahle eine Ruhe und Größe aus; die Bäumen würden einander etwas zuflüstern, aber in einer Weise, dass die Menschen es nicht hörten, weil sie nicht über die gleiche Sprache verfügten.[2] Aber fast noch mehr als der Wald gefällt ihm die Ebene nördlich von Barbizon. Auf den

Feldern beobachtet er die Bäuerinnen und Bauern bei ihren typischen Tätigkeiten: beim Pflügen, beim Säen, beim Dreschen, beim Lesen der Ähren.

Auch die Tätigkeiten rund um den Hof interessieren ihn: das Pfropfen der Obstbäume, das Schlachten der Tiere, das Scheren von Schafen und das Spalten von Holz. Millet ist der erste Maler, der die schweißtreibende bäuerliche Arbeit in ihrer ganzen Würde und Gravität darstellt. 1850 wird sein *Sämann* im Pariser Palais Royale ausgestellt, was einem Ritterschlag gleichkommt. Millet hat seine Bestimmung gefunden: Die Natur und die Menschen in ihr werden zu seinem Lebensthema, das ihn nicht mehr loslässt.

In Millets wohl berühmtesten Gemälde *Die Ährenleserinnen* von 1857 arbeiten drei gebückte Frauen mit auf den Boden gerichteten Blicken auf einem spätsommerlichen Feld. Sie stehen exemplarisch für das erschöpfende Arbeitsleben, gleichzeitig jedoch behalten sie ihre Würde. «Ihr karges Dasein bildet einen Kontrast zu den reichen Ernteerträgen in der Ferne: Heuschober, Garben, Wagen und zahlreiche eifrige Erntearbeiter. [...] Das flache Licht der untergehenden Sonne hebt die Volumina im Vordergrund hervor und verleiht den Ährenleserinnen ein plastisches Aussehen. Es bringt ihre Hände, Nacken, Schultern und Rücken zur Geltung und frischt die Farben ihrer Kleider auf.»[3]

Für den Kunstkritiker Théophile Gautier erfasst Millet mit seinen Bildern der werktätigen Bevölkerung die wahre Poesie des Landes: «In seinen Bildern ist das Säen, Ernten und Pfropfen eine geweihte Handlung, die ihre eigene Größe und Schönheit besitzt, gepaart mit einem Hauch an den Dichter Vergil erinnernder Schwermut.»[4] Der wortkarge Millet hat sich nur gelegentlich zu seinem Werk geäußert, am ehesten noch in den Briefen an seinen Galeristen und Freund Albert Sensier. An einer dieser raren Stellen erklärt Millet sein Kunstverständnis: «Man sitzt unter einem Baum und erfreut sich der Ruhe und Behaglichkeit, die das Leben spendet, und plötzlich sieht man auf dem schmalen Weg ein schmales Wesen mit schweren Reisigbündeln daherkommen. Die unerwartete und sprechende Art, in der eine solche Gestalt vor uns auftaucht, ruft uns sofort die ernste Bestimmung des menschlichen Daseins – die Arbeit – ins Bewusstsein.»[5] Zustimmend nimmt Millet die

Naturalismustheorie von Jules-Antoine Castagnary auf. Kurz zusammengefasst, besagt sie, dass der Bauer und die Bäuerin nicht von der Natur getrennt werden können. Genau wie der Baum oder der Stier gehören sie zu ihr, aus künstlerischer Sicht stellen sie bloß die höchste Ausformung einer Folge dar, die mit der Pflanze beginnt und mit ihnen endet.[6] (Die Meinung der Landbevölkerung zu dieser Theorie hat ihr Verfasser allerdings nicht eingeholt.)

Zeitlebens verwahrt sich Millet gegen die Unterstellung, ein Sozialist zu sein. Mit der entstehenden Arbeiterbewegung hat er nichts am Hut. Ihm steht der Sinn nicht danach, das Schicksal der Landbevölkerung zu verbessern. In seiner Sichtweise geht sie zwar einer harten, aber dafür sinnerfüllten Arbeit nach. In ihren schwieligen Händen und ihren verschwitzten Gesichtern erkennt er eine eigene Poesie – eine mythische Ursprünglichkeit, die den Städtern längst abhandengekommen sei.[7] Diese Position bekräftigt er auch in einer Kontroverse, die 1859 zwischen ihm und Charles Baudelaire entbrennt. Für Baudelaire sind Millets Bauern düster und schicksalsergeben *(sombre et fatal)*. Sie hätten schulmeisterlich eine zu hohe Meinung von sich selbst, und das mache sie für ihn hassenswert. Um jeden Preis wolle Millet zur Poesie der Natur eine Moral hinzufügen. Der angegriffene Millet verteidigt sich: Zwar würden einige ihm vorwerfen, er negiere den Charme des Landlebens, das sei aber eine Fehlinterpretation: «Ich finde viel mehr als Charme: eine unendliche Herrlichkeit.» Diese könne sich in den unterschiedlichsten Facetten äußern, im blühenden Löwenzahn, der hinter den Wolken verschwindenden Sonne oder den arbeitenden Pferden.[8]

Vom zunehmenden Trubel in Barbizon hält Millet sich fern. Lieber zieht er mit der gleichen Ausdauer, mit der ein Bauer sein Feld abschreitet, Strich um Strich den Pinsel über die Leinwand. Manchmal sitzt er Jahre an einem Werk, bis er mit ihm zufrieden ist. Er weigert sich, an den ab 1867 im Hotel Siron organisierten Ausstellungen teilzunehmen. Als ihn der amerikanische Maler Edward Wheelwright anfragt, ob er sein Schüler werden könne, reagiert Millet zunächst unwirsch ablehnend. Erst die Aussicht auf eine regelmäßige Bezahlung, die Wheelwright anbietet, stimmt ihn um. Also treffen sie sich jede Woche und besprechen die in der Zwischenzeit entstandenen Arbeiten Wheelwrights. Zurück in den USA, erinnert sich dieser an seinen Mentor: «Ich hatte gehört, er wäre ein derber Bauer: Bauer oder nicht Bauer, Millet ist ein Edelmann von Gottes Gnaden. Er ist ein großer, starker Mann mit vollem, schwarzem Bart und grauen, durchdringenden Augen, mit einer mehr hohen als breiten Stirn, so viel ich in dem Augenblick sehen konnte, als er den breiträndigen Strohhut lüftete. Ich musste sofort an Michelangelo und an Richard Löwenherz denken.»[9]

Barbizon

Auberge Ganne

Als die ersten Maler mit der *Patache*, der berüchtigten Knochenschüttler-Kutsche, nach Barbizon an den Rand des Waldes von Fontainebleau kommen, umfasst der Weiler nicht mehr als hundert Häuser. Es gibt hier weder eine Kirche noch eine Schule, aber, und das ist viel wichtiger, eine Herberge in der Dorfmitte. Seit 1824 wird sie vom Ehepaar François und Edmée Ganne betrieben. Im Erdgeschoss haben sie einen kleinen Krämerladen eingerichtet. Dort gibt es außer dem Offizierssaal, auf der anderen Seite neben der Küche, bald auch einen Künstlersaal, in dem alle gemeinsam essen. In den bescheidenen Kammern im Obergeschoss sind die Gäste einquartiert, zunächst hauptsächlich Franzosen ausnahmslos männlichen Geschlechts, ab 1849 vermehrt auch Engländer, Iren und Amerikaner und ab 1851 Belgier und Holländer sowie Deutsche. Auch Künstler aus Italien, Rumänien, Ungarn, Russland und Polen verkehren in der Auberge Ganne und bleiben oft mehrere Wochen bis Monate. Der Anteil der Künstlerinnen in Barbizon ist mit geschätzten drei Prozent so gering wie in keiner anderen Künstlerkolonie.[1]

Die Künstler arbeiten bei schlechtem Wetter drinnen in den bis heute zugänglichen Ateliers hinter dem Innenhof, bei gutem strömen sie in die umliegenden Wälder und auf die Felder. Dafür werden sie von den Wirtsleuten mit einem Imbiss und einer Flasche Wein ausgestattet. Solange Barbizon noch ein Geheimtipp ist, stört sie kaum jemand bei der Arbeit. Abends kehren die Maler von ihren Streifzügen in die Auberge Ganne zurück. Gegenseitig kritisieren sie die an den Wänden aufgereihten Werke und setzen sich an den üppig

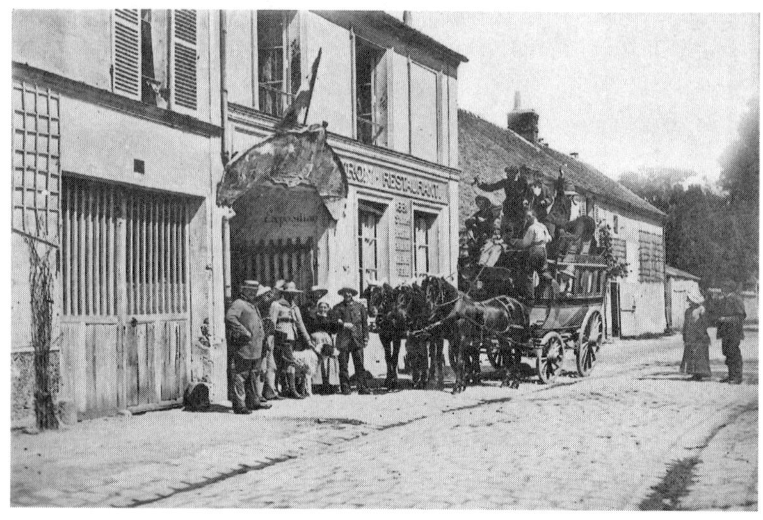

gedeckten Tisch, um mit Scherzen, Gesang und viel Rotwein den Tag ausklingen zu lassen.

Wenn sich der richtige Anlass bietet – und der bietet sich nicht selten –, werden Feste gefeiert. Eines, nämlich die Hochzeit der Wirtstochter Louise Ganne mit dem späteren Fotografen Eugène Cuvelier, hat Olivier de Penne 1859 in einem Gemälde festgehalten. *La Noce de la fille Ganne* zeigt die Festgesellschaft wohl schon spätabends in ausgelassener Stimmung. Corot ist als Trauzeuge zu erkennen, ebenfalls die Maler Millet und Rousseau, welche die Scheune mit Efeu geschmückt haben. Die Kunsthistorikerin Julia Cartwright beschreibt das Fest: «Corot eröffnete den Ball und führte den Flaschentanz an zu den Klängen ländlicher Geigen. Leere Flaschen wurden in Reihen auf den Boden gestellt, und das Paar, welches eine umwarf, musste austreten. Es wurde langsam begonnen, dann schneller und schneller getanzt, bis es in einem wilden Galopp endigte, und der letzte Tänzer erhielt als Preis eine Blume der Braut.»[2]

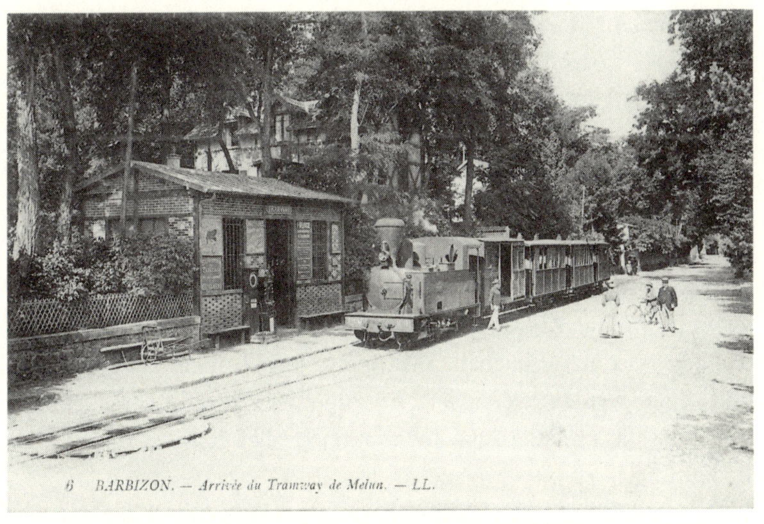

Die gute Erreichbarkeit von Paris aus ist einer der Gründe für die Attraktivität Barbizons. Während die frühen Reisenden in die *Patache*, die berüchtigte Knochenschüttler-Kutsche, steigen müssen (links), fährt später die *Tramway* direkt in den Weiler (rechts).

Mit der Zeit suchen die Maler ihre eigene Bleibe. Sie mieten sich in eines der Häuschen ein, die entlang der Hauptstraße wie aufgereiht wirken, oder kaufen es gleich. Théodore Rousseau lässt in seines sogar ein hohes Fenster einbauen, damit er die großformatigen, auf den Rahmen gespannten Leinwände problemlos hinein- und hinaustransportieren kann.

Von der Präsenz der Maler in Barbizon profitiert die lokale Bevölkerung. Mancher junge Mann und manche junge Frau kann Modell stehen, andere vermieten Zimmer oder sind als Fremdenführer tätig. Der Landschaftsmaler Charles Émile Jacque zeichnet sich durch einen besonderen Geschäftssinn aus: Ab 1862 bietet er bei allen zum Verkauf stehenden Häusern in Barbizon mit. Erhält er den Zuschlag, lässt er das Haus renovieren und verkauft es mit Profit. Doch nach der Insolvenz seines Pariser Kunsthändlers gerät er in einen Liquiditätsengpass und muss seine Immobilien in Barbizon abstoßen. Er rappelt sich wieder auf und wird 1870 Besitzer eines Anwesens in der Bretagne, wo er eine Fabrik für Stilmöbel betreibt.[3]

Besonders in den Anfangsjahren ist das Leben für die auswärtigen Maler ausgesprochen preiswert. Sie können bequem leben, manchmal fast zu bequem, wie Robert Louis Stevenson (später wird er mit dem Roman *Die Schatzinsel* berühmt) leicht spöttisch berichtet. Denn typisch für Barbizon seien die «Snoozers» (von *to snooze* = ein Nickerchen machen). Viele junge Maler kosteten die schöne Umgebung und das Zusammensein so stark aus, dass sie künstlerisch weitgehend untätig blieben. Das müsse jedoch nicht als gravierend betrachtet werden, versichert er augenzwinkernd, Latenzphasen seien für die künstlerische Inspiration schließlich von essenzieller Bedeutung.[4]

Mit den Jahren entwickelt sich Barbizon zum Missfallen der Pioniere zum Magneten für allerlei Kunstfreunde und Hobbymaler. Mit Naturnähe und Ruhe ist es nicht immer weit her. In einer in der Zeitschrift *Journal amusant* veröffentlichten Karikatur von 1875 verlegt ein Maler seinen Arbeitsplatz nicht an, sondern direkt *in* einen Teich. In der Bildunterschrift wird dazu erklärt: «Englische und amerikanische Maler suchen Orte, an denen kein anderer zuvor gemalt hat.»[5]

Als das neu eröffnete Hotel Siron auf mehr Luxus in den Zimmern und eine gehobene Küche setzt, erlangt Barbizon immer stärker den Ruf, ein Ort für die Elite zu sein: «Hier malt man in grauen glänzenden Handschuhen, die Havanna ersetzt die Pfeife, der Champagner den Weinkrug!»[6] Laut Stevenson zählt der Wirt des Siron am Morgen die ausgetrunkenen Flaschen und verteilt die Kosten gleichmäßig auf die Maler, die am Vorabend im Saal gewesen sind. Dieses alles andere als unfehlbare System soll zu etlichen Diskussionen Anlass gegeben haben.[7]

Bald schon entwickelt sich das Dorf Grez-sur-Loing, zwanzig Kilometer südlich von Barbizon gelegen, zu dessen ernsthafter Konkurrenz. Die träge dahinfließende Loing bietet Möglichkeiten für Ruderpartien und andere Vergnügungen am Wasser. Hier entsteht eine neue, ländlich geprägte Bohèmekultur, die in rauschenden Künstlerfesten ihren offenkundigsten Ausdruck finden wird. Kaum ein Maler verlässt Grez, ohne ein Bild der mittelalterlichen Brücke mit ihren zehn massiven Steinbögen gemalt zu haben Den Anfang macht der große Realist Jean-Baptiste Camille Corot zwischen 1850 und 1860: Sein in Grün- und Grautönen gehaltenes Gemälde stellt mit seiner Mittelperspektive eine klassische Vorlage dar, die Künstlerinnen wie Jelka Rosen mit ihrer flirrend-sommerlichen Version in den Folgejahren variieren.[8]

Um 1900 ist nicht einmal die Anreise nach Barbizon mehr beschwerlich: Um 8.20 Uhr besteigen die Ausflügler in Paris den Zug in südlicher Richtung. In Melun müssen sie in den *Tramway* umsteigen, mit dem sie Punkt 10.34 Uhr im bereits hauptsächlich von der Vergangenheit lebenden Künstlerort vorkommen. Ein Werbeplakat aus dieser Zeit zeigt ihnen in vier Bildern, was sie dort erwartet: Findlinge und Felsformationen in wilder Natur, mächtige Eichen, geheimnisvolle Wege, Grotten und Wasserläufe. Das Gasthaus, vor dem die Eisenbahn ihren Dampf ablässt, steht für die ausgebaute touristische Infrastruktur, mit der die Gäste rechnen können. Auf einem Felsen prangt ein Medaillon mit den Köpfen von Théodore Rousseau und Jean-François Millet. Die beiden berühmtesten Maler von Barbizon sind zu dessen Markenzeichen geworden.

Inszenierte Natur

Am Anfang der Barbizon-Begeisterung steht eine technische Innovation. Die vom Amerikaner John G. Rand 1841 zum Patent angemeldete Farbtube erlaubt ein angenehmeres Arbeiten unter freiem Himmel, da die Farben nicht mehr so kompliziert gemischt werden müssen und weniger eintrocknen. Auch deswegen erlebt die sogenannte Pleinair-Malerei einen Aufschwung. Die Künstler suchen, anders als noch in der Epoche zuvor, eine wilde, ungezähmte Natur. Sie lehnen die idealisierten Naturdarstellungen, wie sie noch im Barock und in der Klassik vorherrschten, als gekünstelt und im eigentlichen Sinn als unnatürlich ab. In ihrer Hinwendung zum authentischen Naturerlebnis folgen die Künstler dem Naturphilosophen und Schriftsteller Jean-Jacques Rousseau. Dessen am Ufer des Genfersees spielendes

Werk *Julie ou La nouvelle Héloïse* avanciert zum wichtigsten literarischen Vorbild für die sentimentale Naturbeschreibung. Es begründet die Epoche der Empfindsamkeit, bei der Reisende bewusst Orte aufsuchen, die in ihnen und in der Folge auch bei der Leserschaft Gefühlsstürme auslösen.[9]

Die in Barbizon entstehenden Gemälde zeichnen sich durch eine besondere Nähe zur Natur aus. Nur selten von einem erhöhten Standpunkt aus gemalt, beziehen sie ihren Reiz viel häufiger aus «Sous-bois»-Motiven, auf denen Waldwege, Waldlichtungen und majestätische Baumriesen geheimnisvoll hervortreten. Menschen, wenn sie überhaupt auftauchen, erscheinen als Teil der Natur, nicht als ihre Beherrscher. Die zauberische und mystisch überhöhte Atmosphäre des Gemäldes *Der Wald von Fontainebleau – Die Rast der Maler* (1875) von Narcisso Díaz verweist in eine überzeitliche Dimension. Die äußerst detailreich gemalten Eichen gewinnen mit den zahlreichen Lichtreflexen auf den Blättern eine eigene Plastizität, so dass die beiden rastenden Maler nur als Nebenfiguren in der Gesamtszenerie wahrgenommen werden.[10] Théodore Rousseau vertritt die Ansicht: «Derjenige, der in der Stille lebt, wird zum Zentrum der Welt.» Bei seiner Arbeit im Wald, erzählt er, fühle er sich manchmal wie ein Baumstrunk. Mit Andacht beobachte er den Hirsch bei seiner Wanderung und seiner Toilette, und in seltenen Fällen entdecke er zu seiner besonderen Freude auch andere Tiere wie die Feldmaus, den Otter oder den Salamander.[11]

Dass diese empathische Einswerdung mit der Natur auch als Selbststilisierung zu werten ist, erkennt bereits Robert Louis Stevenson. Er weist darauf hin, dass die Wälder um Fontainebleau «durchgehend zivilisiert» und alles andere als eine Wildnis sind.[12] Tatsächlich, ab 1836 legt der Kriegsveteran und Naturliebhaber Claude François Denecourt ein dichtes Wegenetz durch den Wald. Von Théophile Gautier wird er deswegen «Silvanus» (Gott des Waldes) genannt. Die nach touristischen Gesichtspunkten erstellten Routen führen zu Baumriesen mit frei erfundenen, majestätischen Namen wie «Karl der Große» oder «Chlodwig», die eine historische Tiefe suggerieren. Im Stile des englischen Landschaftsgartens werden zudem in inszenatorischer Absicht künstliche Aussichtspunkte, Höhlen, Grotten und Brunnen in den Wald integriert.[13]

Die Hinwendung zur Natur ist oft als Rückzug aus der sich industrialisierenden Gesellschaft gedeutet worden, als Absage an die städtischen Lebensformen, als ein Eskapismus vor den politischen, ökonomischen und sozialen Veränderungen der Epoche.[14] Auf ideengeschichtlicher Ebene mag diese These einiges für sich haben. Aber die Abwendung von der Stadt ist höchstens partiell, viel eher sind das Land- und das Stadtleben zwei sich ergänzende Lebensformen. Die meisten Maler leben vornehmlich in den Sommermonaten in Barbizon, kaum einer gibt wie Jean-François Millet sein Atelier in Paris auf. Das ist auch der Grund, weshalb es nur wenige Winterbilder aus Barbizon gibt mit der bemerkenswerten Ausnahme von Ion Andreescus *Winter in Barbizon*, das schneebedeckte Häuser und kahle Bäume unter einem drohend-grauen Himmel zeigt.

In Paris, der damaligen Welthauptstadt der Kunst, erscheinen die äußerst aufwändig produzierten Kunstbände, hier publizieren die oft scharf urteilenden Kunstkritiker, und hier findet alljährlich der Salon statt, die mit Abstand wichtigste Kunstausstellung dieser Jahre. Kein Künstler verzichtet freiwillig auf eine Präsentation seiner Werke dort, nur angenommen werden längst nicht alle. Die Konkurrenz ist riesig und die Jury für ihre strenge Auswahl bekannt. Wer es schafft, dem winken Ehre, Ruhm und materieller Erfolg. Théodore Rousseau erhält den Ehrennamen «Le Grand Réfusé», weil seine Werke 1836, 1838 und 1840 abgelehnt werden. Doch spätestens bei der Pariser Weltausstellung 1855 triumphiert er: Der Herzog von Morny, ein Halbbruder Napoleons III. sowie einflussreicher Unternehmer und Kunstsammler, kauft ihm nicht weniger als dreizehn Gemälde zu einem hohen Preis ab.[15]

Exotische Landbevölkerung

Die amerikanischen Malerinnen Mary Cassatt und Eliza Haldeman, beide Anfang zwanzig, studieren nach einer Ausbildung an der Pennsylvania Academy of Fine Arts an verschiedenen privaten Akademien in Paris. 1867 besuchen sie gemeinsam Barbizon. Eine Unterkunft finden sie in Courances, ein paar Kilometer westlich davon. Von dort schreibt Haldeman an ihre Schwester ganz begeistert über den primitiven Stil, auf den sie hier auf Schritt und Tritt trifft. Das Bauernhaus, in dem sie malen, kommt ihr so europäisch wie romantisch vor: «Es ist mehrere hundert Jahre alt, und seine Balken sind ganz schwarz und wurmzerfressen.» Die Einheimischen nehmen die beiden Bürgerstöchter aus gehobenem Haus ausgesprochen freundlich auf: «Die Leute waren sehr herzlich und brachten uns einige Pfannkuchen, um uns zu bewirten.» Doch einen leichten Degout will Haldeman nicht verschweigen: «Ich nehme aus Höflichkeit einen Bissen und sobald sie nicht zuschauen verstecke ich den Rest in meiner Tasche und sage ihnen, es sei gut gewesen!» 1867 werden Bilder der beiden vom Pariser Salon noch abgelehnt, ein Jahr später ist Cassatt mit *Die Mandoline* und Haldeman mit *Eine Bäuerin* auf ihm vertreten. Ab 1874 verlegt Cassatt ihren Wohnort definitiv nach Frankreich. Von dort vermittelt sie die ersten impressionistischen Werke Monets an amerikanische Sammler. 1894 erwirbt sie das Schloss Beaufresne an der Oise, das zu ihrem Rückzugsort wird.[16]

Die Pfannkuchen-Episode ist symptomatisch: Nicht nur Eliza Haldeman, sondern auch viele andere Maler pflegen gegenüber der einheimischen Bevölkerung ein ambivalentes Verhältnis. Diese gibt zwar ein gutes Sujet ab, jedoch ist der Kontakt zwischen den beiden Gruppen nur sporadisch. Im Regelfall bleiben die Künstler wie auch die Einheimischen unter sich. Sogar Jean-François Millet, der sich gerne in bäuerlicher Kleidung zeigt, verkehrt privat kaum mit Bauern. Er liebt, um es zugespitzt zu formulieren, die Idee, die er sich von ihnen gemacht hat, deutlich mehr als die im Dorf herumstapfenden Einzelexemplare. Im privaten Kreis mokiert er sich gar über ihre Engstirnigkeit und ihren fehlenden Ehrgeiz.[17] Das Verhältnis zwischen den beiden Gruppen ist zusätzlich von einem Machtgefälle geprägt, das sich besonders im Zugang zur Öffentlichkeit ausdrückte. Immer berichtet die eine Gruppe über die andere, welche selbst weitgehend sprachlos bleibt und keine Bestimmungsmacht über ihre Außendarstellung hat. Vielleicht erklärt sich daraus das an Verstocktheit erinnernde Schweigen der Landbevölkerung, ihr Grundmisstrauen, von dem viele Künstler berichten.

In seiner Reportage *Unter französischen Bauern* sieht der schwedische Schriftsteller August Strindberg dieses Phänomen bestätigt. Er beschreibt mit wohlwollendem Blick, wie der stolze Bauer «mit herablassendem Lächeln auf alle Fremden herab[sieht]».[18] Auch gegenüber den staatlichen und kirchlichen Autoritäten hält er eine gesunde Distanz. Wenn der Priester in seinem schwarzen Rock durch den Ort geht, ziehen die «atheistischen» Bauern weder Hut noch Mütze. Sie lachen hinter seinem Rücken, und die Messe wird nur von Mädchen besucht, «damit sie ihre neuen Kleider zeigen können».[19] Dass Strindbergs Beobachtungen nicht auf intimen Kenntnissen der französischen Bauern beruhten, legt der Journalist Klas Fåhraeus nahe, der den Dramatiker 1886 in Grez-sur-Loing besucht. In einem Artikel bescheinigt er Strindberg mit sanfter Ironie einen «Spürsinn wie der letzte Mohikaner» und ein «Gedächtnis wie ein Photograph». Er müsse nur fünf Minuten beim alten Jacques verbringen, und schon wisse er «buchstäblich alles über den Bauern und dessen Wohnung».[20]

Die Künstler interessieren sich besonders für alte Bräuche der Landbevölkerung. Genau in diesem Sinne hat der italienische Maler Francesco Netti, der nach seiner Ausbildung an der Kunstakademie von Neapel 1869 nach Grez-sur-Loing kommt, ein Volksfest beobachtet. Ein junger Mann mit verbundenen Augen soll zu einem Tusch zweier Tambouren einer Gans den Kopf abschneiden. Kinder und Frauen, die im Schatten auf der Außentreppe eines Cafés sowie auf Stühlen sitzen, schauen der Szene zu (Tafel 1). Nichteinheimische sind auf dem Bild keine zu erkennen. Der Maler, als unbeteiligter Ethnograph, stellt eine «authentische» Szene dar, die unmittelbar dem Volksleben zu entstammen scheint. Der grausame Brauch wird exotisiert. In vergleichbarer Weise hat Netti später, als er 1884 von Neapel aus zu einer Reise in die Türkei aufbricht, die arabischen «Orientalen» ins Bild gesetzt und sie dadurch dem wohligen Schauer der Betrachtenden in den Salons dargeboten.

Die Darstellung der Landbevölkerung folgt ähnlichen Mustern, wie sie aus kolonialen Kontexten bekannt sind. Der Schweizer Karl Bodmer ist in jungen Jahren in die USA gereist und hat auf seiner langen Reise Angehörige mehrerer Indigenenstämme besucht. Seine Bilder von ihnen, die in großen Tafelwerken erscheinen, haben ihn bekannt gemacht. 1849 lässt er sich als Freund von Millet und Rousseau in Barbizon nieder. Als er eine Anfrage erhält, für die *Annals of the United States Illustrated* Szenen zur amerikanischen Geschichte zu zeichnen, fragt er für die Zeichnung der Figuren Millet an. Dieser nimmt den Auftrag, «Zeichnungen von Wilden» auszuführen, gerne an. Bodmer selbst steuert die Landschaften bei und signiert die Tafeln auch allein.[21]

Die alltäglichen Lebensformen und Bräuche der französischen Landbevölkerung werden exotisch aufgeladen, als ebenso traditionell und urtümlich dargestellt wie die der indigenen Bevölkerung auf anderen Kontinenten. Dieser Einfluss ist sogar auf den «urfranzösischen» Bildern von Millet nicht von der Hand zu weisen. Zumindest indirekt sind sie beeinflusst von kolonialen Denkweisen, die sie in einen direkten Zusammenhang mit dem Bild des «edlen Wilden» aus der «neuen Welt» bringen. Dieser Exotismus wird sich an Gauguins Bildern aus Pont-Aven und später aus Tahiti noch viel deutlicher zeigen.

Dementsprechend bildet die Umgebung von Fontainebleau für die Maler auch viel eher ein Reservat als ein Wirtschaftsraum. Sie wehren sich gegen die Abholzung der Wälder und das Fällen mächtiger Bäume. Théodore Rousseau kann mit einer direkten Intervention bei Kaiser Napoleon III. sogar erwirken, dass 1861 ein Waldstück von 681 Hektar unter Schutz gestellt wird.[22] Für die konkrete Verbesserung der Lebensumstände der Landbevölkerung, für die Modernisierung von Anbautechniken, die beginnende Mechanisierung der Landwirtschaft und die Verbesserung der teilweise prekären hygienischen Verhältnisse in den Bauernhäusern haben die Malerinnen freilich nur wenig übrig.

Eine Karikatur aus Barbizon zeigt zwei Maler beim Durchqueren der Gorge aux Loups (Wolfsschlucht). Während der eine besorgt fragt, ob es hier wirklich noch Wölfe gebe, will der andere sogleich eine Petition zu deren Wiederansiedlung starten.[23] Auf so eine abstruse Forderung wäre im 19. Jahrhundert kein Bauer gekommen. Raubtiere, die Schafe reißen, haben für ihn keine Existenzberechtigung. Deswegen wird der Wolf in Westeuropa vollständig ausgerottet, und höchstens ein paar sentimentale Künstler trauern ihm nach. Mit vergleichbaren Frontstellungen verlaufen, nebenbei bemerkt, die gegenwärtigen Diskussionen um den Wolf: Während Naturschutzverbände, die stark von einer aufgeschlossenen städtischen Mittelschicht getragen werden, sich für eine Koexistenz von Wolf und Mensch im Alpenraum starkmachen, sind die Einheimischen, die um ihre Schafe fürchten (und das Steinwild, das sie lieber selber jagen), diesbezüglich weitaus skeptischer.

Bohème auf dem Land

Der Schriftsteller Henri Murger, der mit seinem Episodenroman *Scènes de la vie de bohème* (1848 in einer Zeitschrift veröffentlicht, 1851 als Buch) den Mythos der Pariser Bohème begründet hat, lässt sich 1855 in Marlotte in der Nähe von Barbizon nieder. Seine ebenso liebenswerten wie ironischen Schilderungen sind eine Ode an die meistens erfolglosen Künstler des Montmartre, die sich vom Leben fast noch mehr als von der Kunst treiben lassen. Sie sind weder ehrgeizig noch fleißig. Lieber stehen sie erst gegen Mittag auf. Wohlgemerkt, ohne Gewissensbisse: Wenn sie einen Tagesablauf wie die bürgerlichen Philister hätten haben wollen, wären sie welche geworden und nicht Künstler. Sie leiden unter chronischer Geldknappheit, ja Armut. Aber eigentlich ist «leiden» das falsche Wort, denn sie lassen sich aufgrund der materiellen Not ihr Leben nicht verderben. Keine Gelegenheit wird ausgelassen, in einer Dachkammer ein Fest zu feiern. Dabei stört sie überhaupt nicht, dass es zum Sitzen «nur an die Wand gemalte Stühle» gibt. Gelingt es ihnen dennoch, bei Bekannten Stühle aufzutreiben, werden diese im Verlauf des Fests dem Wohlbefinden geopfert: «Als es um Mitternacht kein Holz mehr gab, begannen die Gäste mit Sitzplätzen in Rücksicht auf die Kälte miteinander zu losen, wer seinen Stuhl ins

Feuer werfen sollte. Um ein Uhr war man so weit, daß alles stehen mußte.»[24]

Murger ist ein begeisterter Jäger, der das ganze Jahr über mit seiner Flinte durch die Wälder streift. Einmal erlegt er acht wilde Gänse – nur leider sind sie nicht wild, sondern gehören, wie sich später herausstellt, einem Müller. Ein anderes Mal wird er vor den Staatsanwalt geladen, weil er nach Einbruch der Dunkelheit gejagt habe. «Es ist wahr», soll sich Murger nach dessen Vorhaltungen verteidigt haben, «die Sonne war bereits untergegangen, Herr Staatsanwalt, aber sie schlief noch nicht ...»[25] Wie bei allen Künstleranekdoten ist es nahezu belanglos, ob sie nur übertrieben oder vollständig erfunden sind. Sie sind Teil einer Strategie künstlerischer Selbststilisierung. Gerade Henri Murger ist ein Meister darin, seinen Ruf als Autor der Bohème zu zelebrieren. Bei abendlichen Auftritten in Hotels lässt er es sich nicht nehmen, das Lied der frivolen Musette aus dem letzten Kapitel von *Scènes de la vie de Bohème* selbst vorzutragen: «Wie einst im weißen Sonntagskleide / Verläßt mit mir du froh die Stadt, / Wir streifen leicht durch Wald und Heide / Und sind von Luft und Sonne satt. / Und abends, wenn wir heimwärts wallen, / Berauscht von Glück und süßem Wein, / Dann läßt ein Lied du froh erschallen, / Und alle Vögel stimmen ein ...»[26] Diese Naturbeschwörung aus dem Munde der Großstädterin Musette muss nicht notwendigerweise als Widerspruch verstanden werden: Die Künstler bringen ein Stück Lebenskultur der Bohème in den ländlichen Raum. Eine modernistische Auffassung der Kunst und eine Faszination für die Stadt mit ihren vielfältigen Möglichkeiten können ohne weiteres damit einhergehen.

Bethlehem der modernen Malerei

Barbizon leuchtet. Nicht wie eine Großstadt zwar, nicht wie München in Thomas Manns Erzählung *Gladius Dei*, es gibt hier keine festlichen Plätze, keine springenden Brunnen und keine antikisierenden Monumente und Barockkirchen. Aber auch hier «rollt, wallt und summt das unüberstürzte und amüsante Treiben», auch hier kann man sich vorstellen, wie «junge Künstler, runde Hütchen auf den Hinterköpfen, mit lockeren Krawatten und ohne Stock, unbesorgte Gesellen, die ihren Mietzins mit Farbenskizzen bezahlen», spazieren gehen. «Reisende aller Nationen» finden sich in Barbizon ein, und auch ein weiterer Aspekt erinnert an München: «Die Kunst blüht, die Kunst ist an der Herrschaft», sie umfasst den Weiler und trägt seinen Namen in die Welt hinaus.[27] Barbizon ist das Urmodell einer Künstlerkolonie. Der Maler Jules Breton hat den Ort nur wenig übertreibend «Bethlehem der modernen Malerei» genannt.[28]

Bald schon gilt ein Aufenhalt in Barbizon als unverzichtbar für alle, die es in der Welt der Malerei zu etwas bringen wollen. Wie viele andere zieht es auch die junge Berthe Morisot hierher, die sich mit knapp über zwanzig Jahren in der Pariser Kunstszene zu etablieren sucht. Noch ist sie auf der Suche nach ihrer eigenen Ausdrucksweise. In Barbizon malt sie Landschaftsbilder im Stile ihres Lehrer Camille Corot. Vollständig zufrieden ist sie nicht damit, in den späten 1860er Jahren wendet sie sich dem Impressionismus zu und zerstört die meisten in Barbizon entstandenen Bilder.[29]

Der Barbizon-Boom zieht auch Künstler an, die bis dahin kaum durch Naturdarstellungen aufgefallen sind. Der heute fast vergessene Malerfürst Félix Ziem erwirbt 1866 ein Anwesen in Barbizon. In seinem Werkkatalog, der Gemälde aus Frankreich, Italien, Belgien, Holland, der Türkei, Ägypten, Marokko und Algerien verzeichnet, tauchen auch 24 Bilder aus dem Wald von Fontainebleau auf. Albert Sensier berichtete über Ziems Aufenthalt in Barbizon an Millet: «Ziem ist hier, und ich habe sein Gutshaus besichtigt. Er hat bereits einige Bilder gemalt in seinem Atelier, das rundum mit venezianischen Bannern geschmückt ist. Das Haus hat eine walachische Inneneinrichtung mit einem Kamin sowie Bänken und Tischen im Stil der Bohèmiens. Mit dabei hat Ziem eine seiner vier Kutschen, mit welcher er bei seinen Reisen nach Korsika und Algerien sein Lager an den wildesten Orten aufschlagen konnte.»[30] Der unablässig umherreisende Ziem pflegt einen ausgesprochen aufwändigen und extravaganten Lebensstil. Er kann es sich leisten, denn seine bei Aristokraten beliebten Werken werden für enorme Summen verkauft. 1876 ersteht er die Villa Hélène in Nizza.[31]

Ikonen, Landschaften und Millets Tochter

Nur rund die Hälfte der 253 Künstler, die sich in Barbizon nachweisen lassen, sind Franzosen.[32] Aus ganz Europa und den Vereinigten Staaten strömen Malerinnen und Maler in dieses eigentlich unscheinbare Nest am Rande des Waldes von Fontainebleau. Etwa der Rumäne Nicolae Grigorescu, der hier stellvertretend für alle ausländischen Maler etwas ausführlicher beleuchtet werden soll.[33] Grigorescu wird 1838 in der Kleinstadt Pitaru als sechstes Kind eines Notars und einer Schneiderin geboren. Im Alter von sieben Jahren verliert er seinen Vater. Schon mit zehn Jahren geht die inzwischen nach Bukarest übersiedelte Halbwaise in eine Lehre beim tschechischen Porträtisten und Kleinmeister Anton Chladek. Diese schließt er zwei Jahre später ab; er beginnt Ikonen zu malen und trägt mit dieser Tätigkeit zum kargen Einkommen der Familie bei. 1853 entstehen mehrere Ikonen für die Kirche in Băicoi in der rumänischen Walachei sowie für das Kloster Căldăruşani in der Nähe Bukarests. Daraufhin sucht er bei Barbu Ştirbei, dem Herrscher des Fürstentums Walachei, um ein Stipendium nach. Es wird ihm gewährt, so dass er seine künstlerische Ausbildung in Bukarest auch formal abschließen kann.

1856 erhält er einen weiteren ehrenvollen Auftrag: Innerhalb des Gevierts des Klosters Zamfira, das von den Wohnhäusern der Nonnen und Wirtschaftsgebäuden umsäumt ist, hat der Patriarch der rumänisch-orthodoxen Kirche, Metropolit Nifon, die Klosterzellen erneuern und eine neue Kirche in klassizistischem Stil bauen lassen. Ihr Dach wird von einem achteckigen Turm gekrönt. Die idyllische Anlage im Grünen, damals wie heute eine Oase der Ruhe, liegt nahe dem Fluss Teleajăn knapp hundert Kilometer nördlich von Bukarest. In mehrmonatiger intensiver Arbeit führt Nicolae Grigorescu die Bemalung der Kirche in Fresko- und Öltechnik aus. Er bemalt die Ikonostase mit acht biblischen Szenen, über denen die acht großen königlichen Ikonen ernst und heilig auf die Gläubigen hinunterschauen. In seiner meisterhaften Verbindung der traditionellen Ikonenmalerei mit dem Klassizismus gelingt Grigorescu im Alter von achtzehn Jahren in Zamfira ein Meisterwerk, das zu den Höhepunkten der religiösen Malerei des 19. Jahrhunderts zählt.

Jetzt endlich möchte Grigorescu sich erstmals im Ausland weiterbilden. 1857 nimmt er an einem Wettbewerb teil, als dessen Gewinn ein dreijähriger bezahlter Studienaufenthalt in Rom winkt. Über das Resultat ist er sehr enttäuscht: Ein anderer wird ihm vorgezogen, worauf Grigorescu argwöhnt, dazu sei es gekommen, weil es ihm an guten Beziehungen in die höheren gesellschaftlichen Schichten mangelte. Er scheint sich damit abzufinden, dass sein Traum, im Ausland zu studieren, nicht in Erfüllung gehen wird.

Dank privater Vermittlung gelingt es ihm 1861 doch noch, nach Paris zu fahren. Dafür setzt er sich von Bukarest aus für mehrere Tage in die Eisenbahn. Verbunden mit mehrmaligem Umsteigen, bedeutet dies eine umständliche und lange Anreise, die aber doch deutlich bequemer und schneller vonstattengeht als noch ein Jahrzehnt zuvor, als Europa noch nicht von einem Schienennetz durchzogen war.

Ab 1883 wird die Reise im Orient-Express, der zweimal in der Woche mit einem direkten Wagen von Bukarest nach Paris und zurück fährt, nochmals deutlich angenehmer werden. In Paris steigt Grigorescu im Hotel Corneille und später im Quartier Latin ab. Er nimmt Unterricht an der Kunstakademie und in privaten Ateliers. Wichtiger aber noch ist sein regelmäßiger Besuch des Louvre, wo er seine Staffelei aufstellt und in stunden-, ja tagelanger akribischer Arbeit Kopien von den Alten Meistern anfertigt.

Noch stärker wird ihn nur sein Aufenthalt in Barbizon prägen. Hier findet er zu seiner Berufung als Landschaftsmaler. Längst hat er aufgehört, Engel zu malen. In seiner Motivwahl lässt er sich von seinen Vorbildern Millet und Rousseau beeinflussen: «Grigorescu hat die Sprache von ihnen gelernt. [...] In ihrer Werkstatt – dem riesigen Wald von Fontainebleau – malte er die ersten Bäume und die erste Furche echter Erde auf die Leinwand. Dort verstand er, dass es in der Kunst nichts Bedeutungsloses gibt», schreibt der rumänische Schriftsteller Alexandru Vlahuță später über ihn.[34] Wie Millet beginnt Grigorescu die arbeitenden Bäuerinnen und Bauern darzustellen: nicht mehr mit der offensichtlichen Überhöhung seiner Ikonen, jedoch mit einer inneren Beseeltheit und einem Ausdruck der Würde. Sein früherer schematischer und konservativer Malstil wird von einer realistischen Darstellung abgelöst, die sofort Anklang findet. Schon 1867 darf er erstmals sieben Werke im Pariser Salon ausstellen. Grigorescus Gemälde *Alte Frau mit Gänsen* etwa (1868, heute im rumänischen Nationalmuseum in Bukarest) ist ein subtiles Porträt einer französischen Bäuerin, deren jahrelange Arbeit ihrer gebeugten Haltung anzusehen ist. Sie stützt sich auf einen Stock. Das Kind im Hintergrund blickt wie die Bäuerin aus dem Stall hinaus.[35]

Mangels Quellen ist über Grigorescus Alltag in Barbizon nur wenig bekannt. In den wenigen bekannten Zeugnissen spricht er kaum über seine Erfahrungen und noch weniger über seine Gefühle. Jedenfalls schließt Grigorescu erstmals in Barbizon – weit weg von ihrer gemeinsamen Heimat – Bekanntschaft mit seinem jüngeren Malerkollegen Ion Andreescu, der ihn lange nur aus der Ferne bewundert hat. Er porträtiert ihn in fast schon impressionistisch anmutender Manier als Landschaftsmaler mit Sonnenhut, Sonnenschirm und Tornister auf dem Rücken und Leinwand unter dem Arm.

Bei seinem zweiten Aufenthalt in der Gegend von Fontainebleau lässt sich Grigorescu im nahe gelegenen Marlotte und nicht in Barbizon nieder – aus einem delikaten Grund, wie er später notiert: «Ich verliebte mich in eine von Millets Töchtern und vielleicht wäre ich dort geblieben, wenn sie meine Gefühle nicht erwidert hätte. Aber ich dachte daran, dass sie die Tochter eines großen Künstlers sei. Da ich in keiner guten finanziellen Lage war und auch nicht sicher, diese je zu erreichen, sagte ich mir, dass es unfair sei, sie an meinem von Not und Entbehrung geprägten Leben teilnehmen zu lassen.»[36] Folglich sieht er davon ab, um sie zu werben. Wie um von ihr Abschied zu nehmen, malt er ein einfühlsames Porträt der jungen Frau, das sie in ihrem weißen Kleid fast schwebend umgeben von rosa Rosen zeigt (Tafel 2). Ihr zu Ehren hat Grigorescu doch eine Ausnahme gemacht: Er hat seine Geliebte aus der Ferne als Engel dargestellt.

1873 und 1874 unternimmt er Studienreisen nach Italien (Rom, Neapel und Pompeji) sowie nach Griechenland und Wien. Mit Ausnahme von zwei Aufenthalten in Vitré in der Bretagne 1879 und 1890 bleibt er fortan in Rumänien, wo er unzählige Bilder der rumänischen Landschaft und der Landbevölkerung malt. 1899 wird er zum Ehrenmitglied der Rumänischen Akademie ernannt. Als längst arrivierter Maler lässt er von 1902 bis 1904 in Câmpina, einer Kleinstadt mit damals 2500 Einwohnern an den südlichen Ausläufern der Karpaten, nach seinen Plänen ein Holzhaus errichten – im Stil an die rumänischen Bauernhäuser erinnernd, jedoch zweistöckig und mit seiner großen Terrasse lichtdurchflutet wie eine Sommerfrische. Im größten Raum des Hauses, durch dessen große Fenster das Licht ideal schräg auf die Staffelei fällt, hat Grigorescu sein Atelier platziert. Auf dieser Staffelei wird 1907 ein unvollendetes Werk von ihm stehen bleiben, als er überraschend im Alter von neunundsechzig Jahren stirbt.

In seinem Heimatland wird Grigorescu bis heute als einflussreichster rumänischer Maler der Moderne verehrt, seine Werke erzielen Höchstpreise auf dem Kunstmarkt. Er ist es, der den rumänischen Landschaften und der dort lebenden Bevölkerung ihr unverwechselbares Gepräge gegeben hat. Er sei nicht sicher, schreibt Alexandru Vlahuță, ob es «irgendein Land auf der Welt gibt, das sich so klar und stark in der Arbeit eines Künstlers spiegelt». Grigorescu habe mit seinen Werken die «Seele unserer Heimat» erfasst und ihr dadurch eines der kostbarsten Geschenke gemacht. Dieses ganz Eigene ist aber zu guten Teilen 2500 Kilometer westlich in Barbizon in der Nähe von Paris vorbereitet worden.

Unerfüllte Liebe

In Grez-sur-Loing erlebt der japanische Maler Seiki Kuroda eine vergleichbare Geschichte wie Nicolae Grigorescu in Barbizon. 1890 kommt er als junger Mann nach Paris, eigentlich um Jura zu studieren. Bald wendet er sich der Kunst zu und schließt sich der losen Gruppe von japanischen Künstlern an, die gerade westliche Maltechniken für sich entdecken. Schon 1891 wird ein erstes Gemälde von ihm am Pariser Salon ausgestellt; im Jahr darauf reist er nach Grez.

Seinem Tagebuch vertraut er eine delikate Geschichte an: Er verliebt sich in die Dorfbewohnerin Maria Billaut, die älteste Tochter des Metzgers von Grez. Eine Fotografie zeigt ihn, den jungen japanischen Maler, zusammen mit der Mutter Billaut und ihren fünf Kindern; Maria und er stehen ganz hinten, beide blicken unverwandt in die Kamera, ohne sich etwas von ihren Neigungen, die sie füreinander hegen, anmerken zu lassen. Kuroda malt mehrere Bilder von Maria Billaut; eines zeigt sie in der Küche. Die Geschichte führt im Dorf jedoch zu Gerüchten: «Vom Fenster aus sah ich den Schwiegersohn des Tabakladen-Besitzers in den Garten treten und durch das Fenster zu uns herüberschauen. Maria und ich saßen zusammen auf dem Sofa. Überrascht uns zu sehen, floh er. Ohne Zweifel führten solche Ereignisse zu den Gerüchten, die bald im Dorf herumgingen. Für Maria war es schrecklich, aber niemand konnte helfen.» Die Verliebtheit geht Kuroda sehr nahe; seine widersprüchlichen Gefühle sieht er im Roman *Graziella* des romantischen Dichters Alphonse di Lamartine gespiegelt. Nicht gerade hoffnungsfroh schreibt er in sein Tagebuch: «Ich weiß nicht, wie es am Schluss herauskommen wird. Ich bin sicher, dass wir mit dem Verlauf der Zeit darüber werden lachen können.» Doch er kann oder will nicht bei ihr bleiben. Im Juli 1893 kehrt er nach Japan zurück, wo er sich mit seiner in Frankreich erlernten Maltechnik erfolgreich als Künstler etablieren kann. Hier heiratet er Teruko, die er 1897 am Ahi-See in der Nähe Yokohamas porträtiert. Maria Billaut hingegen bleibt lange ledig. Erst 1924, im Alter von vierundfünfzig Jahren, feiert sie ihre Hochzeit.[37]

↑ Ida Gerhardi ↓

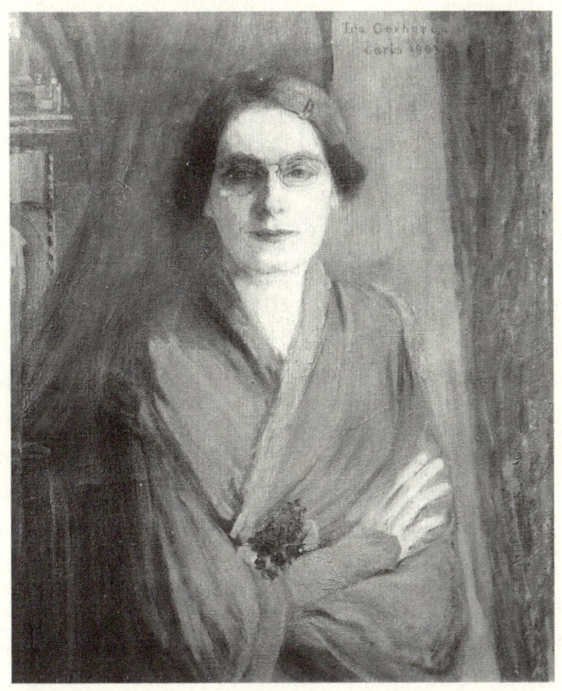

Die deutsche Künstlerin Ida Gerhardi verbringt 1896 mit Jelka Rosen einen wunderbaren Sommer in Grez-sur-Loing. Der Komponist Frederick Delius, der im folgenden Jahr als Freund von Rosen dazustößt, stört die Harmonie, worauf Gerhardi im Streit wegzieht.

Ihr privates Arkadien scheinen die beiden Künstlerinnen Ida Gerhardi und Jelka Rosen 1896 in Grez-sur-Loing gefunden zu haben. Bei der Zimmerwirtin sind sie bestens untergekommen, aber noch viel mehr gefällt ihnen der einsame Garten. Ida Gerhardi kommt in ihren Briefen aus dem Schwärmen kaum heraus: «Wir pflücken wunderbare Rosenbouquets, mit denen wir unser reizendes Atelier schmücken», «es blüht und duftet nur so um uns herum u. gar keine sogenannt zivilisierten Leute». Sie erzählt vom Mann der Tochter der Zimmerwirtin, der mit Jelkas «goldflimmernden Haaren» liebäugelt, und davon, dass selbst die Bäuerinnen anfangen, «Velociped» zu fahren. Unter den anderen Künstlern fühlen sich die beiden Frauen gut aufgehoben, bei Francis Brooks Chadwick und Emma Löwstädt nehmen sie in deren Gasthaus an einer Mesmerismus-Séance teil, die damit endet, dass eine magische Schiefertafel an Jelkas Kopf landet. «Für mich ist das Leben hier mehr Ausruhen wie Arbeiten, das heißt der Geist arbeitet unausgesetzt.» Abends spielen sie Klavier, und Jelka singt wundervoll.[1]

Es war ein weiter Weg bis hierher. Die in Hagen geborene Ida Gerhardi verlor schon mit sieben Jahren ihren Vater. Aus finanziellen Gründen besuchte sie die Höhere Töchternschule in Detmold. Eine weitergehende Ausbildung blieb ihr zunächst verwehrt, da die Mutter das Medizinstudium des Bruders finanzierte. Erst mit achtundzwanzig Jahren konnte Ida Gerhardi ihrem Traum folgen und bei der Malerin Tina Blau in München Kunst studieren. Darauf zog sie nach Paris und belegte Kurse in den Privatakademien Julian und Colarossi. Anders als in Deutschland wurde hier auch für Frauen das Aktzeichnen mit unbekleideten Modellen angeboten.[2]

In der Beschaulichkeit des Künstlerdorfes Grez scheinen Ida Gerhardi und Jelka Rosen ihre Bestimmung gefunden zu haben. Anders als in Paris müssen sie sich nicht mehr mit desinteressierten Mitstudentinnen auseinandersetzen und die Männer ertragen, die auf ihre Kunst (und die von Frauen generell) mit leeren Schmeicheleien oder mit Missgunst reagieren. Auch der «trostlosen Stadt, gefüllt mit schwarzem Rauch, moderner Industrie, Maschinen, reichen und sehr hässlichen Menschen», wie Jelka Rosen später Auguste Rodin in einem Brief schreibt, sind sie entronnen.[3]

Der wild verwachsene, blühende Garten ist ihr Refugium, wie John Lavery berichtet: «Der Garten, der vom Haus hinunter zum Fluss verlief, war vollkommen abgeschirmt und wurde ein ideales Freiluft-Atelier für die Modelle, von denen Jelka umfassenden Gebrauch machte. Ihr kleines und sehr erlesenes Nudisten-Camp, das sie daraus machte, wäre ein vollkommener Erfolg gewesen, wäre es ein solcher nicht auch für die

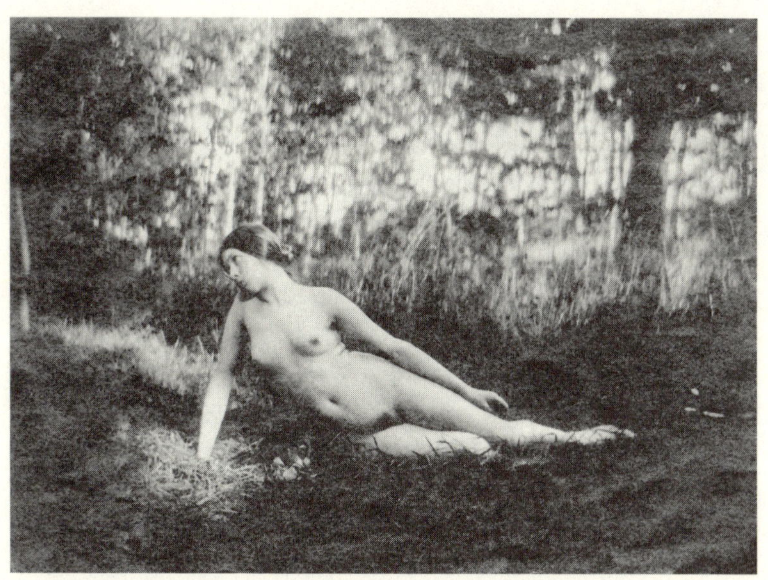

Der wild verwachsene, blühende Garten von Grez-sur-Loing ist das Refugium von Ida Gerhardi. Hier kann sie (beinahe) ungestört ihr Modell Marcelle posieren lassen.

Mücken gewesen.»[4] Hier können Ida Gerhardi und Jelka Rosen ihr Modell Marcelle ungestört nackt posieren lassen – oder jedenfalls fast ungestört, denn wie Ida Gerhardi in einem Brief berichtet, steigt der Pfarrer auf den Kirchturm, «um einen Blick ins irdische Paradies zu tun».[5] Die Anekdote ist nicht so außergewöhnlich: Von anderen Künstlerkolonien, beispielsweise vom Monte Verità, sind nahezu identische Geschichten überliefert. Der vom Turm linsende Pfarrer steht dabei sinnbildlich für das mehr oder weniger amüsierte Interesse, welches die einheimische Bevölkerung dem Treiben der Künstlerinnen entgegenbringt. Er ist zwar eine Autoritätsperson, doch seine Befugnis ist beschränkt: auf Gäste des Ortes erstreckt sie sich nicht.

Im Sommer des folgenden Jahres ändert sich die Situation mit der Anwesenheit des britischen Komponisten Frederick Delius, mit dem Jelka Rosen inzwischen eine Beziehung eingegangen ist. Die beiden haben sich in einem Pariser Salon kennengelernt: Rosen trug Lieder von

Edvard Grieg vor, was den Vierunddreißigjährigen sofort für die sechs Jahre jüngere Künstlerin einnahm. Alle drei verbindet sie eine Passion für die Kunst und die Liebe zu Friedrich Nietzsche; in seiner Nachfolge sehen sie die Kunst als Gegenwelt, lebensintensiver als die profane Wirklichkeit. Gerhardi malt den Komponisten Delius in einer melancholischen Haltung mit einem nachdenklichen, nach innen gerichteten Blick.[6]

Doch die Dreierkonstellation führt bald zu Spannungen. Rosen überwirft sich mit ihrer Künstlerfreundin Gerhardi, die im Streit wegzieht. Jelka Rosen malt weiter, zunächst ungeachtet ihrer Selbstzweifel: «Ich arbeite viel; aber wie schwierig ist dieses künstlerische Gebären, und wie ewig unzufrieden bin ich in meinem Streben!»[7] Bald schon beginnt ihre künstlerische Produktion jedoch zu versiegen, mehr und mehr findet sie ihre Rolle in der Unterstützung ihres Ehemannes Frederick Delius. Sie entwickelt sich von der Malerin zur Assistentin; nach ausgesprochen progressiven Anfängen unterwirft sie sich dem patriarchalischen Stereotyp.[8]

Frederick Delius, der 1897 definitiv nach Grez gezogen ist, komponiert 1899 die Nocturne *Paris. The Song of a Great City*, ein Stück über die Vergnügungen des Lebens in der Großstadt, über die Liebe und ihre Enttäuschungen – als ob er Henri Murgers *Scènes de la vie de Bohème* hätte vertonen wollen. Mit dem orchestralen Intermezzo «Ein Gang durch den Paradiesgarten» (als Teil der 1907 uraufgeführten Oper *Romeo und Julia auf dem Dorfe*) hat Delius später die träge Sommerstimmung des verwunschenen Gartens in Grez unmittelbar in elegisch-fließende Musik übertragen.

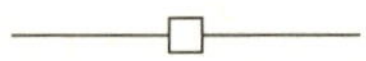

Der Landschaftsmaler und Akademieprofessor Ernest Courtois-Bonnencontre organisiert 1891 für acht seiner Schülerinnen, unter ihnen Ida Gerhardi, eine mehrtägige Studienreise in die Bretagne. Gerhardi freut sich auf die «gemütliche Kolonie» und bereitet sich gewissenhaft darauf vor: «Für den Land- und Seeaufenthalt habe ich mir einen reizenden großen Florentiner [...] mit indischem Mull garniert. Ich bin sehr stolz auf diesen

Hut u. sehe nicht sehr hässlich darin aus.»[9] Concarneau, direkt am Meer, am Unterlauf des Flusses Aven gelegen, gefällt ihr zunächst gar nicht. In ihrer Unterkunft findet sie Schaben und Wanzen. «Missliche Einrichtungen», schreibt sie in einem Brief, zudem regnet es zu allem Übel noch. «Melancholie ist selbstverständlich.»[10]

Die Landschaft schaut Ida Gerhardi sich mit dem Blick der angehenden Malerin an. «Wenn die Sonne lächelt, lächelt sie bleich, u. man hat nicht das Gefühl, dass sie wirklich wärmend ins Herz dringt. [...] Meer und Himmel sind nicht mehr zu unterscheiden, u. das was Farbe hat in der Natur, schimmert als unerklärlicher, fast formloser Effekt – die graue Masse unendlich anziehend machend – durch den melancholischen, sich leise bewegenden Schleier hindurch.»[11] In der poetischen Sprache ihrer Briefe vergleicht sie die Physiognomie des Landes mit einem traurigen Gesichtsausdruck: «Es ist wunderbar schön hier bei grauem Wetter.»[12] Ihr in dieser Zeit gemaltes Bild *Bauernhof bei Concarneau* nimmt diese Stimmung auf (Tafel 3). Gemalt mit einer eingeschränkten, hauptsächlich aus Grautönen bestehenden Farbpalette, orientiert sich die Studie nicht nur an den Vorbildern Millet und Corot, sondern vermittelt die Gefühlslage, die auch aus ihren Briefen nach Hause spricht.

Sie sind nicht frei von herablassenden Bemerkungen über die bretonische Bevölkerung. An vielen Stellen entdeckt Gerhardi Primitivität und Schmutz, die Moral sieht sie auf einer unterentwickelten Stufe. Während ein Fischer im Sommer Tag und Nacht arbeitete, würde er im Winter ständig *Eau de vie* (im Brief liefert sie die Übersetzung gleich mit: Branntwein) trinken, «u. sieht selten seine graue Bretagne mit klaren Augen». Ständig sieht sie Betrunkene, auf der Straße könne man ihnen kaum aus dem Weg gehen. Von Frauen, Müttern und Töchtern werden sie aufgelesen und nach Hause gebracht.[13] Als ein einheimischer Fischer sie zum Sardinenfang auf sein Boot einlädt, ergreift sie die Chance nicht, einen Einblick in seine Arbeit zu gewinnen. Sie möchte nicht in die Verlegenheit kommen, seine «Galanterien» abwehren zu müssen.[14]

Die gesamte Gruppe besucht den Prozessions- und Festtag «Pardon» bei der Kirche Sainte Anne in Fouesnant. Ihr beigesellt hat sich auch ein Ungar, der offenbar Interesse an Gerhardi zeigt; sie versucht, möglichst Distanz zu ihm zu halten. Als lebendiger Bestandteil bretonischen Brauchtums beginnen religiöse Feiern mit einer Prozession, gehen in die gemeinsame Feier der Messe über und klingen mit weltlichen Vergnügungen wie Festessen, traditionelle Musik und Tanz aus. Sie sind ein beliebtes Motiv zahlreicher Maler aus Pont-Aven, die in ihren personenreichen Tableaux die teils feierliche, teils ausgelassene Stimmung einfangen und die traditionelle Trachten abbilden. Gerhardi malt einfühlsame Porträts von bretonischen Mädchen und Fischerinnen aus Concarneau. Das von ihr miterlebte Fest «Pardon» beschreibt sie in ihren Briefen: «Der Strom der festlich geschmückten Bauern, die Frauen in schwarzen, schweren Tuchröcken, miederartigen Taillen u. unglaublichen steifen Hauben, [...] die Männer in flachen Hüten mit flatternden Samtbändern u. reichgestickten kurzen Jacken [...] ergoss sich langsam in die einfach naiv geschmückte Kirche, wo Gebet, Gesang u. Pardon vor sich gingen, die Leute alle auf der flachen Erde kniend.» Ihre Kameradinnen versuchen, Skizzen von der Messe zu machen, was aber stehend nur schlecht geht. Gerhardi verlegt sich ganz aufs Beobachten: Draußen an einer Mauer brutzelt ein Mahl über einem Feuerchen, silberweiße Sardinen werden in bräunliche Leckerbissen verwandelt. «Nicht für meinen Geschmack», beeilt sie sich hinzuzufügen.[15]

Pont-Aven

Das wilde Armorika

Es gibt nur wenige andere Orte, die eine vergleichbare Kombination von erhabener, ungebändigter Natur und eigenständiger Kultur zu bieten haben wie das Departement Finistère (Ende der Erde) am äußersten Zipfel der Bretagne. Die wilde und zerklüftete Küste, an die mächtige Wellen anbranden, die großen Gezeitenunterschiede, die Muscheln, Seesterne und Seeigel, die sich bei Ebbe mittels der traditionsreichen *pêche à pied* mit etwas Glück am Strand fangen lassen, vermitteln das Gefühl, den Elementen ausgesetzt zu sein. Ständig weht eine frische Brise, klimatisch ist die Bretagne dem wechselhaften englischen Wetter viel näher als dem kontinentalfranzösischen. Im Landesinneren grasen Kühe und Schafe auf saftigen Weiden, die von Naturhecken umgrenzt sind. Geheimnisvolle Dolmen und Menhire verstärken den Reiz dieser Region.

Besonders faszinierend für die auswärtigen Künstler ist die religiöse Tradition der Bretagne, die Kreuze und Bildstöcke am Wegrand, die mit Flechten überwachsenen Skulpturen auf den Friedhöfen neben den gotischen Kirchen. Madeleine Zillhardt berichtet von einer solchen Erfahrung: «Gegen Mittag wurde in der Ferne die wunderschöne gotische Kirche sichtbar, die der allseits verehrten Schutzheiligen der Bretonen, Sainte Anne, geweiht ist. Sie ragte als einziges Bauwerk aus den Dünen empor, die mit silbrig schimmerndem Kraut bewachsen und mit unzähligen Blümchen übersät waren.» Unterwegs ist sie 1880 mit Louise-Cathérine Breslau, die sie eben erst kennengelernt hat und mit der sie beinahe vierzig Jahre lang das Leben teilen wird. Während die in der Schweiz aufgewachsene Breslau nach einer Ausbildung an der Akademie Julian in Paris als Malerin Karriere macht, ist Zillhardt vornehmlich als Illustratorin und Autorin tätig. Gemeinsam besuchen die beiden eine traditionelle Prozession und lauschen den «Lobgesängen einer andächtigen Menge». Eine Statue einer Heiligen in «über und über mit goldenem Spitzen behangenem bretonischen Trachtengewand» wird von vier jungen Mädchen auf Schultern getragen. Alte Weiber in ihren schwarzen Umhängen mit spitzen Hauben auf dem Kopf schauen der Prozession zu; die Männer tragen noch ihre angestammte Tracht. Fahrende Sänger ziehen von einer Pilgergruppe zur nächsten und singen ihre «uralten keltischen Klagelieder». In ihrer Erinnerung ist sich Zillhardt sicher, dass sie als Einzige unter all den Pilgern nicht aus religiösen Gründen gekommen sind.[1]

Wahrscheinlich ohne sich dessen bewusst zu sein, bestätigt Madeleine Zillhardt mit dieser Aussage einen Topos, der für die Geschichte des Tourismus typisch ist. Er besteht im Versprechen, eine Lebensart der besuchten Bevölkerung ganz echt und unverfälscht erleben zu können – und zwar kurz vor ihrem Verschwinden. Ob Zillhardt und Breslau die prächtigen Bände über die Bretagne – oder Armorika, wie die Kelten die französische Westküste nannten – kennen, die lange vor ihrem Aufenthalt entstanden sind? Die *Voyages pittoresques et romantiques dans l'Ancienne France* von Isidore Taylor (1844–1846) und die *Galerie armoricaine* von François Hippolyte Lalaisse (1848) zeigen in zahlreichen Lithografien typisch bretonische Trachten und bäuerliche Gerätschaften. Die beiden haben mit ihren ausgesprochen detailreichen Monumentalwerken das Ziel verfolgt, den kulturellen Reichtum der Bretagne für die Nachwelt zu bewahren.

Dazu gehörte auch die bretonische Sprache, die aufgrund zentralstaatlicher Tendenzen zugunsten des Französischen bereits im 19. Jahrhundert gefährdet ist – ein weiterer Pluspunkt in den Augen der Künstler. Die Malerin Helene Schjerfbeck, die von Herbst 1883 bis Frühling 1884 in Pont-Aven lebt, erkennt eine Wahlverwandtschaft zwischen ihrem Herkunftsland Finnland und der Bretagne: Beide haben eigenständige historische Traditionen, und hier wie dort spricht die soziale Oberschicht eine andere Sprache als die ländliche Bevölkerung.[2]

Wassermühlen und Bois d'Amour

Ab dem 18. Jahrhundert finden immer wieder vereinzelte Reisende den Weg nach Pont-Aven. Die Reise dahin ist jedoch lang und umständlich, was sich erst mit dem Bau der Eisenbahnlinie ändert. 1862 wird Quimperlé an die Eisenbahn angeschlossen, 1863 Quimper und 1865 Brest. Daher ist es kaum ein Zufall, dass die Etablierung Pont-Avens als Künstlerort genau in diese Zeit fällt. Der amerikanische Maler Robert Wylie, der auf Anraten seines Kollegen Henry Bacon in die Bretagne gekommen ist, gibt 1864 die «Entdeckung» Pont-Avens bekannt – in einem kolonialistischen Gestus, den wir auch bei anderen Künstlerkolonien noch antreffen und genauer analysieren werden. Wylie verkündet, die Franzosen hätten die Schönheit Pont-Avens nicht erkannt. Schon zwei Jahre später erscheint in Philadelphia ein lobender Artikel über die dortige Malerkolonie, und spätestens seitdem ist der idyllisch gelegene Marktflecken im Tal mit fünfzehn Mühlen, einem Hafen, der bei Flut vom Meer her erreichbar ist, drei Hotels und dem romantischen *Bois d'Amour* als bevorzugter Ort der Maler festgeschrieben. Auf den Literaten François Coppée, der ein führendes Mitglied der nationalistischen Liga für das französische Vaterland ist, wirkt der Ort fast wie eine Theaterdekoration: «Ein köstlicher Rastplatz ist das, ein fast zu schönes Land, mit Meeresschiffen und Wassermühlen, die im dichten Gewirr des Laubes verschwinden.»[3]

Robert Wylie bleibt bis zu seinem frühen Tod 1877 in Pont-Aven als Mentor einer ständig wachsenden Künstlerkolonie. Ein Jahr nach seinem Eintreffen besteht die Kolonie aus sechs Malern, 1876 ist sie auf fünfzig und 1883 auf hundert Maler angewachsen (bei insgesamt 1400 Einwohnern). Die Mehrheit unter ihnen ist männlich und kommt aus dem Ausland. Mit dem Zustrom der Künstler ändern sich auch die Bedürfnisse: Die Behörden erlauben fortan den Gaststätten, bis um 22 Uhr offen zu halten und Getränke auszuschenken, um den Ansprüchen der Gäste gerecht zu werden.[4]

Die meisten in- und ausländischen Besucher übernachten in ei-

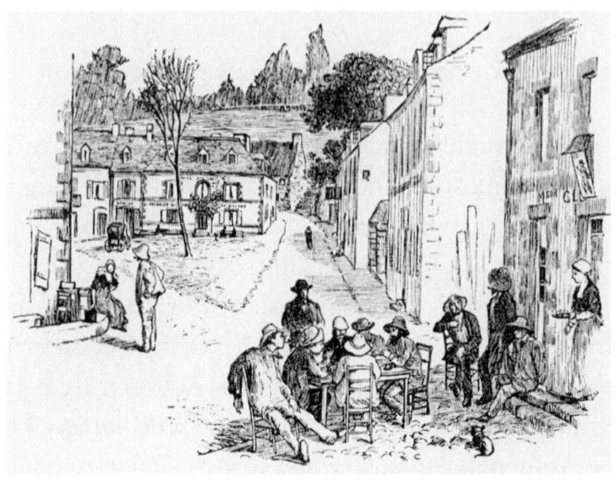

Die Pension Gloanec am dreieckigen Hauptplatz von Pont-Aven ist wegen ihrer günstigen Preise bei Künstlerinnen und Künstlern beliebt. Der Reiseschriftsteller Henry Blackburn nennt sie ein «true Bohemian home».

nem der drei Hotels, die sich um den dreieckigen Hauptplatz gruppieren, entweder im Hôtel Lion d'Or, im Hôtel des Voyageurs oder in der günstigeren Pension Gloanec, die der Reiseschriftsteller Henry Blackburn als «true Bohemian home» bezeichnet. Für fünf Francs pro Tag *tout compris* kann man in den Hotels übernachten und reichlich essen. In der Pension Gloanec kostet ein Monat Vollpension in einem sauberen und hellen Zimmer mit zwei Mahlzeiten am Tag, zu denen Cidre gereicht wird, sogar nur 60 Francs. Das entlockt sogar dem sonst eher nüchternen Blackburn ein Ausrufezeichen.[5] Im *Stockholms Dagblad* – bis nach Schweden ist der Ruf Pont-Avens gedrungen – wird 1890 sogar nur ein Preis von 55 Francs pro Monat genannt und die Atmosphäre mit «rustikal und gastfreundlich» umschrieben.[6] Der aus dem bretonischen Morlaix stammende Schriftsteller Émile Souvestre benennt 1844 einen weiteren Vorteil: «In Pont-Aven bekommt man die Butter zum Preis von Milch, das Huhn zum Preis eines Eis und Leinwand zum Preis von noch grünem Flachs.»[7]

Das Hôtel des Voyageurs wird wegen seiner Besitzerin Julia Guillou auch als Hôtel Julia bezeichnet. Ihre Qualitäten als Gastgeberin

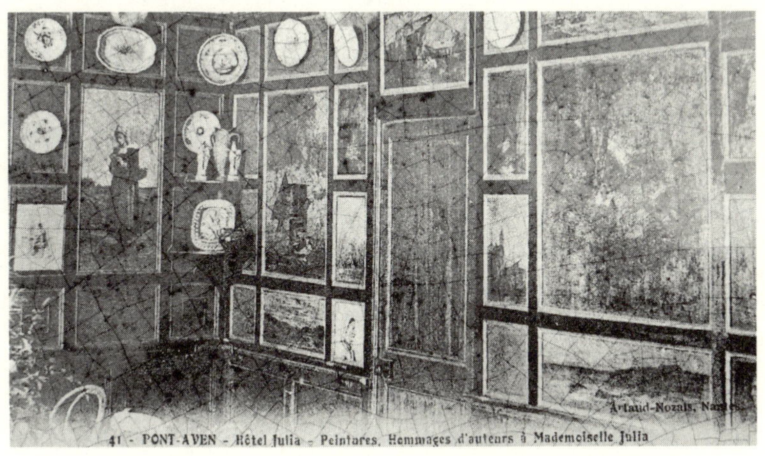

Julia Guillou stattet den Speisesaal des Hôtel des Voyageurs mit Bildern von befreundeten Künstlern aus und stellt ihren Salon für Abendkurse mit Aktzeichnen zur Verfügung.

sind so außerordentlich, der Zustrom an Künstlern ist so groß, dass sie ihr Hotel in den 1880er Jahren ausbauen kann. Für die künstlerische Ausstattung kann sie auf die Hilfe ihrer Freunde zählen, die es als Ehre ansehen, der großzügigen Hotelbesitzerin ihre Werke zu schenken: «In der Herberge sind die Wände des Speisesaals verziert wie in Marlotte oder in Barbizon, voller gekonnter Skizzen, die einen grün wie ein Teller Sauerampfer, die anderen braun überbacken wie gratinierte Makkaroni.»[8]

Julia Guillou setzt sich auch aktiv dafür ein, die Arbeitsbedingungen der Künstlerinnen zu verbessern. Regelmäßig stellt sie ihren Salon fürs Aktzeichnen zur Verfügung, wie die englische Künstlerin Helen Trevor, die von 1880 bis 1881 in Pont-Aven lebt, berichtet: «Hier gibt es viele Künstler und wir haben einen wichtigen Abendkurs im großen Salon des Hôtel des Voyageurs, den wir dreimal in der Woche besuchen und wo wir Modelle haben. Alle bringen ihre Staffelei und die Kerze mit, und wir ziehen die Plätze zufällig. Ich mache hauptsächlich Feder- und Kreideskizzen von meinen malenden Kollegen, die ich insgesamt amüsanter finde als die Modelle.»[9]

Für weniger als einen Franc pro Tag (also die Hälfte dessen, was Verpflegung und Unterkunft kosten) posieren die Einheimischen ohne falsche Scham, berichtet Henry Blackburn. Sie schätzten das damit erzielte Nebeneinkommen sehr, und nur während der Erntezeit sei die Nachfrage größer als das Angebot.[10] Für die finnische Künstlerin Helena Westermarck hingegen, die als Freundin Helene Schjerfbecks 1883 und 1884 mehrere Monate in Pont-Aven verbringt, ist der Umstand fragwürdig, dass auch Kinder für wenig Geld stundenlang ruhig sitzen müssen.[11]

Häufig lassen die Künstler ihre Modelle in traditioneller Kleidung posieren und übernehmen diesen Stil gleich auch für sich selbst. Auf einem Gruppenfoto, das im Jahr 1886 vor der Pension Gloanec entsteht, ist dieser Ethnolook ersichtlich an den Bärten, der bäuerlich anmutenden Kleidung, den Matrosenmützen und den Holzpantinen. Mit Knickerbockern und Krawatten verleihen sie ihm aber einen Zug ins Dandyhafte. Die legere Haltung der Künstler steht dabei ebenso für ihren Nonkonformismus wie als Zeichen ihrer Gruppenidentität.

Guenn, das wilde Fischermädchen

Einiges von der Ambivalenz im Verhältnis der Künstler und der Einheimischen ist in den 1889 in deutscher Übersetzung erschienenen Roman *Guenn. Eine Welle am Strand der Bretagne* von Blanche Willis Howard eingegangen. Die in den USA geborene Journalistin und Schriftstellerin lebte ab 1875 in Deutschland und machte sich besonders durch ihre Romane, Reisefeuilletons und Kolumnen einen Namen.

In der Eingangsszene von *Guenn* steigt der amerikanische Künstler Hamor, der lange Zeit in Paris gelebt hat, in Plouvenec – ein Tarnname für Concarneau – aus der Postkutsche. Schnell gliedert er sich in die Kolonie von dreißig bis vierzig Malern ein, die sich hier niedergelassen haben. «Künstlerischer Enthusiasmus bewegte ihn einzig und allein», er ist entzückt von den Farben und Formen der Bretagne. Doch sein Enthusiasmus ist mehr von professionellem Interesse als

Illustration aus dem Roman *Guenn. Eine Welle am Strand der Bretagne* von Blanche Willis Howard. Guenn, die auch als «Venus von Plouvenec» bezeichnete Hauptfigur des Romans, besitzt «die Anmut einer wilden Gazelle, und ihre Schönheit ist von geradezu berückender Natur».

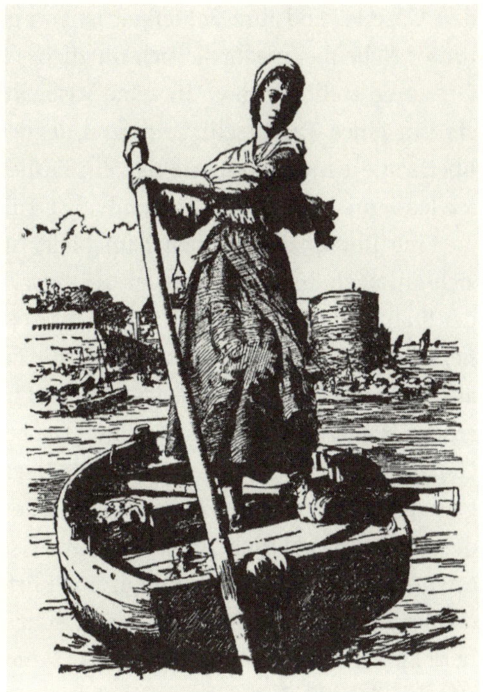

von echter Anteilnahme geleitet. Ständig ist er auf der Suche nach Motiven und unterscheidet die feinsten Farbnuancen: das mattgraue Hemd eines Knaben, die lichtgraue Gestade, das graugrüne Wasser, den grüngrauen Ginster im Hintergrund, der sich vom blaugrauen Horizont abhebt. «Auch die Seeleute, die faul am Strande liegen, sind eine willkommene Beute für das Auge des beutehungrigen Künstlers.»[12]

Kurz nach seiner Ankunft trifft er auf Guenn Rodellec, eine junge Wäscherin, die sich nach anfänglicher Reserviertheit selbst von seinen harschen Bemerkungen über die anderen Modelle, die sich so ungeschickt «wie die Kühe» bewegen würden, nicht abschrecken lässt, für ihn zu posieren.[13] Bei der Arbeit im Atelier legt die «Venus von Plouvenec» ihre anfängliche Scheu ab und strahlt eine unbefangene Natürlichkeit aus: «Das Mädchen besitzt die Anmut einer wilden Gazelle, und ihre Schönheit ist von geradezu berückender Natur.»[14] Nebenbei macht sie sich nützlich: «Sie brachte sein Atelier in Ordnung, stellte Blumen in seine Vase, wusch seine Pinsel und als sie ihn eines Tages schlafend fand, legte sie sorglich einen Shawl über seine Kniee, wofür sie nur ein rauhes: ‹Nimm die Decke weg, ich lasse mich nicht verhätscheln!› als Dank erhielt.»[15]

Eine Romanze zwischen dem Maler und der Wäscherin bahnt sich an, nach dem alten Muster der Geschichte von Pygmalion und der Statue, die George Bernhard Shaw 1913 auf die Bühne bringt, seinerseits Vorbild für das Musical *My Fair Lady*: «Er übertrug ihr Bild auf die Leinwand, sie prägte das seine fest in ihr Herz ein.»[16] Doch zu einem Happy End kommt es nicht. Hamor verlässt die Bretagne, im Gepäck das Bildnis von Guenn, dem wilden Fischermädchen. Es begründet seinen Ruhm, Dutzende wollen es kaufen. Hamor weiß zu diesem Zeitpunkt nicht, dass Guenn nicht mehr lebt. Sie ist im Meer ertrunken, im Volk kursieren nur noch Erinnerungen an die «zierliche kleine Gestalt in ihrer kecken Frische und Anmut».[17] Erst in einem Epilog zehn Jahre später erfährt Hamor von den tragischen Umständen ihres Todes.

Auf einer primären Ebene reproduzieren die Hauptfiguren des Romans die gängigen Geschlechterklischees vom künstlerisch tätigen Mann und einer dienstbaren Frau, deren Rangordnung durch den Altersunterschied und die soziale Herkunft gegeben ist. In einer für Hamor ausgesprochen angenehmen Kombination nimmt Guenn gleichzeitig die Rolle als Muse und als Bedienstete ein. Doch im unausgesprochenen Subtext des Romans ist auch eine Kritik am ruppigen Verhalten des amerikanischen Malers zu vernehmen, der Guenn in Abhängigkeit hält und sie auf ein Motiv reduziert. Deutlich wird dies an der von Hamor erzählten Parallelgeschichte von Yvonne, die sich ertränkt, nachdem ihr treuloser Liebhaber sie verlassen hat. «Vielleicht war es ein würdigeres Los», resümiert der amerikanische Maler, «einen Blick in eine höhere Welt zu werfen, als erhabenes Kunstmotiv zu dienen und aus Liebesgram zu leiden und zu sterben», anstatt einfach einen Mann ihres Standes zu heiraten.[18]

Blanche Willis Howard soll Guenn nach dem Gemälde *La Blancheuse* (Die Wäscherin) von Edward Simmons beschrieben haben. Der Maler selbst, so wird vermutet, diente ihr als Vorbild für Hamor, wobei sich Simmons, anders als die Romanfigur, durch seine Großzügigkeit ausgezeichnet haben soll. Auch der amerikanische Maler Alexander Harrison, der von 1882 bis 1883 in Concarneau weilt, teilt einige Züge mit Hamor. Auf dem Gemälde von Cecilia Beaux tritt er den Betrachtenden als stolzer Mann mit einer Farbpalette in der Hand entgegen. Ständig soll der schnauzbärtige Mann von Frauen umgeben gewesen sein; Studentinnen, die er unterrichtete, seien von ihm hingerissen gewesen.[19] In Grez-sur-Loing malte Harrison ein Gemälde mit dem bezeichnenden Titel *In Arkadien*. Es zeigt drei nackte Frauen in einer idyllischen Waldszene, ein Bild, das zum Skandal gerät, obschon Harrison die Unschuld der Szene betont und jegliche sexuelle Anspielung verneint.[20]

Lehrjahre und trocknende Wäsche

Für Malerinnen und Maler am Anfang ihrer Karriere ist Pont-Aven ein geradezu idealer Tummelplatz: ein Jahrmarkt des Geistes und des Körpers, der vielfältige Inspiration, Anregungen, Freundschaften und manchmal auch erotischen Kitzel bietet. Noch bei einer Ausstellungseröffnung im Jahr 1948 schwärmt der hochbetagte Cuno Amiet, der in seinem Holzhaus auf der Oschwand im Kanton Bern ähnlich wie Grigorescu in Câmpina fern von der Großstadt lebt, von den Erfahrungen, die er hier als junger Maler gemacht hat: «Ich seh mich weinend Pont-Aven verlassen – und doch von Dank erfüllt für alles, was es mir gegeben an unerhörtem Neuen.»[21] Die dreizehn Monate, die er von 1892 bis 1893 hier verbrachte, seien für seine Ausbildung absolut entscheidend gewesen, hier habe er zu einem eigenständigen künstlerischen Weg gefunden: «Alles war neu, es gab merkwürdige, nie gesehene Menschen, Tiere, Bäume, Häuser, Farben, deren Leuchten ich nicht gekannt hatte, Linien, die auf ungeahnte Weise die Körper mit der Umgebung verbanden.» Auch die künstlerische Gemeinschaft sagt ihm zu, es «wurde geschwärmt und gestritten, aber hauptsächlich gab sich jeder mit seiner ganzen Seele dieser geliebten Malerei hin».[22]

In Pont-Aven freundet sich Amiet mit dem irischen Maler Roderic O'Conor an. An seinen Freund Giovanni Giacometti schreibt er begeistert: «Wenn ich spazierengehe, verschlinge ich die Landschaft mit meinen Augen, die Menschen, die vorbeigehen, jedes Objekt um seiner selbst willen, um alles gut in Erinnerung festzuhalten.»[23] Nur wenige Gemälde entstehen während seines Aufenthalts, unter ihnen *Die Prozession in Pont-Aven*, mit dem Amiet mit einem leuchtenden Farbauftrag seinen Vorbildern Gauguin und van Gogh nacheifert und dafür ein ausgesprochen typisches Sujet auswählt.

Die künstlerische Entwicklung Roderic O'Conors verlauft nach einem ähnlichen Muster. Nach einigen konventionellen Porträts von bretonischen Bauern eignet er sich einen neuen Malstil an, der sich durch Streifen und eine neue Farbigkeit im Stile van Goghs auszeichnet. Auch in der Motivwahl lässt er sich vom niederländischen Meister beeinflussen, etwa bei einem Kornfeld mit bewegtem Himmel. Bei seinem zweiten Aufenthalt in Pont-Aven 1894 hat er das Glück, die russische Musikerin Maria Schevtzoff, Tochter eines Minenbesitzers, kennenzulernen. Sie wird zu seiner Mäzenin und kauft ihm mehrere seiner Bilder ab.[24]

Für Helene Schjerfbeck fällt der Aufenthalt in Pont-Aven in die Frühphase ihrer künstlerischen Tätigkeit. Sie besucht ein dreitägiges Fest, von dem sie ihrem Bruder berichtet: «Heute ist der letzte der Feiertage, mit Rasseln, Musik, alten Männern und Wahrsagerinnen, Bettlern, Hunden, Gänsen, Schweinen und Katzen. Die Luft ist verpestet, und die Dudelsäcke schwirren wie Wespen.»[25] In ihrer Malerei wirft sie nach dem Vorbild der Impressionisten einen intimen Blick auf alltägliche Dinge. Das stößt nicht überall auf Gegenliebe: Konservative Kunstkritiker lehnen ihre Kunstauffassung und ihre Motivwahl entschieden ab. Ihr Bild *Trocknende Wäsche*, ein luftiges Tableau, auf dem man beinahe den über die Wäsche ziehenden Wind zu spüren glaubt, erntet auf der Herbstausstellung 1883 im Finnischen Kunstverein in Helsinki negative, geradezu hämische Kritiken (Tafel 4). «Das ist kein Kunstwerk, sondern eine Skizze. Skizzen soll man nicht ausstellen!», echauffiert sich ein Kritiker. Ein anderer meint: «Wäsche gehört ins Haus.»[26]

Gegen solche Widerstände müssen sich Malerinnen noch lange durchsetzen. Noch 1985 schreibt der so eloquente wie witzige Kunsthistoriker Michael Jacobs, dass Frauen in Künstlerkolonien von den männlichen Künstlern in erster Linie wegen ihres Heiratspotenzials ernst genommen wurden, weniger wegen ihrer Kunst. «Sie waren hauptsächlich Kunstamateure, die vor den ‹Ready-Made-Motiven› der Stadt saßen und diese ruhig und mechanisch mit Wasserfarben reproduzierten. In anderen Zeiten hätten sich die gleichen Frauen mit dem Spielen des Spinetts, dem Sticken oder dem Studium der Kunstgeschichte beschäftigt.»[27] Unter diesen Vorzeichen mutet es umso bemerkenswerter an, welch herausragende Werke in dieser Zeit gerade von Frauen entstehen.

Kunst ist eine Abstraktion

Die nach wie vor stark männliche geprägte Kunstgeschichte (jüngst erst beginnen sich die Urteile zu ändern) spricht hauptsächlich von Männern, um zu belegen, dass von Pont-Aven eine «atemberaubende Odyssee der Kunst»[28] ausging. Ein Meilenstein ist das kleinformatige Bild *Le Talisman*, das Paul Sérusier 1888 auf den Holzdeckel einer Zigarrenkiste malt. Ganz anders als bei den Impressionisten ist die Farbe nicht mehr Punkt für Punkt auf eine Fläche aufgetragen, sondern löst sich ins Abstrakte auf. Eine klare Perspektive ist nicht mehr feststellbar, der Bois d'Amour, den das Bild darstellen soll, hat seine «natürliche» Farbgebung verloren. Viel eher erscheint er als Abbild der Gefühlswelt des Künstlers – ein entscheidender Schritt hin zur Abstraktion.[29] 1914 hat der symbolistische Maler Maurice Denis im Rückblick auf diesen damals revolutionären Vorgang folgende hintergründige Binsenweisheit zu Papier gebracht: «Es sollte bedacht werden, dass ein Bild, bevor es ein Schlachtpferd oder eine nackte Frau darstelle bzw. eine bestimmte Anekdote illustriere, im Wesentlichen eine gewöhnliche Fläche ist, überzogen mit in bestimmter Weise angeordneten Farben.»[30]

Diese für die Kunstgeschichte bedeutsame Entwicklung wird heute auf sämtlichen vom Pont-Avener Tourismusbüro organisierten Touren durch den Bois d'Amour stolz hervorgehoben. Sie ist untrennbar mit dem Namen Paul Gauguin verbunden, der sich 1888 zum ersten Mal in der günstigen Pension Gloanec einquartiert. Seiner Frau, die mit den fünf gemeinsamen Kindern bereits in Dänemark lebt, schreibt er begeistert von der bukolischen Landschaft und davon, dass er der stärkste Maler Pont-Avens sei. Die Aufgabe der Kunst bestehe nun definitiv darin, den Impressionismus zu überwinden. Abends misst er sich mit anderen Malern im Box- und Fechtkeller Henri Morets.[31]

In Zusammenarbeit mit dem Maler Émile Bernard, der ihn Jahrzehnte später bezichtigt, seine Ideen gestohlen zu haben, entwickelt Gauguin eine neue Malweise. Deren Essenz beruht stärker auf der Idee als auf dem Wahrgenommenen, denn nur sie enthalte das Wesentliche. In seinen in diesen Jahren entstehenden Bildern bleiben der Himmel und die Perspektiven ausgespart, die Farben sind kräftig und die Hinwendung zu einer abstrakteren Darstellung deutlich. In einem Brief gibt er diesem Credo Ausdruck: «Ein Ratschlag, versuche nicht zu sehr nach der Natur zu malen. Die Kunst ist eine Abstraktion.»[32]

Nach künstlerisch erfolgreichen und privat schwierigen Reisen nach Panama und Tahiti kehrt Gauguin wieder in die Bretagne zurück. Begleitet wird er von der Javanerin Anna. Mit ihr am Arm spaziert er den Strand von Concarneau entlang, wo das Paar den Spott der Einheimischen auf sich zieht. Es kommt zu einem Handgemenge, Einheimische schlagen mit Holzpantinen auf den Künstler ein. Gauguin stürzt so unglücklich, dass er sich einen Knöchel bricht. Wenig später, nach einer Gerichtsverhandlung, bei der die Schuldfrage nicht zweifelsfrei geklärt werden kann, reist Gauguin erneut nach Tahiti ab, wo er die Bilder der einheimischen Frauen malt, denen er zu einem guten Teil seine Berühmtheit verdankt. Nach seinem frühen Tod 1903 auf der Insel Hiva Oa in Französisch-Polynesien beginnt der Mythos von Pont-Aven zu wachsen.

Bretonische Kultgegenstände

Noch zu Lebzeiten Gauguins kommt Alfred Jarry, ein gebürtiger Bretone, nach Pont-Aven. Er mietet sich in der Pension Gloanec ein und streift durch die Ateliers der verschiedenen Künstler. In den Pariser Salons hat sich der Zwanzigjährige in kürzester Zeit mit flegelhaften Umgangsformen und Aussprüchen wie «Geschmack, wir scheißen drauf» einen Ruf als Exzentriker erarbeitet. Er schafft es, in anerkannten Literaturzeitschriften wie *L'Art littéraire* und *Mercure de France* zu publizieren. Ein Porträt von Eric Forbes-Robertson aus dieser Zeit zeigt ihn als Dandy mit Krawattenbrosche und langen Haaren.[33]

In Pont-Aven sieht er sich 1892 in der Stadtsparkasse eine Ausstellung mit hundert Werken an. Zu den ausstellenden Künstlern gehören der Afroamerikaner Henry O. Tanner, Herbert Hunt, Armand Seguin und Eric Forbes-Robertson.[34] Mit dem Maler Charles Filiger, der seit 1888 in Pont-Aven lebt, entwickelt sich eine Freundschaft. Filiger beginnt, wie seine Briefe verraten, Gefühle für den jungen Dandy zu entwickeln. Sie werden von Jarry jedoch nicht erwidert. Immerhin widmet Jarry ihm 1894 einen langen Artikel in *Mercure de France*, eine der umfassendsten Würdigungen dieses radikalen Außenseiters der Kunst zu Lebzeiten. Denn der von Ängsten, Süchten und Lebensüberdruss geplagte Filiger entfernt sich immer weiter vom Kunstbetrieb. An Alfred Jarry schreibt er: «Ich existiere wie ein Verzweifelter, gelangweilt vom Leben und ständig krank von nervösen Zuständen, die mich vernichten.»[35] Zwischenzeitlich lebt er in einem Obdachlosenasyl, in einem Kloster oder bei Bauern. Nur mit Hilfe von Mäzenen kann er sein Leben bestreiten, seine malerische Produktion versiegt zusehends.

Der Aufenthalt in Pont-Aven hindert Jarry nicht daran, seine Pariser Angelegenheiten durch Korrespondenzen mit zahlreichen Personen voranzutreiben. Nach seiner Rückkehr nach Paris richtet er sich in einer ausgesprochen engen Wohnung am Boulevard Saint-Germain ein und stattet sie in der etwas morbiden Art des Fin-de-Siècle mit Heiligenbildern, Kruzifixen, Räuchergefäßen und keltischen

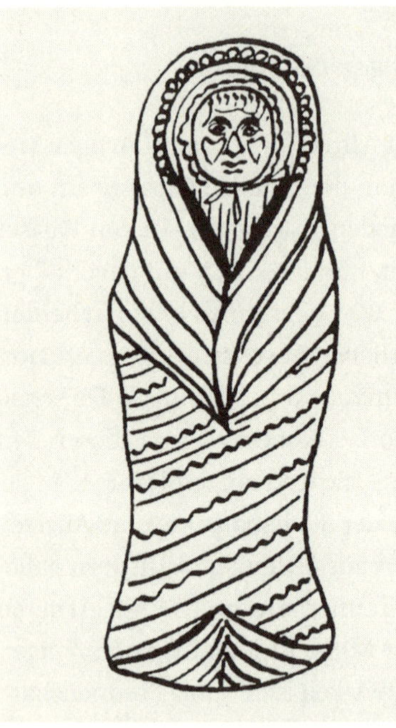

Unter einem Pseudonym veröffentlicht der symbolistische Dichter Alfred Jarry in der von ihm selbst herausgegebenen Zeitschrift *L'Ymagier* diese Strichzeichnung eines bretonischen Devotionaliengebäcks.

Kultgegenständen aus.[36] 1894 erscheint mit *Les Minutes de sable mémorial* seine erste eigene Publikation, ein hermetisches symbolistisches Werk, das mehr Ratlosigkeit als Zuspruch erntet. Im gleichen Jahr kommt die erste Nummer der von Jarry zusammen mit Remy de Gourmont herausgegebenen Zeitschrift *L'Ymagier* heraus. Sie ist reich mit Sonderdrucken illustriert, obschon diese zum Leidwesen Jarrys aus produktionstechnischen Gründen zweimal gefaltet werden müssen. Die Herausgeber nehmen viele Illustrationen aus dem 16. und 17. Jahrhundert auf, häufig mit mythologischen und religiösen Motiven. Auch Holzschnitte vieler Künstler der Nabis-Bewegung aus Pont-Aven drucken sie regelmäßig ab, was dem erklärten Willen entspricht, der fortlaufenden Industrialisierung der Drucktechnik ein Bekenntnis zum Handwerk entgegenzusetzen. Nicht zuletzt ist die Auswahl der Herausgeber von der Bildwelt der Bretagne beeinflusst. In der fünften Nummer der Zeitschrift, die kurz darauf wegen finanzieller Probleme eingeht, erscheint unter dem Pseudonym Alain

Jans eine Zeichnung von Jarry selbst. Sie zeigt ein bretonisches Devotionaliengebäck.[37]

Mit Ölgeruch verpestet

Die Bekanntheit von Pont-Aven wird durch die im Pariser Salon und andernorts gezeigten Bilder massiv gesteigert, was zu einigen Übertreibungen führt: Der amerikanische Schriftsteller und Illustrator Elmer Boyd Smith sieht im Ort nicht weniger als ein zweites Arkadien, in dem alle Bewohner einfach und ehrlich seien. Der Erfolg des Künstlerorts wird letztlich so groß, dass sich kritische Stimmen erheben gegen den *overtourism*. François Coppée empfiehlt den «Liebhabern des friedlichen Reisens», unverzüglich nach Pont-Aven zu eilen, «denn nicht mehr lange, und die Maler und Touristen werden den Ort unbewohnbar gemacht haben». Einem weiteren Bericht zufolge ist die «reine Luft des schönen Gartens Eden» derart «mit üblem Ölgeruch, Essenzen und Sikkativen verpestet», dass die Besucher Migräne davon bekämen.[38]

Diese Aussage mag satirisch überzeichnet sein, doch Marie Bashkirtseff, Künstlerin russischer Abstammung, die als Kind bereits in Wien, Paris, Nizza, Ostende, Baden-Baden und Genf gelebt hat, äußert 1883 in einem Brief einen ähnlichen Vorbehalt. Viele Künstler, die nach Pont-Aven kämen, würden Studien zurückbringen, die «alle aus dem gleichen Laden zu kommen scheinen». Die qualitativen Unterschiede seien immens: «Wenn einer oder zwei etwas aus einer Fischerfrau machen können, produzieren die restlichen 673 nur», lautet das dezidierte Urteil der Fünfundzwanzigjährigen, für die Kunst mehr bedeutet «als die Mode, irgendetwas *en plein air* zu malen».[39]

Sie selbst, eine selbstbewusste Frau, bleibt nur für kurze Zeit in Pont-Aven. Unermüdlich ist sie zwischen dem Landsitz ihrer Familie in der Ukraine, Nizza, Rom und Paris unterwegs, wo sie 1884 mit nur sechsundzwanzig Jahren verstirbt. In ihrem veröffentlichten Tagebuch erweist sie sich als scharfzüngige Beobachterin, die nie einen Hehl daraus macht, dass für sie als frühe Frauenrechtlerin die Gleichstellung der Geschlechter eine Selbstverständlichkeit ist. Auch privat weiß sie sich zu wehren. Der Maler Edward Simmons erlebt sie als «faszinierenden blonden Vamp», dessen Charme sich aber nach zwanzig Minuten verflüchtige. Generell trage sie zu kleine Schuhe. Er bietet ihr eine Skizze an im Tausch für ein Paar ihrer Schuhe. Dankend lehnt sie sein Angebot ab: «Ich kenne den Wert von einem Paar neuer Schuhe, nicht aber den Wert von einem Ihrer Bilder.»[40]

↑ P. S. Krøyer ↓

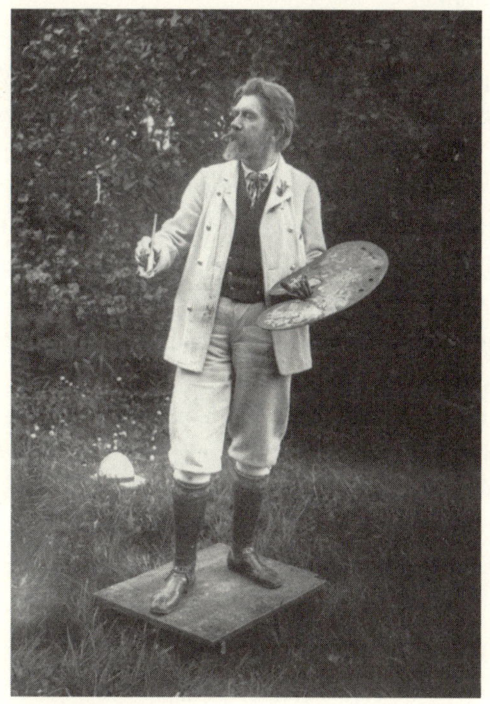

P. S. Krøyers phänomenale Malgeschwindigkeit verschafft ihm bei den anderen Malern, die ihn kaum je arbeiten sehen, den Ruf eines Müßiggängers.

Materiell ist Peder Severin Krøyer nicht auf Rosen gebettet, er ist gezwungen, sein Zimmer mit anderen zu teilen. Gerne trifft er sich in den einschlägigen Bistros mit Kollegen oder feiert in einer Dachkammer ein Fest. Anders als die erfolglosen Künstler in Henri Murgers Roman *Scènes de la vie de Bohème* steht er am nächsten Tag aber nicht erst gegen Mittag auf. Er träumt nicht in den Tag hinein, sondern arbeitet fleißig an seiner Karriere. Denn dem Sechsundzwanzigjährigen ist bewusst, dass er mit seinem Aufenthalt in Paris, wo er am 10. Juni 1877 angekommen ist, erst ein Etappenziel auf dem Weg zum erfolgreichen Künstler erreicht hat. Gewissenhaft besucht er den Unterricht des Kunstprofessors Léon Bonnat, der ihm den Umgang mit Licht und Schatten in Gemälden beibringt.[1]

Gut möglich, dass die Zielstrebigkeit Krøyers mit seiner Herkunft zusammenhängt. Als unehelicher Sohn einer norwegischen Mutter wurde er in Stavanger geboren. Sie war bei einem ihrer wiederholten Aufenthalte in der Nervenklinik vom Direktor vergewaltigt worden. Außerstande, sich selbst um ihr Kind zu sorgen, gab sie es als Pflegekind zu ihrer Schwester nach Kopenhagen. Doch deren Mann, ein Professor für Zoologie, schenkte dem aufwachsenden Peder Severin, der seinen Vornamen bald zu P. S. abkürzen wird, wenig Liebe. Er weigerte sich beharrlich, ihn zu adoptieren. Das fasste der malerisch talentierte Jugendliche als beständige Zurückweisung auf.[2]

Frankreich mit seiner Metropole Paris erschüttert das Kunst- und Weltbild Krøyers nachhaltig. Mit dazu beigetragen hat unzweifelhaft sein Aufenthalt in Pont-Aven. Wie wir dank seines Tagebuchs wissen, erreicht er den Ort nach einer mehrtägigen Wanderung, die er zusammen mit seinem dänischen Malerkollegen Christian Zacho unternimmt. Am 6. Juli 1879 kommen die beiden mit dem Zug aus Paris in Morlaix an. Mit einem Tornister auf dem Rücken – in ihm stecken neben der Wäsche auch Malutensilien – legen sie in mehreren Tagen die Strecke von ca. achtzig Kilometern durch die hügelige Landschaft bis nach Le Faouët zurück. Sie schlafen und verpflegen sich in Gasthöfen. In den Wanderpausen skizziert Krøyer fleißig: hauptsächlich Landschaften, aber auch junge bretonische Frauen. Am 11. Juli endlich kommen sie in Pont-Aven an. Wie weit er in das Künstlerleben Pont-Avens eintaucht, ist mangels erhaltener Quellen nicht bekannt. Mit großer Wahrscheinlichkeit wird er den einen oder anderen Kollegen in seinem Atelier besucht haben. Natürlich schaut er sich den prächtig ausgeschmückten Speisesaal des Hotels Julia an.[3]

Nach rund einer Woche Aufenthalt wandert er nach Concarneau weiter. Hier kommt er mit der schon beinahe industriell betriebenen Sardinenfischerei und -verarbeitung in Berührung. Diese Erfahrung bildet die Grundlage für sein Gemälde *Sardinenfabrik von Concarneau*, das als sein erstes Meisterwerk gilt. Anders als bei seinen früheren Gemälden stellt er die Arbeiterinnen in der Sardinenfabrik nicht im betulichen Stil der Genremalerei dar. Krøyer gelingt es zum ersten Mal, einen nüchternen Blick auf eine bei aller Alltäglichkeit beklemmende Situation zu werfen. Die Frauen mit ihren weißen Hauben arbeiten in einem dunklen Raum kommunikationslos nebeneinander. Mit ihren scharfen Messern zerteilen sie die silbrig glänzenden Fische und werfen sie ausgeweidet in die bereitstehenden Körbe. Eine monotone Arbeit, die Krøyer ohne jede Überhöhung darstellt.

1880 hat das Gemälde einen Ehrenplatz in der Eingangshalle des Pariser Salons. Christian Zacho schreibt dem zu diesem Zeitpunkt bereits in Italien reisenden Krøyer, dass das Bild große Aufmerksamkeit auf sich gezogen habe. Ein kompletter Triumph sei es aber nicht geworden, weil es den abgebildeten Frauen an Charme mangle. Sie seien nicht «genügend gefühlt», kein Betrachter werde sich in sie verlieben. Damit hat Zacho einen Punkt getroffen, jedoch einen anderen verfehlt: Denn gerade mit seiner distanzierenden Malweise hat Krøyer ein ausgesprochen emphatisches und eindringliches Kunstwerk geschaffen – das Gegenbild einer verkitschten Idylle. Der Künstler zeigt sich zufrieden mit seinem Werk. Bonnat habe ihm prophezeit, schreibt er an seine Mutter, dass er im nächsten Jahr bestimmt eine Medaille erhalten werde, wenn er so weitermache.[4]

Schon beim Durchstreifen der Bretagne zu Fuß packt Krøyer das Heimweh nach seiner dänischen Heimat. Seinen Halbbruder Vilhelm teilt er in einem Brief mit: «Du solltest einmal nach Jütland fahren. Ich schäme mich, es nicht gesehen zu haben, aber es soll dort außerordentlich schön sein, durchaus einen Besuch wert.» Der nächste Brief von ihm enthält bereits eine konkrete Ankündigung: «Jütland ist sicher der interessanteste Teil von Dänemark. Das werde ich wohl als erstes nachholen, wenn ich mal wieder im Lande bin.»[5]

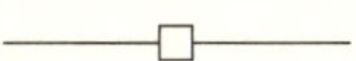

Wieder zerschlagen sich seine Reisepläne. Im Sommer 1881, nach einem längeren Italienaufenthalt, hätte er endlich zum ersten Mal nach Skagen fahren wollen. Doch muss er zunächst das großformatige Familienporträt fertigstellen, für das ihn Pauline und Heinrich Hirschsprung, seine Förderer, angefragt haben. Außerdem sein Kopenhagener Atelier einrichten, eine wichtige Aufgabe, die er mit aller Sorgfalt angeht. Er kauft sich «geschnitzte antike Eichenmöbel, die ausgezeichnet zu den Teppichen passen», weiter eine schon damals altmodische Standuhr. Palmen und andere Zimmerpflanzen unter den hohen Fenstern schaffen eine angenehme Atmosphäre. Das Licht fällt schräg auf die Staffelei. Skizzen des Künstlers liegen in einer offen hingelegten Arbeitsmappe – nur für den Fall, dass ein unangemeldeter Kunstliebhaber das Atelier betreten sollte. Auf eine inspirierende Arbeitsumgebung hat er sein ganzes Leben lang Wert gelegt, so auch hier: bürgerlich im bevorzugten Stil der viktorianischen Epoche, mit einem Hauch von südlicher Grandezza und Extravaganz.[6]

Im nächsten Jahr reist er endlich nach Skagen. Doch wie so oft fällt auch bei Krøyer die Realität gegenüber dem lang gehegten Traum ab. Das Hotel Brøndums, wo er wie viele andere Künstler absteigt, ist eine einzige Enttäuschung: «Das Haus ist schlecht organisiert mit kleinen Räumen, so ungemütlich wie möglich.» Der Speisesaal mit seiner Holzvertäfelung kommt ohne ein einziges Bild aus. Was für ein Unterschied zum Hotel Julia in Pont-Aven! Ließe sich da nichts machen? Das hölzerne Hotel im skandinavischen Stil ist wirklich sehr bescheiden, der Spiegel so trübe, dass der Künstler sich bei der Betrachtung in ihm als krank empfindet. Der Komfort lässt eindeutig zu wünschen übrig: Zwischen den Gerichten werden nicht einmal die Teller gewechselt. Einzeltoiletten gibt es keine, Badezimmer für Gäste hält der Gastwirt Degn Brøndum für überflüssig. «Sie haben das Meer!», meint er, womit er ja recht hat. Hier an der nördlichsten Spitze Jütlands nämlich, stürzt sich die «blaue Ostsee mit jauchzendem Wogengebrause» in die «starken Arme der ernsten Nordsee», wie es in einem zeitgenössischen Bericht heißt.[7] Der Erfolg der Künstlerkolonie und ihre Anziehungskraft auf Touristen, die ihret- und der schönen Natur wegen die Reise in den Norden Dänemarks auf sich nehmen, wird den Hotelbesitzer aber dazu bringen, sein Gasthaus mehrfach zu erweitern.

Nach zwei Tagen im Hotel zieht Krøyer in eine eigene Wohnung, Skagen steigt eindeutig in seiner Gunst. Er tritt in Kontakt mit Gleichgesinnten, mit den Malerpaar Michael und Anne Ancher – er ein ernster Maler, spezialisiert auf Monumentalgemälde mit heldenhaften Männern, die ihr Boot durch die Dünen ziehen, sie eine Einheimische mit krummer Nase, die davon herrührt, dass sie in ihrer Kindheit von einem Heuschober gefallen ist. An der privaten Malschule Vilhelm Kyhns in Kopenhagen hat sie sich zur Malerin ausbilden lassen, doch zurück in Skagen, bleibt ihr nur wenig Zeit für eine künstlerische Tätigkeit. Als Tochter des Hotelbesitzers wird von ihr tätige Mithilfe beim Bewirten der Gäste erwartet. Zudem nimmt sie eine vermittelnde Rolle zwischen den Einheimischen und den zugezogenen Malern ein. Zur Gruppe um Krøyer gehören weiter die Maler Viggo Johannesen und Karl Madsen, die ebenfalls mit einheimischen Frauen verheiratet sind, sowie eine wechselnde Schar mehrheitlich männlicher Künstler, die Skagen hauptsächlich in den Sommermonaten aufsuchen.

In dieser Zeit entwickelt Krøyer seinen charakteristischen Stil: Nach mehreren Gemälden, in denen er die Fischer bei Ausübung ihres Berufs abbildet, wendet er sich allmählich ab von der Darstellung arbeitender Menschen. Nicht mehr die Mühsal menschlicher Tätigkeit wie bei den Frauen in der Sardinenfabrik von Concarneau ist nun sein bestimmendes Thema. Krøyers Bilder gewinnen in gleichem Maße an Leichtigkeit, wie sie an sozialkritischer Tendenz einbüßen. Neu wendet er den romantischen Küsten seine Aufmerksamkeit zu, dem klaren skandinavischen Licht, das sich im beinahe endlosen Sommer spätabends in ein ätherisches Blau verwandelt. Unter einem Sonnenschirm und mit dem Pinsel in der Hand beobachtet er nackt badende Kinder beim unbeschwerten Spiel in den Wellen.

Am liebsten arbeitet Krøyer draußen. Für ihn ist das, «was man an Ort und Stelle in nervösem Eifer malt», der ruhigen Studie im Atelier vorzuziehen. Er schaffe phänomenal schnell, sagt er von sich, denn er denke nicht unnütz nach, wenn er im Freien sitze und wisse, «dass die Stimmung in zehn Minuten verflogen» sei.[8] Seine phänomenale Malgeschwindigkeit verschafft ihm bei den anderen Malern, die ihn kaum je arbeiten sehen, den Ruf eines Müßiggängers. Doch dann sind sie zum Ende der Sommersaison jedes Mal aufs Neue erstaunt, dass er trotzdem mehr vorzeigbare Gemälde fertiggestellt hat als sie. Das trägt ihm den Spitznamen «neuer Aladin» nach einer Figur aus den Märchen von Tausendundeiner Nacht ein.[9]

1889 in Paris lernt er Marie Triepcke kennen, eine zweiundzwanzigjährige Kunststudentin, die bereits Kunstunterricht in der von ihm und Laurits Tuxen gegründeten Kunstnernes Studieskole besucht hatte – ein Gegenentwurf zur als verstaubt geltenden staatlichen Kunstakademie. Die jungen Männer und Frauen dürfen, wenn auch nicht gemeinsam, so doch in zwei getrennten Gruppen, an nackten Modellen die menschlichen Proportionen studieren. Es ist nicht bekannt, ob der Kunstprofessor bereits in dieser Zeit von der Studentin Notiz genommen hat. In Paris aber verlieben sich der im In- und Ausland erfolgreiche Künstler und die junge attraktive Frau in Kürze ineinander. Sie verloben sich, und noch im selben Jahr heiraten sie in Augsburg, wo Maries Eltern leben. Die Hochzeitsreise führt bewusst nicht nach Skagen, weil sie hier als Glamourpaar, über das Zeitungen berichten, nicht den Schutz der Anonymität hätten genießen können. Erst im Frühling 1891 sind sie erstmals hier anzutreffen. Die beiden fallen auf: er in seiner modischen Aufmachung mit englischen Socken, den Molière-Schuhen und der norwegischen Gürtelschnalle, sie noch fast mehr in ihrer «Reformkleidung», die durch lange, wallende Gewänder und den Verzicht auf das Korsett charakterisiert ist. Marie Krøyer, wie sie inzwischen heißt, malt ebenfalls. Ihr luftiges Bild *Wäsche zwischen Hausenden*, das in dieser Zeit entsteht, erinnert vom Motiv wie von der Ausführung her an Helene Schjerfbecks Pont-Avener Bild der trocknenden Wäsche (Tafel 4). Negative Kritiken sind in diesem Fall nicht überliefert, wahrscheinlich weil sie es zu Lebzeiten nie öffentlich ausgestellt hat.

Deutlich zu erkennen sind die Skagener Häuser in ihrem typischen Senfgelb, den roten Dächern mit ihren weißen Umrandungen. Marie fühlt sich gut, in einem Brief schreibt sie: «Es ist wirklich hinreißend hier. Wir genießen beide den Frieden und das ruhige Leben auf dem Land.»[10] Bald jedoch überlässt Marie die Malerei ihrem weit erfolgreicheren Ehemann. Sie wendet sich der Innenarchitektur und typisch weiblichen Tätigkeiten wie dem Weben zu. Eine Aufgabe findet sie darin, das vom Architekten Ulrik Plesner umgebaute Haus «Skagen Plantagen» in ein echtes Künstlerhaus zu verwandeln, in eine moderne Som-

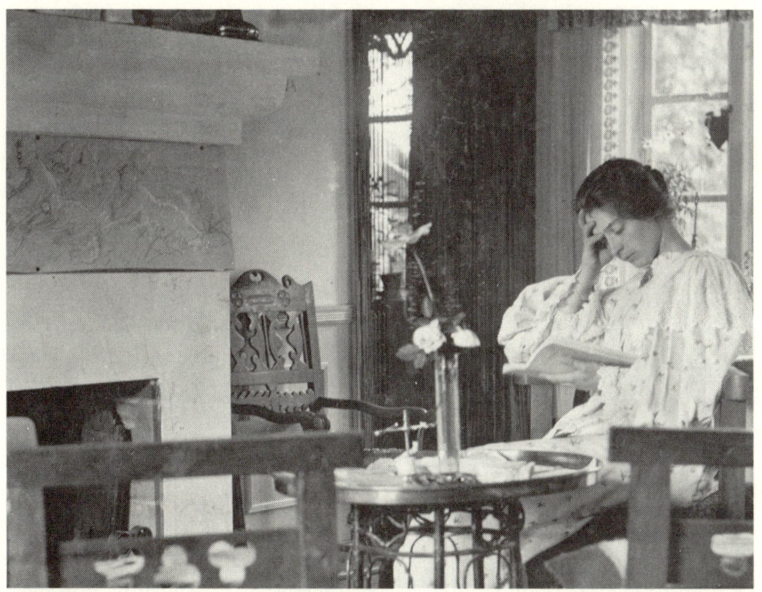

Die Künstlerin Marie Krøyer wendet sich später der Innenarchitektur zu. Die Sommerresidenz «Skagen Plantagen» stattet sie im Stil des englischen Aesthetic Movement mutig, nachgerade verwegen aus.

merresidenz. Mit Enthusiasmus nimmt sie sich der Aufgabe an, die Möbel und die gesamte Inneneinrichtung selbst zu entwerfen. Ihr vom englischen Aesthetic Movement der 1880er Jahre beeinflusster Stil zeichnet sich geradezu dadurch aus, dass in ihm kein fest umrissener Stil zu erkennen ist. Vielmehr kombiniert Marie mutig, nachgerade verwegen, verschiedene Stilelemente miteinander, die schweren Eichenholzmöbel in der Anmutung der italienischen Renaissance mit farbenfrohen Blumentapeten und japanischen Holzschnitten. In einem elegant formulierten Bericht beschreibt die Kunsthistorikerin und Malerin Henriette Mendelsohn, wie Marie am Webstuhl, der in der Ecke des Wohnzimmers steht, mit «kunstgeschickter Hand ‹himmlische Rosen ins irdische Leben›» webt. Die wahrscheinlich von Marie selbst gemalten Sonnenblumen an den Wänden, wie sie auf einem Aquarell ihres Ehemannes zu sehen sind, nehmen ein Motiv der Gartengestaltung auf:

«Ein schattiger Garten erquickt das ermattete Auge, welches an einem Sonnentage in Skagen geblendet von dem weißen Dünensande ist. Üppige Sonnenblumen verkünden dicht an der Pforte den Eingang in das Sonnenland der Kunst.» In diesem paradiesischen Garten «wandelt die schlanke Gestalt der Herrin, in die weißen Falten eines Empiregewandes gehüllt dahin, Anmut in jeder Bewegung».[11]

Im Freundeskreis spricht sich die Arbeit von Marie Krøyer herum. Sie erhält den Auftrag, die Wohnung des Künstlerpaars Anna und Michael Ancher in ihrem Stil zu gestalten. Auch der blondgelockte Dichter Holger Drachmann nimmt mit seiner Frau Soffi die Hilfe Maries gerne in Anspruch. Unterdessen findet P. S. Krøyer zu einem Motiv, das sich als sein erfolgreichstes herausstellen wird. In einer Rückenansicht bildet er seine Ehefrau ab, wie sie zusammen mit Anna Ancher an einem Sommerabend entlang des Skagener Strandes lustwandelt. Die Diagonale der Wasserkante bildet das malerische Hauptelement dieser fein austarierten Komposition, in der die beiden in warmen Farbtönen gemalten Frauen sich vor dem blauen Dämmerlicht hervorheben. Fußspuren im Sand sind neben den beiden Frauen das einzige Zeugnis menschlicher Präsenz. Das auf einer nahezu identischen Fotografie basierende Stimmungsbild wird 1895, zwei Jahre nach seiner Entstehung, im Champ-de-Mars in Paris ausgestellt, später ebenfalls in der Münchner Sezession. Mit diesem unverwechselbaren Motiv, das er in vielen Variationen ausführt, erlangt er internationale Anerkennung.

Für ein weiteres Meisterwerk dieser Jahre nimmt Krøyer erneut seine Ehefrau als Sujet. In ihrem langen Kleid sitzt sie in einem Liegestuhl und liest in entspannter Körperhaltung die Zeitung. Zu ihren Füßen döst ein Hund. Der zweite Liegestuhl, vielleicht derjenige, von dem sich der Künstler eben erhoben hat, um das Bild zu malen, ist frei geblieben. Die weißen Blüten des Rosenstrauchs heben sich vor den dunklen Bäumen im Hintergrund ab, was zusammen mit der ebenfalls weiß gekleideten Frau eine harmonische Komposition ergibt. Das subtile Spiel mit Licht und Schatten auf den Gräsern und der Hausfassade verleiht der Szenerie trotz ihrer besinnlichen Ruhe eine lebendige Note.

Welch ein Frieden, welch eine fast schon überirdische Schönheit, die Krøyer mit diesen Bildern ausdrückt! Die Realität entspricht dieser Idylle je länger, desto weniger. Obschon 1895 noch die einzige Tochter Vibeke geboren wird, lebt sich das Ehepaar auseinander. Marie leidet unter Nervosität und Kopfschmerzen, immer häufiger fährt sie zu ihren Eltern nach Deutschland. Auch bei Krøyer zeigt sich eine Depression, Marie äußert sich in einem Brief besorgt: «Er ist sehr, sehr krank, er leidet an Melancholie und hat dauernd Halluzinationen, besonders nachts. Er glaubt, man wolle ihn festhalten.»[12] Gemeinsam beschließen sie, eine Erholungsreise anzutreten, welche sie über Paris und Tirol im Januar 1901 nach Taormina führt. P. S. Krøyer malt das griechische Theater und ein Bild mit blühenden Feigenkakteen und dem schneebedeckten Ätna im Hintergrund. Auf dem Balkon des Hotels Timeo posieren sie als heile Familie für den Fotografen. Doch die Entfremdung wird im Sommer in Norwegen greifbar. Krøyer verbringt ihn malend in Aulestad, seine Frau weilt zur Kur in Larvik, wo es ihr aber nicht gefällt. Es gebe keine Männer unter siebzig Jahren im Sanatorium, beklagt sie sich. Selbst Krøyers fünfzigsten Geburtstag verbringen sie getrennt.

Im nächsten Jahr reisen Marie und Vibeke erneut nach Taormina, diesmal ohne Krøyer. Sie lernt den schwedischen Komponisten Hugo Alfvén kennen. Nur mit einem roten Seidennachthemd bekleidet, mit einem Korb roter Rosen am Arm soll sie in sein Zimmer getreten sein, eine ausgesprochen romantische Geschichte, wenn sie denn so stimmt. Nach einer anderen Version der Geschichte habe der notorische Frauenverführer und Don Juan Alfvén beschlossen, sie zu erobern. Belegt ist jedenfalls, dass die beiden sich unverzüglich ineinander verlieben. Knapp zwei Wochen verbringen sie gemeinsam in Taormina, jedoch selten ungestört, da Alfvén auch Zeit mit seiner eigentlichen Begleiterin, der Schauspielerin Anna Norrie, verbringen muss. Gemeinsam reisen alle nach Rom und Marie von dort nach Paris, wo sie auf Krøyer trifft. Zu ihrer Überraschung reagiert dieser außerordentlich verständnisvoll auf ihre Beichte. Sie verlangt unverzüglich die Scheidung, doch nimmt er ihr Anliegen kaum ernst. Ein Anfall von irrationalem Optimismus, wie ein Biograf Krøyers vermutet.[13] Da sie sich von ihrer Trennungsabsicht nicht abbringen lässt, zieht er sich zurück und malt aus der Erinnerung ein Nacktbild von ihr, das sie in düsterblauen Farben mit traurigem Gesichtsausdruck zeigt.

Im Mai 1902 treffen sich Marie und Hugo Alfvén in Skagen, während sich Krøyer in Paris aufhält. Im August sind sie alle da, Alfvén residiert in einem kleinen Häuschen, das Marie für ihn gemietet hat; er schreibt an seiner *Midsommarvaka*, einer romantischen Rhapsodie mit folkloristischen Motiven, die bis heute regelmäßig in Konzertsälen gespielt wird. Hätte er nicht gegenüber Krøyer Gewissensbisse gehabt, schreibt Alfvén in seinen Memoiren, wäre er vollkommen glücklich gewesen in Skagen. Er kann jedoch das Gefühl nie abschütteln, den gehörnten Ehemann verletzt zu haben. Marie hingegen soll die Zeit ohne falsche bürgerliche Rücksichten genossen haben. Das jedoch mag, so steht zu vermuten, eher die spätere Sicht Alfvéns widerspiegeln als die damalige Situation. Jedenfalls sind die beiden bald offiziell ein Paar, 1905 wird ihre gemeinsame Tochter geboren. Bald darauf verlässt Marie Skagen für immer und folgt dem Komponisten in dessen Heimatland Schweden.

In seinem letzten großformatigen Gemälde *Johannisfeuer am Strand von Skagen*, das er schon 1903 angefangen, aber erst im Herbst 1906 fertiggestellt hat, bildet Krøyer ein letztes Mal die Skagener Künstlergemeinschaft ab. Bei dem im 19. Jahrhundert in Dänemark und anderswo wieder zum Leben erweckten Brauch der Sommersonnwendfeier sitzen die Anwesenden rund um ein Feuer, in dem symbolisch eine Hexe verbrannt wird, singen altdänische Lieder und wünschen eine gute Ernte. Häufig wird dabei Holger Drachmanns nationalromantisches Lied *Midsommervise* angestimmt: «Wir lieben unser Land, aber am meisten zu Mittsommer, wenn jede Wolke über dem Feld Segen bringt und die Blumen so zahlreich sind.» Trotz des freudigen Anlasses liegt eine Melancholie über der Szenerie von Krøyers Gemälde. Spürbar ist nicht nur, dass die Tage ab jetzt wieder kürzer werden. Es ist auch ein Abschied: In Eintracht stehen auf der linken Seite der Gastwirt Degn Brøndum, Anna und Michael Ancher sowie Soffi und Holger Drachmann (er mit Stock) nebeneinander. Als einziger Künstler hat sich der skizzierende Freund Laurits Tuxen rechts zu den Dorfbewohnern gesellt. Die Kinder sitzen und stehen im Vordergrund. Im Hintergrund, an den Rumpf des Bootes gelehnt, ist das neue Paar Marie und Hugo Alfvén zu erkennen – mit dabei und doch nicht ganz zugehörig.

Wie ein Abgesang auf die Künstlerkolonie Skagen mutet dieses Gemälde an; die Flammen des Feuers beleuchten eine Szene, wie sie bald nur noch in der Erinnerung existieren wird. Doch etwas hat sich seit dem Eintreffen der Künstler in Skagen geändert: Der Speisesaal des Brøndums Hotel – heute das Kunstmuseum von Skagen, in dem zahlreiche Werke aus der Zeit der Künstlerkolonie im Original betrachtet werden können – ist längst entsprechend den Vorbildern in Barbizon und Pont-Aven geschmückt: «Die obere Reihe, welche sich sämtliche vier Wände entlang zieht, enthält lebensgroße in Schulterhöhe abgeschnittene Studien- und Porträtköpfe meist von Krøyer, Ancher und dessen Frau, dem Dreigestirn, dem Skagen seine künstlerische Bedeutung verdankt.»[14] Marie bleibt ungenannt, ihr Werk wird erst 2002 neu entdeckt und nach und nach der Öffentlichkeit präsentiert.

Skagen

Das außergewöhnliche Licht

Wie andere Künstlerkolonien ist auch Skagen an der Nordspitze von Jütland zwar abgelegen und exotisch, jedoch nicht *zu* abgelegen. Mit vertretbarem Aufwand lässt es sich von Kopenhagen oder Hamburg aus gut erreichen. 1871 wird das fünfzig Kilometer südlich von Skagen gelegene Frederikshavn an die Eisenbahn angeschlossen, von wo aus man die Kutsche nehmen muss. Nicht selten jedoch macht verwehter Sand die Straße unpassierbar. Ein weiterer Verkehrsweg führt mit dem Schiff von Frederikshavn bis nach Skagen oder zumindest bis kurz davor: Da es dort keinen Hafen für größere Schiffe gibt, müssen die Reisenden zusammen mit ihrem Gepäck kurz vor Ankunft in ein Ruderboot umsteigen und sich von Dorfbewohnern an den Strand rudern lassen.

Wohl nie werde eine Eisenbahn nach Skagen fahren, heißt es noch 1875 in einem Reiseführer. Was für eine Fehlprognose! Der englische Abenteurer Charles Edwardes, der 1897 Jütland mit einem Fahrrad bereist, macht sich noch Jahre später darüber lustig. Denn kurze Zeit nach Erscheinen des Reiseführers habe ein ungewohnter Energieanfall die Nation von König Christian erfasst: Das Resultat sei in einer Spielzeuglokomotive zu sehen, die einmal täglich mehrere Miniaturwaggons in den hübschen Bahnhof von Skagen ziehe, um dort eine Weile zu warten und dann wieder den gleichen Weg zurückzufahren.[1]

Mit dem Ausbau der Eisenbahn setzt ein touristischer Aufschwung ein, und der folgt in Skagen ebenso wie anderswo nachgerade einer inneren Gesetzmäßigkeit: Indem die «Männer mit Pinsel und Bleistift»[2] – die Frauen werden erneut übergangen – einen Ort für sich in Beschlag nehmen und mit ihren Bildern seinen Ruf in die Welt hinaustragen, ebnen sie, häufig gegen ihren erklärten Willen, der Kommerzialisierung den Weg. Nach einer kurzen künstlerischen Blüte beginnen sich die Klagen über den verloren gegangenen Charme zu häufen. Während die ersten Künstler noch in den Hütten der Fischer leben, hält die britisch-australische Reiseschriftstellerin Margaret Thomas, die mit ihrer Freundin Henrietta Pilkington weite Teile Europas und des Nahen Ostens bereiste, etwas idealisierend fest, sei schon ein Hotel nach dem anderen eröffnet worden. Die «modische Welt» folge den Spuren der Künstler, mit dem Resultat, dass Skagen ebenso wie Capri und Barbizon für die frühen *Connaisseure* der Kunst nahezu verdorben sei.[3] Oder, in den Worten Henriette Mendelsohns: «Leider, leider aber ist Skagen nicht mehr das Eldorado der Künstler von ehedem.»[4]

Von dieser Entwicklung können die Künstler noch nichts ahnen, als sie Skagen in den 1870er Jahren für sich entdecken. Der bereits seit dem 15. Jahrhundert belegte Ort besteht zu der Zeit aus kaum mehr als ein paar Häusern in zwei Dorfteilen – ein armseliges Nest, das dem windigen und rauen Klima Nordjütlands ausgesetzt ist. Außer in windgeschützten Lagen innerhalb der Siedlungskerne gibt es nirgendwo Bäume. Davon lassen sich die Künstler nicht abschrecken, sie sind angezogen von den langen Tagen im Sommer und, wie sie später nicht müde werden zu betonen, dem außergewöhnlichen Licht. Der Dichter Holger Drachmann, ein etwas derber Hüne, schwärmt: «Hier ist eine Wüstenlandschaft, die einen zermalmen kann. Entweder graues Gelb mit blaugrauer Luft darüber, oder glänzendes Weiß mit knallender blauer Luft darüber. Wenn man diese Landschaft malt, dann sollte man nicht einige Spuren von Menschenstiefeln oder Möwenknochen im Vordergrund vergessen. Weit draußen über der ungeheuren Fläche geht ein winziger Fischer. Hier draußen wird man ganz leicht zu einem Nichts.»[5]

Freiluftmuseen

Gleichzeitig mit dem Aufschwung der Künstlerkolonie in Skagen setzt die Gründungsphase der Freilichtmuseen ein, wovon das 1891 gegründete Skansen inmitten von Stockholm das bekannteste ist. Basierend auf dem Nordiska Museet von Artur Hazelius von 1873, besteht es aus einer sorgsam inszenierten Nachbildung der Natur- und Kulturlandschaft von Südschweden bis zum Polarkreis in einer parkähnlichen Landschaft. Am Originalstandort abgebrochene Häuser werden innerhalb des Museumsgeländes originalgetreu aufgebaut und mit zahlreichen Alltagsgegenständen ausgestattet. Die niedrigen Decken in den Holzhäusern, die rußgeschwärzten Küchen mit den offenen Feuerstellen, die kurzen Betten, in denen die Menschen manchmal zu zweit oder zu dritt schliefen, bieten für interessierte Städter Anschauungsunterricht über das frühere Leben auf dem Land. Erinnert wird an das vom Verschwinden bedrohte Brauchtum der Landbevölkerung, an alte Handwerkstraditionen ebenso wie an frühere Wirtschaftsformen. In Trachten gehüllte Volkstanzgruppen bieten aufwändige folkloristische Aufführungen dar.

Diese Reinszenierung des agrarischen Lebens in einem miniaturisierten Vergangenheitsschweden ist sowohl Ausdruck der Abwendung von den steifen höfischen Ritualen des Monarchismus als auch von der einebnenden Massenkultur des Industriezeitalters. Sie dient der Selbstvergewisserung in einer sich rasant verändernden Gesellschaft und trägt, trotz moderner Vermittlungsformen, rückwärtsgewandte Züge.[6]

In vielfältiger Weise nähern sich in diesen Jahren auch die Künstler den Lebenswelten der Landbevölkerung an. Ohne in ihren Werken direkt volkstümlich zu sein, nehmen die Skagen-Maler ländliche Motive auf und verbinden sie mit neuen künstlerischen Techniken wie dem Naturalismus, Symbolismus oder dem Impressionismus zu einer eigenen künstlerischen Ausdrucksweise. Auch in den Dichtungen Holger Drachmanns oder den Kompositionen Hugo Alfvéns ist eine Nähe zur Volkskunst und zur traditionellen Überlieferung unübersehbar. Jedoch bleiben ihre Werke bei aller gesuchten Nähe zur Landbevölkerung stark den Werten der bürgerlichen Welt verhaftet, was nicht zuletzt daran liegt, dass sie für ein städtisches Publikum geschaffen werden.

Mit der Hinwendung der Künstler zum Landleben eröffnen sich für die Landbevölkerung zusätzliche Erwerbsmöglichkeiten. Eine davon ist, den Fremden Modell zu stehen. Schon bald kursieren in den Künstlerkreisen Tipps über geeignete Personen, häufig verbunden mit Werturteilen, die manchmal harsch ausfallen: «Der weibliche Teil der dortigen Bevölkerung hat sich nie durch besondere Schönheit ausgezeichnet.» Bei den Männern hingegen sei das Problem, dass die rüstigen unter ihnen auf Monate auf das Meer hinausfahren würden, «so daß man zumal zur Zeit des Flunderfanges in Skagen nur blinde oder lahme Modelle ergattert».[7]

Das mag ein praktischer Grund dafür sein, dass auf den Gemälden aus Skagen zahlreiche alte oder behinderte Personen abgebildet sind. Jedoch bedeutet diese Hinwendung zu den Außenseitern der Gesellschaft auch eine programmatische Wende in der Kunst. Anna Ancher malt zahlreiche Alltagsszenen aus dem Leben von Fischerfamilien und mit großem Respekt ein Porträt einer blinden alten Frau in ihrem Zimmer. Ihr Ehemann Michael sucht sich den «armen Christian» als Modell aus. Dieser ist nicht konfirmiert worden, weil er offenbar ein Mädchen geschwängert hat. Wenn das Wetter gut ist, geht er Tabak kauend vor seinem Haus auf und ab und summt fröhliche Verse und Klagelieder.[8]

In vielen Bildern aus Skagen lässt sich unschwer der Einfluss Paul Gauguins erkennen. Dieser besuchte 1885 Kopenhagen mit seiner dänischen Ehefrau, die er bald der Malerei wegen verlässt. Zahlreiche seiner Bilder bleiben in Dänemark und üben auf die skandinavischen Maler einen großen Einfluss aus. In dem gemeinsamen Kulturraum, den Europa in diesen Jahren trotz aller nationalen Eigenheiten schon bildet, verbreiten sich Ideen in Windeseile. Auch die Maler werden immer mobiler. In Skagen verkehrt 1876 für einen Sommer auch der griechische Maler Ioannis Altamouras, der sich französisiert Jean Altamura nennt. Sehr zum Missfallen von Michael Ancher soll Anna sehr begeistert von ihm gewesen sein und ihn unter ihre Fittiche genommen haben. Der aus einer kunstaffinen Familie stammende Künstler kam mit einem Stipendium von Athen an die Königliche Akademie in Kopenhagen und beabsichtigte, Marinemaler zu werden. Seine bevorzugten Sujets sind Segelschiffe, Dampfschiffe und Leuchttürme. Er liebt es, die Dramatik von Extremsituationen einzufangen, ein Boot im Sturm ebenso wie einen Vulkanausbruch bei Santorini. Auch nach seiner Rückkehr auf die griechische Insel Spetses malt er dänische Szenen aus dem Gedächtnis – welch fantastische Geschichte, die leider allzu früh endet: Altamura stirbt mit sechsundzwanzig Jahren an Tuberkulose.[9]

Schiffswracks und andere Katastrophen

Zur künstlerischen Folklore von Skagen gehören Darstellungen von bärtigen Fischern, die sich unter Einsatz ihres Lebens auf die stürmische See hinauswagen, um mit dem Fang das Leben für sich und ihre Familien zu verdienen. Anders als das liebliche Mittelmeer bietet die nördliche See die Möglichkeit für ein atavistisches Kräftemessen zwischen Mensch und Natur. Im Gedicht *Gebet* von Holger Drachmann (Sammlung *Meerlieder*, 1877) wird das Meer direkt angesprochen: «Lehr' mich, ein Mann zu sein, / Hart ringendes Meer! / Ich lieg hier am Strande allein, / Lauschend auf deine Lieder. / Wohl sink ich in Streit und Pein / Bis jetzt nicht feige nieder, / Doch schwache Kraft nur ist mein. / Lüfte du aus meine Lieder; / Lehr' mich, ein Mann zu sein.»[10]

Auffallend ist die klare geschlechtliche Zuordnung: Die Fischer setzen sich mit den Gewalten des Meeres auseinander und reifen in dieser Auseinandersetzung zu wirklichen Männern, zu Helden heran. Dazu müssen sie sich von der häuslichen Sphäre, der Domäne des Weiblichen, lösen, in die sie nach ihren Ausfahrten aber zurückkehren. Hier werden sie von ihren kaum je auf Gemälden abgebildeten Frauen empfangen, die möglicherweise eine Suppe für sie gekocht haben. Manch wagemutige Seemänner jedoch bezahlen ihren Mut mit dem Tod. In mehreren eindrucksvollen Gemälden stellt besonders Michael Ancher ertrunkene Fischer dar, die in der Stube aufgebahrt werden, während die versammelten Angehörigen um sie trauern (Tafel 5).

Am deutlichsten offenbart sich die phantasmagorische Nähe von Männlichkeit, Heldenmut, Vergänglichkeit und Tod in den Bildern von Schiffwracks, wie sie Christian Krohg, Oscar Björck oder Michael Ancher malen. Wahrscheinlich ist genau dies der Grund, weshalb sie sich in diesen Jahren einer unglaublichen Beliebtheit erfreuen und zu einem wiederkehrenden Topos der Berichterstattung über Skagen werden. «Die wenigen Denkmäler, die es in Skagen gibt, handeln von Schiffwracks und Katastrophen», schreibt Margaret Thomas. Besuchende sollten nicht versäumen, auf dem einsamen Friedhof die Erinnerungsstätte für die fünfzehn deutschen Seemänner zu besichtigen, deren Torpedoboot an der Küste zerschellt sei.[11]

Kranke Liebe

Die von den Künstlern ins Bild gesetzte Dramatik und Heroik gehören unzweifelhaft zum Beruf des Seemanns oder des Fischers. Doch ob jeder Schiffbruch so dramatisch wie in den Dichtungen Holger Drachmanns ablief, lässt sich füglich bezweifeln. Nach den Erinnerungen Christian Krohgs an eine Schiffshavarie an der südlichen Küste von Skagen spielte sich die Situation gänzlich anders ab: Die Sonne scheint, und das Meer ist unbewegt. Krohg beobachtet, wie alle Seemänner ruhig auf dem Deck des auf Grund gelaufenen Schiffes warten und schauen, was am Ufer passiert. Auch dort bricht keine Hektik aus, keiner der Anwesenden bemüht sich besonders um seine Rettung. Krohg selbst schlägt Hilfe von einem Rettungsboot vor, was aber gar nicht nötig ist. Die Seemänner werden mit einem Seil gerettet, das vom Ufer aus auf das Schiff geworfen wird, und danach mit Schnaps im Brøndums Hotel zu Kräften gebracht. Der Kapitän hat unterdessen Angst, dass der Versicherungsvertreter auftaucht, bevor das Schiff vollständig zerstört ist. Die meisten Unfälle passieren, folgert Krohg, wenn die Kapitäne zu selbstsicher seien. Nach sechs weiteren Schiffshavarien in zwei Monaten verliert er jegliches Interesse an diesem ansonsten hoch im Kurs stehenden malerischen Sujet.[12]

Dafür beginnt sich Krohg mit dem alltäglichen Leben der Fischer auseinanderzusetzen. Er porträtiert Niels Gaihede und dessen Frau Ane beim Flicken eines Netzes, ein unsentimentales und berührendes Porträt, das ohne jede Überhöhung auskommt. Neben einem Bild mit einem Segelschiff und einer Pendeluhr ist im Hintergrund auch eine an die Wand geheftete Skizze mit da Vincis Abendmahl zu sehen – die europäische Maltradition, in die Krohg sich einordnet, lässt sich sogar hier nicht übersehen.

In Frankreich hat Krohg den teilweise in Barbizon spielenden Künstlerroman *Manette Salomon* der Gebrüder Goncourt kennengelernt, welcher in seiner Leichtfüßigkeit wie in seiner subtilen Nähe zur Natur für sein Schaffen prägend wird. 1886 veröffentlicht er selbst den Roman *Albertine* über eine Näherin, die sich prostituieren muss, nachdem sie von einem Polizisten vergewaltigt worden ist. Seine Kritik an der verlogenen Sozialmoral der Mittelklasse wird zum Skandal: Unmittelbar nach Erscheinen wird der Roman von der norwegischen Regierung wegen seiner angeblichen Unsittlichkeit konfisziert.

Der gleiche Krohg, der arme Fischerfamilien unsentimental porträtiert, ist privat den leiblichen Genüssen des Lebens nicht abgeneigt. Als echter Bohèmien liebt er gutes Essen und Trinken, weshalb es ihm im Brøndums Hotel ausnehmend gut gefällt: «Die Art zu leben war wunderbar, frischer Fisch, gerade erst aus dem Wasser gezogen, Austern soviel du wolltest, das feinste Wildbret, Schnepfen, Rebhühner [...] und eine große lustige Gesellschaft in der niederen Schankstube, wo Außenseiter gemeinsam mit den Fischern warmes Bier und schlechten Brandy tranken.»[13]

Auch Krohgs Liebesleben ist von Ausschweifungen geprägt. In Kristiania verliebt er sich in seine Schülerin Oda. Diese hat sich eben von einem reichen Geschäftsmann, mit dem sie zwei Kinder hat, getrennt und beschlossen, Kunst zu studieren. Die Warnung ihres Vaters, sie werde als Künstlerin kein Auskommen finden und keine Karriere machen können, verhallt ungehört. 1885 wird Oda von

Krohg schwanger – zum dritten Mal in vier Jahren. Das Kind bringt sie in Belgien zur Welt, wohin sie Krohg gefolgt ist.

In Kristiania werden sie Mitglied einer Bohème-Künstlergruppe, die stets vom Hauch des Skandals umweht ist. Für kurze Zeit lässt sich Oda mit dem norwegischen Schriftsteller Hans Jæger ein, ohne die Beziehung zu Krohg grundsätzlich in Frage zu stellen. Sie führen eine ebenso anstrengende wie unglückliche Ménage-à-trois. Als Oda die Affäre nicht fortführt, droht Jæger mehrfach, seinen Nebenbuhler zu erschießen. Daher ist es fast wie eine Flucht, dass Christian und Oda Krohg ihre Flitterwochen 1888 in Skagen verbringen. Später verarbeitet Jæger seine nur wenige Wochen dauernde Liaison mit Oda in seiner Romantrilogie *Syk Kjaerlighet* (Kranke Liebe).

Den Sommer 1889 verbringt das frisch getraute Ehepaar zusammen mit Edvard Munch in Åsgårdstrand, einem Ort in der Nähe von Oslo. Im selben Jahr kommt mit Per ihr zweites gemeinsames Kind zur Welt. Doch auch dieser erneute Familienzuwachs bringt keine Beruhigung in ihre stets komplizierte Beziehung. Um die Jahrhundertwende leben sie in Paris, wo Christian Krohg an der Akademie Colarossi unterrichtet. Ihre eigenen künstlerischen Ambitionen hat Oda zu dieser Zeit nahezu aufgegeben. Vier Jahre unterhält sie eine Affäre mit dem Dramatiker Gunnar Heiberg, um danach wenig reuevoll in die Arme ihres Ehemannes zurückzukehren.[14]

Hip Hip Hurra

In der Künstlergemeinde Skagens kann nahezu jeder Anlass Grund für ein Fest sein: die gerade erfolgte Anreise oder bevorstehende Abreise, Geburtstag, Sommersonnwende oder sonst ein Vorwand. Nur der Marinemaler und Radierer Carl Locher soll Feste grundsätzlich abgelehnt und deshalb nie an ihnen teilgenommen haben. Besonders beliebt sind Kostümpartys, beispielsweise mit einem japanischen Thema, bei welchem alle Frauen in Kimonos erscheinen. Zum Geburtstag des Malers Eilif Peterssen 1883 kündigt sich ein eklatanter Mangel an Frauen an; daher laden die anwesenden Künstler auch die durch das Fenster schauenden Fischer mit ihren Frauen ein, sich zu ihnen zu gesellen. Je länger der Abend dauert, umso mehr Champagner, Punsch und Rum fließen durch die Kehlen, die Fischer tanzen im Speisesaal eine altmodische Polka. Vor dem Haus stolpert Oscar Björck über den eingeschlafenen Christian Krohg. Er bringt ihn zu Bett, was ihm dieser am nächsten Morgen übelnimmt. Er habe nur etwas Luft schnappen wollen.[15]

Nicht wenige monieren, der Trubel und die ständigen Feste in den Künstlerkolonien würden die Ruhe der Natur zerstören, welche die Künstler gesucht hätten. Doch die Künstlerfeste entwerfen geradezu ein programmatisches Idealbild des eigenen Lebens – eines befreiten Lebens, das sich von den bürgerlichen Zwängen gelöst hat. Als Laboratorium der kreativen Geselligkeit stehen die Feste für das Streben nach kultureller Erneuerung.

In seinem Bild *Hip Hip Hurra* stellt P. S. Krøyer das Leben in der Künstlerkolonie mit den feiernden Künstlern idealtypisch dar (Tafel 6). Während die männlichen Künstler sich in einer panegyrischen Stimmung unter dem Blätterdach zuprosten, erscheinen die Frauen im Vordergrund deutlich zurückhaltender. Wie das Stereotyp es will, sitzt Anna Ancher neben ihrer Tochter Helga und kann dem Fest daher nicht die ungeteilte Aufmerksamkeit schenken. Vater Michael Ancher hingegen feiert unbehelligt von Betreuungspflichten mit seinen Künstlerkollegen. Nichts scheint die gute Laune der Festgesellschaft trüben zu können. Der Glanz des Festes hat sich auf ihre Mienen gelegt und macht vergessen, dass es unter ihnen neben aller künstlerischen Verbundenheit auch Konkurrenzdenken, Neid, Eifersucht und manchmal auch offene Feindschaft gab. Oder hat dies Krøyer mit seiner ganz leicht ironischen Darstellung der Gruppe doch andeuten wollen?

Krøyers *Hip Hip Hurra* erhält 1889 auf der Weltausstellung in Paris und in weiteren internationalen Kunstausstellungen riesige Aufmerksamkeit. So wie Kunstkritiker und Museumsdirektoren früher zu den Pariser Salon pilgerten, begeben sie sich nun nach Skagen. Der Maler und später erste Direktor des Skagener Kunstmuseums Karl Madsen macht sich hier auf die Suche nach impressionistischen Bildern, die er in Frankreich kennengelernt hat und nun in Skandinavien wiederzufinden hofft. Auch der dänische Kunstkritiker Otto Benzon kommt nach Skagen – eigentlich ist es fast eine Flucht: Seine schwangere Frau hat ihn in Kopenhagen verlassen, weil er eine Affäre mit ihrer Mutter angefangen hat. In Skagen ruht er sich erst einmal aus. Bald reiht er sich in die illustre Reihe derjenigen ein, die den Ruf der Nordspitze Jütlands in die Welt hinaustragen.[16]

↑ Marianne Stokes ↓

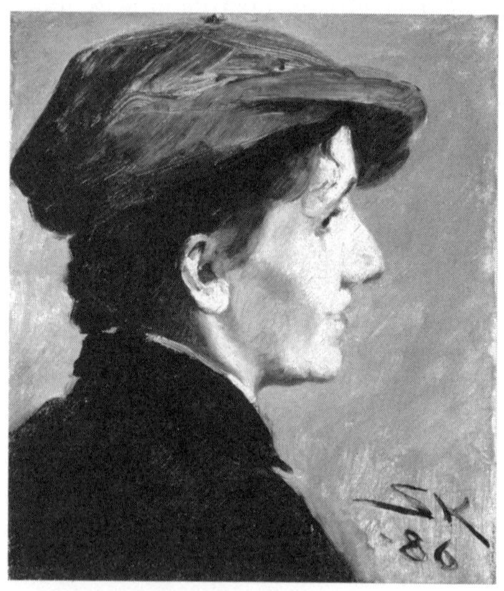

Im Speisesaal des Brøndums Hotel in Skagen
hängt dieses von P. S. Krøyer gemalte Porträtbild von Marianne Stokes.
Bis es 1892 abgehängt wird, ist hier ebenfalls ihr eigenes Bild
Haus im Moor zu sehen.

In früheren Kunstkatalogen wird sie oft als «Mrs Adrian Stokes» aufgeführt. Das soll aber nicht täuschen. Marianne Stokes, wie sie nach ihrer Heirat meist genannt wird, war eine emanzipierte Frau. Im Gegensatz zu vielen anderen akademisch ausgebildeten Künstlerinnen gab sie auch nach der Hochzeit mit dem hoffnungsvollen britischen Maler Adrian Stokes ihre künstlerische Tätigkeit nicht auf.

Geboren wurde sie 1855 als Marianne Preindlsberger in Graz. Schon als Kind wurde ihr Zeichen- und Maltalent gefördert, und so war ihr bald klar, dass sie einen künstlerischen Weg einschlagen wollte: «Marianne Stokes gehört zu den Glücklichen, die ihre Berufung früh erkannten und nie in ihrer Treue dazu abwichen.»[1] Nach einer künstlerischen Erstausbildung in Graz studierte sie an der Münchner Akademie. 1881 illustrierte sie eine Notensammlung «für zwei kleine Hände» des Komponisten Wilhelm Kienzl, dem wir in Altaussee noch begegnen werden, mit anmutigen und humorvollen Zeichnungen von Kindern.[2] Wie viele Künstlerinnen ihrer Generation zog es sie daraufhin nach Paris, wo sie an privaten Akademien ihre Kunstausbildung vervollständigte. In der Künstlerkolonie Pont-Aven, wohin sie ihr Interesse für Landschaftsmalerei führte, lernt sie 1883 den aufstrebenden, nur knapp einen Monat älteren Maler Adrian Stokes kennen. Ein Jahr darauf heiraten die beiden in ihrer Geburtsstadt Graz.

Die Sommermonate 1886 verbringen die beiden in Skagen. Ausgesprochen herzlich werden sie von den anderen dort ansässigen Künstlern aufgenommen und sogleich in die Künstlerkolonie integriert. Regelmäßig nehmen sie an den Zusammenkünften im Brøndums Hotel teil, an denen, wie der Kunstkritiker Georg Brandes schreibt, unablässig gegessen, getrunken, widersprochen und verrissen wird.[3] Sogleich werden die beiden eingeladen, ihren Teil zur Bemalung des Speisesaals beizutragen; für Adrian ist es nach Pont-Aven und Capri bereits der dritte diesbezügliche Auftrag, für Marianne der zweite. Beide stellen ein die Lücke in der Wand exakt ausfüllendes Bild fertig. Das von Marianne Stokes trägt den Titel *Haus im Moor*, eine eindrucksvolle Arbeit: Das Braun des Moores, auf dem ein Gehöft steht, kontrastiert mit dem blau-violett gehaltenen Himmel. Wie eine Fotografie beweist, wird es sogleich im Speisesaal aufgehängt. Doch anders als das Bild ihres Ehemannes wird es bei der Hotelerweiterung von 1892 abgehängt und nach erfolgtem Umbau im Depot belassen. Der Grund dafür mag damit zusammenhängen, dass sie als Künstlerin weniger angesehen ist als ihr Mann. Jedenfalls datiert der Künstler Karl Madsen Jahrzehnte später ihren Aufenthalt in Skagen nicht nur falsch, sondern äußert sich auch ihrer Malerei gegenüber despektierlich.

Wie gut Marianne und Adrian Stokes in Skagen integriert sind, zeigt sich auch daran, dass sie sogleich für P. S. Krøyer Modell sitzen müssen. Dieser wählt für Marianne eine Halb-Rückenansicht, die das Profil scharf ausbildet und den roten Hut in Szene rückt. Mit ihren feinen Gesichtszügen macht sie den Eindruck einer Dame von Welt, während im Briten

Adrian wirklich der «typische John Bull» zu erkennen ist, als den ihn Karl Madsen später beschreibt. Auch die beiden Porträts werden sogleich im Speisesaal des Brøndums Hotel aufgehängt.[4]

Das jung vermählte Paar freundet sich mit dem Künstlerpaar Anna und Michael Ancher, den Eltern der kleinen Helga, an. Ehrenvoll und zugleich etwas merkwürdig ist, dass Ancher auf seinem Gemälde *The Christening* (Die Kindstaufe) der Patin im Hintergrund die Züge von Marianne Stokes verleiht; merkwürdig deshalb, weil Helga zur Zeit, als die beiden sich in Skagen aufhalten, kein Säugling mehr ist. Das Rätsel erklärt sich dadurch, dass Michael Ancher das Gemälde erst zwei Jahre nach der Taufe malt, als die richtige Patentante sich nicht mehr in Skagen aufhält. Im Gegenzug malt Adrian Stokes ein Bild von Helga im richtigen Alter, wie sie auf einer Picknickdecke sitzt.

Bereits kurz nach ihrem Skagen-Aufenthalt beginnt sich der Stil von Adrian und Marianne Stokes stärker zu unterscheiden. Während er fortan bei seiner in dieser Zeit gefundenen naturalistischen Darstellungsweise bleibt, weisen ihre Gemälde eine immer stärkere mystische Qualität auf. Sie werden Ausdruck des Gefühllebens mit einer hohen symbolischen Ausdruckskraft. Eine zeitgenössische Kritikerin oder ein Kritiker beschreibt dies so: «Sie [Marianne Stokes] sagt nicht: Ich will die Menschen malen, wie sie sind, ihren äußeren Aspect, hinter dem sich allerlei Gefühle und Schicksale verbergen», vielmehr sucht sie eine «decorative Farbenwirkung, [...] ein schöner grüner, rother Fleck, ein strahlendes, erfreuendes Licht». Es kündigt sich bereits die spätere Malerin von Heiligenbildern an: «Ein klares, reines Licht soll uns entgegenkommen.»[5]

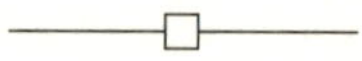

Norditalien im Dezember, eine trostlose Erfahrung, kühl und neblig. In Rom trotzen sie einem Schneesturm, und noch bei Neapel liegt Raureif auf jedem Hügelzug. Auf dem Schiff in Richtung Capri wird es endlich wärmer; die Erinnerung an die kalten Steine in Venedig verblasst, und die tauben Glieder beginnen sich zu lockern. Die Sonne scheint, nein, sie erleuchtet die glatte Fläche des Meers, die zwischen Lapislazuli und den

Farben eines Opals oder eines Amethysts changiert. So überschwänglich hat Adrian Stokes in seinem nachträglichen, von ihm und seiner Frau illustrierten Reisebericht die Ankunft in Capri beschrieben. Im Dezember 1884 kommen die beiden jung Verheirateten hier an.

Nahezu als Erstes fällt den beiden der unangenehme Brauch des Bettelns auf. Kaum haben sie das Fährschiff verlassen, werden sie von jungen Mädchen und Knaben um «soldi» angegangen. Ein Knabe kann sogar auf Befehl Tränen produzieren, die salzig seine bleichen Wangen hinablaufen. Für seine mitleiderregende Demonstration, die er nach Belieben wiederholen kann, verlangt er einen Halfpenny.

Eine wunderbare Farbenpracht empfängt sie auf der Insel. Erstaunt nehmen sie zur Kenntnis, dass diese für die Einheimischen ebenso wenig bemerkenswert ist wie das «trübe Frühlingsgrau» für einen Londoner. Die Straße von der Anlegestelle hinauf zum Dorf Capri kommt ihnen entzückend vor; sie gehen an Gärten mit Orangen- und Zitronenbäumen vorbei, durch welche der Blick auf kleine, bunt bemalte Häuser fällt.[6] Adrian Stokes verschweigt in seinem Bericht aber nicht, dass der Aufenthalt im Winter in Capri auch unangenehme Seiten hat. Während ihres Aufenthalts regnet es häufig, so dass ihnen die ungeheizten Räume im Hotel feucht und moderig vorkommen. Doch solche Unannehmlichkeiten lassen sich verkraften, dafür entschädigen allein schon die früh im Jahr aufblühenden Narzissen, die violetten Veilchen, die Krokusse und die sternförmigen Anemonen. Mandelblüten gibt es schon im Februar zu bewundern, wenig später folgen die prächtigen Pfirsichblüten. Lovely! Auf der Piazza in Capri beobachten sie, wie Neugierige mit einem Fernrohr auf den Vesuv blicken. Aus dieser Distanz erscheint der Vulkan mit seinen aus dem Krater aufsteigenden Rauchwolken als exquisites Naturschauspiel, das nichts Bedrohliches mehr hat.

Marianne und Adrian Stokes steigen im Hotel Pagano ab, das ansonsten hauptsächlich von Deutschen frequentiert wird. Den anderen englischen Touristen im Hotel Quisisana, über die Stokes leicht naserümpfend schreibt, gehen sie aus dem Weg. Vom Bildhauer Heinz Hoffmeister werden die beiden zusammen mit sechzehn anderen Künstlern gleich eingespannt, an der Ausschmückung des Speisesaals mitzuarbeiten. «Nun entwickelte sich ein reges, fröhliches Schaffen, denn als ich

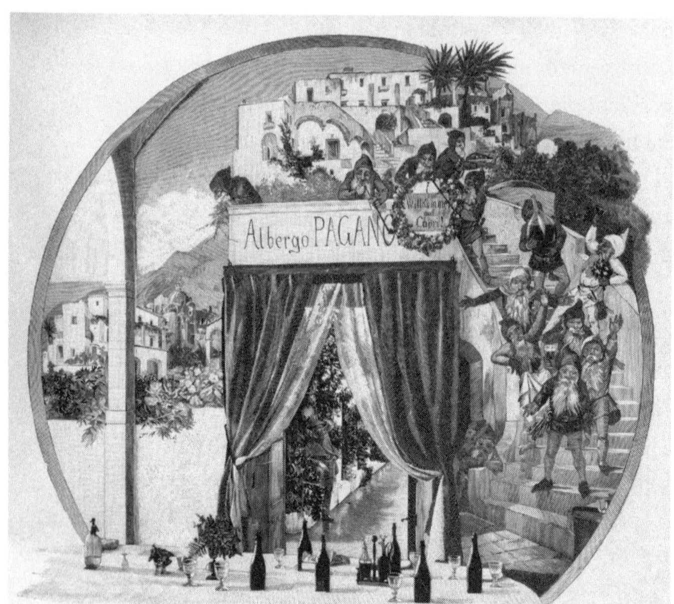

Ein «Triumph deutscher Kunst»: Marianne Stokes bemalt mit einer Gruppe von Künstlern die Innenräume des Hotels Pagano in Capri, u. a. mit Szenen aus August Kopischs *Heinzelmännchen zu Köln* (links).

auch zum Malen Anstalten traf, stellten sich mir alle anwesenden Künstler umso bereitwilliger zur Verfügung, als ein anhaltender Regen das Ausgehen unmöglich machte», erinnert sich dieser später.[7] Anders als die vergleichbaren Hotel-Ausschmückungen in Barbizon, Pont-Aven und Skagen weist das unter Mitarbeit von Marianne Stokes entstehende Werk einen humoristischen Charakter auf. Der «Triumph deutscher Kunst» sei eine «Schöpfung deutschen Künstlerhumors», schreibt der anwesende Schriftsteller Johannes Proelß mit nationalistischem Unterton. Das Können der Engländer «auf dem Gebiete des Gasthauslebens» habe an der «Widerstandskraft der deutschen Gemütlichkeit» elend scheitern müssen. Ist deshalb auf einer gemalten Freitreppe, über der ein idealisiertes Abbild des Albergo Pagano mit mehreren Palmen thront, eine «wackere Schar gutherziger Heinzelmännchen» abgebildet?[8] Eines trägt eine gewaltige Flasche Wein, ein anderes einen Schlüsselbund und ein drittes einen Kranz mit dem deutschen Gruß «Willkommen auf Capri!». Das Rätsel dieser (gelinde gesagt) überraschenden Motivkombination lässt sich leicht lösen. Es handelt sich um eine Refe-

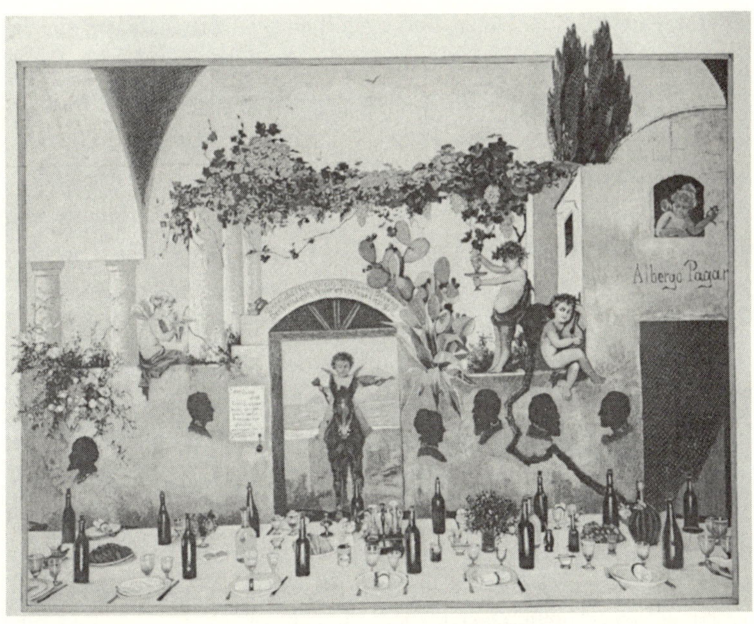

renz an August Kopisch, den Entdecker der Blauen Grotte, der 1836 die *Heinzelmännchen zu Köln* veröffentlichte.

Das gut dokumentierte, aber leider zerstörte Gemeinschaftswerk besticht durch eine skurrile Themenmischung. Allegorien der vier Jahreszeiten und eine schöne Jünglingsgestalt als Genius der Antike nehmen klassische Bildthemen des Südens auf; doch neben dem Kater Hiddigeigei (einer Gestalt aus dem Versepos *Der Trompeter von Säckingen* von Joseph Victor von Scheffel, nach dem auch ein Lokal in der Nähe des Hotels Pagano benannt ist) lässt ein Affe segnend einen Hering «in das lärmende Getümmel zechender und musizierender Putten» hinunterbaumeln.[9] Ein echter Vorhang deutet eine Loggenöffnung an, als sähen die Besucher wirklich auf die weißen Häuser, den Kuppeldom und die Felsterrassen von Capri. Am Schluss haben die ausführenden Maler ihre Häupter in Schattenrissen dargestellt. Eine einzige Frau taucht unter den Herren auf, die in Richtung eines bärtigen Mannes blickt – mit großer Wahrscheinlichkeit Marianne und Adrian Stokes.

Die beiden malen nicht nur im Hotel, sondern, wenn es das Wetter zulässt, ebenso in der Natur. Gerne nehmen sie die Dienste von spezialisierten Modellen in Anspruch. Rosina, eine «bemerkenswert hübsche Frau», schwärmt Adrian Stokes, sitze genauso perfekt wie die Modelle in London oder Paris. Zwei andere Mädchen, Pascarel und Carmela, würden barfuß im kurzen Kleid mit einem Korallenkorb in der Hand zu den verschiedenen Hotels gehen. Beim Hoteleingang setzten sie sich auf den Boden und strickten von früh bis spät. Ihr langes feines schwarzes Haar sei zu Zöpfen geflochten, in denen eine silberne Nadel stecke.

Marianne Stokes porträtiert mehrere Mädchen in Zeichnungen, die im Artikel ihres Ehemanns publiziert werden. Einmal mehr zeigen die Zeichnungen ihre glänzende Beobachtungsgabe in Verbindung mit einer individualisierenden Malweise – etwa das Mädchen, das mit einer Sichel in der Hand vor großen Kakteen posiert. Ebenfalls auf der Grundlage einer Zeichnung malt sie das Ölbild *Eine Capri-Hexe*: gleichermaßen das psychologische Porträt einer jungen Bewohnerin Capris und eine fast schon ethnografische Studie über ihre Kleidung und ihren Habitus (Tafel 7). Der auffällige Halsschmuck aus Silbermünzen und Halbedelsteinen, der über dem golden schimmernden Grund besonders gut zur Geltung kommt, verleiht dem Mädchen einen exotischen Reiz.[10]

Wegen des kühlenden Windes werde es im Sommer in Capri kaum je heiß, schreibt Adrian Stokes. Er mag davon gehört haben, selbst erlebt haben er und seine Frau es nicht. Nach drei Monaten Aufenthalt reisen die beiden zurück in den Norden. Noch im selben Jahr wird *Eine Capri-Hexe* mit großem Erfolg in der Londoner Royal Academy ausgestellt. Bald folgen Marianne und Adrian Stokes dem Ruf des irischen Malers Stanhope Forbes, der sie nach St Ives in Cornwall einlädt. Gemeinsam unternehmen sie von da aus viele Reisen, darunter nach Ungarn, worüber sie 1909 ein volkskundliches Buch veröffentlichen. In der Form eines Reiseberichts erzählt es von den vielfältigen, hauptsächlich bäuerlichen Traditionen in der Slowakei, Ungarn, den Karpaten und Transsilvanien. Nach Capri werden sie nie mehr zurückkehren.

Capri

Die Blaue Grotte

Ein «uralter Fischer», so berichtet der Maler und Schriftsteller August Kopisch 1826, habe ihm erzählt, dass zweihundert Jahre zuvor eine Gruppe von Geistlichen in eine Grotte hineingeschwommen sei. Inwendig sehe sie wie ein «sehr großer Tempel mit einem Hochaltar» aus; möglicherweise gebe es von ihr gar einen geheimen Zugang zum Schloss des Kaisers Tiberius, der die letzten Jahre seines Lebens auf Capri lebte. Doch wegen ihrer «greulichen Furcht» seien die Geistlichen bald umgekehrt. Daraufhin fasst Kopisch mit dem Malerkollegen Ernst Fries und dem sich erst zierenden Hotelier Don Pagano den Entschluss, die Grotte selbst zu besichtigen. Ein Geistlicher versucht, sie von ihrem Vorhaben abzubringen: «Wisst ihr denn aber, was Ihr in der Grotte für Wasser antreffen werdet, ob das Wasser euch trägt, ob der Teufel nicht Trug macht und Ihr sinkt in die ewigen Flammen?» Die Herren lassen sich nicht einschüchtern und engagieren den Schiffer Angelo Ferraro, der sie mit seinem Boot zur Grotte bringt. Kopisch schwimmt mit seinen drei Gefährten hinein. Was er daraufhin zu sehen bekommt, bezaubert ihn: «Es war mir gerade, als schwömme ich im unabsehbaren blauen Himmel.» Die Grotte erscheint ihm wunderbar schimmernd, «und am hochroten Saume, der rings von Seetieren gebildet, alle Ränder der Grotte verziert, funkelten die Brandungen umher, und spielten die Farben aller Edelgesteine.» Wieder zurück im Hotel, bittet Pagano Kopisch darum, die «Blaue Grotte» genannte Entdeckung in seinem Fremdenbuch zu erwähnen, sie sei die beste Werbung für sein Etablissement.[1]

Der nachträglich verfasste Erlebnisbericht ist so durchschlagend erfolgreich, dass sein Autor August Kopisch in Fremdenführern und seriöser historischer Literatur bis heute als Entdecker der Blauen Grotte auf Capri bezeichnet wird. Allerdings ist bereits seinem Bericht zu entnehmen, dass der Schiffer die Grotte schon früher gekannt hat. In ihr wurden auch drei mit Muschelkrusten überzogene Statuen aus der Zeit des römischen Kaisers Tiberius gefunden, die heute in der Casa Rossa in Anacapri ausgestellt sind. Kopischs Bericht ähnelt auffallend den Abenteurer- und Entdeckergeschichten, wie sie das 19. Jahrhundert liebte. Erzählt aus der Sicht des wagemutigen Entdeckers, werden in diesem Genre weiße Flecken auf der Landkarte ausgefüllt, werden Alpengipfel erstmals bestiegen und eben auch Grotten befahren. Kopisch nimmt die Blaue Grotte in einer kolonialistischen Manier symbolisch in Besitz und definiert damit eine früher wenig beachtete Kuriosität der Natur zu einer bestaunenswerten Naturschönheit um. Anders gesagt, er entmythologisiert und ästhetisiert die frühere «Teufelsgrotte»: Mit der Veröffentlichung seines Berichts verliert sie ihren Status als Geheimtipp und wird zu einem ästhetisch besonders wertvollen touristischen Ziel.[2]

Daran ist Tausendsassa Kopisch ganz direkt beteiligt. In das Gästebuch des Hotels Pagano schreibt er kurz nach der «Entdeckung»: «Der Wirt [Don Pagano], welchen ich seiner Kenntnis der Insel wegen empfehle, will einen ganz kleinen schmalen Nachen bauen lassen womit dann bequemer hinein gefahren werden könnte. Bis jetzt will ich es nur guten Schwimmern raten. Sie ist des Morgens am schönsten weil Nachmittag das Tageslicht stärker und störender hineinfällt, und der wunderbare Zauber dadurch gemindert wird. Der malerische Eindruck wird noch erhöht wenn man wie wir mit flammenden Pechpfannen hineinschwimmt.»[3] Wie als beglaubigenden Realitätssplitter stellt Kopisch diesen von ihm und Ernst Fries unterschriebenen Gästebucheintrag an den Schluss seines Berichts.

Wenn die Blaue Grotte auf Capri die Reisenden dermaßen in Verzückung setzt, dann sollte sie sich doch in seinem Schloss Linderhof bei Oberammergau künstlich nachbauen lassen, sagt sich der bayerische Märchenkönig Ludwig II. Er stellt sie sich als Szenerie für die Wagner-Oper *Tannhäuser* vor und will, dass das blaue Licht so naturwahr wie möglich wiedergegeben wird. Um dies zu realisieren, beauftragt er den Ingenieur und Privatdozenten Max Thomas Edelmann. Dieser zieht den italienischen Physiker, Universitätsprofessor und Spezialisten für magneto-optische Effekte Damiano Macaluso hinzu. Gemeinsam untersuchen sie in ausgedehnten Forschungen die Blaue Grotte auf Capri. Sie analysieren die Beschaffenheit aller Oberflächen in der Grotte, das Farbspektrum des Lichts sowie die Sättigung der Farben. In zwei Referaten präsentiert Edelmann am bayerischen Königshof die Resultate seiner Forschung. Er erläutert, dass das kräftig leuchtende Blau der Grotte «in jenen Strahlen enthalten [ist], welche bei dem Durchgange weißen Lichtes durch wässeriges Kupferoxyd-Ammoniake auftreten. Alle übrigen Farben enthalten mehr oder weniger bedeutende Qualitäten von Roth, welche das hervorgebrachte Blau mit einem gewissen Stich ins Röthliche erscheinen lassen, der bei den meisten Partien der blauen Grotte von Capri absolut fehlt.»[4]

Folglich schlägt er vor, den Grund des Wassers blau und das gesamte übrige Grotteninnere weiß zu bemalen, aber nicht mit irgendeinem Weiß: «Sehr fein zerriebene, natürliche, weiße Krystalle mit blättrigem Gefüge unter Anwendung eines wasserbeständigen Bindemittels bilden eine weiße Farbe, welche im höchsten Grade die Eigenschaft besitzt, farbige Lichtstrahlen unverändert zu reflektieren.»[5] 1877 werden in der inzwischen gebauten künstlichen Grotte drei Lichtmaschinen der Firma Sadlier in Paris für je 5500 Francs, dazu eine Wellenmaschine und ein Prisma für die Erzeugung eines Regenbogens installiert. Trotz dieses technischen Aufwands ist Ludwig II. nicht vollends begeistert. Jahrelang werden verschiedene Anstriche und Beleuchtungen ausprobiert. Der König feuert Edelmann und ersetzt ihn durch seinen Assistenten. Doch es bleibt dabei, trotz neuester Technik wie elektrischer Beleuchtung und des dynamogetriebenen Kraftwerks, kann das originale Blau der Blauen Grotte auf Capri nie erreicht werden. Nur: Ludwig II. ist nicht der Richtige, um das zu beurteilen. Er selbst hat Capri nie besucht.

1904 fasst der Kabarettist und Reiseschriftsteller Hanns Heinz Ewers den Vorsatz, sich ebenfalls als Entdecker einer Grotte feiern zu lassen. Nebenbei, so sein Gedanke, könnte er Kopischs Bericht toppen. Ganz klassisch der Auftakt: «In den antiken Hafen bei den Faraglioni hatte ich zwei Fischer mit ihren Barken bestellt, dazu zwei Bauern, Natale und Peppino, prächtige Felsenkletterer, mit denen ich schon manche schwierige Tour gemacht hatte.» Schon der zweite Satz lässt aber ahnen, worauf er hinauswill: «Unsere Ausrüstung bestand in ein paar Brecheisen, einigen langen festen Stricken und der zwölf Meter langen Kirchenleiter des Domes.»[6]

Auf einer Fotografie sieht man ihn mit Wanderhosen, einer bequemen Jacke, einem kleinen Rucksack und einer Mütze gegen die stechende Sonne. Auf die gefährliche Expedition begleiten ihn seine Frau Ilna Ewers-Wunderwald, ebenfalls in Wanderkleidung, mit Schnürstiefeln und einem Strohhut, sowie der Maler Karl Boehme. Nach einer ausgesprochen gefährlichen Schifffahrt und einer wilden Kletterei eine senkrechte Wand von dreißig Meter Höhe hinunter, an der sie sich blutige Hände und Füße holen, entdecken sie, wer hätte das geahnt, die «Grotta meravigliosa», die wunderbare Grotte, eine weitere von mehreren natürlichen Höhlen entlang der zerklüfteten Küste Capris. Eine unbestimmte Scheu packt sie, die Grotte zu betreten, der Bauer Natale fürchtet sich vor den Geistern darin. Sie wagen es dennoch – und Ewers zeigt sich begeistert: Nur Homer und Arnold Böcklin gemeinsam würden es schaffen, ihre Schönheit künstlerisch darzustellen. Er selbst versucht es mit den Mitteln der Sprache: «Der türkisblaue Meeresspiegel wirft zur Mittagszeit am Eingang seinen blaugrünen Reflex wie bei der Grotta Azzurra auf die Felsen, dann geht die Farbe in ein zartes Smaragdgrün über, um sich schließlich bis zum tiefsten Azurblau zu vertiefen. An einer Stelle ist eine Gruppe von Stalaktiten völlig rosa getönt, während gleich daneben marmorweiße, zinnobergelbe und tiefschwarze stehen. Und keine dieser Farben verdrängt die andere; sie scheinen alle durch eine wunderbar zarte Harmonie vereinigt zu sein.» Gäbe es einen Preis für die farbenreichste Beschreibung, Hanns Heinz Ewers hätte ihn bestimmt gewonnen. August Kopisch, den er glänzend persifliert, wäre auf den zweiten Platz verwiesen worden oder noch weiter hinten gelandet.

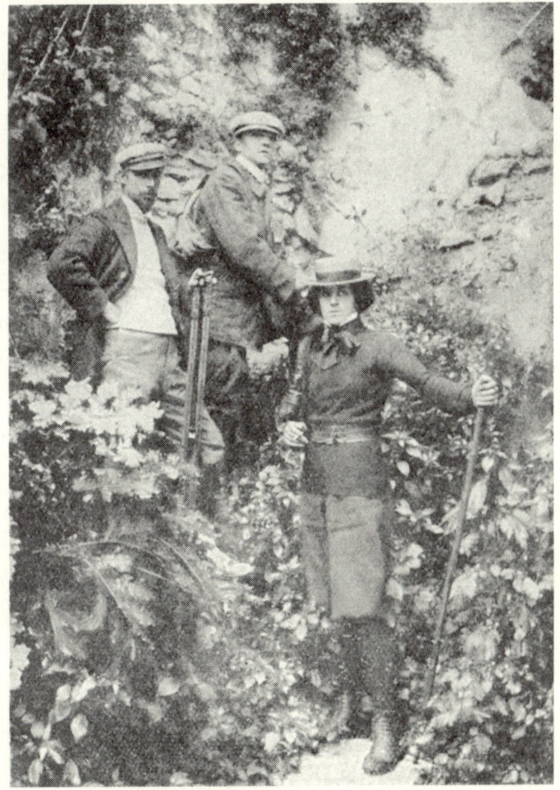

So ausgerüstet seilt sich die Gruppe eine dreißig Meter hohe Felswand ab. Das Abenteuer lohnt sich: Karl Boehme, Hanns Heinz Ewers und Ilna Ewers-Wunderwald «entdecken» 1904 die Grotta meravigliosa!

Mit einem Ingenieur arbeitet daraufhin Ewers wochenlang Pläne aus, wie der neu entdeckte Schatz der Insel erschlossen werden könnte. Er findet in der Congrega di Carità di Capri sogar die Eigentümerin der Grotte. Bald erreicht ihn ein Brief dieser Congrega, er sei ohne Erlaubnis auf ihren Grund und Boden eingedrungen. Entrüstet schreibt er: «Man denke: auf einen Boden, den mein Betreten erst der Eigentümerin schenkte, von dem die Congrega erst durch mich Kenntnis erhielt, in eine Grotte, der ich erst den Namen gab!» Und was ist der Dank für die heroischen Entdecker? «Die Gemeinde und die Congrega taten sich zusammen, sie bauten von außen her vom Meere herauf einen bequemen Aufstieg, durchschlugen den Fels und schufen einen Eingang.»

Per aspera ad astra

Am Silvesterabend des Jahres 1899 setzt der Maler Karl Wilhelm Diefenbach nach Capri über und bezieht in Anacapri, am Fuße des Monte Solaro, die Villa Giulia. Nach einer Ausbildung an der Münchner Kunstakademie hatte er sich auch als Folge einer Typhuserkrankung der Lebensreformbewegung zugewandt. Als Vegetarier und Anhänger der Freikörperkultur lebte er, von anderen despektierlich als «Kohlrabi-Apostel» tituliert, in einem Steinbruch bei Höllriegelskreuth unweit von München. In Ägypten, wohin er nach dem Zusammenbruch der Kommune geflüchtet war, traf er auf den Maler Christian Wilhelm Allers, der später ebenfalls in Capri lebte. Von 1897 bis 1899 führte er die Kommune «Humanitas» im Himmelshof in Ober Sankt Veit bei Wien, wo ihn zahlreiche Anhänger besuchten und sich mit ihm in Reformgewändern fotografieren ließen. In Wien lernte er die Pazifistin Bertha von Suttner kennen, die ihn anfänglich unterstützte. Doch als kritische Presseberichte über den «Narren» und «Schnorrer» Diefenbach erschienen, distanzierte sie sich in verletzender Weise von ihm, «den Rauch ihrer Zigarette in die Luft paffend», wie er im Tagebuch bitter vermerkt.[7]

1906 zieht Diefenbach in die Casa Grande an der Piazza von Capri. Er bemalt die Fassade mit Figuren aus seinem Fries *Per aspera ad astra* (Durch Mühsal zu den Sternen), den er 1892 in Wien mit großem Erfolg ausgestellt hatte, und eröffnet in der Villa eine dauerhafte Kunstausstellung.[8] Begleitet wird der strenge Vegetarier von seinen Söhnen Helios, Lucidus (er hatte ihn nicht Lucifer, den Lichtbringer, nennen dürfen, weil die «Schwarzröcke» diesen Namen nicht erlaubten)[9] und der Tochter Stella, mit denen er sich jedoch bald verkracht, sowie seiner zweiten Ehefrau Mina Vogler. Die Ehe ist mit Problemen belastet. Denn Diefenbach ist, obschon zum zweiten Mal verheiratet, ein entschiedener Gegner des Besitzdenkens in Liebesangelegenheiten. Konsequenterweise hat er zahlreiche Liebschaften, darunter mit der Schwester seiner Ehefrau, was durchaus seiner Vorstellung des Zusammenlebens von Frau und Mann entspricht. Er vertritt die Ansicht, dass es keinen anderen Weg für «das Weib» gebe, als den «ihm sympathischen idealen Mann mit anderen Geschlechts- und Leidens-Genossinnen zu teilen».[10] Umgekehrt will er aber den Frauen das gleiche Recht nicht zugestehen.

Auf künstlerischer Ebene wendet sich Diefenbach in Capri dem Symbolismus zu. Sein Gemälde *Porto antico* aus dem Jahr 1906 ist symbolschwanger und nahezu unwirklich. In dem von düsteren Felsen umgebenen grottenähnlichen Innern des «antiken Hafens» herrscht eine majestätische Ruhe und eine geradezu magische Farbigkeit. Die Konturen sind diffus gehalten und unterstützen die geheimnisvolle Aura, die von diesem Bild ausgeht. Die Phantasie soll angeregt, der Seele der Dinge auf den Grund gegangen werden. Anders als führende Realisten oder Impressionisten wollen Symbolisten nicht die Gegenwart darstellen, sondern eine ferne arkadische Vergangenheit oder, wie Diefenbach, eine nicht näher erläuterte utopische Zukunft. Nicht zuletzt lässt sich an dem Gemälde Diefenbachs zivilisationskritische Haltung ablesen – eine Haltung, die sich auf einer Insel im blauen Golf von Neapel fern jeder Industrie natürlich privilegiert äußern lässt.[11]

Obschon Ärzte in dieser Zeit den Aufenthalt auf Capri bei Problemen mit Bronchien des milden und trockenen Klimas wegen empfehlen, klagt Diefenbach in seinem Tagebuch ständig über gesundheitliche Probleme, angefangen bei einer Rippenfellentzündung, Aushusten zähen Schleims und Eiters, Kopfschmerzen, Fieber, Bronchitis und endend mit einem Mastdarmvorfall. Auch ärgert er sich, dass seine Kunst wenig Anklang findet: Achtundneunzig von hundert Deutschen kauften keine Kunst eines deutschen Malers, beklagt er sich, lieber setzten sie sich in die «‹Käsekneipe› zu deutschem Sauerkraut, deutschen Schweinskadaverwürsten, deutschem Bier und deutschem Tabaksqualm bis in die späte Nacht hinein». Es ist unbekannt, was von beidem den überzeugten Vegetarier sowie Alkohol- und Tabakgegner Diefenbach härter traf. Daher plant er, maßlos wie immer, die Gründung einer Humanitas-Lebensschule und den Bau eines Tempels im Castello Baja, einer riesigen Festung in der Nähe von Neapel. Die Pläne gedeihen jedoch nicht über das Anfangsstadium hinaus.[12]

Mehr als verärgert wird Diefenbach durch den Artikel «Die Insel der Entgleisten» von Hanns Heinz Ewers. Uncharmant bescheinigt dieser Diefenbach, eine «Engros-Malfabrik» für epigonenhafte Werke zu betreiben und seine Schülerinnen und Schüler auszubeuten.[13] Diefenbach führt drei Jahre einen Prozess gegen den Verleumder, an dessen Ende Ewers zu dreizehn Monaten Gefängnis, einer Geldstrafe von 1000 Lire und zur Übernahme der Gerichtskosten verurteilt wird.[14]

Via Krupp

Karl Wilhelm Diefenbach ist längst nicht der Einzige, den Ewers in seinem Artikel angegriffen hat. Die «Entgleisten» bezieht sich auf die vielen Homosexuellen, die sich in Capri dauerhaft niedergelassen und der Insel einen einschlägigen Ruf beschieden haben. Der Fin-de-Siècle-Autor Willy (Henry Gauthier-Villars), Exmann der Varietékünstlerin und Schriftstellerin Colette, bezeichnet in seinem Buch *Le Troisième Sexe* von 1927 Capri gar als «sodomitische Weltstadt en miniature», und James Money verfasst ein eigenes, anekdotenreiches Buch über die «Island of pleasure». Bereits August von Platen hatte bei seinem Aufenthalt 1827 die capresischen jungen Männer bewundert und in seinem Gedicht *Die Fischer von Capri* in manierierten Versen verewigt.[15]

1898 kommt Friedrich Alfred Krupp, Enkel des Firmengründers der Essener Stahlwerke und Herr von 50000 Angestellten, zum zweiten Mal nach Capri, in seinem Gefolge seine Frau, die beiden Töchter, Gouvernanten, sein Privatsekretär und weiteres Personal. Der ganze Tross steigt im Luxushotel Quisisana (wörtlich für «Hier wird man gesund») ab, wo Krupp sein Asthma, die Kreislaufstörungen und seine Depressionen zu kurieren hofft. Von 1899 bis 1902 verbringt er die Wintermonate auf der Insel und freundet sich mit dem vierundzwanzigjährigen capresischen Bauernburschen Giovanni Sangiorgio an, dem er als reichster Mann Deutschlands sehnsüchtige Briefe schreibt.[16] Darüber hinaus investiert Krupp enorme finanzielle Summen, um ein ausgesprochen waghalsiges Projekt zu realisieren: «Es ist die Via Krupp, eine Straße, die in engen Serpentinen von den Augustus-Gärten zum Meer hinabführt, auf einem fast senkrecht in die Tiefe stürzenden Steilabfall des Monte Castiglione.»[17]

Das architektonische Meisterwerk führt an Marina Piccola vorbei, von wo aus sich auf einem Felsenpfad die «Grotta di Fra Felice», die Höhle für das Zusammensein unter Freunden, erreichen lässt. Als Dank für seine Verdienste wird Friedrich Alfred Krupp 1902 zum Ehrenbürger Capris ernannt, worauf der Skandal losbricht: In einem Artikel einer neapolitanischen Zeitung wird über die «degenerierten Ausländer» und «Päderasten» berichtet. Krupp vergnüge sich in seinen Höhlen mit jugendlichen Liebhabern, männliche Prostitution sei weit verbreitet. Der sozialistische *Vorwärts* in Berlin greift das Thema auf und macht den Skandal auch in Deutschland publik, wo für homosexuelle Handlungen nach Paragraf 175 immer noch Gefängnisstrafen ausgesprochen werden. Der achtundvierzigjährige Krupp flieht getroffen in seine Essener Villa Hügel, empfängt noch den deutschen Kaiser Wilhelm II., um sieben Tage nach der Veröffentlichung im *Vorwärts* einem Gehirnschlag zu erliegen. So lautet zumindest die offizielle Version; glaubt man den Spekulationen, hat Krupp Selbstmord verübt.

Griechische Kostümfeste, wie sie Friedrich Alfred Krupp mit seiner Brüderschaft oder Karl Wilhelm Diefenbach mit seinen Jüngern feiert, sind in dieser Zeit nichts Ungewöhnliches. Bereits 1887 beschreibt Heinz Hoffmeister seine Teilnahme an einem «homerischen Fest», bei dem er in Capri «griechische Sitten und Gebräuche» in einer idealtypischen Landschaft miterlebt hat. Er nimmt an einer Mitternachtsprozession teil, inmitten von Alten und Jungen marschiert er in weißer Toga mit, «auf dem bloßen Haupte einen Epheukranz tragend». «Ganz Capri war in Aufregung», weiß er zu berichten, es kommt ihm vor, als seien die alten Griechen auferstanden. «Carabinieri schauten, dass nichts gegen die Religion verstieß.» In einer «geheimnisvollen Ceremonie» schlachten die verkleideten Touristen einen Hammel, braten und verspeisen ihn.[18]

Knabenliebe

Das befreite Leben, wie es manches Künstlerfest inszeniert, entspricht einer Sehnsucht der Gäste aus dem Norden. Hier im Süden, gesteigert noch auf einer Insel wie Capri, können sie ein heiteres und gelassenes Leben in dionysischer Verfallenheit führen und sich auch Verhaltensweisen erlauben, die in ihren Heimatländern streng bestraft werden. In manchen Kreisen gilt Pädophilie als Kavaliersdelikt, das durch die antiken Vorbilder legitimiert ist.

Christian Wilhelm Allers, der 1890 erstmals nach Capri kommt, lässt sich 1892 dort eine Villa erbauen. Seine Porträts von Otto von Bismarck, dem eisernen Kanzler, sind zu dieser Zeit weit verbreitet. Zu seinen Gästen zählen Ludwig Fulda, Ludwig Ganghofer, Engelbert Humperdinck, Prinz Friedrich Heinrich von Preußen (homosexueller Vetter des Kaisers Wilhelm II.) sowie Ludwig Viktor, ein jüngerer Bruder des österreichischen Kaisers Franz Joseph, auch «Luzi-Wuzi» genannt, der seine Homosexualität so offen auslebt, wie es in dieser Zeit möglich ist.[19]

Allers' Zeichnungen aus Capri, die er später in einer Sammlung veröffentlicht, bilden typische Motive ab: Bauern, Fischer, Wachteljäger, religiöse Prozessionen sowie einen Professor mit Umhängetasche und Schirm unter dem Arm, der einen einheimischen Knaben anfragt, ob er ihm die Blaue Grotte zeigen wolle. In ihrer freundlich-ironischen Art erscheinen sie als harmlos. In manchen von ihnen, etwa in der Darstellung der Ankunft eines eleganten Malers mit Lederschuhen und Zigarette im Mundwinkel, dessen umfangreiches Gepäck zwei unbeschuhte einheimische Frauen in Holzkisten auf dem Kopf tragen, schimmert leise Kritik an den Verhältnissen durch.[20]

Allers fängt eine Affäre mit dem jungen Seemann Alberino an, von dem nur sein Vorname sowie zwei Spitznamen bekannt sind: «Miezo Culillo» (Halber Arsch) und «Meza Recchia», eine Anspielung auf das Ohrläppchen, das als Erkennungszeichen für Homosexuelle dient. Später lässt er auch andere Knaben in seinem Studio posieren. Doch Allers' Verhältnisse mit Knaben lassen die neapolitanischen Behörden auf ihn aufmerksam werden. Nach der Warnung einer befreundeten Ladenbesitzerin kann er sich 1903 dem Zugriff durch die italienischen Behörden mit einer Flucht auf einem Fischerboot gerade noch entziehen. In Abwesenheit wird er von einem italienischen Gericht zu viereinhalb Jahren Gefängnis verurteilt. Er geht auf Weltreise, die ihn auch nach Deutsch-Samoa führte, wo er noch exotischere Knaben getroffen haben soll.[21]

Villa Lysis

Wegen «Verleitung von Minderjährigen zur Ausschweifung» wird der französische Exzentriker und erfolglose Schriftsteller Jacques d'Adelswärd-Fersen in Frankreich zu sechs Monaten Gefängnis verurteilt. 1903 siedelt er nach Capri über und lässt sich die Villa Lysis erbauen, eine romantische Dandyvilla im dekadenten Fin-de-Siècle-Stil mit mosaikverzierten Räumen. Im Chinazimmer bewahrt d'Adelswärd-Fersen seine Sammlung von 300 Opiumpfeifen auf. Den Garten verziert er mit billigen Gusskopien berühmter Statuen, also falschen Donatellos, Michelangelos und klassizistischen Neuschöpfungen.

Lysis ist der Titel eines Werks des Philosophen Platon, in dem Sokrates mit Jugendlichen über Freundschaft, insbesondere die erotische Freundschaft, diskutiert, und «Freundesliebe» fungiert um 1900 oft als Codewort für Homosexualität. Der Conte Fersen hat in Rom den vierzehnjährigen Nino Cesarini aufgegabelt und als Privatsekretär in seine Villa mitgenommen. Diesem Nino sind auch zahlreiche schwülstige Liebesgedichte gewidmet, deren künstlerischer Wert schon damals in Zweifel gezogen wird. Martin Mosebach nennt d'Adelswärd-Fersen daher einen «virtuellen Dichter», obschon ein paar Gedichtbände seinen Namen tragen.[22]

Als Gastgeber jedoch ist d'Adelswärd-Fersen kaum zu übertreffen, seine Inszenierungen mit Rosen und Düften in der Villa sprechen sich bis Neapel, Rom und Paris herum. Norman Douglas, der mit d'Adelswärd-Fersen die Vorliebe für junge Männer teilt, beschreibt sie in seinem satirischen Roman *Südwind*. Nur die italienische Schriftstellerin Ada Negri, die in der Villa Lysis ihre Gedichte vortragen darf, fühlt sich anfänglich befremdet. Sie kann sich nicht in den «dekadenten Prunk» einfühlen. D'Adelswärd-Fersen trägt selbst eigene Oden vor, dann Gedichte von Verlaine und Mallarmé. «Er las gut, hatte ein ausgezeichnetes Gespür für Harmonie und Nuancen», erinnert sich Ada Negri, «doch seine tiefe, ein wenig rauhe Stimme wurde zunehmend leiser und langsamer, verlor sich wie ein Rinnsal im Boden. Sein Gesicht wurde totenbleich.» Nino Cesarini reicht dem erschöpften Dichter eine Schale Champagner.[23]

Überhaupt die Posen und die Inszenierungen: Über dem Eingang der Villa Lysis lässt d'Adelswärd-Fersen die lateinische Inschrift AMORI ET DOLORI SACRUM (Liebe und Schmerz sind heilig) anbringen. Der italienische Fin-de-Siècle-Autor Gabriele D'Annunzio hatte den Spruch bereits 1895 in sein Tagebuch als Kommentar zu seiner Beziehung mit Eleonora Duse notiert. Später wird er der Leitspruch des Instituts für Sexualwissenschaft von Magnus Hirschfeld.[24] Selbst der Tod von Jacques d'Adelswärd-Fersen ließe sich als Inszenierung begreifen, wenn er denn so gewollt gewesen wäre. 1923 stirbt er im Alter von dreiundvierzig Jahren an einem Cocktail von Champagner und Kokain. Die Villa Lysis geht nach seinem Tod an den Geliebten Nino Cesarini.[25]

Ärzte und Scharlatane

Capri zieht zahlreiche Exzentriker an, häufig mehr Lebenskünstler als wahre Künstler. Aber liegt in einem intensiven und erfüllten Leben nicht gerade die wahre Kunst? Diese Frage hätte man auch Axel Munthe stellen können. Der schwedische Arzt und Bestsellerautor ist der Erbauer der Villa San Michele, die neben der Villa Lysis und der von Curzio Malaparte als dritte «Demonstration der Selbstverliebtheit» (Bruce Chatwin) auf Capri gilt. In seinem Bestseller *Das Buch von San Michele,* das 1928 erstmals erschien und 1982 sogar verfilmt wurde, beschreibt er mit viel Phantasie, wie er die Choleraepidemie in Neapel fast allein besiegte. Er brüstet sich mit den Berühmtheiten, die er in seinem Leben alle kennengelernt und behandelt hat, von Oscar

Wilde und Alfred Douglas bis zu Rainer Maria Rilke. Als eitler Dandy posierte er gerne im weißen Anzug vor seiner Villa.

Schon zu Lebzeiten Munthes machen Gerüchte die Runde, er habe sich die titelgebende Villa seiner Memoiren nur leisten können, weil er besonders seinen weiblichen Patientinnen das Geld aus der Tasche gezogen habe. Eine davon war Königin Viktoria von Schweden, die Frau von König Gustav V. Die beiden führten eine unglückliche Ehe. Viktoria ging dazu über, ihre fragile Gesundheit zum Vorwand zu nehmen, um ihr Leben nicht gemeinsam mit ihrem Ehemann verbringen müssen. Der schamhaft verschwiegene Grund für die fortgesetzte Entfremdung war, dass Gustav V. homosexuelle Neigungen zeigte und sich laufend jüngeren Männern näherte.

1892 lernt Viktoria den Arzt Axel Munthe kennen. Sogleich lädt er sie zu sich nach Capri ein. Zeitgenossen argwöhnen, dass er sie hauptsächlich deswegen dorthin lockt, weil er selbst da lebt. Mehr und mehr bestimmt er ihr Leben. Bis in höchste Kreise wird vermutet, dass sie eine deutlich intimere Beziehung pflegen als üblicherweise zwischen Arzt und Patientin. Der am schwedischen Königshof akkreditierte russische Diplomat Alexander Sawinski notiert 1912: «Ohne ihn machte sie gar nichts. Er überzeugte sie, dass sie so krank sei, dass sie ohne ihn bald sterben werde. Das schwedische Klima sei schlecht für sie – daher ließ sie eine Villa auf Capri bauen. Bald wurde er reich und sie eine krankhaft psychotische alte Frau.»[26]

Sogar ihre Schwiegertochter Maria Pawlowna, die Großfürstin aus der russischen Zarenfamilie Romanow, lotst Viktoria nach Capri. Auch in deren Ehe mit Viktorias zweitem Sohn Wilhelm ist nicht mehr alles zum Besten gestellt. Maria Pawlowna lässt den Sohn Lennart bei ihrem Ehemann in Schweden und reist nach Capri. Axel Munthe, dem sie vorgestellt wird, interessiert sich bald mehr für die jüngere Frau als für die Schwiegermutter. Er rät ihr, sie möge Abstand von ihrem Ehemann halten und das gute Capri-Klima nutzen. Der diplomatische Dienst ist alarmiert und vermutet, dass Munthe Maria Pawlowna manipuliere, um durch sie Einfluss am russischen Zarenhof zu gewinnen. Herablassend schreibt Sawinski in einer diplomatischen Note, es sei allgemein bekannt, dass die Großfürstin ein leichtes Ziel für «Wahrsager, Schamanen und ‹heilige Männer› jeglicher Façon» sei. Munthe gelingt es jedoch nicht, Maria Pawlowna wie ihre Schwiegermutter langfristig an sich binden. Bald zieht sie nach Paris, die Ehe mit Wilhelm von Schweden wird geschieden, was ihr die Ächtung der anderen Romanows und ihres Cousins Zar Nikolaus II. einträgt. Während des Ersten Weltkriegs bleibt sie in Russland, heiratet ein zweites Mal und wird Mutter von einem zweiten Sohn. Die Machtübernahme durch die Bolschewiki hat zur Folge, dass sie nicht in Russland bleiben kann. Sie flieht über Rumänien nach Paris, lebt zeitweilig in den Vereinigten Staaten, in Buenos Aires und im Sanatorium Bellevue in Kreuzlingen. 1958 stirbt sie in Konstanz.

Nach dreißig Jahren Bekanntschaft empfiehlt Munthe seiner Patientin Viktoria, die ihm lästig geworden ist, sie solle in ihr Heimatland Schweden zurückkehren. Das dortige, früher so wenig zuträgliche Klima bildet auf einmal kein Hindernis mehr. So herzlos und ungewöhnlich, wie dieser Vorschlag klingt, war er nicht: Orte mit einem «Heilklima» wie Capri wurden für die gesundheitliche Erholung aufgesucht. Tunlichst sollte in ihnen nicht gestorben werden, weswegen Ärzte moribunde Patientinnen regelmäßig nach Hause schickten. Viktoria folgt dem Ratschlag von Munthe nur halb. Sie verlässt zwar Capri, stirbt aber kurz darauf in Rom.[27]

In Munthes Villa San Michele wird es deswegen nicht still. In den 1920er Jahren zieht Marchesa Luisa Casati ein, die verschwenderische Society-Dame und Königin der Maskenbälle, die nackt unter ihrem Pelzmantel zwei Leoparden an einer juwelenbesetzten Leine spazieren führte und sich in verruchten Posen, die Augen schwarz umrandet, von Kopf bis Fuß in schwarzen Samt gekleidet, von Man Ray in Szene setzen ließ. Als Muse und Geliebte berühmter Männer wie Gabriele d'Annunzio und Leonid Bakst, der die Kostüme für Serge Diaghilews *Les Ballets Russes* entwarf, ist sie eine Berühmtheit. Die weißen Wände der Villa San Michele lässt sie schwarz übermalen, schwarze Vorhänge halten das Tageslicht fern, und schwarze Kerzen machen die Inszenierung perfekt. Nachdem Benito Mussolini 1926 die Macht in Italien übernommen hat, schwindet die Be-

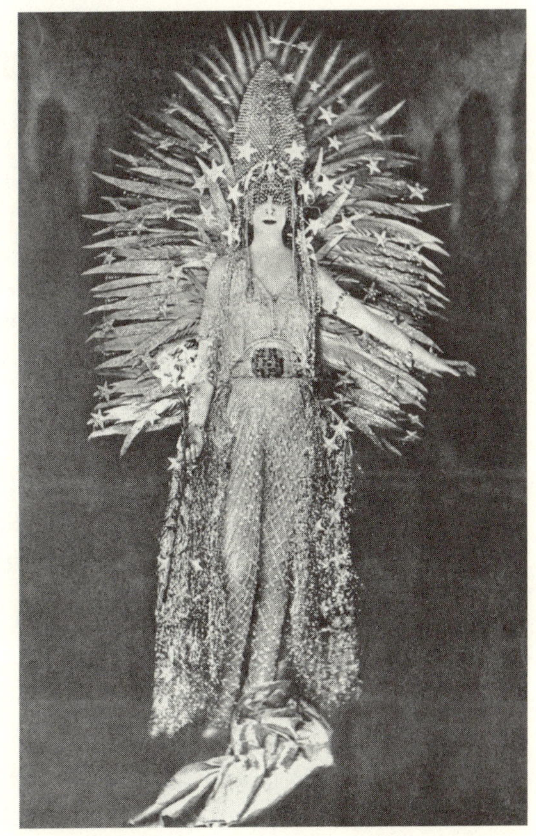

Luisa Casati in einem Kostüm von Jean Philippe Worth, 1922. In den 1920er Jahren zieht die Society-Dame und Königin der Maskenbälle in die Villa San Michele ein. Sogleich lässt sie alle Wände schwarz übermalen.

rühmtheit der Marchesa. Aus finanziellen Gründen sieht sie sich gezwungen, aus der Villa auszuziehen.[28] An der Wand des Salons bleibt nur das Motto, das sie hat aufmalen lassen: «Oser. Vouloir. Savoir. Se taire.» Die vier Begriffe sollen am Giebel von Salomos Tempel angebracht gewesen sein. In esoterischen Kreisen symbolisieren sie die vier Säulen der Weisheit, welche die Menschen mit dem Göttlichen verbinden.

Zarte Romanzen

1938 kommt die Schriftstellerin Marguerite Yourcenar ein zweites Mal nach Capri und nimmt sich in der Villa Casarella zwei Zimmer mit einer Terrasse. Sie besichtigt die Ruinen der Villa Jovis von Kaiser Tiberius, welche ihr später als Inspiration für ihren Hadriansroman dienen. Ihre Gedanken sind bei Grace Frick, die sie im Februar des Vorjahres in der Bar des Hotels Wagram in Paris getroffen hat. Zusammen machten sie eine Europareise, die sie nach Italien und Griechenland mit Aufenthalten in Korfu und Capri führte. Mit Grace Frick gelang es Marguerite Yourcenar endlich, ihre unglückliche Liebe zu André Fraigneau, Mitarbeiter im Verlag Grasset in Paris, allmählich zu überwinden. Der ephebenhafte, androgyne Mann hat sich nie wirklich für sie interessiert, er stand, wie ihr nachträglich klar wird, auf Männer.

Auf Capri und Sorrent an der Amalfiküste schreibt sie den Roman *Der Fangschuß* (1939), in dessen ursprünglichem Titel der Name Grace bereits enthalten ist: «Le coup de grâce», eine Dreiecksgeschichte mit homoerotischen Motiven, die während des Ersten Weltkriegs spielt. Am 15. Oktober 1939 besteigt Marguerite Yourcenar in Bordeaux die SS. «Manhattan». In New York wird sie von Grace Frick empfangen, mit der sie ihr folgendes Leben teilen wird. Die beiden sind dem heraufziehenden faschistischen Unheil in Europa glücklich entronnen.[29]

Auch andere Romanzen nehmen ihren zarten Anfang in Capri. Beim Kauf von Mandeln im Krämerladen trifft Walter Benjamin, der sich für die Ausarbeitung seiner Habilitation zum bürgerlichen Trauerspiel auf die Insel zurückgezogen hat, auf die attraktive Asja Lacis, die mit ihrem Kind von Mai bis September 1924 auf Capri lebt. Die Lettin hatte in Sankt Petersburg und Berlin die avantgardistische Theaterpraxis unter anderem bei Wsewolod Meyerhold erlernt. Auf Benjamin wirkt sie ungemein faszinierend. Gemeinsam unternehmen sie mehrere Ausflüge nach Pompeji und Neapel und sprechen über die sowjetische Avantgarde und das moderne Theater. Asja Lacis gilt als verantwortlich für Benjamins Politisierung, aber auch für seine Hinwendung zu den kleinen, nebensächlichen Beobachtungen, die er als Flaneur beiläufig aufnimmt. Diese Methode wendet er in seinem unvollendet gebliebenen *Passagen-Werk* über das Paris des 19. Jahrhunderts meisterhaft an. Benjamin widmet Asja Lacis 1928 seine bahnbrechende Aphorismensammlung *Einbahnstraße*.[30]

Doch Asja Lacis ist schon vergeben, sie ist liiert mit Bernhard Reich, Dramaturg am Münchner Kammertheater. Am 7. Juli 1924 schreibt Benjamin an Gerhard (Gershom) Scholem: «Seit gestern habe ich ein neues Zimmer, von einer Beschaffenheit, wie ich es zum Arbeiten wohl noch nie gehabt habe: mit allem mönchischen Raffinement der Raumproportionen und einem Blick tief in den schönsten Garten von Capri, der mir zur Verfügung steht. Ein Zimmer, in welchem sich zu Bett legen unnatürlich scheint und für das die arbeitsame Nacht selbstverständlich ist.»[31] – Die Erotik eines Geistesarbeiters! Doch ist dies nicht die ganze Wahrheit. In einem anderen Brief an seinen nach Palästina ausgewanderten Freund wird Benjamin mit der Erwähnung der «Wundererscheinungen dieser Nächte» expliziter: «Aber es liegt noch viel mehr darin, worüber vielleicht die Kommentare des hohen Liedes Aufschluß geben.»[32] Kurz: Benjamin entdeckt in Capri die Erotik neu, die in seiner Ehe mit Dora längst eingeschlafen war. Eine kurze, heftige Liebe ist es nur, denn Ende September reist Lacis mit ihrer Tochter zu ihrem Ehemann zurück nach Berlin. Benjamin bleibt noch bis am 10. Oktober im kühler werdenden Capri, bis er ihr über Rom und Florenz nach Berlin nachreist, wo er Mitte November eintrifft.

Schule für die Technik der Revolution

Der Schriftsteller Maxim Gorki kommt 1907 nach einer USA-Reise nicht ganz freiwillig nach Capri. Nach der gescheiterten blutigen Revolution gegen den Zaren 1905 wurde er aus Russland ausgewiesen. Zum Empfang des berühmten Schriftstellers spielt wie schon in Neapel die Musik auf. Zunächst steigt Gorki mit seiner illegitimen Ehefrau, der Schauspielerin Maria Andreeva, im Hotel Quisisana ab. Bald ziehen sie in die Villa Settena und später in die Villa Rosa.[33] Wie viele vor und nach ihnen besuchen sie die Blaue Grotte und machen zahlreiche Wanderungen auf der Insel. Gorki ist begeistert und schreibt: «Wenn ich Gott gewesen wäre, hätte ich mir einen Kreis gezogen und Capri mitten hinein gesetzt.»[34]

Wie es sich für einen proletarisch-revolutionären Schriftsteller gehört, zelebriert er seine Liebe zu den einfachen Menschen. Frühmorgens fährt er mit einheimischen Fischern zur See, wie ein etwas gestellt wirkendes Foto von diesem Ausflug bezeugt. Abends lädt er sie zu sich nach Hause ein. Die Italiener sind ihm grundsätzlich sympathisch – wahrscheinlich weil sie ihn mit ihrer Abneigung gegen Formalitäten an die Russen erinnern. Denn eigentlich bleibt Gorki immer ein Fremdling auf Capri. Häufig plagt ihn ein übermächtiges Heimweh nach seiner alten Heimat, die er unfreiwillig hat verlassen müssen. Auch nach mehreren Jahren spricht er kaum mehr als ein paar Brocken Italienisch.

Tag für Tag hat der Postbote schwer zu schleppen. Gorki hat zehn bis zwölf russische Zeitungen und Zeitschriften abonniert, zudem empfängt er bis zu sechzig Briefe am Tag, die er als eifriger Briefeschreiber regelmäßig beantwortet. In diesen wird ersichtlich, dass sich Gorki auch bei der schönsten Aussicht auf den Golf von Neapel nur marginal um die Probleme seines Gastlandes kümmert. Er korrespondiert mit seinen Freunden und Bekannten über die neuesten Entwicklungen im Zarenreich, er tauscht sich mit anderen Exilanten über Literatur und Politik aus und kommentiert die Lage der kommunistischen Bewegung, der er, eher am Rande, auch angehört.

Gorki befolgt einen strengen Arbeitsrhythmus. Zwar setzt er sich erst in der zweiten Hälfte des Morgens an den Schreibtisch, doch normalerweise arbeitet er, nur unterbrochen von Pausen für die Mahlzeiten, täglich viele Stunden bis weit in die Nacht hinein. Nach Meinung von Maria Andreeva raucht er zu viel. Er verteidigt sich damit, dass er immerhin nur mäßig trinke, zudem müsse sich ein arbeitender Mann etwas gönnen. Während er schreibt, hält ihm Maria Andreeva den Rücken frei. Sie übernimmt für ihn Sekretariatsarbeiten und organisiert den standesgemäßen Haushalt. Viel Arbeit bescheren ihr die ständigen Gäste, die verköstigt werden wollen und nicht selten über Nacht bleiben. Ein kleiner Hof schart sich um den berühmten Schriftsteller. Von der Gastfreundschaft profitieren der Maler Ilya Repin und der Komponist Sergej Rachmaninoff ebenso wie der Opernsänger Fjodor Schaljapin. Ihm nimmt Gorki jedoch seinen Kniefall vor dem Zaren übel; der Opernstar sucht nach Ausflüchten, worauf die beiden sich versöhnen.[35] Zu ernsthaften Verstimmungen zwischen Gorki und Maria Andreeva führen die Besuche von Gorkis noch nicht offiziell von ihm geschiedener Ehefrau Jekaterina Peschkowa, die mit dem gemeinsamen Sohn Maxim hauptsächlich in Paris lebt. Manchmal erträgt Gorki den pausenlosen Strom von Besuchenden aus der Heimat kaum mehr. Missmutig notiert er: «So düstere Menschen, sie sitzen meistens mit gerunzelten Brauen da und denken über die Vergänglichkeit des Lebens nach – reden über verstorbene Freunde, Friedhöfe, Zahnschmerzen und Schnupfen und niedere Temperaturen.»[36]

Nach langem Zögern überwindet sich auch Rainer Maria Rilke, den berühmten Russen zu kontaktieren. In einem Brief an eine Freundin schreibt er: «Gorki wohnt hier, halb Anarchist, halb Millionär, Geld und Drohungen gegen die Gesellschaft ausstoßend und vom Ruhm verdorben, wie es scheint.» Durch Beziehungen gelingt es ihm, ein Treffen mit dem viel berühmteren russischen Kollegen anzubahnen. In einem Ankündigungsbrief an Gorki beteuert Rilke, wie sehr er «an Ihrer lieben, gequälten Heimat» hänge und mit ihr leide. Das Treffen kommt am 12. April 1907 zustande, ein merkwürdiges Treffen. Die beiden scheinen von einem anderen Land zu sprechen, wenn sie sich über Russland austauschen. «Sie kennen meine Meinung, dass der Revolutionär dem Russen direkt entgegengesetzt ist», erklärt Rilke, der auf eine spirituelle Weise mit dem alten Russland verbunden ist, dem revolutionären Dichter Gorki. Was dieser geantwortet hat, ist nicht überliefert. Je nach Taktgefühl wird er aber mehr oder weniger direkt Widerspruch angemeldet haben, da er sich genau zu den Kreisen zählt, die Rilke ablehnt. Ohne Annäherung in ihren Positionen verabschieden sich die beiden so gegensätzlichen Dichter voneinander. Wenig später trifft Rilke ebenfalls auf Capri die schwedische Frauenrechtlerin und Schriftstellerin Ellen Key, die als sozial engagierte Zeitgenossin unter anderem für die rechtliche Gleichstellung der Frauen eintritt. Auch über dieses Treffen äußert sich Rilke eher negativ – zu viel Einmischung in die sozialen Belange der Welt ist dem feinfühligen Dichter zuwider.[37]

Wie anders sieht das Gorki! Als er bereits auf Capri lebt, erscheint sein auf der Amerikareise geschriebener Roman *Die Mutter*, der sein erfolgreichstes Buch werden wird. Der Autor schildert die Entwicklung der russischen Arbeiterbewegung in Nischni Nowgorod ab 1901. Eine Mutter und ihr Sohn, der in einer Fabrik arbeitet, beginnen sich nach einer Phase der gesellschaftlichen Lethargie zu bilden und sich politisch zu emanzipieren. Unter den Bedingungen der repressiven zaristischen Gesellschaft nehmen sie eine subversive Tätigkeit auf. Der Sohn entwickelt sich zu einem politischen Agitator und hält eine flammende Rede vor Gericht. Der Held, so die Quintessenz des Buches, verzichtet auf das persönliche Glück, indem er sich für eine lichtere Zukunft aufopfert. Damit wird der Roman, dessen literarische Qualitäten immer wieder angezweifelt werden, zu einem der einflussreichsten Vorbilder des sozialistischen Realismus. Nur einzelne Exemplare des 1907 in der Originalsprache vorliegenden und in Russland sofort verbotenen Werks finden den Weg ins Zarenreich. Erst 1917 wird eine integrale Version in Russland gedruckt. Doch in Westeuropa entwickelt sich der in zahlreichen Übersetzungen vorliegende Roman zu einem weitverbreiteten Handbuch des Kommunismus. An ihm lassen sich die Techniken der Revolution studieren.[38]

1907 wird Gorki als Ehrengast zu einem Kongress der oppositionellen exilierten Russen in London eingeladen. Hier trifft er auf Wladimir Iljitsch Lenin, der ihm die höchsten Komplimente für den Roman *Die Mutter* macht. Genau solche Bücher würden in der aktuellen Situation gebraucht. Gemeinsam besichtigen die beiden so unterschiedlichen Männer den Tower und besuchen Theater und Museen. Der rationale, kühle, pragmatische Lenin will von der Popularität des gefühlvollen Volksschriftstellers, der sich kaum vertieft mit marxistischer Theorie auseinandergesetzt hat, profitieren. Er ist sich allerdings bewusst, dass er ihn anders als seine kommunistischen Kader nicht so einfach führen kann: «Man muss mit seinem anarchistischen Geist rechnen und man kann ihn natürlich nicht wie die übrigen Genossen zur Ordnung rufen. Man muss ihm eine gewisse Freiheit lassen und seine Abweichungen tolerieren.»[39]

Lenins Zweifel an der Verwendbarkeit von Künstlern für die Revolution sollte sich als berechtigt herausstellen. Kaum ist Gorki in Capri zurück, setzt eine Entfremdung zwischen den beiden ein, die später nie mehr vollständig aufzulösen ist. Sie hat vor allem mit der «Schule für die Technik der Revolution» zu tun, die Gorki in seiner Villa Rosa zusammen mit dem Philosophen und Verfasser utopischer Romane Alexander Bogdanow als oppositionelle Parteischule gründet.

Bogdanow, der sich mit Lenin um die Führungsrolle unter den oppositionellen Exilrussen streitet, ist ein Vertreter des religiösen Atheismus. Seiner Auffassung nach wird Gott durch die Menschen geschaffen, indem sie seine Funktion selbst übernehmen. Für den Sozialismus zu kämpfen heißt für ihn demnach, als «Gotterbauer» eine eigene sozialistische Transzendenz einzuführen und damit die Arbeiterklasse zu einer wahren «proletarischen Kultur» zu erziehen. Der befreundete Philosoph Anatoli Lunatscharski verfasst zu diesem Zweck sogar eine eigene, sozialistische Version des Vaterunser.[40]

Gorki sympathisiert mit diesen Gedanken. Für ihn klingt es plausibel, das religiöse Ideal mit dem revolutionären Plan zu vereinen. Nicht aber für den unbestechlichen Materialisten Lenin. Dieser vertritt als Atheist die strikte Gegenposition und beginnt, das «Gotterbauertum» zu bekämpfen. Einzig das Sein bestimme das Bewusstsein, ruft er die Lehre von Karl Marx in Erinnerung; eine Bewegung, die am «Überbau» etwas zu ändern beginne, ohne an den materiellen Grundlagen der Existenz zu rütteln, sei von vorneherein zum Scheitern verurteilt. Trotzdem nimmt Lenin 1908 eine Einladung Gorkis, die als Versöhnungsversuch gedacht ist, nach Capri an, er wagt sich gewissermaßen in das Zentrum der Bogdanow'schen Dissidenz. Obschon die beiden Kontrahenten unter der Aufsicht von Gorki auf der Terrasse der Villa Rosa Schach spielen (Bogdanow gewinnt), nähern sie sich in ihren Positionen nicht an. Der ideologische Graben bleibt unüberbrückbar. In seiner später veröffentlichten Broschüre *Materialismus und Empiriokritizismus* polemisiert Lenin gegen die «Gotterbauer» und vertritt einen strikt wissenschaftlichen Sozialismus. «In der Realität hilft Ihnen die Gottesidee, das Volk in der Sklaverei zu halten», schreibt Lenin an Gorki und wirft ihm ein unbewusstes Paktieren mit der Reaktion des Zaren vor: «Durch die Beschönigung der Gottesideen haben Sie die Ketten beschönigt, mit denen jene die Mushiks [leibeigene Bauern] und die unwissenden Arbeiter fesseln.»[41]

Die aufgrund des Briefes von Lenin wenig erfreuten Bogdanow und Gorki lassen sich jedoch durch die heftige Kritik nicht davon abhalten, in der Villa Rosa ihre «Schule für die Technik der Revolution» als alternative bolschewistische Parteischule zu gründen. Als Lehrkräfte laden sie Leo Trotzki, Karl Kautsky und Rosa Luxemburg ein, doch alle lehnen dankend ab. Gleichwohl nimmt die Schule im Juni 1909 ihren Unterricht auf. Rund zwanzig russische Studierende vertiefen sich bis zum November in die Geschichte Russlands und des Sozialismus, in Syndikalismus und das Finanzwesen. Gorki selbst hält einen Einführungskurs zur russischen Literaturgeschichte. In der Zwischenzeit lässt Lenin die Schule vom Zentralkomitee verbieten und gründet eine eigene, linientreue Schule vor den Toren von Paris. Den Studierenden von Capri gibt er zu bedenken: «Es gibt keine Bolschewiken unter Euren Lehrern. Die Insel Capri ist selber in der allgemeinen russischen Literatur als das literarische Zentrum der Gottschöpfer bekanntgeworden. [...] Die Schule wurde in Capri zu dem ausgesprochenen Zweck organisiert, ihren parteiischen Charakter zu *verhehlen*, die Schule der Partei zu entziehen.»[42] Im folgenden Jahr wird es zu keiner Neuauflage der Sommerschule auf Capri kommen.

Die Entfremdung zwischen Bogdanow und Gorki auf der einen und Lenin auf der anderen Seite ist tief. Gorki schreibt Lenin im November 1909 einen gerade im Lichte der kommenden Ereignisse sehr hellsichtigen Brief: «Lieber Freund, ich habe tiefen Respekt vor Ihnen, ja, in meinen Augen sind Sie ein sehr sympathischer Mann [...] Aber zuweilen hatte ich den Eindruck, dass die Menschen in Ihren Augen nur eine Flöte sind, die Sie benutzen, um Ihre Lieblingsmelo-

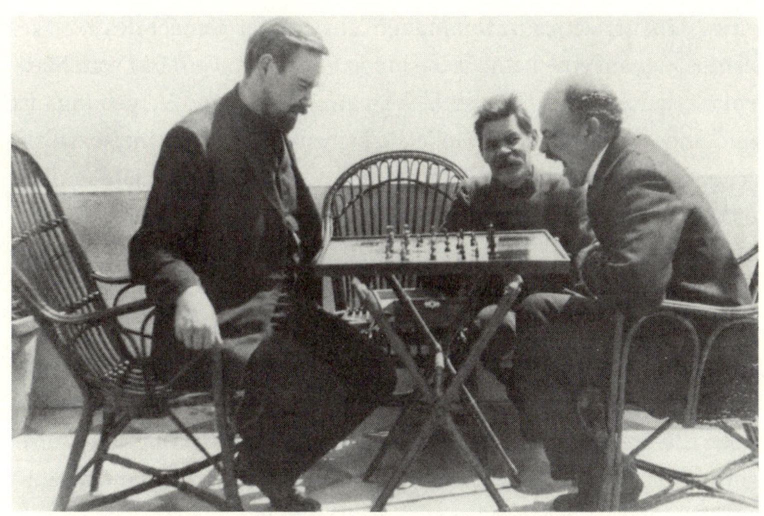

Auf der Terrasse der Villa Rosa spielen Alexander Bogdanow und Lenin unter der Aufsicht von Maxim Gorki Schach.

die darauf zu spielen, und dass Sie alle Menschen danach beurteilen, inwieweit sie dazu verwendet werden können, Ihre Ziele, Anschauungen und Aufgaben zu verwirklichen.»[43] Das Tischtuch zwischen den beiden ist jedoch trotz des Konflikts um die Sommerschule noch nicht vollständig zerschnitten. 1910 besucht Lenin den Schriftsteller erneut. Doch trotz langer Gespräche bis tief in die Nacht hinein versöhnen sich die beiden Männer nur halbherzig. Er habe, räumt Lenin zwar ein, in der Sache zu hart geurteilt. Dennoch beharrt er auf seiner schon zuvor geäußerten Ansicht: «Zwischen Gott suchen und Gott schaffen ist ein ebenso großer Unterschied wie zwischen einem gelben und einem blauen Teufel.»[44] Wohl ins Reich der Fabeln gehört die witzige Abendunterhaltung mit einem verkleideten Polizisten, der Lenin unter dem Gelächter der Anwesenden seine Hand auf die Schulter legt und ihn mit offizieller Stimme «verhaftet».[45]

In seiner Erzählung *Die Kirche* (veröffentlicht in der Sammlung *Italienische Märchen*, 1911–1913) verarbeitet Gorki die Ereignisse rund um die gescheiterte Revolutionsschule auf Capri auf eindrückliche Weise. Hauptperson der Erzählung ist ein sozialistischer Redakteur eines Arbeiterblattes in Norditalien, ein strikter Gegner des Klerikalismus, der auf eine katholische junge Frau trifft. Gestärkt vom Marienkult, der, so Gorki, «ganz Liebe, ganz Mitleid und Vergebung» ist und ohne Drohung einer Hölle auskommt, lehnt sie seine sozialistische Agitation rundweg ab. Als sie sich nach über einem Jahr endlich näherkommen, entbrennt zwischen ihnen ein leidenschaftliches Streitgespräch. Idealtypisch stehen ihre Positionen einander gegenüber: «Für ihn war das Leben ein Kampf um die Verbreitung des Wissens, ein Kampf um die Unterwerfung der geheimnisvollen Kräfte der Natur unter den Willen der Menschen; alle Menschen mußten in gleicher Weise für diesen Kampf gerüstet sein, an dessen Ende die Freiheit und den Sieg der Vernunft winkten, der Sieg jener gewaltigen aller Kräfte, jener einzigen Kraft in der Welt, die bewußt handelt. Für sie dagegen bestand das Leben in der qualvollen Aufopferung der Menschen für etwas Geheimnisvolles, in der Unterordnung der Vernunft unter jenen Willen, dessen Gesetze und Ziele nur dem Priester bekannt waren.»[46] Er bittet sie, seine Frau zu werden. Vergeblich, sie lehnt seinen Antrag ab, weil er eine Heirat in der Kirche kategorisch ausschließt. Umgekehrt kommt für sie eine Trauung auf dem Standesamt nicht in Frage. Beide beharren kompromisslos auf ihren Standpunkten und finden deswegen nicht zueinander. Bald darauf erkrankt sie an Schwindsucht. Auf dem Totenbett erkennt sie, dass es nur die Furcht vor dem Unbegreiflichen war, die sie diese Position hat vertreten lassen. Doch so einfach macht es Gorki uns Lesenden nicht: Der früh ergraute Redakteur glaubt nach ihrem Tod (er hat bald darauf eine Freundin der Verstorbenen geheiratet), dass sie ihm absichtlich die Unwahrheit gesagt hat, um ihn zu trösten. Die Frage, wie sie es wirklich gemeint hat, bleibt offen. Am Ende dieser traurigen Geschichte resümiert Gorki etwas unvermittelt hoffnungsfroh, wie einen ungelösten Widerspruch überdeckend: «Sicherlich sind viele Herzen von dumpfer Trauer erfüllt und viele Köpfe von Widersprüchen gemartert, aber wir alle schreiten der Freiheit, der Freiheit entgegen!»[47]

Der Herr aus San Francisco

Zu Gorkis Gästen zählt auch der Schriftsteller Iwan Bunin, mit dem er später aus politischen Gründen brechen wird. Der Aufenthalt auf Capri wird den Fortschrittsskeptiker und feinsinnigen Melancholiker Bunin zur Erzählung *Der Herr aus San Francisco* inspirieren, eine der schönsten Erzählungen über die Insel, in der das pralle Leben und die Vergänglichkeit – ähnlich wie in Thomas Manns *Der Tod in Venedig* – einander meisterhaft gegenübergestellt sind.

Ein achtundfünfzigjähriger Industrieller, der seinen Reichtum mit fünftausend Chinesen gemacht hat, die er für sich arbeiten ließ, fährt mit seiner Ehefrau und der Tochter im heiratsfähigen Alter auf der «Atlantic» nach Europa. Im Hotel auf Capri werden die drei mit allen Ehren empfangen, sie bekommen das beste Zimmer: «Und wieder hatte es den Anschein, [...] als seien sie es und niemand anderes, die den Hotelier so glücklich und gastfreundlich gestimmt hätten, als habe der chinesische Gong nur auf sie gewartet, um sogleich durch alle Etagen dröhnend die Sammlung zum Essen zu verkünden, kaum dass sie die Halle betreten hatten.»[48] Der in der Erzählug ohne Namen bleibende Held setzt sich die falschen Zähne ein und schlüpft in den Smoking. Bevor er das Zimmer verlässt, schaut er sich ein letztes Mal im Spiegel an. Zufrieden ist er, mit sich selbst und mit dem, was er erreicht hat.

Im Lesezimmer lässt er sich in einen tiefen Ledersessel sinken, er setzt den Kneifer auf, liest ein paar Überschriften über den niemals enden wollenden Balkankrieg, der Unterkiefer fällt herunter, er röchelt – und stirbt. Er wird auf das Zimmer Nr. 43 gebracht, «das kleinste, schlechteste, feuchteste und kälteste» Zimmer des ganzen Hotels, denn der Hotelier fürchtet um seinen guten Ruf, er will den Toten nicht mehr, wie es die Tochter vorschlägt, in die Luxussuite zurückbringen. Davon werde «ganz Capri erfahren» und die Touristen fortan die Insel meiden.[49]

Da sich auf die Schnelle kein Sarg auftreiben lässt, wird der Tote in einer Sodawasserkiste, aus der man die Zwischenwände herausgenommen hat, zu früher Stunde, während die Touristen noch in ihren Betten liegen, zum Hafen gebracht. Mit der gleichen «Atlantic», mit der sie nach Europa gekommen sind, reisen Mutter und Tochter zurück in die USA. Der Sarg liegt unten im Schiffsbauch. Das Schlussbild der Erzählung evoziert ein letztes Mal, wie nahe Glanz und Elend, Leben und Tod beieinanderliegen: «In der Nacht fuhr [die «Atlantic»] an Capri vorbei, und traurig wirkten ihre Lichter für den, der von der Insel aus zusah, wie sie langsam im dunklen Meer verschwanden. Dort aber, auf dem Schiff, in den lüster- und marmorhellen Sälen, fand in dieser Nacht wie üblich ein großer Ball statt.»[50]

↑ Alma Mahler-Werfel ↓

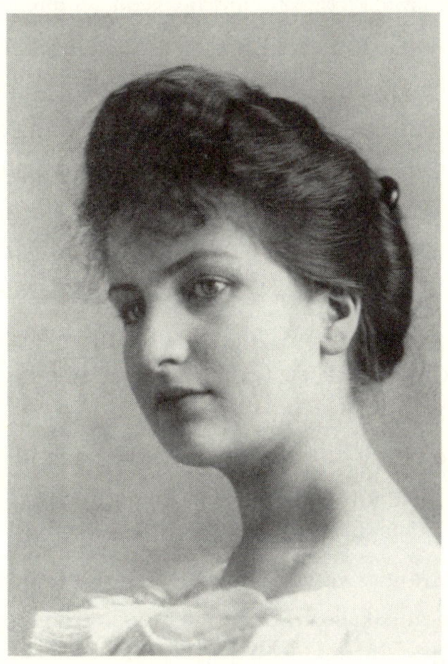

Die junge Alma Schindler entdeckt die Vergnügungen des Nachtlebens in Capri und Altaussee. Sie tanzt «wild bacchantisch», aber auch mit der Sorge, als alte Jungfer zu enden.

Im Jahr 1899 reist Alma Schindler mit ihrer Mutter und dem Stiefvater Carl Moll nach Capri. Noch ist sie nicht zwanzig Jahre alt, doch kann sie bereits auf eine Affäre mit dem Maler Gustav Klimt zurückblicken. Begeistert schreibt sie nach der Ankunft in ihr Tagebuch: «Wenn es heißt ‹vedere Napoli e poi murire›, so muß es heißen, gestorben sein, Capri sehen und wieder lebendig werden. Das ist das leibhaftige Paradies hier.» Mama bleibt auf dem Zimmer, während sie und Carl zu den beiden Faraglionifelsen hinabsteigen und wie die Katzen auf den Klippen herumturnen. Als sie in der Nacht nicht schlafen kann, blickt sie aus dem Fenster: «Das Meer war ganz silbrig, und die Gebirge schwarz. Ich war wie in Verzückung.»[1]

Die drei absolvieren das übliche touristische Programm. Die Blaue Grotte hat sich Alma nicht so eindrucksvoll vorgestellt: «man glaubt sich in einem Krystallhaus, so eigenartig schön ist es hier».[2] Mehr als für die recht flüchtig und floskelhaft beschriebenen Sehenswürdigkeiten scheint sie sich für die Abende im Ausgehlokal «Hiddigeigei» zu interessieren. Nach einem ersten, eher mäßigen Abend kann sie sich beim zweiten nicht beklagen: «Wir wurden wahnsinnig alle ausgelassen, sangen immer alle Lieder mit, die ein paar Italiener sangen & spielten, und benahmen uns überhaupt etwas ungeniert.» Auf dem Heimweg torkelten sie von einer Mauer zur nächsten. «Wir genierten uns vor uns selbst, es war schändlich.»[3] Doch da sie in Capri kaum jemand kennt, spielt dies keine Rolle.

Alma macht die eine oder andere Bekanntschaft, die sie mit manchmal karikierend boshafter Feder beschreibt: «Von Leuten haben wir ein(en) gewissen Herrn Mittelstraß kennengelernt, der ein großer Schwatzkasten und ein wenig zudringlich ist, einen Herrn Amtsrichter Fischer, ziemlich musikalisch, einen Lieutenant Schulz, einen lustigen, feschen Patron, der mir nur manchmal seine Schneidigkeit zu sehr herauswichst, einen Herrn Busse, ein verkappter Maler, ein Ehepaar Lindau und x y andere, die man grüßt und deren Namen man nicht kennt.»[4] An einem Nachmittag trifft sie im Tiberius-Palast den Dichter Carl Karlweis, in ihrem diesmal gnädigeren Urteil ein geistvoller und humorvoller Mensch, der, wie sie selbst auch, oft in Altaussee anzutreffen sein wird.

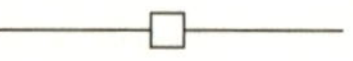

In Nürnberg schaut sie sich Wagners *Meistersinger* an. Fast noch wichtiger als das, was auf der Bühne geschieht, ist der jungen Alma Schindler, wer in den Zuschauerrängen welchen Platz besetzt. In ihrem Tagebuch fertigt sie eigens dafür eine Skizze an. Über Salzburg reist sie weiter nach Altaussee. Hier absolviert sie ein konventionelles Sommerfrische-Programm, das sie im Tagebuch ebenso konventionell festhält. Die Aussicht vom Tressenstein entschädigt für die Mühe des Aufstiegs. Auf dem Grundlsee fährt sie «Schifferl», wunderbar: «Der Äther war bewölkt, also das richtige Wetter: nicht zu heiß und nicht zu kalt.»[5] Vom Toplitzsee wandert sie eine halbe Stunde zur Ranftlmühle, und wie ist der Wasserfall da? Hübsch.

Ein müheloses Leben führt die selbstbewusste junge Frau. Wie nebenbei komponiert sie ein zweites «italienisches Stückl». Aber eine wichtige Sorge bewegt Alma Schindler. Sie nimmt sich die Worte einer Freundin zu Herzen: «Schau, Alma, Du bist am Zenith Deiner Schönheit, Du bist umworben, Du kannst wählen. Wähle!»[6] Sie wolle doch nicht so enden wie eine unverheiratete Freundin, die mit ihren dreißig Jahren ebenso verbittert wie trostlos sei. Das Vergnügen kommt bei ihr wohl auch deswegen nicht zu kurz. Sie geht aus in die «Geisha» oder zu «Dr. Sternlich»: «Es wurde musiziert. Er spielte, ich spielte. Zum Schlusse tanzten wir gar – wild bacchantisch.»[7] In der Almhütte, wo sie mit fünf Schiffen hingefahren sind, zieht sie sich ein Dirndl an, das ihr «famos» stehe. Das gilt aber nicht für ihren Verehrer Paul: der sehe in seiner Tracht «zu komisch und hässlich aus». Als er es wagt, ihr die Hand zu küssen, und sie gar um die Taille fassen will, wird ihr dies zu bunt. «Ich bitte um etwas Manieren, mein Lieber», weist sie ihn zurecht.[8]

Ihr Verlangen nach Liebe, Nähe und Körperlichkeit stillen derlei Flirts nicht. Mit schwelgerischer Leidenschaft schreibt sie ins Tagebuch: «Man trennt sich mit dem sehnenden Verlangen, sich näher kennen zu lernen. Und lernt man sich kennen, so lernt man sich lieben, und lernt man sich lieben, so lernt man das Küssen, lernt man Glück, lernt man Gott – lernt man das All.»[9] Am folgenden Tag reist sie aus Altaussee ab und feiert ihren zwanzigsten Geburtstag.

Der ersehnte Mann wird in der Gestalt von Gustav Mahler bald in ihr Leben treten. Rasch erhört sie seine Werbungen und heiratet ihn. Nach der Eheschließung gibt sie auf seinen Wunsch das Komponieren auf. Ihr ganzes Leben ordnet sie seinen genialischen Attitüden unter. «Ich lebe ja *nur* in ihm. Ich copiere für ihn, ich spiele Clavier, um ihm zu imponieren – ich lerne, lese, alles aus demselben Grund», beschreibt sie ihren neuen Alltag.[10] In Altaussee und in Maiernigg am Wörthersee komponiert Gustav Mahler seine berühmte 5. Symphonie. An den Rand des vierten Satzes der Partitur schreibt er handschriftlich eine Liebeserklärung an Alma: «Wie ich dich liebe, / Du meine Sonne, / ich kann mit Worten Dir's nicht sagen, / Nur meine Sehnsucht / Kann ich Dir klagen / Und meine Liebe / Meine Wonne».[11]

Altaussee

Einsame Wanderer

Das Ausseerland ist eine Sackgasse: Von hier aus geht es in einer Zeit, als Mountainbikes noch nicht verbreitet sind, nur zu Fuß weiter. Wanderwege führen durch Wälder über saftige Almen, entlang rauschender Bäche, und immer wieder eröffnen Aussichtspunkte einen Blick auf den grünlich schimmernden Altausseer See. Nicht wenige Sommerfrischler packen ihren Rucksack, schnüren sich die Wanderschuhe und steigen auf einen Gipfel. Selbst Kaiserin Elisabeth von Österreich – wir werden ihr noch ausführlich in Korfu begegnen – lässt es sich 1886 nicht nehmen, in einer vier- bis fünfstündigen Wanderung auf den 1837 Meter hohen Loser zu kraxeln. Sie übernachtet sogar in der Loserhütte. Über diese Wanderung verfasst sie ein wehmütiges Lied, das in seinen melancholisch-sentimentalen Wendungen an die Gedichte ihres Vorbilds Heinrich Heine erinnert: «O fraget nicht nach morgen, / Das Heut ist ja so schön! / Verstreut ins Thal die Sorgen, / Lasst sie vom Wind verweh'n! // Was eure Herzen möchten, / Vertraut's dem Loser an; / In lauschig stillen Nächten / Verrät's dem Mond er dann.»[1]

Mit ihrer Wanderfreude ist Elisabeth von Österreich nicht allein. Auch Hermann Bahr, soweit es sein schon früh angeschlagener Gesundheitszustand zulässt, bewegt sich gerne in den Bergen. Er gehört zu den produktivsten Intellektuellen Wiens, ein geschickter Netzwerker und künstlerischer Allrounder. Als er am 4. Juli 1903 in Altaussee seinen vierzigsten Geburtstag feiert, hat er bereits zwölf Theaterstücke, sechs Romane und Novellen sowie zahlreiche Essays und Rezensionen verfasst. In seiner in der Altausseer Umgebung spielenden Erzählung *Wirkung in der Ferne* flüchtet sich der namen-

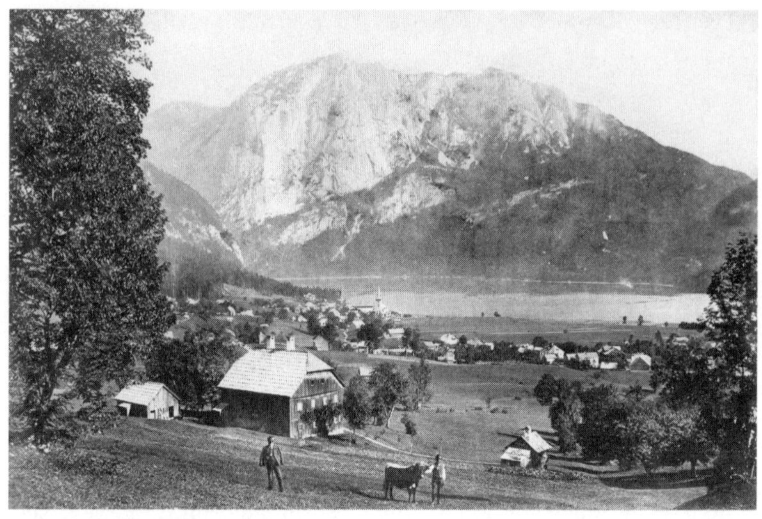

Auf zahlreichen Postkarten werden die Vorzüge von Altaussee in Szene gesetzt: Das Dorf am Ufer des Sees mit der mächtigen Trisselwand im Hintergrund.

lose Ich-Erzähler von der Stadt in ein Jägerhaus, das eine halbe Stunde entfernt vom See mitten im Wald gelegen ist. Die «felsige Einöde, von der Sonne grell beschienen», übt einen großen Reiz auf ihn aus. Eines Tages unternimmt er eine Wanderung. Er kommt vom Weg ab und muss durch unwegsames Gelände klettern. In Sorge, dass er sich verirrt habe, erblickt er auf der anderen Seite des Steigs einen knienden alten Mann, der offensichtlich betet. Mit unordentlichen langen Haaren sieht er verwildert und nicht eben Vertrauen erweckend aus. Gleichwohl nähert sich der schon fast Verzweifelte ihm – und glaubt, ihn zu erkennen. Flehentlich schreit der Mann ihn an: «Sie werden mich nicht verraten!» Der Wanderer gibt ihm sein Ehrenwort und bekommt im Gegenzug den Weg zurück zur Grünen Alm gewiesen. Dort angelangt, erinnert er sich daran, schon früher vom «Sekretär Christian» gehört zu haben, der der Gesellschaft den Rücken gekehrt und sich in die Berge zurückgezogen hat. Das muss der verwilderte Mann von vorhin gewesen sein. Doch der Erzähler hält Wort; dezent verschweigt er die Details von Christians Leben, «seiner Leute wegen, die sich in angesehenen Stellungen befinden».[2]

Eine Aussteigergeschichte! Wer hätte sich nicht wie der Sekretär Christian auf den Almen und in den Wäldern rund um Altaussee verlieren mögen? Keinen Namen und keine gesellschaftliche Position mehr haben, sondern in der anonymen Ungebundenheit des Eremitendaseins einzig seinen Interessen nachgehen. Für viele, die sich in die Sommerfrische nach Altaussee begeben, besteht ein besonderer Reiz dieses Orts in seiner Abgeschiedenheit. Hier, in dieser «Seelenlandschaft», kann man ungestört schöpferisch tätig sein, was auch Komponisten wie Johannes Brahms, Gustav Mahler und Karl Goldmark nutzen.

Tourismus im Alpendorf

Anfangs macht die Salzgewinnung das Ausseer-Land bekannt. Eine «stolze hochspezialisierte Bergarbeiterschaft» fördert in den Minen das weiße Gold zutage. Weitere wichtige Erwerbszweige sind die Land- und Waldwirtschaft sowie der Fischfang.[3] Im frühen 19. Jahrhundert dann kommt der Tourismus in Altaussee auf. Zu den ersten Gästen zählen Personen aus der Hocharistokratie, die gerne in den unwegsamen Wäldern jagen. Hier trifft 1819 der Habsburger Erzherzog Johann die junge Ausseer Postmeistertochter Anna Plochl und verliebt sich unsterblich in sie. Es folgt nicht bloß eine stürmische Affäre, über die der Hof mit einem Schulterzucken hinweggesehen hätte, nein, Johann zeigt sich fest entschlossen, die junge Bürgerliche zu heiraten. Er muss dafür einen sechs Jahre langen Kampf ausfechten, bis sein Bruder, Kaiser Franz I. von Österreich, 1829 in die unstandesgemäße Heirat einwilligt. Die später verfilmte Liebesgeschichte endet glücklich; Anna Plochl weiß sich zu behaupten und erlangt 1850 sogar den Titel einer Gräfin von Meran.

In der Biedermeierzeit malen Jakob Alt und sein Sohn Rudolf Landschaftsbilder und Kleinmeisterarbeiten aus der Altausseer Gegend; idyllisierende, lyrische Miniaturen, die in der ebenfalls in der Gegend spielenden Tagebuch-Novelle *Feldblumen* von Adalbert Stifter ihre literarische Entsprechung finden. In Stifters Schilderung erscheint Altaussee als putziges Alpendörflein – wobei «putzig» nicht im übertragenen, sondern im Wortsinn zu verstehen ist: «Der Platz vor dem Hause war sauber gekehrt, auf der Bank unten saß ein uraltes Mütterchen, schön angezogen, wie ein Kind, das man Sonntags putzt; ein nettes Mädchen ging vorüber, den Braten zum Bäcker tragend, und gegenüber vor einem Hause standen die Leiterwagen in einen Winkel geschoben, und der Hahn stand darauf und krähte seinen Morgenruf hinaus. Landleute in ihrem Feiertagsanzuge kamen, und aus den Thälern erschienen geputzte Aelpler.»[4]

Die Errungenschaften der Moderne, die in Stifters Romanen allenfalls in Andeutungen präsent sind, lassen sich aber auch im Salzkammergut nicht aufhalten. Die «Welt», oder was man in Wien und Berlin darunter versteht, trifft sich bald in den Sommermonaten in Altaussee. Berta Zuckerkandl verlegt wie bereits ihr Vater Moritz Szeps in den Sommermonaten ihren Salon hierher. Das schon im 12. Jahrhundert erwähnte Hotel am See wird mit einem neuen Ost- und Westtrakt zu einem Prachtbau der Belle Époque mit modernstem Standard erweitert. Schon 1906 gibt es in allen Zimmern elektrisches Licht. Gäste können sich im privaten Seebad und in Wannenbädern vergnügen, im Hotelpark und Gastgarten flanieren oder auf dem Tennisplatz ein paar Bälle schlagen. Der Hotelbesitzer Michael Frischmuth übernimmt später zusätzlich die Altausseer Villa des Großherzogs von Nassau und wandelt sie ins Parkhotel um. Vor der Übernahme des elterlichen Betriebs 1905 sammelte er in Monte Carlo, im César Ritz in Cannes und im Queen Ann's Mansion Hotel in London Erfahrungen.[5]

Zeitweilig stellt das Hotel am See die halbe Bettenkapazität von Altaussee. Hier steigen viele ab, die in der Kunstwelt Rang und Namen haben. Das Haus wird als «Dichterherberge» bekannt und zu einem Kristallisationspunkt für das künstlerische Leben. Damit steht das Haus, wiewohl deutlich luxuriöser, in einer Reihe mit der legendären Auberge Ganne in Barbizon, dem Hotel Julia in Pont-Aven, dem Hotel Pagano in Capri oder dem Brøndums Hotel in Skagen.

Im Wahn berauschen

Regelmäßig steigt auch der weitgehend erfolglose Schriftsteller Theodor Herzl in verschiedenen Hotels und Privatpensionen in Altaussee ab. Bis zum Alter von dreißig Jahren hat der studierte Jurist schon siebzehn Theaterstücke, viele Reisefeuilletons und Erzählungen geschrieben. Nach den Erinnerungen von Olga Schnitzler liest er 1894 seinen Freunden Arthur Schnitzler und Richard Beer-Hofmann auf einer Plätte (einem flachen Kahn) auf dem Altausseer See aus seinem Lustspiel *Die Glosse* vor. Scherzend meint Beer-Hofmann: «Jetzt, wo man nicht aussteigen kann ...»[6] In diesem literarisch nicht weiter bedeutenden Werk, das er in «acht seligen Tagen» in Toulon schrieb, rechnet Herzl mit seiner unglücklichen Ehe ab. Als fünfundzwanzigjähriger Jurist traf er seine spätere Ehefrau Julie zum ersten Mal. Mit ihren blonden Haaren und dem koketten Wesen entsprach die damals Vierzehnjährige seinem weiblichen Idealtypus. Er verzehrte sich in Sehnsucht nach ihr und schwärmte im Tagebuch von ihrem «süßen blonden Köpfchen unter einer Pelzmütze». Sein Entschluss, dessen Wortlaut ihm schon eine Warnung hätte sein müssen, war klar: «Ich will in dem Wahn mich töricht berauschen.»[7] Endlich gab sie seinem Drängen nach. Wie kaum anders zu erwarten, hält die drei Jahre später geschlossene Ehe nicht, was sie versprach. Der aus besserer Familie stammenden Julie sind die materiellen Verhältnisse von Herzl, dessen literarischer Stern ständig im Sinken begriffen ist, zu beengt. Mit zunehmender Entfremdung geht Theodor Herzl, der sich zum politischen Publizisten wandelt, immer häufiger allein auf Reisen und lässt seine Frau mit den drei Kindern zurück.

Erst mit seinem in Paris verfassten Buch *Der Judenstaat* wird er als Begründer des modernen Zionismus berühmt. Mit den Zionistenkongressen von Basel gewinnt die Politik endgültig Oberhand über die Literatur – und ebenso über die Ehefrau und die Kinder. Gemeinsame Zeit verbringt die Familie fast ausschließlich bei den Sommeraufenthalten in Altaussee. Schon 1904 erliegt Herzl hier mit vierundvierzig Jahren einer Lungenentzündung. Seine Witwe Julie kehrt im Sommer 1907 wieder nach Altaussee zurück, wo sie überraschend ebenfalls verstirbt und die drei Kinder als Vollwaisen zurücklässt. Ausdrücklich verbittet sie sich, neben ihrem Ehemann auf dem Döblinger Friedhof in Wien begraben zu werden.

Sonnwendbuschn und Naturbegeisterung

«Die Wohnungen des Volkes sind die treuesten Verkörperungen seiner Seele.» Dieses Zitat des Steiermärker Dichters Peter Rosegger stellt Rudolf Meringer seiner 1893 veröffentlichten Abhandlung über das Bauernhaus und seiner Einrichtung voran. Monatelang wanderte Meringer von Haus zu Haus, sprach mit den Bewohnern und fertigte Pläne an. Die landwirtschaftlich geprägte Gegend um Aussee gefällt ihm ausnehmend gut, andernorts, «wo die Industrie bereits festsitzt», ist dies weitaus weniger der Fall: «Die Menschen sind zurückhaltend, die Häuser zwar gemauert, aber innen schmutzig; an Stelle des alten, einfachen aber geschmackvollen Hausrathes erscheint der fabriksmäßig erzeugte Trödel.»[8] Er und viele andere Volkskundler sehen die Moderne als eine zerstörerische Kraft, die mit Gewalt in das Gefüge der vorindustriellen Idylle einbricht.

Seine Ergebnisse publiziert Meringer auf fünfzig Druckseiten mit nicht weniger als 127 selbstgezeichneten Illustrationen. Sie zeigen die verschiedenen Haustypen und typischen Gerätschaften der Gegend. Erstaunt stellt Meringer Ähnlichkeiten mit finnischen und litauischen Bauernhäusern fest. Überhaupt arbeitet er kulturvergleichend, denn seiner Ansicht nach lassen sich die Haustypen nicht national erklären, «weil wir überall auf Entlehnungen und Kulturübertragungen stoßen». Insgesamt macht er für Europa drei Bauernhaustypen aus, den romanischen, osteuropäischen und germanischen, wobei sich Letzterer in die drei Untertypen – oberdeutsches, niedersächsisches und nordisches Haus – unterscheiden lässt.[9] Dem 1899 zum ordentlichen Professor für Sanskrit und vergleichende Sprachwissenschaft an die Universität Graz berufenen Meringer ist klar: «Die Sprache und die Wohnstätte, das Haus, gehören zu den bezeichnendsten Schöpfungen eines Volkes.»[10]

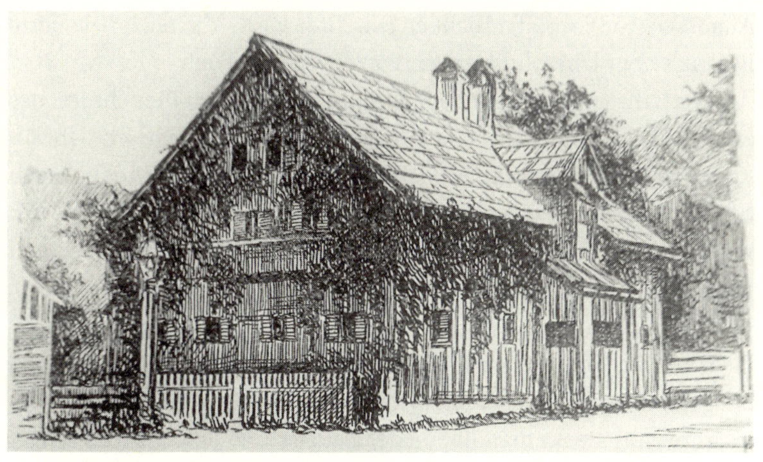

Monatelang wandert Rudolf Meringer durch die Altausseer Gegend und fertigt Skizzen von Bauernhäusern an, die er in kulturvergleichenden Abhandlungen publiziert.

Zur Riege der Volkskundler, allesamt Männer, deren Familien im Regelfall nicht seit Generationen in der Gegend leben, gehört ebenfalls der Sprach- und Liedforscher Fritz Mauthner. Der früh verstorbene Erbe einer Großindustriellenfamilie gleicht sich in seiner Lebensweise an die einheimische Bevölkerung an. Er hält um die Jahrhundertwende mit seiner Kamera Alltagsszenen aus der Altausseer Gegend fest; sie zeigen die traditionsverhafteten Einheimischen ebenso wie die Sommerfrischler in der Zeit des aufkommenden Tourismus. Weiß gekleidete Sommergäste posieren in legerer Haltung mit Sonnenschirmen in der Hand vor einer grandiosen Bergkulisse.[11]

Auf diese und andere Vorarbeiten stützt sich Ferdinand Leopold Freiherr von Andrian-Werburg, wie er mit vollem Namen heißt. Jahrzehntelang beschäftigt er sich mit volkskundlicher Forschung. 1870 gehört er zu den Mitbegründern der Anthropologischen Gesellschaft Wien, von 1882 bis 1902 steht er ihr als Präsident vor. Forschungsreisen führen ihn nach Bosnien und Herzegowina. 1910 stirbt er an seinem Zweitwohnsitz in Nizza. Ein geografischer Schwerpunkt seiner wissenschaftlichen Arbeit ist das Salzkammergut und insbesondere

Altaussee. 1905 veröffentlicht er *Die Altausseer* – die reich bebilderte Essenz seiner jahrzehntelangen Forschungstätigkeit.

Andrians Interesse gilt dem gesamten ländlichen Brauchtum, das er im Zuge der Modernisierung vom Verschwinden bedroht sieht. In Kapiteln wie Seefischerei, Wilderei, Volksmedizin, Wetter oder Sagen beschreibt er mit großer Liebe zum Detail die lokalen Bräuche. Auch vor Kinderreimen und Abzählversen macht sein Enthusiasmus nicht Halt: «Angerl, Wangerl, schlag mi nid, / Kraut und Supp'n mog i nid, / Kloani Fischln aß i gern, / Wurd's mein Herr bald inne wer'n.»[12]

Über die Sonnwendfeiern, die ebenfalls aus der Bretagne und Skagen bekannt sind, schreibt Andrian: «23. Juni. Am Vorabend des Johannistags steckt man über jedes Fenster und jede Tür des Erdgeschosses einen Suniwendbuschn. Er besteht aus einem Haselnußblatt, einem Wacholderzweig, Johanniskraut (Hypericum), Rindsauge (Buphthalmum salicifolium), Frauenhaar (Briza media) und rotem oder weißem Klee, Steinnelken, Tuschnblumen (Silene vulgaris) und Pfingstrosen.»[13] Der Suniwendbuschn, oder Sonnwendbuschn, wie er inzwischen meist genannt wird, ist ein Strauß mit sieben oder wahlweise vierzehn verschiedenen Zweigen und Blumen. Dem Volksglauben nach dienen die eingebundenen Kräuter zum Schutz gegen Tod und Teufel. «Um Mitternacht bekommt der Buschn eine Weihe. Wenn keine Donnerrose dabei ist, schützt er gegen Blitz.»

Nach Andrians Darstellung ist der Volksglauben in der Altausseer Gegend geprägt von magisch-animistischen Elementen und einer durch den Katholizismus nur unzulänglich überdeckten heidnischen Überlieferung. Daher habe die katholische Kirche die Sonnenwende auf den Ehrentag für Johannes den Täufer festgelegt. Mancher Aberglaube hat sich in der Bevölkerung bewahrt, wie Andrian schreibt: «Die Hexen sammeln vor Sonnenaufgang des Johannistages den Tau, um daraus das Wetter zu machen.» Auch könne, wer an diesem Tag durch das Farn gehe, sich mit dem anheftenden Samen unsichtbar machen.

Ungeachtet aller örtlichen Besonderheiten fällt die Übereinstimmung auf, mit der die Feste heidnischen Ursprungs in diesen Jahrzehnten europaweit wiederentdeckt und gefeiert werden. Volkskundlern kommt bei dieser Wiederentdeckung eine Schlüsselrolle zu – und die Künstler nehmen die neue Thematik auf, popularisieren sie und geben sie der Bevölkerung als ihr Eigenes zurück. So gewinnt die Kunst im Rückgriff auf das Ländliche genau zu jener Zeit eine neue Qualität, als die Industrialisierung und Verstädterung in der Gesellschaft mit Vehemenz einsetzt. Das geschieht beispielsweise im musikalischen Werk von Wilhelm Kienzl. Ab 1864 verbringen der Komponist und seine Frau Henny die Sommermonate regelmäßig in der Ausseer Gegend. Beim heutigen Hotel Wasnerin in Lerchenreith lässt er 1893 als sommerlichen Arbeitsplatz das «Kienzl-Stöckl» errichten. Der Komponist teilt uns mit, wie sein Blick von seinem Arbeitsplatz aus auf das «stolz aufragende Felsengebirg des Losers mit seiner Wallhall ähnlichen Zinne» fällt. In «dieser gottgesegneten Stille, nur vom stets wachen, leisen Bergwind belebt» habe er viele Stunden am Tag an seinen Partituren gearbeitet.[14]

In seiner dort entstandenen volkstümlichen Oper *Kuhreigen* greift Kienzl die schon von Jean-Jacques Rousseau beschriebene «Schweizer Krankheit» auf, die Schweizer Soldaten in Fremden Diensten ereilt haben soll. Unter Androhung der Todesstrafe war es Söldnern verboten, den Kuhreigen anzustimmen, weil sie durch die von der Melodie ausgelösten Erinnerungen in Scharen zum Desertieren verleitet wurden. Gleichwohl stimmt ihn Primus Thaller im fernen Paris an. Er wird denunziert und zum Tod verurteilt, einem Schicksal, dem er nach einigen Wendungen glücklich entgeht. In einer Besprechung der Oper in der illustrierten Zeitschrift *Moderne Kunst* ist zu lesen: «In wirkungsvollem Kontraste stellt das Libretto der schlicht-volkstümlichen Gefühlswelt der Schweizer Soldaten die französische Aristokratie kurz vor der Revolution entgegen.»[15] Hier haben wir den Gegensatz wieder: die gemütvoll-statische Welt der Vormoderne, die sich den revolutionären Umtrieben in der Stadt widersetzt.

Symphonische und symbolische Gipfelerlebnisse

Geradezu ein Hymnus an die Berglandschaft und die Natur mit ihren unerschöpflichen Reichtümern ist die *Alpensinfonie* von Richard Strauss, die der Komponist ebenfalls in Altaussee geschaffen hat. Die oftmals als musikalischer Kitsch geschmähte Partitur folgt einer einfachen Idee. Der erste, in der Morgendämmerung spielende Teil ist dem Aufstieg vom Tal auf den Berggipfel gewidmet. Der Höhepunkt beschreibt nicht allein das Gipfelerlebnis, sondern die Empfindung, mit der der Mensch von der Sonne geküsst wird. Ein kolossaler Orchesterapparat lässt die imposanten Passagen «Auf dem Gipfel» und «Gewitter und Sturm» zu dröhnend-pathetischen Erlebnissen werden. Der Abstieg endet im Sonnenuntergang und wiederum in der Nacht.

In Anlehnung an die Gedankenwelt Nietzsches ging es Richard Strauss in seiner Sinfonie darum, der zukünftigen Höherentwicklung der Menschen eine musikalische Form zu geben. Die Sklavenmoral des Christentums, die falsche und schwächliche Mitleidsethik, die den Menschen in seinen Begrenzungen festhält: Er will sie überwinden, und zwar indem er die Erde und den Körper lobpreist und das Leben in all seinen Formen bejaht. Aus der heidnischen Bewunderung der Natur folgt die wahre Menschwerdung. 1911 hält Strauss in einer Notiz fest: «Ich will meine Alpensinfonie den Antichrist nennen, als da ist: sittliche Reinigung aus eigener Kraft, Befreiung durch die Arbeit, Anbetung der ewigen herrlichen Natur.»[16]

Neurasthenische Krise

«Poldi» geht es schlecht. Eine schwere Melancholie, eine Depression habe Leopold Andrian ereilt, schreibt sein Freund Hermann Bahr im Juli 1897 an Hugo von Hofmannsthal: «Er glaubt sich schwindsüchtig, fühlt sich schon sterbend und meint, fortwährend Fieber zu haben. Überarbeitungen mit dem Juristischen, wohl auch die tiefe Einsamkeit des Herzens, in der er lebt, mögen daran schuld sein.» Zudem habe er «entsetzliche Scheu» vor seinen Eltern, also vor dem Anthropologen Ferdinand Andrian und dessen Frau Cäcilia Meyerbeer, einer Tochter des berühmten Komponisten Giacomo Meyerbeer.[17] Das Wunderkind ist offensichtlich in eine Krise geraten; es scheint fast, als ob seine künstlerisch produktivste Zeit bereits vorüber sei. Das ist früh im Alter von knapp über zwanzig Jahren! Schon 1888, da war er gerade einmal dreizehn Jahre alt, hat der frühreife Dichter seine Romanzen drucken lassen. 1894 publizierte er in Stefan Georges *Blättern für die Kunst*, und längst war er mit allen Berühmtheiten des Jungen Wien wie Arthur Schnitzler persönlich bekannt.

Hermann Bahr unterhält sich mit dem Hofrat und kaiserlichen Leibarzt Hermann von Widerhofer, was dem Patienten zu raten sei. Der vertritt eine klare Meinung: «Er soll eine leichte Kaltwassercur brauchen, d. h. sich nach dem Aufstehen kalt duschen u Vormittag kalt baden. Zeitlich aufstehen, viel spazieren gehen, niemals allein; möglichst zerstreuen.» Auch Sport, der ihn ermüde, sei zu empfehlen, so zum Beispiel «Lawn Tennis, Kegelschieben oder dergleichen. Versäumen Sie nicht, ihn zu solchen Beschäftigungen mit sanfter Gewalt hinzudrängen.»[18]

Genau für Menschen mit derart unspezifischen Krankheitsbildern wie Leopold Andrian empfehlen Ärzte gerne Aufenthalte in Sommerfrischen. Hier bestehen beste Bedingungen, sich von den neurasthenischen Störungen und vom Gefühl der existenziellen Krise zu kurieren, das typisch für das Wiener Bildungsbürgertum um die Jahrhundertwende ist. Daher werden gerade an solchen Orten vorzugsweise Sanatorien eingerichtet, gewissermaßen als Begleiterscheinung der Moderne: In einer sich beschleunigenden Zeit bieten sie Rückzugsmöglichkeiten für die von vielfältigen Reizen erschöpften Menschen, die ihren Weltschmerz geradezu zu kultivieren scheinen. «Poldi» ist sogar im Unglück bevorzugt: Er kann sich in Altaussee in der Villa seiner Eltern einquartieren.[19]

Achtzehntes Jahrhundert in den Neigungen

Auch Hugo von Hofmannsthal bezieht in Altaussee ein Haus in Obertressen, das er in einem Brief beschreibt: «Es ist ein winziges Bauernhaus, das sogenannte Speisezimmer so, daß die Kinder nie zu Tisch kommen können, sondern für sich essen, bei Sonne im Freien, bei Regen in der bäuerischen geräumigen Küche. Regnet es nun, wie es neulich in Strömen tat, so ist es nicht die Möglichkeit, daß ein Gast sich zurückzieht, es ist kein Raum da als winzig Schlafzimmer; ein sogenanntes Arbeitszimmer ist in einem andern Bauernhäuschen abseits.» Als ob es nicht schon so deutlich genug geworden wäre – nur die Kinder, die nicht bei ihren Eltern essen dürfen, verraten die wahren sozialen Verhältnisse –, betont er in den folgenden Zeilen in ebenso entschuldigender wie kokettierender Form seine Hinwendung zu einer einfachen Lebensweise: «Aber einmal liebe ich das Primitive sehr, bin sehr achtzehntes Jahrhundert in meinen Neigungen, liebe eine flackernde Kerze, ein dünnes Schindeldach, auf das der Regen trommelt, eine enge Holztreppe, eine schiefe Dachkammer, in der ich seit acht Sommern schlafe und dies kein Bedienter ohne Nasenrümpfe acceptieren würde.» In seinen Briefen aus Altaussee zeichnet er ein behagliches Bild des Gebirgsdorfes, romantische Motive der Naturverehrung mit nahezu biedermeierlichen Behaglichkeitsvorstellungen kombinierend. «Bis tief in die sternenhellen Nächte hinein gehen wir spazieren oder sitzen auf dem Geländer von einem Bauerngarten und reden miteinander; das ganze Leben ist wunderbar reich, ab und zu taucht aus dem Spiegel ruhiger Stunden meine Arbeit auf und dahinter andere Bilder mehr und mehr.»[20]

In seiner 1894 im *Simplicissimus* veröffentlichten Erzählung *Das Dorf im Gebirge* hat Hofmannsthal dieser Idylle einige fein beobachtete kritische Untertöne hinzugefügt. Er beschreibt, wie die Bauern im Sommer ihre Stuben frei machen, damit die Städter einziehen können. Man sehe, «die Frauen und Mädchen aus der Stadt» auf den beiden Enden der hölzernen Brunnentröge sitzen, wo sonst kein Mensch sitze. «Es liegt etwas so Zufälliges, Müheloses in ihrem Dasein. Sie brauchen keinen Feiertag und können aus jeder Stunde machen, was sie wollen.» Sie spielen Tennis auf viereckigen Tennisplätzen, die sie mit «hohen, grauen Netzen» umstellen. Ihr lustbetontes Freizeitverhalten unterscheidet diese luftigen Stadtwesen von der einheimischen Landbevölkerung, die einem harten Tagwerk nachgeht: «Aber gleichmäßig pflügen die Pflüger und die schönen dunklen Furchen laufen gerade durch den schweren Boden.»[21]

Herrschaftsvilla mit Automobil

Das bescheidene Leben in Ehren, aber nicht für alle Altausseer Gäste stellt dieses ein erstrebenswertes Ideal dar. Manch einer kann und will sich Besseres leisten, etwa der Erfolgsschriftsteller Jakob Wassermann. Seine Bücher erreichen Millionenauflagen und werden in fünfunddreißig Sprachen übersetzt. Als Redakteur beim *Simplicissimus* hatte er Hofmannsthals Erzählung angenommen. Er beschloss, den verehrten Dichter zu besuchen, und fuhr mit dem Rad – damals ein absolut modernes Verkehrsmittel – von München nach Altaussee.

In den folgenden Jahren verbringt Wassermann mit seiner Ehefrau und den vier Kindern die Sommermonate in unterschiedlichen Häusern in Altaussee. Auch während des Ersten Weltkriegs lebt er in diesem abgeschiedenen Winkel. 1919 wird seine Ehe mit Julie Speyer geschieden. Den übernächsten Winter verbringt er bereits zusammen mit Marta Karlweis, die er 1915, als beide noch anderweitig verheiratet waren, kennengelernt hat. Gemeinsam lesen sie in den langen Winternächten Shakespeares Dramen in einer charakteristischen Rollenverteilung, wie Karlweis schreibt: «Wassermann trug sie an vielen aufeinanderfolgenden Abenden in einzelnen Teilen vor.» Ihr selbst bleibt die Rolle der Zuhörerin.[22]

1922 kauft Jakob Wassermann mit finanzieller Hilfe des Bankiers Paul Goldstein dem Freiherrn Leopold von Andrian ein Grundstück ab und lässt auf diesem durch einen Hamburger Architekten eine herrschaftliche Villa bauen. Als einer der Ersten in Altaussee schafft er sich ein Automobil an. Diese Unbeschwertheit in Finanzdingen steht in einem merkwürdigen Kontrast zu seiner sonstigen Sparsam-

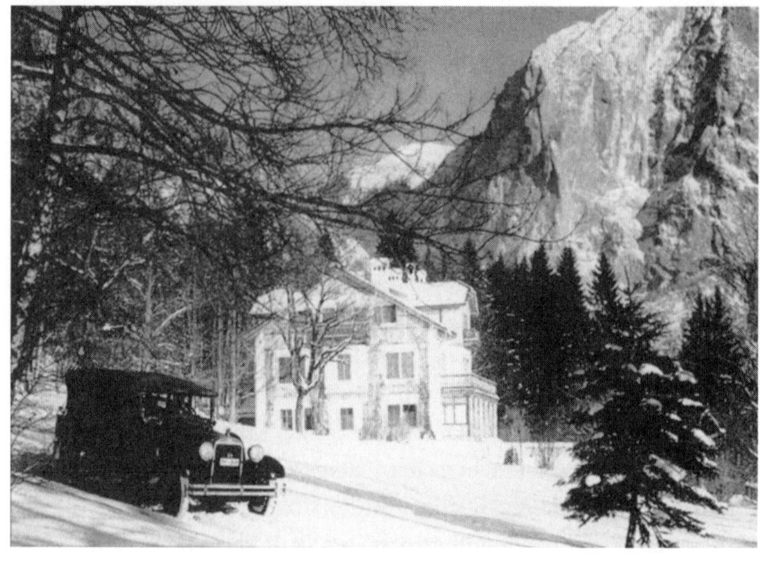

Der Erfolgsschriftsteller Jakob Wassermann ist gleichzeitig großzügig und sparsam. Das Automobil, das er sich als einer der ersten Einwohner von Altaussee anschafft, ist auf dieser Fotografie vor seiner neuerbauten Villa in Szene gesetzt.

keit: «Schuhe, die vor Alter ein schiefes Maul zogen, liebte er wie treue Freunde, alte Röcke am meisten, wenn sie bereits gründlich schimmerten; sie wegzugeben fiel ihm äußerst schwer, ebenso schwer aber, sich neue anzuschaffen.»[23] Wassermann stammte eben, anders als fast alle seiner Schriftstellerfreunde, aus armen Verhältnissen.

Er ist ein ausgesprochen gewissenhafter und produktiver Schriftsteller, der alle Manuskripte selbst von Hand in seiner charakteristischen exakten Handschrift schreibt. Unmittelbar nachdem er ein Buch vollendet hat, nimmt er sich der nächsten Schreibaufgabe an. Das verbindet ihn mit Thomas Mann, mit dem er sich 1925 bei dessen Urlaub in Altaussee trifft. Auf seinen Spaziergängen rund um den See grüßt Wassermann zwar stets freundlich. Doch häufig ist er innerlich abwesend und in Gedanken versunken. Ist er jedoch mit einem Freund oder einer Freundin unterwegs, erörtern sie wichtige Fragen. In manchen Gespräche, erinnert sich Marta Karlweis, waren die «künstlerischen Probleme nur Vorwand und Anlaß», um «wie auf unsichtbarer Spirale beschwingt in einen noch höheren Kreis» zu gelangen.[24]

In seinen letzten Lebensjahren leidet der Jude Wassermann häufig unter antisemitischer Zurückweisung. Das ist besonders deshalb verletzend, weil er sich stets gegen den Zionismus und die Idee der Auserwähltheit des jüdischen Volkes ausgesprochen hat. Im Mai 1933 stehen alle seine Werke auf der schwarzen Liste des *Börsenblatts für den deutschen Buchhandel.* Gesundheitlich geht es ihm ständig schlechter. An Silvester desselben Jahres versammelt sich die gesamte Familie in der Altausseer Villa. Nach dem gemeinsamen Abendessen legt Wassermann Patiencen und hört sich eine Schallplatte an: den Tanz der seligen Geister aus dem *Orpheus* von Gluck. Während die anderen Blei gießen, begibt sich Wassermann ins Bett, an welches die Kinder herantreten, um sich ihre Bleiklumpen vom todkranken Vater analysieren zu lassen. Zwischendurch erzählt er Mozart-Anekdoten. Um elf ziehen sich alle zurück, um halb zwölf hört Marta Karlweis ihn noch ihren Namen rufen. Am folgenden Morgen stirbt er. Drei Tage später findet das Begräbnis in Altaussee statt. «Sechs Männer, Handwerker und Bauern, trugen ihn. Sie hatten keine Trauervermummung angelegt, sondern die gewohnte Tracht, in der sie die Ihrigen tragen.»[25]

Und Marta Karlweis selbst, der wir die plastischen Schilderungen von Wassermanns Leben in Altaussee zum Großteil verdanken? Als Jüdin wird es ihr in Österreich zu gefährlich. Sie lässt die Altausseer Villa versteigern und flieht in die Schweiz, wo sie bei C. G. Jung Analytische Psychologie studiert. 1935 veröffentlicht sie im Exilverlag Querido in Amsterdam Wassermanns Biografie. Ihr eigenes Schaffen gerät dabei in Vergessenheit, obgleich es bemerkenswert ist. Das mag mit der Missachtung künstlerisch tätiger Frauen zusammenhängen. Noch 1910 hat sich ihr späterer Ehemann wie folgt geäußert: «Die Frau besitzt keine schöpferische Phantasie. Das ist kein Streitsatz, sondern ein Erfahrungssatz; eine Tatsache, die einem Naturgesetz entspricht.»[26]

Umso bemerkenswerter mutet es daher an, dass Marta Karlweis

zwischen 1923 und 1933 vier Romane veröffentlicht, dazu den Reisebericht *Eine Frau reist durch Amerika* (1928). Anders als ihr Ehemann konnte sie ihr Leben längst nicht einzig auf ihre schöpferische Tätigkeit ausrichten. Sie hatte «eine dreifache Aufgabe zu erfüllen, denn sie war neben ihrer literarischen Tätigkeit in erster Linie Gattin und Mutter».[27] Die Erziehung ihrer beiden Töchter aus erster Ehe und dem gemeinsamen Sohn Carl Ulrich mit Jakob Wassermann bleibt weitgehend ihr überlassen.

In ihren Sittengemälden zeichnet sie ein karikierend-plastisches Bild der Wiener Gesellschaft. Die Figuren der beiden letzten Romane *Ein österreichischer Don Juan* (1929) und *Schwindel* (1931), die Männer ebenso wie die Frauen, erscheinen als triebgesteuert, boshaft und zu wenig Empathie fähig. Lügen, Niedertracht und Verrat sind an der Tagesordnung. Karlweis zeichnet mit polemisch zugespitzter Feder eine irreparabel degenerierte Gesellschaftsordnung. Nach 1945 verhallt diese Kritik im Leeren. Kaum jemand mag sich mehr mit ihr auseinandersetzen. Marta Karlweis gerät in Vergessenheit, zu unbequem ist ihre Zeitdiagnose, zu luzid ihre Anprangerung der Verhältnisse, die in den Faschismus münden. Erst kürzlich erschienen ihre Romane in einer Neuauflage und fanden endlich die ihnen zustehende Beachtung. Eine sinnige Umkehrung: Denn inzwischen ist das Werk Jakob Wassermanns zu guten Teilen aus der öffentlichen Erinnerung verschwunden.

Refugium am See und Verdüsterung

Noch ist die Lage ruhig. Noch zeigt sich das Salzkammergut von seiner weltoffenen Seite, und die jüdischen Gäste sehen sich kaum Anfeindungen ausgesetzt. Nach den harten Kriegsjahren nutzt die Reformpädagogin Eugenie Schwarzwald die Gunst der Stunde und eröffnet 1920 im Seeblick in Archkogl am Grundlsee einen Ableger ihrer berühmten Wiener Schule. In den folgenden Jahren entwickelt sich der Seeblick zu einem Anziehungspunkt für zahlreiche Gäste, unter ihnen Berühmtheiten wie Egon Friedell, Arno Holz, Käthe Kollwitz, Sinclair Lewis und Dorothy Thomson. Tagsüber wird Sport getrieben, oder man unternimmt gemeinsame Wanderungen oder Schiffspartien, abends diskutiert man mit beispielloser Offenheit über die aktuellen Zeitfragen, über Politik, Kunst, Literatur und den neuesten Klatsch.

1901 hatte Eugenie Schwarzwald das Mädchen-Lyceum am Franziskanerplatz in Wien übernommen. Weil ihr in Zürich erworbener akademischer Grad vom Unterrichtsministerium nicht anerkannt wurde, durfte sie die Schule erst nach einer Übergangszeit selbständig leiten. Der pädagogische Ansatz der engagierten Schulleiterin Schwarzwald beruhte auf einer ganzheitlichen musischen Bildung: «Die Schule muß versuchen, eine Künstlereigenschaft, die alle Kinder besitzen, die Vitalität, zu erwecken und zu erhalten.» Um diesem Anspruch gerecht zu werden, spannte sie berühmte Lehrkräfte ein: Arnold Schönberg gab Musikunterricht, Oskar Kokoschka lehrte Zeichnen. 1925 schreibt Jakob Wassermann, der von Altaussee aus den Seeblick oft besucht hatte, bewundernd über Schwarzwald: «Ihr Tun ist pausenlos» und fügt hinzu, dass sie ihre Schule im «Geiste einer neuen Humanität» führe.[28]

Eine solche Geisteshaltung ist im Salzkammergut ab den 1930er Jahren aber immer weniger gefragt. Ein xenophober Nationalismus und Antisemitismus machen sich breit, zuerst verschämt, mit der Zeit immer offener und brutaler. Der Luftkurort Altaussee mit seiner internationalen Gästeschar mutiert zum Feindbild der völkischen Nationalisten. Tag für Tag wird der Ton bedrohlicher, die Angriffe realer, das Idyll trügerischer. Die zugezogenen Künstler, ganz besonders die Juden unter ihnen, fühlen sich nicht mehr sicher. Immer stärker müssen sie befürchten, dass ihr ehemaliges Refugium zu einer Falle wird, aus der sie nicht mehr entkommen können. 1934 sieht sich Eugenie Schwarzwald gezwungen, den Seeblick aufzugeben (er wird alsbald «arisiert») und nach Dänemark zu flüchten. Ihr Lebenswerk hat sie verloren, immerhin aber ihr Leben behalten. In Svendborg trifft sie, wie schon während des Ersten Weltkriegs in Wien, auf die dänische Autorin und Frauenrechtlerin Karin Michaëlis, welche 1914 mit *Glædens Skole* einen Roman über Schwarzwalds Schule veröffentlicht hatte.

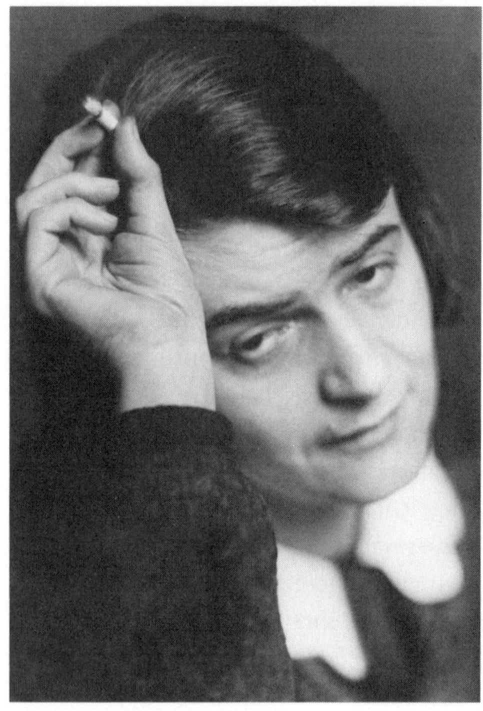

In ihrem Roman *Die Eingeborenen von Maria Blut* formuliert die jüdische Schriftstellerin Maria Lazar eine unerbittliche Anklage gegen die rückständige österreichische Provinz mit ihrem lustfeindlichen Katholizismus, den autoritären Strukturen und dem vorherrschenden Antisemitismus.

Unter den Bedingungen des Exils kommt es zum Wiedersehen mit einer früheren Schülerin. Als aufstrebende junge Schriftstellerin hatte sich Maria Lazar mit ihrem 1920 veröffentlichten Roman *Die Vergiftung* einen Namen gemacht. Kein Geringerer als Robert Musil lobte diese Abrechnung mit der bürgerlichen Gesellschaft ausdrücklich. Doch in den folgenden Jahren stagnierte ihre schriftstellerische Karriere. Ihre Manuskripte wurden von den Verlagen regelmäßig abgelehnt. Erschwerend kam ab 1924 hinzu, dass Lazar sich als alleinerziehende Mutter durchschlagen musste. Die Ehe mit Friedrich Strindberg, einem Sohn der zweiten Frau von August Strindberg, bestand nur noch auf dem Papier. Komplizierte Verhältnisse, denn Friedrich Strindberg selbst entstammte einem illegitimen Verhältnis seiner Mutter mit dem Schriftsteller Frank Wedekind.[29]

1933 schrieb Maria Lazar vorausahnend an ihre Schwester Auguste: «In Österreich wird es geradeso kommen wie in Deutschland

[...], ich will den Hitlerismus dort nicht abwarten. Es dämmert schon ganz hübsch herauf – seit Jahren schon.»[30] Damit war Lazars Entscheidung gefällt, das Angebot von Karin Michaëlis anzunehmen und nach Dänemark zu emigrieren. Zehn Jahre fortgesetzter Misserfolg nagten an ihr, wie Eugenie Schwarzwald 1934 festhält: «Sie erzählte faszinierend. Aber was sie erzählte, war nicht geeignet, den Leuten zu gefallen. [...] Da beschloss sie eines Nachts [...] sich ihrer schöpferischen Kraft zu entäußern, sie in eine andere Person hineinzulegen. In dieser Nacht schuf sie eine dänische Schriftstellerin und nannte sie Esther Grenen.»[31] Esther kann als Referenz an ihre jüdische Herkunft verstanden werden, Grenen ist die Bezeichnung für die nördlichste und windigste Landzunge von Skagen, genau da, wo die beiden Meere Skagerrak und Kattegat aufeinandertreffen. Ob Lazar mit ihrer Namenswahl der dänischen Künstlerkolonie eine Reverenz erweisen wollte, ist nicht überliefert.

1935 stellt Lazar ihr Hauptwerk *Die Eingeborenen von Maria Blut* in Kopenhagen fertig, eine luzide Anklage gegen die rückständige österreichische Provinz. Wer mag, wird im fiktiven Ort «Maria Blut» auch Züge von Altaussee und anderen Fremdenorten entdecken. Die Einwohner des Dorfes Maria Blut, die «Eingeborenen», wie Lazar sie wie in einem ethnologischen Bericht nennt, sind durch einen lustfeindlichen Katholizismus so stark deformiert, dass sie jeglichen niederen Regungen folgen. Lazar prangert die Wundergläubigkeit, die auf dem Land vorherrschenden autoritären Strukturen und antisemitischen Mentalitäten an – immer in Abgrenzung zur Großstadt Wien, welche für die Dorfbewohner ein Sündenbabel ist. Auch für dieses ebenso herausragende wie unerbittliche Werk kann Lazar keinen Verleger finden. Einige Teile erscheinen 1937 in der von Bertolt Brecht, Lion Feuchtwanger und Willi Bredel in Moskau herausgegebenen Exilzeitschrift *Das Wort*. Maria Lazar gerät in Vergessenheit; im Registerband von Bertolt Brechts *Großer Berliner und Frankfurter Ausgabe* ist sie einzig als «Schauspielerin» aufgeführt. Vollständig veröffentlicht wird der Roman *Die Eingeborenen von Maria Blut* erst 1958, lange nach Lazars Tod. 2015 wird er in der Reihe *das vergessene buch* neu aufgelegt.[32]

Anti-Heimatroman

Maria Lazar und Eugenie Schwarzwald haben die Zeichen der Zeit vergleichsweise früh erkannt. Der jüdische Schriftsteller Hermann Broch wartet immer noch ab, in einer ständig verzweifelteren Gefühlslage. Schon 1903 hat er Altaussee zum ersten Mal besucht. Über dreißig Jahre später sitzt er erneut im sich leerenden und immer gespenstischer werdenden Fremdenort. Oder ist es wie immer? Macht er sich vielleicht unnötig Sorgen, mag er sich mit Blick auf die unveränderten grünen Hänge, die Berge und den See gefragt haben. Kaum, denn viele seiner jüdischen Gefährten haben sich längst ins Exil davongemacht. Broch jedoch arbeitet unverdrossen an seinem Roman *Die Verzauberung*. Jahrelang hat er sich schon mit ihm abgemüht und mehrere Fassungen geschrieben. Der Verlag drängt mehrfach zur Abgabe des Manuskripts, doch er ist mit seiner Arbeit nie zufrieden.

Im Roman beschreibt Broch aus der Perspektive eines städtischen Landarztes, der im fiktiven Ort Kuppron – die Ähnlichkeiten zu Altaussee sind unübersehbar – eine Praxis führt, wie die Dorfbevölkerung durch die Ideen des Wunderheilers Marius Ratti verführt wird und einem Massenwahn erliegt. In diesem «Anti-Heimatroman» wird die Moderne nicht wie normalerweise im Heimatroman als zerstörerische Kraft beschrieben, die in eine vorindustrielle Idylle einbricht. Kein Städter gesundet in der vermeintlich heilen Natur, die im Heimatroman üblichen Feindbilder Stadt, Maschine, Fremde und Juden werden im Roman nicht bedient. Stattdessen führt Broch in seinem antifaschistischen Epochenroman vor Augen, wie Ideen von Reinheit und Natürlichkeit gegenüber Fremden ihre potenziell desaströsen Folgen entfalten können.[33]

Am 13. März 1938 wird Hermann Broch von vier jungen Nazis in Altaussee verhaftet und auf den Gemeindekotter gebracht. In der «Schutzhaft», wie es euphemistisch heißt, erleidet er eine Darmblutung und bekommt eine spezielle Diät verordnet. Zurück in seinem Haus, nagt die Ungewissheit an Broch, der von seinem Naturell her ein Stubenhocker ist. Soll er wie viele seiner Freunde emigrieren? In einem Brief fasst er seine Gefühlslage zusammen: «Vorderhand tue ich so, als gäbe es nichts in der Welt als meine Arbeit, ich lese keine Zeitung, will von Spanien, von China, und überhaupt von nichts wissen.»[34] Was Broch im Brief beschreibt, ist nichts anders als das Versprechen, für das Künstlerkolonien seit jeher stehen: dass man hier den Kopf in den Sand stecken und sich, aller Zeitläufte entbunden, einzig dem Werk widmen kann. Doch unter der nationalsozialistischen Bedrohung ist eine solch eskapistische Haltung selbstmörderisch. Das muss auch Hermann Broch einsehen. Über London flieht er in die USA. Auch dort schafft er es nicht, die *Verzauberung* zu vollenden. Der Roman wird erst posthum als ein starkes antifaschistisches Zeugnis veröffentlicht.

↑ Arthur Schnitzler ↓

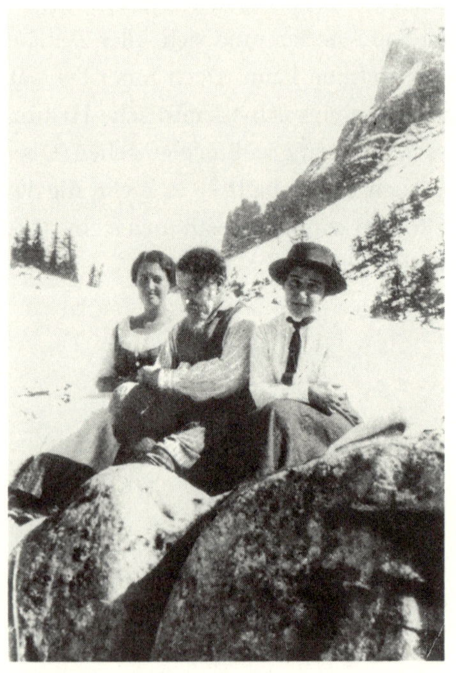

Am 25. September 1916 macht Arthur Schnitzler mit den drei Frauen Hermi Heller (links), Frieda Pollak und der fotografierenden Christine Kerry von Altaussee aus eine Wanderung auf die Gschwandtalm.

Der längst etablierte Schriftsteller sitzt auf der Terrasse des Seehotels und erinnert sich, wie er vor etwa vierundvierzig Jahren als Knabe in den dunklen unheimlichen See blickte. Im Tagebuch stellt er die Vermutung an, dass seine Aversion gegen Altaussee von damals herrühre; jetzt erst, bei seinem mehrmonatigen Aufenthalt 1916, sei sie im Schwinden begriffen.[1] Die damalige Beobachtung, wie das Wasser «scheinbar ohne Grenze mit der umgebenden Nacht in eins zusammenfloß», hat er in seinen Erinnerungen *Jugend in Wien* als seine erste Empfindung des Naturgrauens bezeichnet. Dieses ist für ihn immer «an den Ort gebunden, wo ich es kennenlernte».[2]

Genau dieses Naturgrauen in Verbindung mit der existenziellen Tragik einer alternden Frau hat Schnitzler in seiner Erzählung *Frau Beate und ihr Sohn* geschickt in die Kulisse der Sommerfrische Altaussee versetzt, die lebensfroher nicht sein könnte: Auf der weitläufigen erhöhten Terrasse des Seehotels sitzen Sommergäste bei Kaffee und Eis, ein kleines Dampfschiff schwimmt «blank und putzig quer übers Wasser nach dem sogenannten Auwinkel hin mit den paar stillen, unter Kastanien und Obstbäumen versteckten Häusern».[3] Nur stehen diese Anzeichen der Harmlosigkeit in einem markanten Gegensatz zur titelgebenden Hauptperson, der Witwe Beate, die mit ihrem siebzehnjährigen Sohn Hugo hier ihre Ferien verbringt. Ihr Ehemann Ferdinand, ein berühmter Schauspieler, ist vor fünf Jahren verstorben. Seitdem hat sie sich jede Beziehung, selbst das kleinste Abenteuer, versagt, was sie, wenn sie es recht bedenkt, melancholisch stimmt. Ihre gesamte Hingabe galt ihrem Sohn, für den sie sich aufgeopfert hat. Nun möchte sie ihm einen weiteren Dienst erweisen und ihn vor einer unglücklichen Liebschaft mit einer älteren Baronin bewahren, in die er sich verguckt hat. Daher nimmt sie die Peinlichkeit auf sich, diese aufzusuchen und ihr das Versprechen abzunehmen, keine Affäre mit ihrem Sohn anzufangen.

Langsam wird ihr bewusst, dass ihr gesamtes Witwendasein auf einer Selbstlüge beruht: Ihr verehrter Ferdinand war keineswegs der treue Ehemann, als den sie ihn idealisiert. Auch aus diesem Grund lässt sich Beate mit Fritz, dem gleichaltrigen Freund ihres Sohnes, auf eine Affäre ein, in der sie selbst die Rolle der älteren Liebhaberin übernimmt. Sie mutet Fritz in dieser dann doch arg konstruierten Erzählung also genau das von Schnitzler dezent verschwiegene sexuelle Erweckungserlebnis zu, das sie ihrem Sohn ersparen wollte.

Später belauscht Beate die beiden Jungen von ihrem Zimmer aus, wie sie gegenseitig mit ihren Abenteuern prahlen, wobei Fritz, ganz Gentleman, sie nicht verrät. Sie schmiedet Fluchtpläne, möchte mit ihrem Sohn in den Süden fliehen, nach Venedig, Florenz oder Rom. Dazu kommt es nicht, Mutter und Sohn ketten nach einer nächtlichen Wanderung bei der Bootshütte einen Kahn los und treiben anschließend, in der melodramatisch überhöhten Schlussszene, ruderlos auf dem See. Der Kahn neigt sich zur Seite, kentert und, so der letzte Halbsatz der Erzählung, «ehe die lauen Wellen sich zwischen ihre [Beates] Lider drängten, trank ihr sterbender Blick die letzten Schatten der verlöschenden Welt».[4]

Obschon die Erzählung wegen der überdeutlichen Anleihen an Freuds Ödipus-Theorien bei der Kritik durchfällt, lässt sich das Publikum davon nicht beirren. Ab ihrer Ersterscheinung 1913 bis 1922 werden nicht weniger als achtzehn Auflagen von ihr veröffentlicht. Das mag seinen Grund darin haben, dass Schnitzler hinter der bürgerlichen Fassade verborgene Leidenschaften und Träume anspricht. Selbst ist er ein Meister darin: Erst nach seinem Tod zeigt er sich in seinem Tagebuch in einer Offenheit, die die Zeitgenossen während seines Lebens nur erahnen konnten: seine maßlosen sexuellen Begierden, die Anzahl seiner Orgasmen mit den jeweiligen Partnerinnen (bis zu seiner Heirat mit Olga 1903 verführt er hauptsächlich «leichte Mädchen» mit Restaurant- und Opernbesuchen), seine Obsessionen und seine schon fast krankhafte Eifersucht auf frühere, aktuelle oder zukünftig mögliche Liebhaber seiner Gespielinnen. Liebe ist für ihn, wie er sich in einem Brief ausdrückt, eher eine Frage der Hygiene als des Seelenlebens. Im Leben mag er es sich oft nicht eingestehen, dass er die Frauen benutzt; anders in seiner Literatur. In ihr zeigt er Empathie gegenüber seinen Frauenfiguren und stellt die Männer als das dar, was sie häufig sind: patriarchalische Dreckskerle, die die Frauen hintergehen und ihre Hilfsbereitschaft ausnutzen.[5]

In Altaussee, wohin er bis zu seinem Tod regelmäßig für ein paar Tage bis Wochen zurückkehrt, pflegt er im Grundsatz einen sehr ähnlichen Lebensstil wie in Wien. Häufig macht er am Morgen Ausflüge, um am Nachmittag diszipliniert an seinem jeweiligen Werk zu schreiben. Auch dem gesellschaftlichen Verkehr ist er nicht abgeneigt, obschon ihm der Trubel manchmal zu viel wird. Eines Morgens 1911 spricht er mit seiner Frau über die «Freunde» und schreibt danach lakonisch ins Tagebuch: «Mit ein Grund, nicht nach Altaussee zu gehn, weil sie mich alle nervös machen.»[6] Die Einsicht mag zwar richtig sein, allein, sie bewirkt nichts. Schnitzler braucht offenbar eine gewisse Nervosität, um schöpferisch tätig zu sein. Zudem: Er trifft sich eigentlich ganz gerne im Seehotel oder im Parkhotel zu großen Runden mit seinen Freunden, er ist ein geselliger Mensch, der in seinem Tagebuch mit Hingabe «Ausseergeschichten», sprich: Klatsch und Gerüchte, notiert. Ein Beispiel: Das «Urbild» von Jakob Wassermanns Roman *Ulrike Woytich*, ein gewisses Frl. von Filtsch, sei beleidigt gewesen, aber inzwischen angeblich wieder versöhnt. Wassermann selbst werde mit seiner zweiten Frau Marta bald in die einstige Andrian-Villa übersiedeln.[7]

Am 25. September 1916 macht er mit den drei Frauen Hermi Heller, Frieda Pollak und Christine Kerry eine Wanderung auf die Gschwandtalm. Eine an diesem Tag aufgenommene Fotografie zeigt ihn, den inzwischen schon etwas gealterten bürgerlichen Schriftsteller mit den unbürgerlichen Begierden, vor grandioser Bergkulisse. Die beiden jungen Frauen blicken, anders als er, direkt in die Kamera.

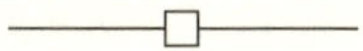

«Vom Aufenthalt nicht entzückt», notiert Schnitzler am dritten Tag in Taormina. Was den Schriftsteller so verdrießt hat, lässt sich dem Tagebuch nicht entnehmen. Am Hotel wird es kaum gelegen haben, denn er ist mit seiner Frau Olga im Domenico abgestiegen. Das ehemalige Dominikanerkloster aus dem 15. Jahrhundert – gelegen am Rande der Altstadt Taorminas mit einer atemberaubenden Sicht auf die Bucht – war bis 1866 von Mönchen bewohnt worden. Ein findiger Unternehmer hatte es 1894, zehn Jahre vor Schnitzlers Aufenthalt, in ein Hotel der Luxusklasse umgebaut. Anspruchsvolle Gäste können durch den erhaltenen Kreuzgang gehen, die im Innenhof gepflanzten Blumen bewundern und in den zu Zimmern umgewandelten Mönchszellen schlafen. Eines Morgens, notiert Schnitzler, habe ihn Olga wegen eines später unauffindbaren Stacheltieres geweckt. Er schlief wieder ein und träumte, dass er in Tunis von einem Moskito gestochen wurde. «O[lga] hingegen träumt von einem Helm des Cesare Borgia, der von tausend Stacheln strahlt.»[8]

Für Sigmund Freud, dessen epochales Werk *Die Traumdeutung* vier Jahre zuvor erschienen ist, wäre der Fall klar gewesen: Die Symbolik des Stachels und des Stechens, die im Trauminhalt der beiden Ehepartner offenbar unabhängig voneinander vorkommt, kann nur für verborgene

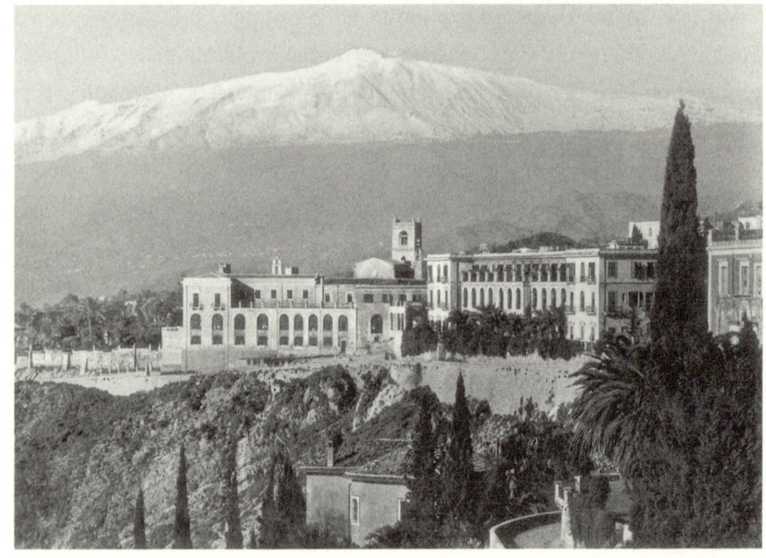

Ein findiger Unternehmer baut 1894 das ehemalige Dominikanerkloster in das Luxushotel Domenico um. In diesem steigen Arthur und Olga Schnitzler ab und träumen unabhängig voneinander von Stichen und Stacheln.

sexuelle Wünsche stehen. Sie bezieht sich mit großer Wahrscheinlichkeit auf die eingeschlafene Sexualität des Paares, das ohne den Sohn unterwegs ist. Dafür spricht auch, dass in Olgas Traum der Renaissancefürst Cesare Borgia, der für einen maßlosen und verschwenderischen Lebenswandel steht, einen prominenten Auftritt hat. Wollte sie vielleicht lieber einen Feldherrn zum Ehemann statt eines Arztes, der Schriftsteller geworden ist? Passt nicht auch das «Vom Aufenthalt nicht entzückt» im Tagebuch Schnitzlers bestens zu dieser Vermutung? Aber wir können nicht wissen, allenfalls darüber spekulieren, was in der ehemaligen Mönchszelle im Hotel Domenico in Taormina zwischen Arthur und Olga gelaufen (oder eben nicht gelaufen) ist.

Egal, eine knappe Woche bleiben die beiden in Taormina, ein einigermaßen unspektakulärer Aufenthalt. Zweimal besichtigen sie das griechische Theater. Eines Morgens geht Schnitzler allein ins Castell, das ihm «steinig» vorkommt. Er beendet den ersten Akt seines Dramas *Ritter-*

lich und fängt mit dem zweiten an. Eines der wenigen erwähnenswerten Erlebnisse für Schnitzler in dieser Woche ist die Führung des Antiquitätenhändlers Schuler durch dessen Garten, in dem er «Ausgrabungen machen läßt»; Schnitzler und seine Frau sind davon «sehr angeregt».

Bei der Abreise gibt es Komplikationen, schreibt Schnitzler. Der Agent der Adria-Schiffslinie habe sie über eine Änderung der Route informiert. Am folgenden Tag reisen Arthur und Olga Schnitzler nach Messina. Sie besteigen die «Elektra», doch die Überfahrt ist kein reines Vergnügen: «Schlechte See. Alles seekrank; ich überwand es, nicht ohne Mühe, schlief dann im obern Bett leidlich.» Von Neapel aus besucht Schnitzler allein Pompeji. Über Ancona und Adelsberg reisen Arthur und Olga Schnitzler nach Wien, wo sie vier Tage später ankommen. Arthur Schnitzler freut sich, seinen Sohn wiederzusehen, dessen Schönheit ihn «frappirt».

Taormina

Das griechische Theater

Noch vor Kriegsausbruch 1914 kann der habilitierte Romanist Victor Klemperer eine Lektorsstelle an der Universität Neapel ergattern. Von dort aus unternimmt er mit seiner Frau Eva im Sommer 1915 eine Sizilienreise, die das Paar auch nach Taormina führt. Als klassisch gebildete Reisende besuchen sie auf den Spuren Goethes das antike griechische Theater. Die beiden setzen sich stundenlang in den «amphitheatralischen Halbzirkel für Zuschauer» und genießen wie 1787 der Weimarer Minister den Blick auf das «Meerufer bis nach Catania, ja Syrakus» und den «langen Gebirgsrücken des Ätna», den «ungeheuren, dampfenden Feuerberg».[1] Doch anstatt ein klassisch griechisches Drama liest Victor Klemperer seiner Frau einen «Pseudoklassiker», nämlich eine Tragödie des Aufklärers Voltaire, vor: «In das Römertum der Franzosen und die dichterische Kraft Voltaires lasse ich mir nicht hineinreden», rechtfertigt er diese Entscheidung vor sich selbst.[2]

Wie Pompeji oder die Ruinen von Agrigento gehört auch das antike Theater von Taormina zu den touristischen *musts* von Bildungsbürgern auf der Grand Tour. Entsprechend oft ist es beschrieben worden. Guy de Maupassant äußert große Bewunderung für die griechischen Erbauer und wirft die – durchaus bis ins 21. Jahrhundert relevant gebliebene – Frage auf, warum moderne Nationen sich zu solcher Baukunst unfähig zeigen.[3] Auch auf Postkarten und Ölgemälden ist das Theater unzählige Male abgebildet worden. 1886 bis 1888 malt Gustav Klimt am nördlichen Treppenaufgang des Burgtheaters in Wien ein monumentales Deckengemälde mit diesem Motiv. Vom Rückgriff auf die griechische Antike bis zur Darstellung des erotisch befreiteren Lebens unter der südlichen Sonne nimmt er in der Bildgestaltung zahlreiche Elemente auf, die in der klassischen Südenrezeption immer wieder Verwendung finden: «Auf hohen Sockeln strecken geflügelte Siegesgöttinnen Lorbeerkränze gegen den blassblauen Himmel, während sich zu ihren Füßen nackte Schönheiten auf bunten Teppichen räkeln, getaucht in eine Stimmung zwischen griechischem Olymp und orientalischem Harem. Im Hintergrund sieht man das Meer, die Bucht von Naxos und die in Dunst gehüllten Abhänge des Ätna – ein Panorama, das alle Besucher Taorminas in Entzücken versetzt.»[4]

Künstler und Bürgermeister

Genau deswegen mag Otto Geleng, ein Berliner Maler hugenottischer Herkunft, Taormina zu seinem ständigen Wohnsitz gewählt haben. 1861 macht er sich im Alter von achtzehn Jahren von Berlin aus auf eine Reise nach Italien. In Rom lernt er den Komponisten Franz Liszt und Graf Zeppelin kennen. Zwei Jahre später trifft er bei einer erneuten Italienreise erstmals in Taormina ein, einem Ort, der ihm auf Anhieb gefällt. Er heiratet die Einheimische Filomena Zuccaro und eröffnet ein Atelier am Corso Umberto. Dieses verlassen alsbald Gemälde mit typisch italienischen Motiven: einsame Buchten im Abendlicht mit auf dem Sand liegenden Booten, sizilianische Dörfer, südländische Genreszenen, elegante Pinien, die sich im warmen Wind zu wiegen scheinen, eine Ziegenherde, die an einem Abhang vor dem Golf von Neapel grast. Immer wieder malt er das griechische Theater von Taormina mit dem schneebedeckten Ätna im Hintergrund – eine sinnfällige Verbindung von Norden und Süden, von Werden und Vergehen, von Blüte und Verfall. In Ausstellungen in Paris und Berlin begründen diese Bilder seinen (schnell verblassenden) Ruhm und machen Taormina bekannt.

Gelengs Schinken mögen nicht die aufregendsten Bilder sein, die zu dieser Zeit in Italien gemalt werden. Vielleicht sind sie aber auch gar nicht sein Hauptverdienst. Ausgesprochen selten für einen Ausländer, und noch dazu für einen Künstler, integriert sich Geleng vollständig in die italienische Gastgesellschaft, er fängt sogar an, den sizilianischen Dialekt zu sprechen. Mit seiner einheimischen Frau hat er fünf Kinder. Auch politisch engagiert er sich. Ab 1872 bekleidet er für zehn Jahre das Amt des Bürgermeisters in Taormina, ein Nebenamt zwar, aber ein einflussreiches. In dieser Funktion setzt er sich hauptsächlich für die Förderung des expandierenden Fremdenverkehrs ein. 1897 beschreibt der österreichische Maler Johann Viktor Krämer in einem Brief an seine Familie, wie er von Geleng zur Weinlese in den Rebberg seiner Schwiegereltern eingeladen wurde, eine pittoreske Angelegenheit: «20–30 Weiber bringen am Kopfe die Körbe mit Trauben aus den Weinbergen.» Die Männer tanzen mit ihren Holzschuhen so lange auf den Trauben herum, bis alle zerquetscht sind.[5]

Geleng wird korrespondierendes Mitglied der sizilianischen Künstlervereinigung Accademia degli Zelanti e dei Dafnici in Acireale sowie Ehrenmitglied des Sindacato delle Belle Arti. Trotz aller Anpassung an die italienischen Verhältnisse wird er im Ersten Weltkrieg als Staatsbürger einer feindlichen Nation in ein Gefangenenlager in Bronte gesteckt, das er erst 1919 verlassen darf. Nur schwer verkraftet er diese Demütigung, die ihm im folgenden Weltkrieg erspart bleiben wird: Er stirbt 1939 in Taormina, eine Büste von ihm ist bis heute auf dem örtlichen Friedhof zu besichtigen.[6]

Hotels in verschiedenen Preisklassen

Bei seinem ersten Aufenthalt hat sich Otto Geleng bei Don Francesco La Floresta im Privathaus Timeo direkt über dem griechischen Theater einquartiert. Die bescheidene Herberge ist nach dem Griechen benannt, der 358 v. Chr. Taormina gegründet haben soll. Als Bürgermeister schlägt Geleng dem Besitzer 1874 vor, das Haus zu vergrößern und an die Bedürfnisse einer internationalen Kundschaft anzupassen. La Floresta verwandelt das Hotel Timeo in einen Palast der Belle Époque: Alle Räume, Balkone und Veranden, selbst das Geschirr strahlen eine dezente Eleganz und beschwingte Leichtigkeit aus. In den Fluren und Zimmern lässt er Ölgemälde mit klassischen Motiven aufhängen.

Das neue Timeo streitet sich mit dem Hotel Domenico um den Rang des ersten Hotels am Platze. Manche Berühmtheit oder Fast-Berühmtheit steigt in ihm ab. Friedrich Nietzsche sitzt auf einem Balkon und schreibt an seinem prophetischen Werk *Also sprach Zarathustra*. Der englische Poet Edmund John, dessen symbolistische Gedichte schon zu Lebzeiten höchstens Insidern bekannt sind, nimmt sich 1917 im Timeo das Leben.[7]

Als Anerkennung für ihre ersten schriftstellerischen Erfolge erhält Selma Lagerlöf vom schwedischen König ein Reisestipendium von 1000 Kronen. Dieses verwendet sie für eine gemeinsame Reise mit ihrer Schriftstellerkollegin Sophie Elkan nach Dänemark, Deutschland und Italien. Spätere Reisen werden die beiden nach Ostende, Korfu und Jerusalem führen. Die Reisepartnerinnen verbindet eine diffizile, oft auch von Eifersucht und negativen Gefühlen geprägte Freundschaft – «Freundschaft», das ist in dieser prüden Zeit, in der Homosexualität in den meisten Ländern unter Strafe steht, ein Euphemismus für eine Liebesbeziehung. Die beiden sind ein Paar. Im Frühling 1896 stehen Selma Lagerlöf und Sophie Elkan folglich an der Rezeption des Timeo und beziehen *einen* Zimmerschlüssel. Ein Page wird sie zu ihrem Zimmer begleiten, worauf sie eintreten und sich auf das Bett plumpsen lassen.

Noch lange nach der Reise denken die beiden über eine literarische Verwertung der Erlebnisse nach. Zu diesem Zweck haben sie sich während ihres Aufenthalts in sizilianische Zeitungen vertieft. Aus dieser Beschäftigung entsteht bei Selma Lagerlöf der Ideenroman *Der Antichrist*, dessen Thematik die Versöhnung von Christentum und Sozialismus ist. Er spielt an den Abhängen des Ätna, und der Ort ist unschwer als Taormina zu erkennen, selbst wenn der Name nicht genannt wird.[8]

Nicht alle können oder wollen es sich leisten, in Hotels der Luxusklasse wie dem Timeo oder dem Domenico abzusteigen. Für kleinere Budgets bietet sich das Hotel Victoria an, ein dreistöckiger Bau im viktorianischen Stil. Das Interieur ist bis heute kaum verändert worden: die Glocke an der Rezeption, der große Saal im Parterre, die Zimmer und Korridore, ausgestattet mit lachsfarbenen

Tapeten, geschwungenen kleinen Tischchen, auffälligen Wandlampen im Stil des Art déco und Bildern an den Wänden. Ein deutschsprachiges Werbeplakat weist um 1900 auf die Vorzüge hin: «Höchst gelegenes Hotel, von Künstlern viel besucht» und hebt den Musiksalon, das Rauchzimmer und die «Acetylen-Gas-Beleuchtung» lobend hervor. Damit soll eine internationale Kundschaft angesprochen werden: «Man spricht italienisch, deutsch, englisch und französisch.»

Neben Oscar Wilde, der 1898 ein paar Wochen im Victoria verbringt, steigt dort auch der bereits erwähnte Johann Viktor Krämer ab, dem wir in Tanger und Korfu wieder begegnen werden. Nach einer dreitägigen Fahrt von Wien kommt er mit dem Schiff von Reggio über Messina endlich in Taormina Giardini an. Bald nach der Ankunft schreibt er seinen Eltern: «Im Hotel Victoria in der Stadt gelegen bin ich eingezogen – Man steigt in's 2te Stockwerk, kommt in einen Garten, der recht hübsch ist [...] Die offenen Flügeltüren münden auf eine Terrasse und da habe ich den Garten vor mir, weiter die Aussicht über die Stadt das ant. Theater und rechts das Meer.» Er erhält von der Frau des Hauses «mit großem Widerstreben» die Erlaubnis, seine Staffelei unter einer Pergola im Garten aufzustellen. Angenehm findet er es, eigentlich wunderschön, unter hängenden Trauben zu arbeiten, zumal der Himmel während der ersten Zeit seines Aufenthalts immerwährend blau ist. Braun wird er dabei nicht, da er den Aufenthalt im Schatten vorzieht.

«Weil ich Euch nichts Neues erzählen kann, so hab' ich was gezeichnet», teilt er in einem späteren Brief seinen Eltern mit. Auf das Briefpapier des Hotels Victoria hat er mit sicherem Strich den mit Amphoren verzierten Aufgang zum Hotel, der von üppig wachsenden Pflanzen umsäumt ist, skizziert. Am Boden zeichnen sich Schatten ab. Exakt diese Skizze arbeitet Krämer zum Gemälde *Taormina im Sonnenschein* aus, das heute zur Sammlung des Wiener Belvedere gehört (Tafel 8). Die vorher nur erahnbare Farbe der Pflanzen erstrahlt nun in einem kräftigen Grün, das sich vom Beigegrau des Gehwegs und der Treppe abhebt. Die zahlreichen in Rot- und Gelbtönen blühenden Blumen vermitteln die Stimmung eines südlichen

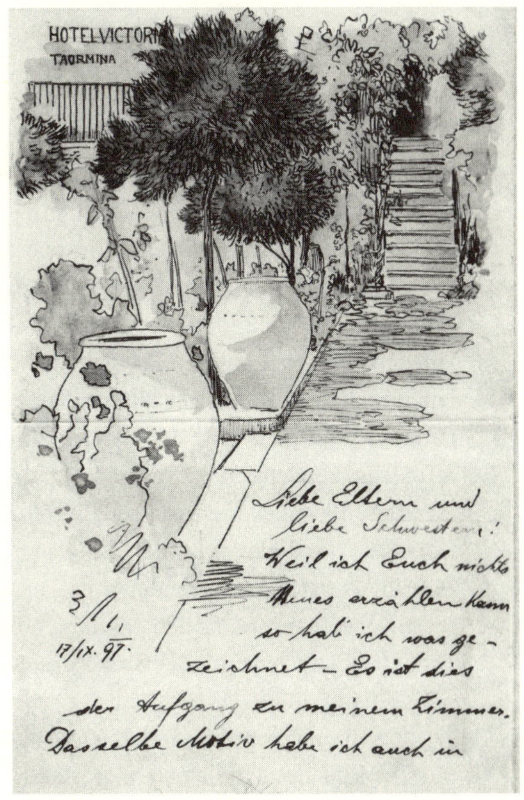

«Weil ich Euch nichts Neues erzählen kann, so hab' ich was gezeichnet», teilt Johann Viktor Krämer seinen Eltern in einem Brief mit. Diese Skizze wird er später zu einem Gemälde ausarbeiten.

Gartens, dessen sommerliche Schläfrigkeit nur durch vier am Boden pickende Tauben gestört wird.

Krämer fügt im Brief an, dass er das schlechte Wetter fürchte, zwei Frauen seien schon vom Blitz getroffen worden. Bereits um halb sechs Uhr abends werde es dunkel, um sieben Uhr «wird genachtmahlt (allein)», und anschließend trinkt er einen Kaffee oder besucht einen befreundeten Maler. Schon um zehn Uhr ist er im Bett, um am nächsten Morgen um sechs frisch wieder aufzustehen und sich seiner Malerei zu widmen. Hier entstehen Vorarbeiten zu Gemälden wie *Mondaufgang in Taormina*, die er nach seinem mehrwöchigen Aufenthalt wahrscheinlich erst in seinem Wiener Atelier fertigstellen wird.[9]

Fischer im Paradies

An den Ständern der Souvenirläden, die in den engen Fußgängerzonen Taorminas stehen, werden immer noch Postkarten mit eindeutig-zweideutigen Motiven verkauft: Ein junger Mann posiert in einem griechischen Kostüm mit einer Amphore in der Hand, als wäre er eine belebte Statue. Oder eine Gruppe von nackten jungen Männern, aufgenommen vor einem pittoresken Fischerboot. Die Aufnahmen stammen von Wilhelm von Gloeden, der als einer der Begründer der männlichen Aktfotografie gilt. 1876 ist er von Deutschland nach Taormina gekommen, wo er sogleich ein Fotostudio einrichtet und zunächst konventionelle Aufnahmen der Landschaft und der ortsansässigen Bevölkerung macht. Bald freundet er sich mit dem Bürgermeister Otto Geleng an, der ihn unterstützt. Seine Fotoabzüge von wenig bis gar nicht bekleideten jungen Männern, die er bald darauf zu machen beginnt, finden bei homoerotischen Voyeuren eine große Nachfrage, auch wenn sie oftmals unter der Ladentheke verkauft werden müssen.[10]

In seinen Fotografien zeichnet Wilhelm von Gloeden ein romantisiertes Bild der ländlichen männlichen Bevölkerung Siziliens; die Bauern und Fischer, die er hauptsächlich abbildet, sind für ihn befreite Abkömmlinge der Antike. Niemals ist im Setting seiner perfekt komponierten Bilder harte Arbeit zu sehen, sondern immer ländliche Muße und steter Sonnenschein. Der Lebensstil der Sizilianer ist paradiesisch, die Gesellschaft insgesamt ohne innere Konflikte. Sizilien erscheint, ebenso wie in zahlreichen zeitgenössischen Reisebeschreibungen, als ein unterentwickeltes, stagnierendes Land, das frühere Lebensformen bewahrt hat, die im industrialisierten Norden verschwunden sind.

Nach der scharfsinnigen Interpretation von Ella Nowicki wird Sizilien dadurch zum Objekt einer Debatte über Nation, Identität, Geschichte, Geschlecht und Modernität. Wilhelm von Gloedens Bilder, die Ende des 19. Jahrhunderts in Nordeuropa und Großbritannien weite Verbreitung finden, sind als ein Ausdruck eines impe-

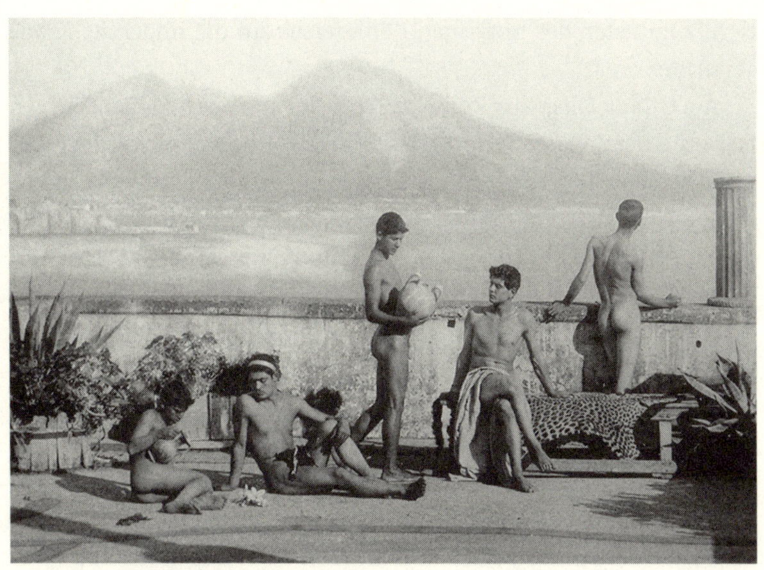

Wilhelm von Gloeden, der 1876 in Taormina ein Fotostudio einrichtet, setzt in seinen Fotografien hauptsächlich junge Männer in Szene. Niemals ist im Setting seiner perfekt komponierten Bilder harte Arbeit zu sehen, sondern immer ländliche Muße und steter Sonnenschein.

rialistischen und klassizistischen Denkens im viktorianischen Zeitalter zu verstehen. Sie etablierten eine Hierarchie zwischen dem Norden und dem Süden, indem sie das nördliche Überlegenheitsgefühl bekräftigen. Im Vergleich zum imperialen Machtstaat Großbritannien erscheint das italienische Sizilien als passives Land, was sich in einer klaren geschlechtlichen Zuordnung ausdrückt: Sizilien fällt dabei die passiv-feminine, Großbritannien hingegen die dominant-maskuline Geschlechterrolle zu. In dieser Sichtweise wird Siziliens Dekadenz als Teil seiner inhärenten Homosexualität interpretiert. Im imperialen Großbritannien, das sich als legitimer Nachfolger des Römischen Reiches begreift, ist dies eine attraktive Zuschreibung. So lässt die britische Queen Victoria ihren Landsitz, das Osborne House auf der Isle of Wight, mit dem Fresko *Neptune Resigning to Britannia the Empire of the Seas* von William Dyce bemalen, auf dem Neptun, der das gesamte Römische Reich repräsentiert, zugunsten des britischen Königreichs auf die imperiale Krone verzichtet.[11]

Auch dank Gloedens Ruf wird Taormina in einschlägigen Kreisen fast zu einem Wallfahrtsort. Das Skandalgedicht *To a Sicilian Boy* von Theodore Wratislaw (1893) ist eine explizit-lüsterne Liebeserklärung an einen sizilianischen Knaben, dessen göttliche Existenz die Vergangenheit und den «stumpfen Ennui eines Frauenkusses» vergessen lässt. Roger Peyrefitte erzählt in *Les amours singuliers* (1949) die Geschichte von Gloedens, jedoch mit einigen Ausschmückungen. So lässt er Jacques d'Adelswärd-Fersen mit seinen beiden Freunden Nino Cesarini und Corrado Annicelli von Capri zu Gloeden nach Taormina reisen, was historisch nicht belegt ist.[12]

Die homosexuelle Gruppe der Uranier,[13] der auch Oscar Wilde angehört, sieht Sizilien als das Land, in dem die Freiheiten für Homosexuelle seit der Antike beibehalten wurden – ein Gegenbild zum prüden, viktorianischen Norden. Nach seiner Entlassung aus dem Zuchthaus, in das er wegen sexueller Handlungen mit männlichen Prostituierten gehen musste, entflieht Wilde dem repressiven britischen Klima und setzt sich 1897 nach Taormina ab. Sein Freund Alfred Douglas, genannt Bosie, bleibt unterdessen in Neapel. Ob Wilde wirklich Gloeden beim Posieren von jungen Männern mit Panflöten ausgeholfen hat, ist nicht belegt, wohl aber ein Besuch in dessen Fotostudio. Wilde findet andere Gefährten in Taormina, er sorgt sich nicht um Bosie, der es desgleichen hält. Ihre Liebesaffäre verflüchtigt sich und verwandelt sich in den folgenden Jahren von einer «Freundschaft» in eine Freundschaft.

Der Immoralist

1896, ein Jahr nach seinem legendären Zusammentreffen mit Oscar Wilde in Blida in der algerischen Wüste, hält sich André Gide mit seiner Ehefrau Madeleine in Taormina auf. Er fühlt sich entspannt in Sizilien, entspannter jedenfalls als in Paris oder in der Normandie, wo die Familie seiner Mutter zwei Landgüter besitzt, auf denen er sich im Sommer oft aufhält. Hier im Süden wird er nicht auf seine bürgerliche Existenz reduziert, hier fühlt er sich weniger eingeengt. Er atmet freier. Besser noch als aus seinen Zeugnissen aus Taormina lässt sich seine damalige Seelenlage dem Roman *Der Immoralist* entnehmen, der 1902 erscheint. Dessen autobiografische Bezüge sind deutlich: Wie Michel, die Hauptfigur des Romans, ist auch Gide mit einer Frau verheiratet, die er als Begleiterin achtet, jedoch nicht liebt. Auch die Schauplätze des Romans stimmen mit den Reiserouten Gides überein. Gleichwohl darf, um dies vorauszuschicken, die idealtypisch überhöhte Figur Michels nicht mit dem Autor Gide verwechselt werden. Das ist auch gar nicht nötig, denn der Roman lässt gerade in seiner fiktionalen Zuspitzung und Stilisierung wichtige Aspekte zutage treten, die Gide zu dieser Zeit so unverhüllt kaum hätte äußern können.

Vor drei Jahren, erzählt Michel drei Freunden in einem abgeschiedenen algerischen Bergdorf, habe er Marceline geheiratet, ohne sie zu lieben. Gemeinsam reist das frischvermählte Paar über Marseille nach Tunis. Michel erkrankt und spuckt Blut. In der Oasenstadt Biskra pflegt Marceline ihn in einem kalkweißen Zimmer mit Blick auf Palmen. Zu seiner Abwechslung lädt sie Bachir, einen jungen «braunhäutigen» Araber, fast noch ein Kind, auf sein Zimmer ein. Michel beginnt sich an den Knaben zu gewöhnen und vermisst ihn, wenn er nicht kommt. «Das war es, was mich für ihn einnahm: seine Gesundheit. Die Gesundheit dieses kleinen Körpers war schön.»[14] Bachir bleibt nicht der Einzige. Später trifft Michel Ashour, der «schwarz wie ein Sudanese» ist.[15] Mit dem Flöte spielenden Hirtenknaben Lassit wandelt er durch die Palmengärten. Er beobachtet Moktir, wie dieser eine Schere von Marceline in einem vermeintlich unbeaufsichtigten Moment unter seinem Burnus verschwinden lässt. Michel schreitet nicht ein, die Tat nimmt ihn sogar für den Knaben ein.[16]

In Syrakus auf Sizilien, wohin sie zurückgereist sind, besuchen Marceline und der wieder vollständig genesene Michel das griechische Theater. Michel wird bewusst, dass ihm die Gelehrsamkeit, diese «Überfracht», im Weg steht. Eine Änderung kündigt sich an: «Nicht länger war ich das kränkliche und fleißige Wesen, auf das meine frühere, ganz starre und enge Moral passte. Es ging hier um mehr als eine Genesung, es ging hier um eine Mehrung, einen neuen Ausbruch des Lebens.» Diese innerliche Wiedergeburt bekräftigt er mit einem lauten und wie zur Bekräftigung wiederholten Schrei auf dem Fußweg von Mola nach Taormina: «Ein neues Wesen! Ein neues Wesen!»[17]

Eine Rangelei mit einem Kutscher ist der Auslöser dafür, dass er, als «Neuling», endlich mit Marceline schläft. Sie wird sogleich schwanger, und die beiden ziehen sich auf das Gut La Morinière in der Normandie zurück. Manchmal, beschreibt Michel, erdrossle ihn das werdende Glück fast. Er freundet sich mit dem Sohn des Verwalters an und hilft ihm beim Wildern in den eigenen Wäldern. Die Nacht, in der Marceline eine Fehlgeburt erleidet, verbringt er mit einem Freund.

Um dieses tragische Schicksal zu verarbeiten, reisen Michel und Marceline im dritten Teil des Buches erneut ab. Über die Schweiz (ein Land «ohne Verbrechen, ohne Geschichte, ohne Literatur, ohne Künste», wie ein «kräftiger Rosenstock ohne Dornen und Blüten») gelangen sie über Taormina, wo Michel nur Augen für einen jungen sizilianischen Schmeichler hat, erneut nach Biskra.[18] Die Krankheit Marcelines verschlimmert sich, und sie stirbt an einem Blutsturz. Er begräbt sie im Schatten eines Privatgartens, den sie liebte. Und Michel, der diese Geschichte drei Monate später erzählt? Er hat sich zurückgezogen und lernt eine junge Frau kennen, die ihren Körper verkauft. Einmal überrascht sie ihr Bruder, wie sie gemeinsam eine Nacht verbringen. Sie beschuldigt Michel, er ziehe ihr den Knaben vor. Worauf der Immoralist eingestehen muss: «Vielleicht hat sie ein wenig recht ...»[19]

Der Immoralist ist in seiner poetischen Eindringlichkeit und Unbedingtheit ein ebenso luzider wie verstörender Roman. Gide beschreibt in ihm die Selbstbefreiung eines akademisch gebildeten Mannes aus dem Korsett einer ihn einengenden Zivilisation mit ihren rigiden moralischen Normen. Der Roman legt nahe, dass der Mensch nur im Zustand der Gesetzeslosigkeit seinen ureigensten Trieben nachleben kann. Indes liegt dem Bericht Michels ein von ihm nicht reflektiertes Machtgefälle zu den arabischen Knaben zu-

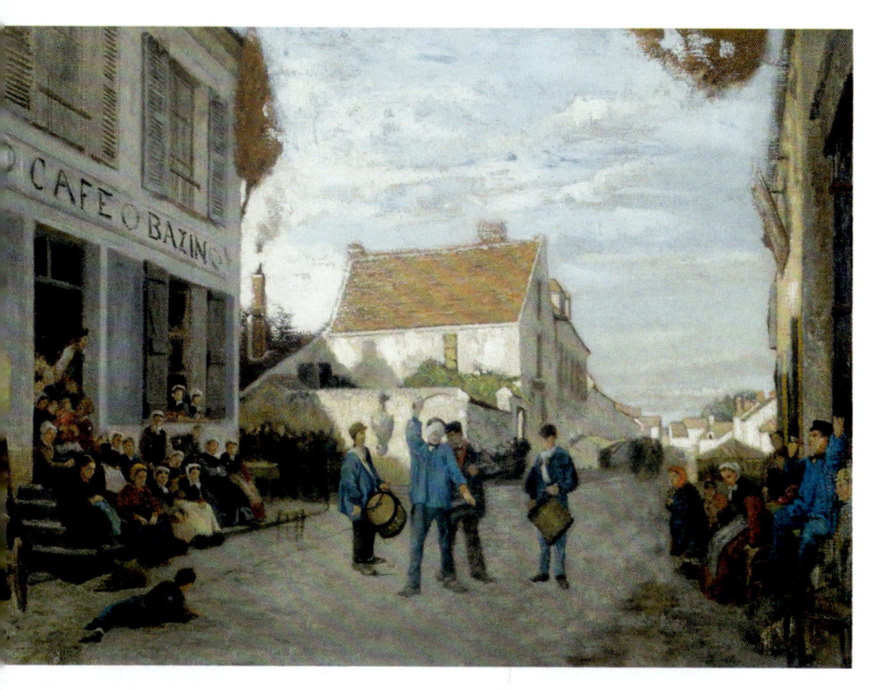

1 Wie ein unbeteiligter Ethnograph beobachtet Francesco Netti 1869 den grausamen Brauch eines Volksfests in Grez-sur-Loing. In ähnlicher Weise bildet er später die arabischen «Orientalen» ab.

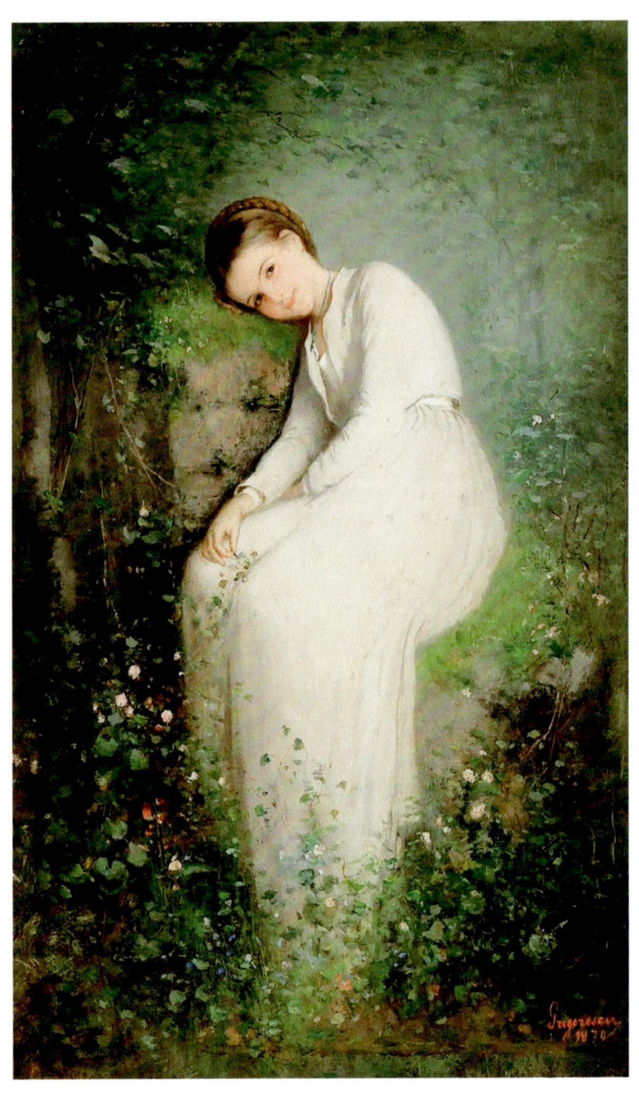

2 Als er in Barbizon die Landschaftsmalerei entdeckt, will Nicolae Grigorescu nie mehr Engel malen. Für die Tochter von Jean-François Millet macht er aber eine Ausnahme.

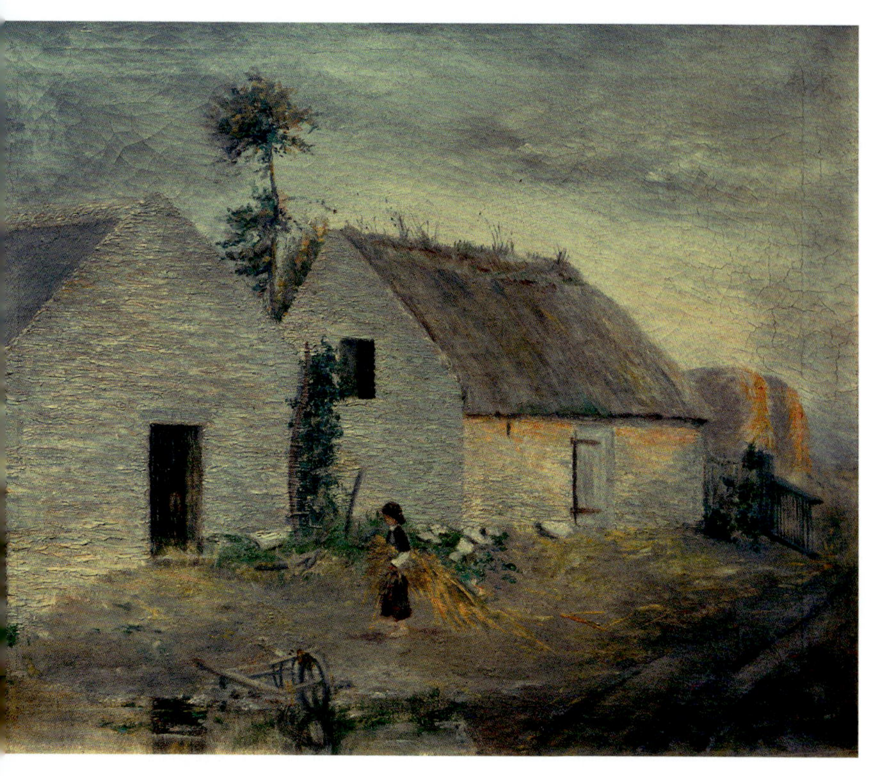

3 «Es ist wunderbar schön hier bei grauem Wetter», schreibt Ida Gerhardi aus der Bretagne nach Hause. Die eingeschränkte Farbpalette, die sie für dieses Gemälde zweier Bauernhäuser verwendet, entspricht ihrer melancholischen Gefühlslage.

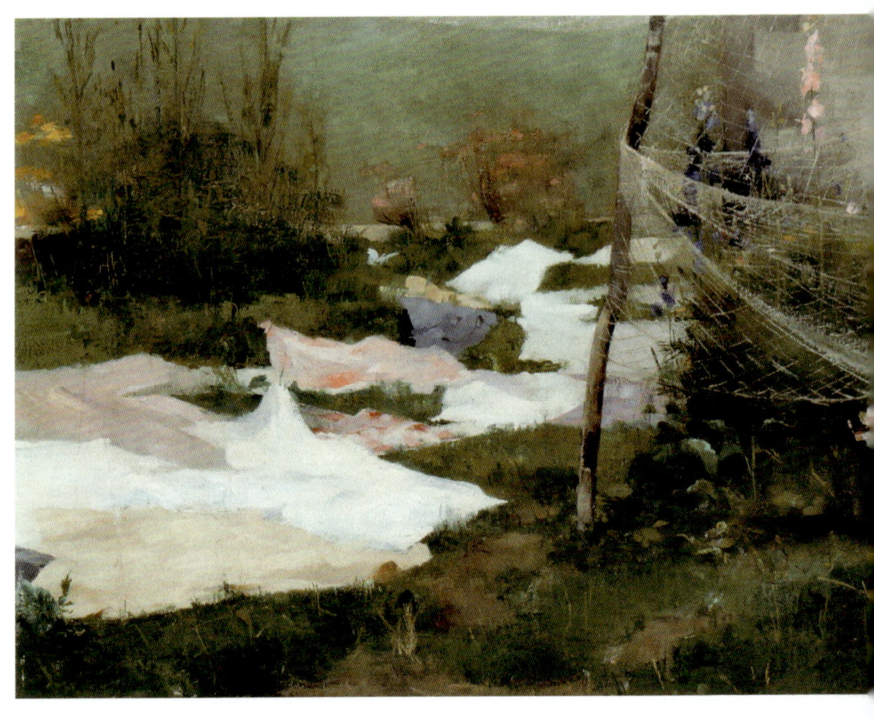

4 Das Bild *Trocknende Wäsche* von Helene Schjerfbeck aus Pont-Aven wird 1897 von den Kritikern zerrissen. Einer höhnt: «Wäsche gehört ins Haus.»

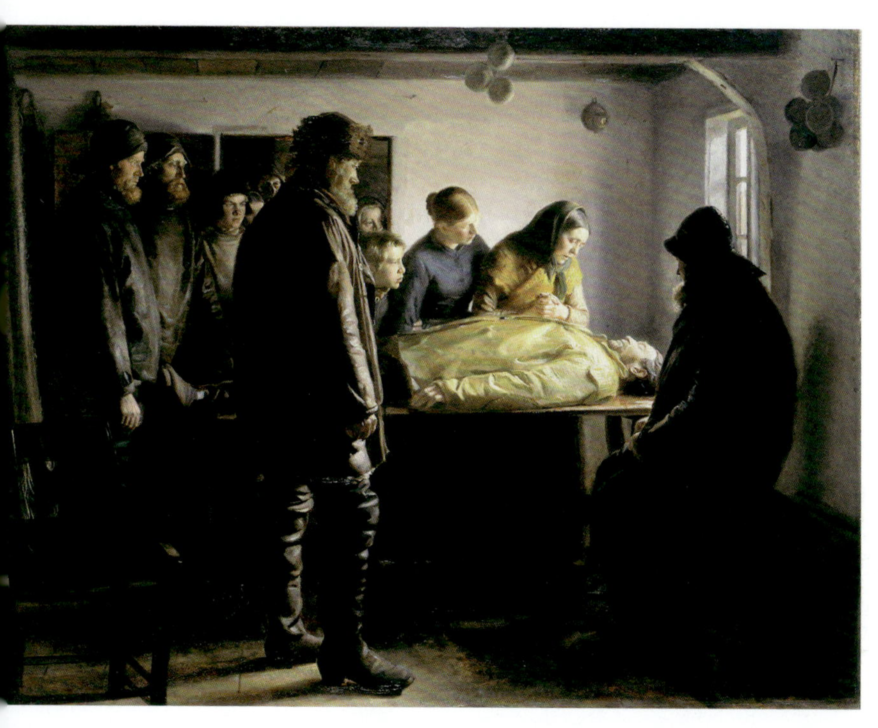

5 Die Dorfbewohner von Skagen trauern auf Michael Anchers Gemälde von 1896 um einen ertrunkenen Seemann.

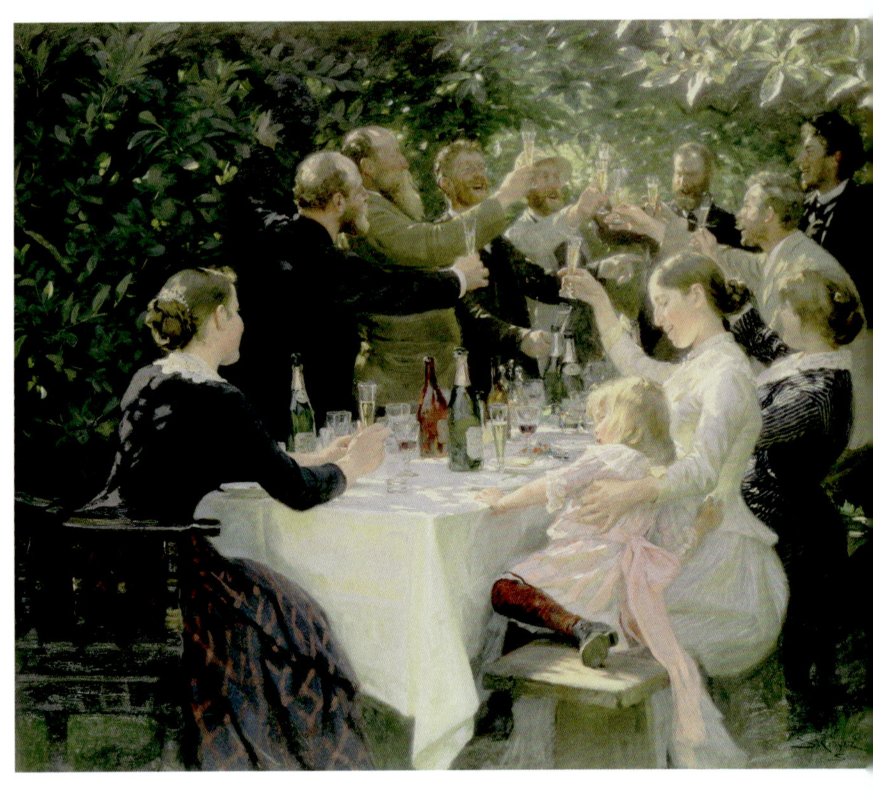

6 Wer schaut zum Kind?
P. S. Krøyer malt 1888 mit *Hip Hip Hurra*
ein Künstlerfest auf Skagen.

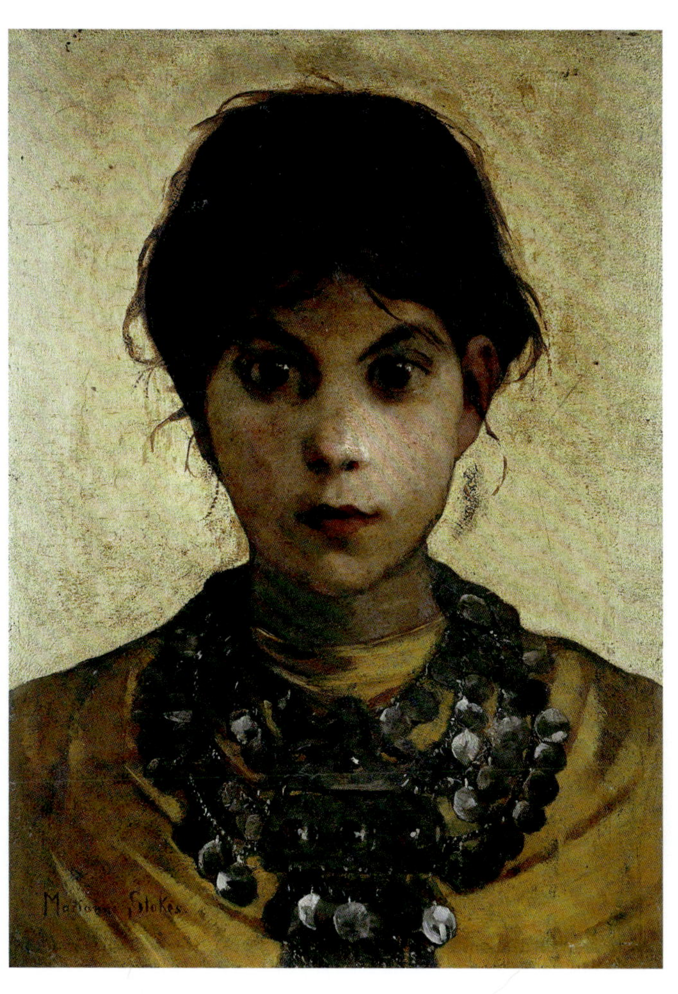

7 Das Porträtbild *Eine Capri-Hexe* (1884/85) von Marianne Stokes ist gleichermaßen ein psychologisches Porträt und eine ethnographische Studie.

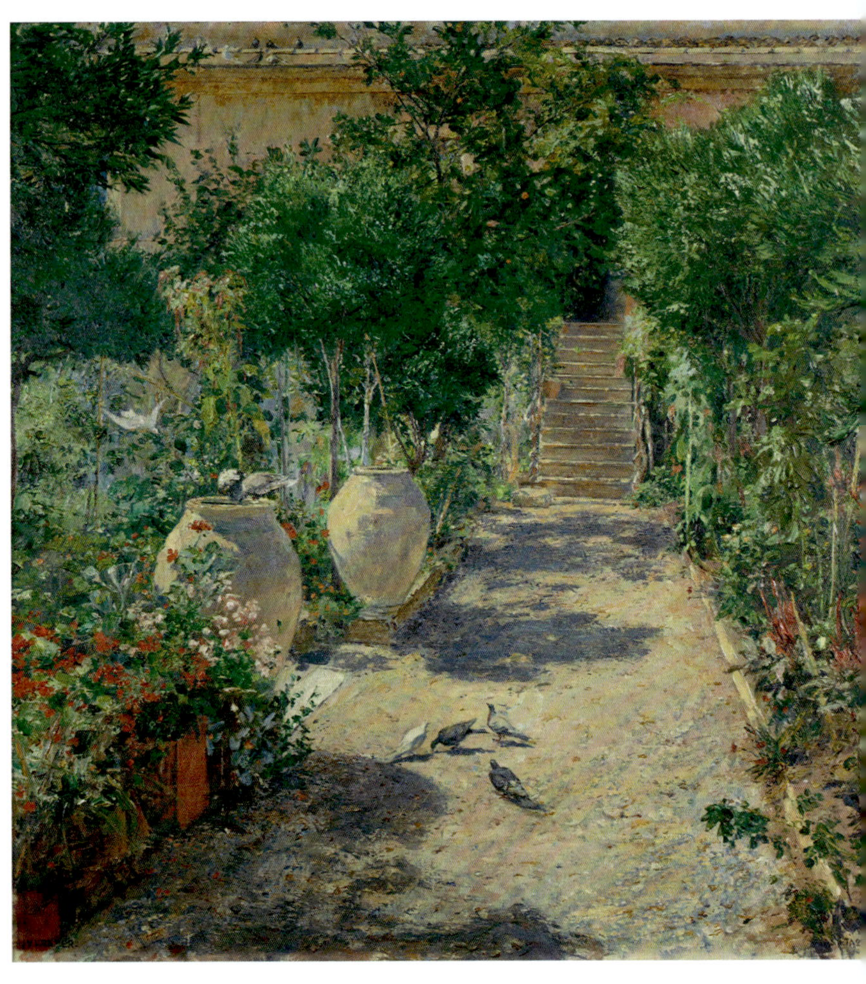

8 Von der Frau des Hauses erhält Johann Viktor Krämer «mit großem Widerstreben» die Erlaubnis, seine Staffelei im Garten des Hotels Victoria aufzustellen. 1897 malt er das Gemälde *Taormina im Sonnenschein* in Wien fertig.

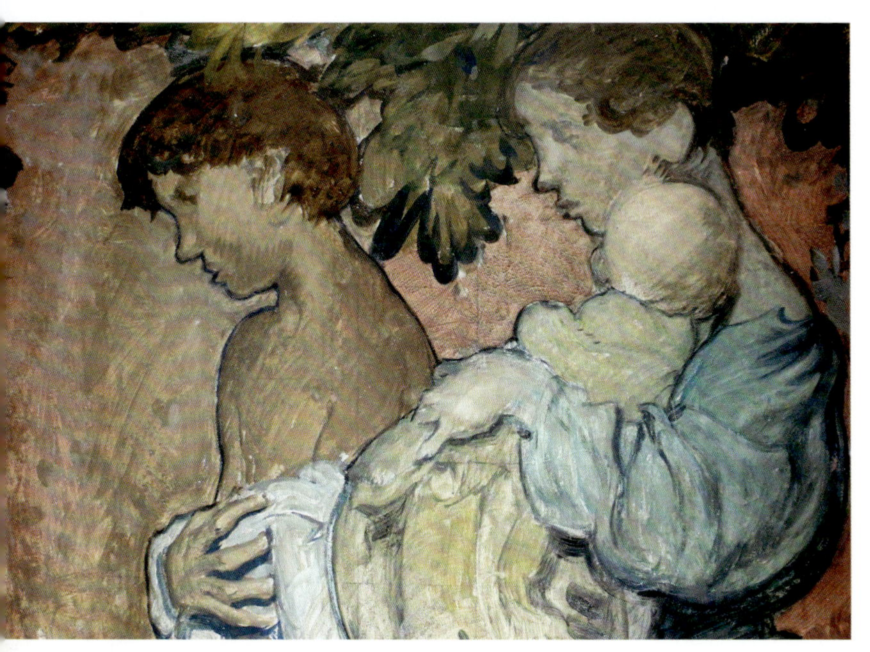

9 Eine homosexuelle Kleinfamilie, bestehend aus Mann, Mann und Kleinkind, schreitet in Richtung Paradies. Frank Brangwyn bemalt in den 1910er Jahren den Speisesaal der Casa Cuseni in Taormina mit Motiven, die zu dieser Zeit kaum öffentlich gezeigt werden können.

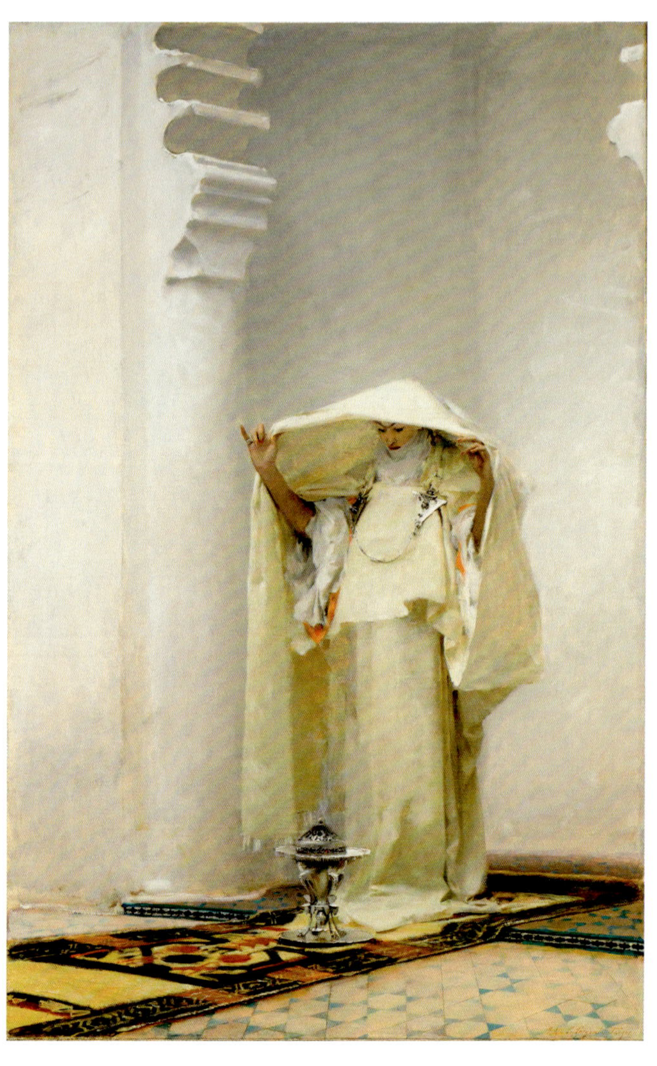

10 John Singer Sargents Gemälde *Fumée d'ambre gris* steht in der Tradition der arabisch-exotischen Malerei. Ein Kritiker auf dem Pariser Salon 1880 schreibt: «Es ist ein entzückendes Bild für ein privates Schlafzimmer.»

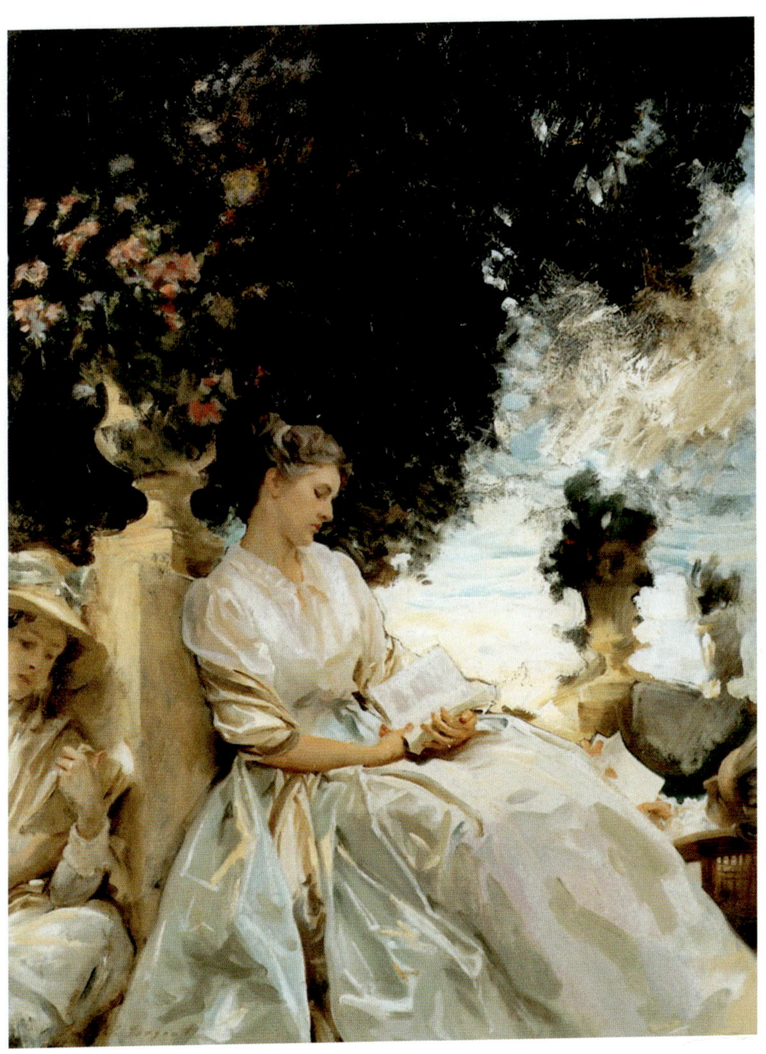

11 In einer fast bühnenhaften Atmosphäre bildet John Singer Sargent in seinem Gemälde *Ein Garten in Korfu* (1909) drei lesende Frauen ab: Jane de Glehn in der Mitte und Eliza Wedgwood gleich doppelt, links und rechts.

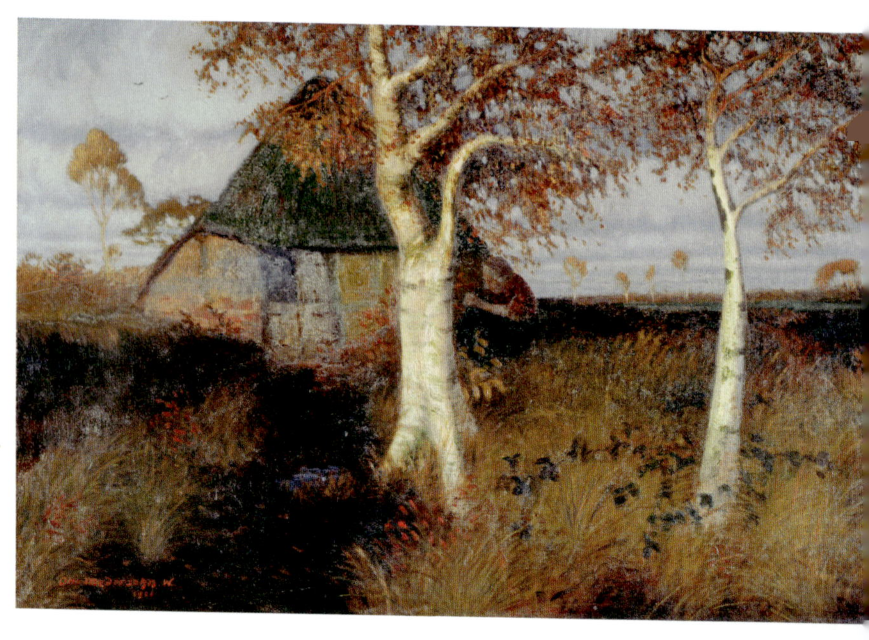

12 Einem Brief an Carl Hauptmann legt Otto Modersohn eine Skizze bei. Diese wird er 1901 zu dem Gemälde *Birkendamm* ausarbeiten.

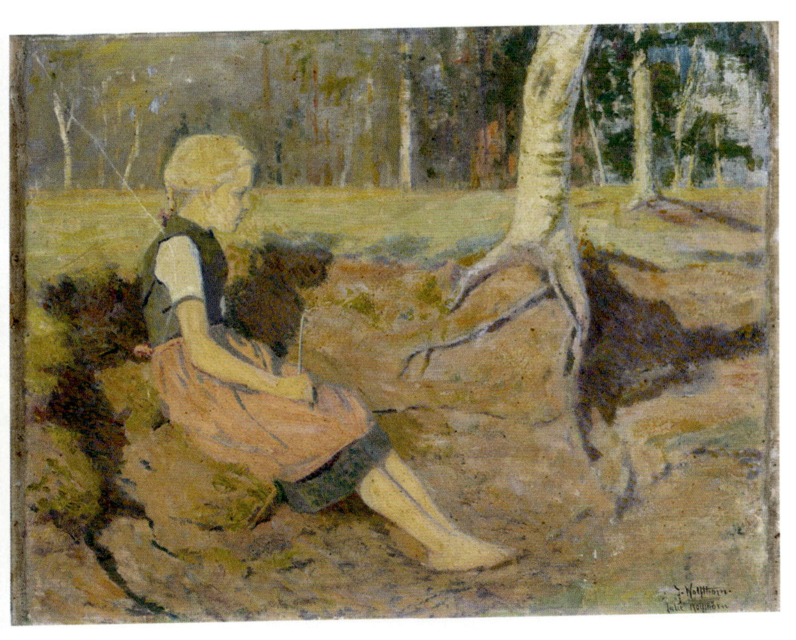

13 Mit ihrem *Mädchen im Walde* malt Julie Wolfthorn 1897 ein typisches Worpsweder Motiv. Doch eigentlich findet sie die Künstlerkolonie hauptsächlich langweilig.

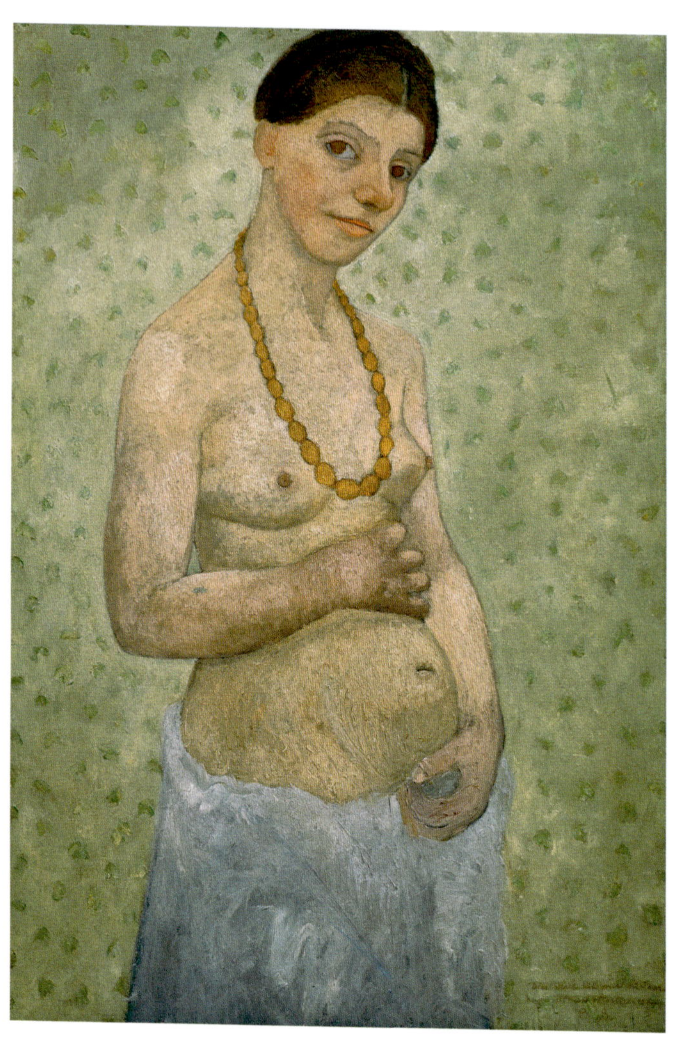

14 Das *Selbstporträt am sechsten Hochzeitstag* haben zu Lebzeiten Paula Modersohn-Beckers nur wenige gesehen. Erst lange nach ihrem Tod setzt ein veritabler «Paula-Kult» ein.

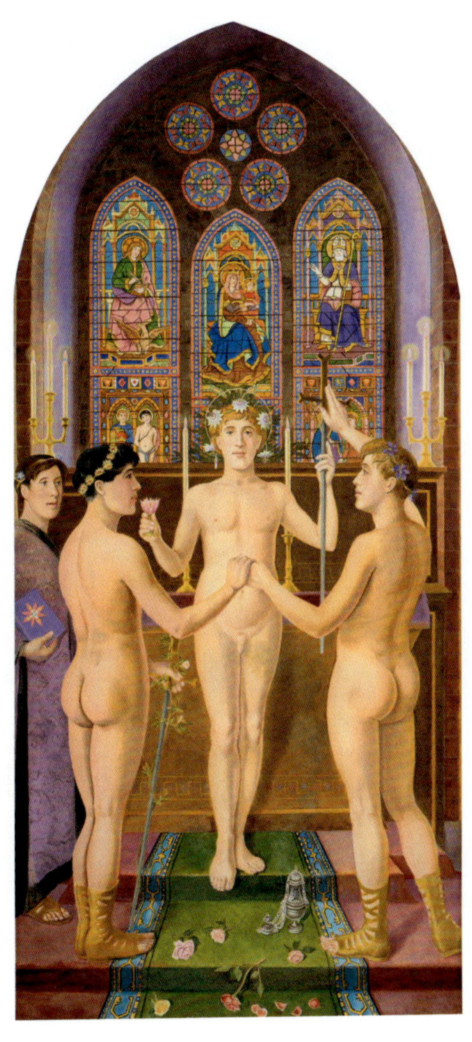

15 Eduard von Mayer schreibt über Elisàr von Kupffers Gemälde *Der neue Bund* (1915/16), dass sich «im violetten Dämmer des alten Domes» der Blonde und der Dunkelhaarige als «Friedensschwur der verfeindeten Rassen» die Hand halten. Elisàr reicht ihnen einen Blütenkelch «als Weihetrank und Sakrament» dar. Die Gestalt links hält eine Magna Charta in den Händen.

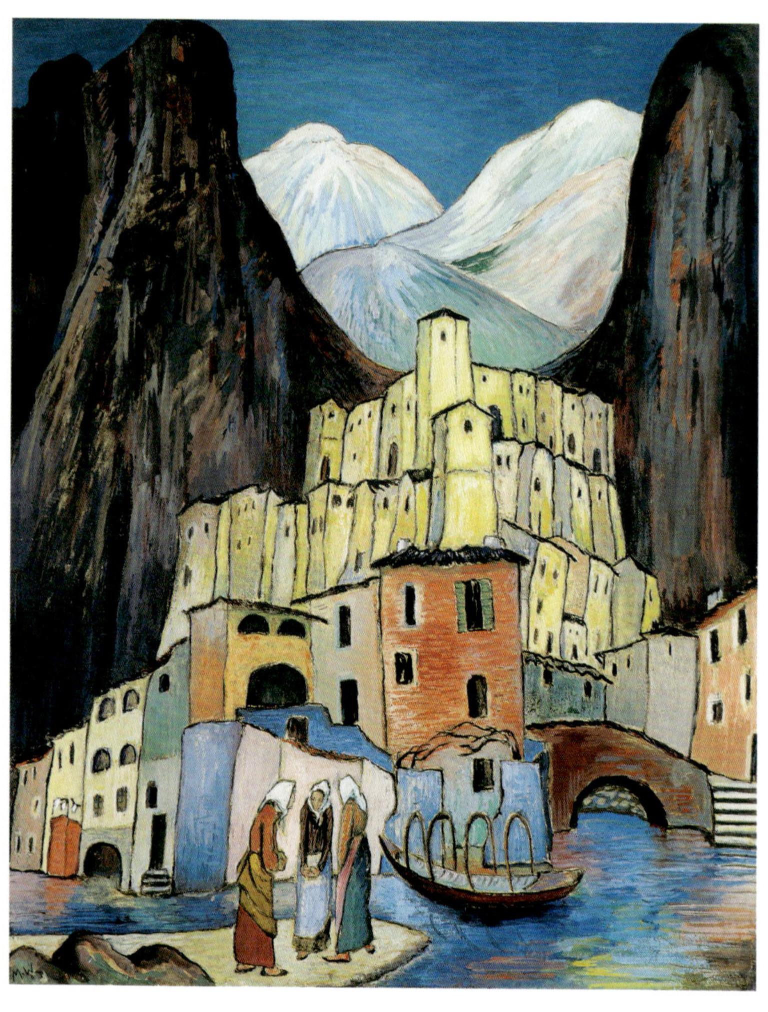

16 Auch wegen ihres extravaganten Kleidungsstils ist Marianne von Werefkin eine bekannte Persönlichkeit. 1930 malt sie mit *Die leidende Stadt* einen an Ascona erinnernden Ort.

grunde. Obschon Gide in seiner Beschreibung alles Pittoreske und die gängigen Orientalismusklischees vermeidet, erscheinen die Knaben als austauschbar. Sie tragen keinen Nachnamen und haben keine eigene Geschichte. Das ist ihr Vorteil, denn nach der Meinung Michels ist die erstrebenswerte Existenz «ohne Überlegung, ohne Regeln» eigentlich nur für Kinder und Tiere zu erreichen. Daher ist es kein Zufall, dass die arabischen Knaben im Roman immer wieder mit Tieren verglichen werden. Wenn Bachir beim Lachen seine strahlend weißen Zähne entblößt, fällt Michel auf, dass seine Zunge «rosig wie die einer Katze» ist.[20]

Das ist die Perspektive der auswärtigen, privilegierten Besucher, die sich die Landschaft, das Klima, das Essen, die Kultur und manchmal auch die Menschen selbst eines exotischen Orts aneignen. Daher bieten gerade südliche Aussteigerorte wie Taormina oder auch Tanger (auf das wir noch kommen werden) Raum für alternative Erfahrungen. In ihnen sind Selbstverwirklichung und ein Ausbrechen aus den Konventionen möglich, die Verlockung eines unmoralischen Lebens bleibt nicht a priori illusorisch. Dadurch umgibt sie stets etwas Chimärenhaftes, in dem Sinne, dass ihr Bild stärker von Wünschen und Phantasien bestimmt wird als von realen Begebenheiten. Und manchmal zahlen andere den Preis für die eigene Befreiung.

Villa Cuseni

Der schwerreiche Erbe, Künstler, Kunstmäzen und homosexuelle Bohèmien Robert Kitson kommt 1899 nach Taormina. Seinen finanziellen Möglichkeiten scheinen nach dem Verkauf der väterlichen Firma kaum Grenzen gesetzt. An bevorzugter Lage lässt er sich nach Entwürfen des britischen Künstlers Frank Brangwyn seine Traumvilla erbauen, ein ockergelbes Meisterwerk der Arts-and-Crafts-Bewegung mit vorgelagerten Säulenkolonnen im Stile Palladios. Wie die Skagen Plantagen von Marie Krøyer oder Heinrich Vogelers Barkenhoff in Worpswede besticht die längst unter Denkmalschutz gestellte Villa, die einzige ihrer Art in Sizilien, mit einer erlesenen Innenausstattung. Der Sammler Kitson trägt handgeschnitzte Möbel, Teppiche, Tapisserien und Gemälde, Drucke und Radierungen zusammen und arrangiert alles mit griechischen und römischen Antiquitäten sowie sizilianischen Preziosen aus dem Mittelalter zu einem stimmungsvollen Ganzen.

Ab 1905 lässt er zusätzlich einen prachtvollen Garten anlegen. Die reiche Vegetation Siziliens ist in ihm kunstvoll arrangiert, wiederum, wie es dem Aesthetic Movement entspricht, variantenreich und überraschend, um nicht zu sagen eklektisch. Besucher können im Garten entlang von Zitronenbäumen und aller Art von Blumen lustwandeln, sich an ein Wasserspiel setzen oder den Blick über das tiefblaue Meer schweifen lassen. Die Futuristen Giacomo Balla und Fortunato Depero haben den Garten zusätzlich mit dekorativen Elementen versehen, so einem auf den Boden verlegten Mosaik mit einem Blumenmuster.

Mit seinen astralen Formen nimmt es die Gedankenwelt der Theosophin Annie Besant auf, die oft als Gast von Robert Kitson in der Villa Cuseni logierte. Ein Giacomo Balla zugeschriebenes Wandfresko von 1923 zeigt die Eruption des Ätna, ein gewaltiges Schauspiel, das der Künstler radikal auf seine zerstörerische Wirkung abstrahiert. Hier findet Ausdruck, was Balla und Depero in ihrem Manifest *Futuristische Neukonstruktion des Universums* von 1915 gefordert hatten: «Mit dem Futurismus wird die Kunst zu einer Kunstaktion, d.h. zu einem Willen, Optimismus, Angriff [...] Vorwärtsprojektion. Folglich wird die Kunst Gegenwart.» Die beiden wollten nichts weniger als eine «neue Wirklichkeit» schaffen aus den «abstrakten Elementen des Universums» und damit eine Kunst, die bloße Erinnerung und «ängstliches Beschwören eines verlorengegangenen Gegenstands (Glück, Liebe, Landschaft)» ist, ein für alle Mal hinter sich lassen. Gerade in diesem ansonsten so lieblichen Garten muten die futuristischen Elemente mit ihrer Betonung des Fortschritts und der potenziell tödlichen Technologie – Balla und Depero kündigten zusätzlich an, eine Million Metalltiere erschaffen zu wollen – merkwürdig spannungsreich an.[21]

Frank Brangwyn kommt regelmäßig für mehrere Wochen oder Monate im Jahr zum Arbeiten zu seinem Freund Kitson in die Casa

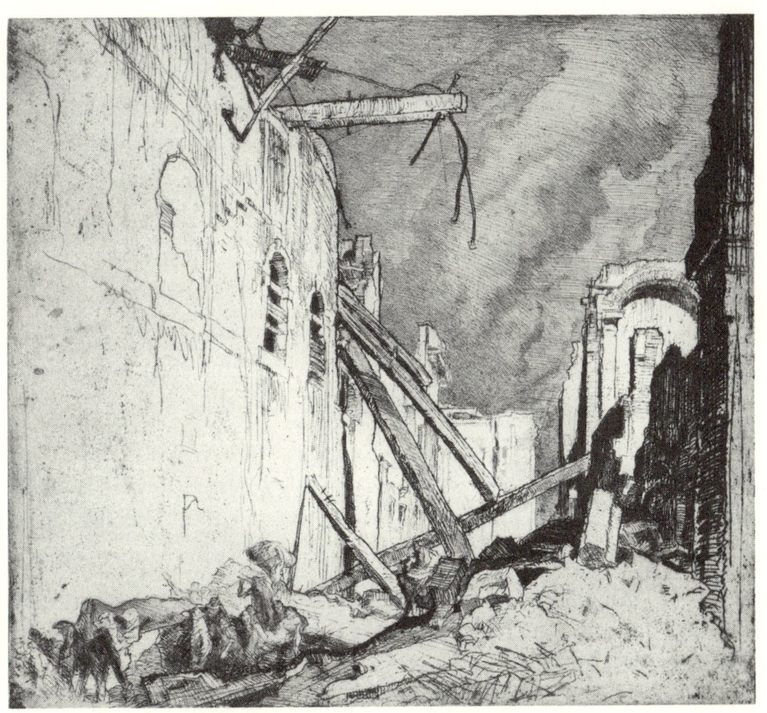

In eindrucksvollen Radierungen und Aquarellen hält der britische Künstler Frank Brangwyn die Zerstörungen fest, die das Erdbeben von 1908 in Messina hinterlassen hat.

Cuseni. Von hier aus unternimmt er einen Ausflug in die nahe gelegene Stadt Messina. Diese war 1908 von einem Erdbeben heimgesucht worden, eine Katastrophe von schon fast biblischem Ausmaß: Mindestens 80 000 Menschen verloren ihr Leben, viele Gebäude stürzten ein. Die Straßen und Plätze waren von Trümmern bedeckt. In Radierungen und Aquarellen hält Brangwyn diese erschütternden Szenen behutsam fest. Überlebende, die möglicherweise ihr Haus verloren haben, tragen in Tücher gehüllte Leichname durch die zerstörte Stadt. Selbst eine Straße im fünfzig Kilometer entfernten Taormina, die er abbildet, zeugt noch von der Wucht des Erdbebens. Es sind moderne Katastrophenbilder, die wie Otto Dix' Grafiken über die Schützengräben des Ersten Weltkriegs pathetisch und fast karikaturesk überhöht wirken. In seinen Radierungen gibt Brangwyn seinem Mitleid mit den Opfern ergreifenden künstlerischen Ausdruck. Aus humanitären Beweggründen appelliert er an die moralische Verantwortung der Verschonten, den leidgeprüften Einwohnern von Messina zu helfen. Die Kritiker in London und Paris, wo die Radierungen in den nächsten Jahren ausgestellt werden, nehmen die Bilder ausgesprochen positiv auf. Noch 1941 erinnert sich Brangwyn mit romantischem Erschaudern an die zerstörte Stadt und an die Feuer in den Lagern der Obdachlosen und der Soldaten, die er besucht hatte. «It was grand» (Es war grandios), schreibt er und bezieht sich damit nur auf die künstlerische Seite der Katastrophe.[22]

Das ist die öffentliche Seite von Frank Brangwyns Schaffen in Taormina. Es gibt aber noch eine private, von der zu dieser Zeit kaum jemand weiß. Brangwyn malt ein Porträt von Kitsons jungem sizilianischen Geliebten Carlo Siligato. Es zeigt den jungen Mann in lasziver Pose auf einer geblümten Decke. Dieses Gemälde hält der reale, wiederum nackte Siligato in der Hand, als er vor dem Fotografen Vincenzo Galdi posiert. In seiner Stilisierung mit Requisiten steht das Doppelporträt in der von Wilhelm von Gloeden begründeten Tradition. Weder auf dem Gemälde noch auf der Fotografie blickt Siligato die Betrachtenden direkt an; sein Blick richtet sich gleichsam nach innen. Auffallend ist, dass der junge Mann seinen Penis in Brangwyns Darstellung schamvoll mit der Hand verdeckt, sich aber dem Fotografen vollständig nackt präsentiert.

Zusätzlich erhält Brangwyn von Kitson den Auftrag, die Wände des Speisesaals in der Casa Cuseni zu bemalen. Anders als die Fresken für die britischen Pavillons der Kunstbiennale von Venedig 1905 und 1907 oder denjenigen im Rockerfeller Center in New York, um nur einige seiner bekanntesten Auftragswerke zu nennen, sind sie nicht für die Öffentlichkeit bestimmt. Allzu delikat muten ihre Motive an. Für die Casa Cuseni hat Brangwyn nämlich ein ausgefeiltes Bildprogramm mit männlichen Paaren entworfen. Gekleidet sind sie jeweils kontrastierend in Weiß und Schwarz respektive in Weiß und Blau (die Farbe Taorminas), womit Brangwyn auf die symbolische

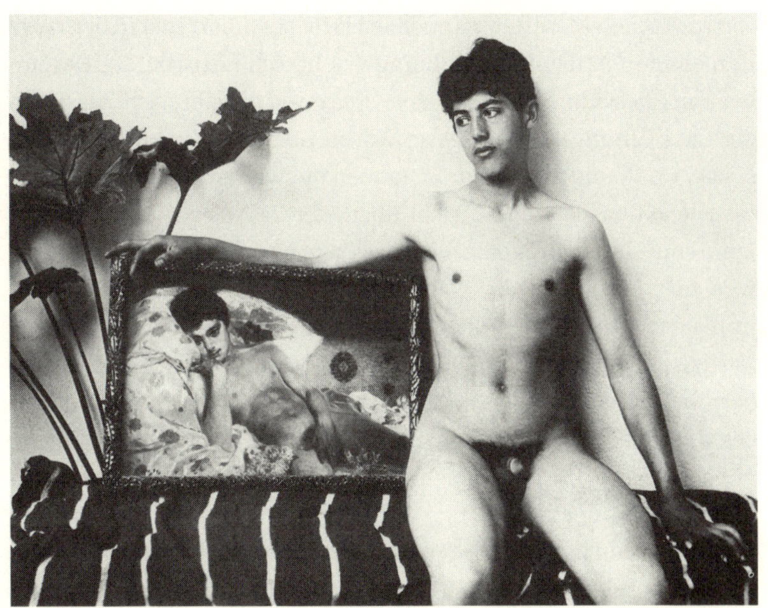

Nicht für die Öffentlichkeit bestimmt ist das Aktgemälde, das Frank Brangwyn von Carlo Siligato malte. Der Freund von Robert Kitson posiert mit seinem eigenen Porträt in der Hand vor dem Fotografen Vincenzo Galdi.

Union von Norden und Süden anspielt. Der blonde junge Mann im Vordergrund steht für den Engländer, der dahinterstehende dunkelhäutige junge Mann für den Sizilianer. Eine Wandseite stellt einen vollendeten Tabubruch dar: Ein Mann und noch einmal ein Mann, offensichtlich ein Paar, tragen gemeinsam ein Kleinkind. Unbeschwert von jeglichem Gepäck oder Ballast schreiten sie als homosexuelle Kleinfamilie in Richtung der einzigen Wand, die Brangwyn nicht mit Figuren bemalt hat, gewissermaßen in ein unbekanntes Land, das von der Sonne beschienen ist (Tafel 9).[23]

Robert Kitson lässt nur handverlesene Gäste den Speisesaal besichtigen, er will schließlich der Reputation Brangwyns nicht schaden. Dem Poeten Ezra Pound ist nichts von diesem Speisesaal bekannt, als er 1915 zusammen mit Percy Windham Lewis in seinem vortizistischen Manifest männliche Härte postuliert und in der Folge in mehreren Artikeln Frank Brangwyn harsch kritisiert. Im Dezember 1924 besucht Pound auf einer Reise von Neapel nach Taormina die Casa Cuseni. Der Gastgeber Kitson führt ihn auch in den Speisesaal, wo Pound zu seinem Erstaunen die Wandmalereien entdeckt. Eine Reaktion Pounds ist nicht überliefert, aber er wird überrascht zur Kenntnis genommen haben, dass sein ehemaliger Gegner Brangwyn hier Motive an die Wand gemalt hat, die in Großbritannien immer noch nicht öffentlich hätten gezeigt werden dürfen. Pounds Vortizismus mit seiner Betonung des Männlich-Harten und Unbarmherzigen ist zu diesem Zeitpunkt längst in den Stahlgewittern des Ersten Weltkriegs zerschellt – oder in der faschistischen Bewegung pervertiert: 1926 werden Mussolinis Braunhemden die Macht in Italien übernehmen.[24]

Die Auseinandersetzung zwischen Pound und Brangwyn zeigt letztlich besonders eines: wie fragil die Geschlechterrollen in dieser Zeit geworden sind. Besonders Männer sind von dieser Verunsicherung betroffen und geben darauf diametral entgegengesetzte Antworten. Während die Futuristen und die Vortizisten die unbeugsame männliche Härte betonen, propagieren Männer wie von Gloeden und Brangwyn, ohne dies an die große Glocke zu hängen, unterschwellig andere Männlichkeitsbilder. Bei ihnen dürfen Männer weich und fürsorglich sein, sie dürfen auch Männer lieben, und sie müssen sich ihrer Vorliebe für opulente Interieurs und Blumen nicht schämen.

Das gilt sogar für einen der größten Maskulinisten der Weltliteratur, für Ernest Hemingway. Als Kriegsfreiwilliger beim Internationalen Roten Kreuz wurde er im Ersten Weltkrieg in Italien verwundet. Er kam für sechs Monate in ein Krankenhaus nach Mailand, wo er sich unglücklich in Agnes von Kurowsky verliebte, eine US-amerikanische Krankenpflegerin deutscher Herkunft. Sein ehemaliger Hauptmann Jim Gamble lädt ihn zu den Weihnachtsferien 1918 nach Taormina ein. Sie residieren als Gäste von Robert Kitsons in der Casa Cuseni. Ob das Interesse von Gamble an Hemingway auch erotischer Natur ist, lässt sich nicht mehr eruieren. Aber jedenfalls bezahlt er den Aufenthalt für den mittellosen Jungschriftsteller und ermuntert ihn, als dieser abreisen will, noch länger zu bleiben. Alternativ könnten sie gemeinsam nach Madeira fahren, bietet er ihm an. Hemingway schlägt das Angebot aus und kehrt in die USA zurück. Von dort schreibt er an Gamble: «Every minute of every day I kick myself for not being at Taormina with you.»[25]

In seiner von ihm verworfenen und erst posthum veröffentlichten Erzählung *The Mercenaries* lässt Hemingway den Ich-Erzähler Rinaldi Renaldo zwei andere Männer im Café Cambrinus in Chicago treffen. Die beiden versuchen ihn davon zu überzeugen, nach Peru zu fahren, um gegen Chile zu kämpfen. Einer der Männer erzählt danach die Geschichte seines Pistolenduells mit dem italienischen Kriegshelden Il Lupo in Taormina. Ist dieser nun ein Feigling, weil er seine Pistole zu früh gezogen hat? Oder vielleicht doch ein Held aufgrund seiner früheren Kriegserfahrung, wie der andere Mann zu verstehen gibt? Das sind die Fragen, die den jungen Hemingway umtreiben. Wie in seinen später berühmt gewordenen Romanen und Erzählungen (allerdings noch nicht in deren lakonischer Sprache) nähert er sich dem Thema der männlichen Selbstbehauptung in einer Welt voller Gefahren an. Bewährungsproben im Krieg, beim Jagen und im Stierkampf scheinen des Mannes Bestimmung. Damit rückt Hemingway das modernere Männlichkeitsbild in den Hintergrund, das er in Taormina selbst erfahren hat.

Blüte-Platz der Queerheit

Nicht im Timeo, sondern – wie einst Arthur Schnitzler – im Grand Hotel San Domenico Palace steigt Thomas Mann bei seinem Aufenthalt in Taormina 1954 ab. Dem betagten Schriftsteller geht es gesundheitlich schlecht, eine fieberhafte Bronchitis zwingt ihn dazu, während zwei Wochen das Bett zu hüten. «Zittern, und Zucken, Husten und Elend», schreibt er lakonisch ins Tagebuch. Vom Hausarzt des Hotels erhält er viele Medikamente und zweimal eine Penicillin-Injektion. Er fühlt eine «große Ermattung» und «Lähmung der Funktionen», und, zu allem Übel, schmecken ihm auch die Mahlzeiten nicht: «Das Fleisch nicht zu schneiden, geschweige zu kauen.»[26] Zum

Glück schickt Medi (Elisabeth Mann Borgese) ein scharfes Messer. Das Licht und die Landschaft Taorminas erinnern ihn aber an Kalifornien, wo er mehrere Jahre im Exil verbracht hat: «Kaktus überall und Orangen», notiert er.[27]

Bald ist er so weit kuriert, dass er an den Abendgesellschaften teilnehmen kann. Die Orvieto- und Muskatweine, die bei Tisch gereicht werden, sind nach seinem Geschmack. An mehreren Abenden trifft er den französischen Schriftsteller Roger Peyrefitte, der in seinem süffisanten Schlüsselroman *Amitiés Particulières* das homoerotische Netz geschildert hat, das die französische höhere Gesellschaft durchdringe. Im Tagebuch drückt Thomas Mann sein Befremden über dessen allzu ungeniert zur Schau gestellte Homosexualität aus: «Mehrmals etwas Austausch mit Peyrefitte, der mir recht widerwärtig, aber schwatzhaft. Skandal-Erfolge mit Ambassade-Indiskretionen. 4 Jahre Griechenland, homosexuell, greuliche Handbewegungen. Dies hier Blüte-Platz der Queerheit. Knabenbilder, mäßig verlockend, in Schaufenstern. Für mich – nichts, kein Gesicht, kein Bild.»[28]

Für den fast achtzigjährigen Thomas Mann sind die «Anfechtungen», die von jungen Männern ausgehen, mit der Zeit seltener geworden. Er, der seine homosexuellen Neigungen zeit seines Lebens nie aktiv auslebte und sich auf Schwärmereien gegenüber jungen Bediensteten beschränkte, idealisiert seine Homosexualität und enthebt sie damit der konkreten Fleischlichkeit. Die «niedere Minne» ist seine Sache nicht.

Die sexuelle Zurückhaltung eines Thomas Mann hat sich der 1907 im okzitanischen Castres geborene Schriftsteller Roger Peyrefitte niemals auferlegt. Mit fünfundachtzig Jahren ist er, der jahrelang in Taormina gelebt hat, zum Ehrenbürger ernannt worden. So sehr ist er mit diesem Ort verbunden, dass er auf seinen Grabstein auf dem Friedhof im Kurort Alet-les-Bains das Wort «Taorminese» setzen lässt – wie als Codewort für seinen Lebenswandel und seine gesamte Existenz. Während Jahrzehnten hat der Libertin, gekleidet in Weiß und Rosa wie der Affodill, den er auf den sizilianischen Frühlingswiesen liebt, die Salons von Taormina belebt. Er ist ein brillanter, scharfsinniger und jovialer Unterhalter, der nicht trinkt und auch noch weiterargumentiert, wenn der Alkohol die Sinne der anderen Anwesenden schon vernebelt. Über die Franzosen äußert er sich in sarkastischer und herablassender Weise, erinnert sich der Journalist und Zeitzeuge Gaetano Saglimbeni. Der französische Libertin widmet sich der Schönheit und setzt sich für die absolute Freiheit der Lebensführung ein. In Büchern wie *Exil in Capri* über Jacques d'Adelswärd-Fersen feiert er aus einer Schlüssellochperspektive unverhohlen die homosexuelle und pädophile Liebe. Die Sexualität ist für ihn ein freies Spiel: «Ich hatte immer schon Sympathien für die Bisexuellen, die Griechen und Römer der Antike, welche alle verheiratet waren, Frauen und Kinder hatten, und trotzdem Beziehungen mit Kurtisanen und Epheben nicht verschmähten. Ich war immer für die freie Liebe in allen Schattierungen.»[29]

Schwimmende Beautyfarm

Häufig verkehrt Peyrefitte auch in der Villa Hauser in den Hügeln von Taormina. Sie gehört Gayelord Hauser, der nach seiner Auswanderung aus Deutschland in die USA ein berühmter Ernährungsberater und Fitnesspapst geworden ist. In der französischen Zeitschrift *Marie Claire* wird 1939 seine erstaunliche Karriere auf drei Bilder reduziert: «Erstes Bild: ‹Ich war ein schwächliches Kind, ein mickriger Jugendlicher. Nichts gelang mir.› Zweites Bild: ‹Verlassen von allen, habe ich gelernt mich zu pflegen. Ich erkannte die Wichtigkeit einer gut ausgewogenen Diät.› Drittes Bild: ‹Nach meinen persönlichen Entdeckungen über den Wert der Lebensmittel, biete ich die Früchte meiner Erfahrung allen Leidenden an und besonders denen, die zunehmen, abnehmen und sich verjüngen wollen.›»[30]

Mehrere Aspekte aus Gayelord Hausers Leben sind im Artikel unerwähnt geblieben: erstens, dass Gayelord ein Künstlername ist und er 1895 als «Helmut» in Tübingen geboren wurde. Zweitens dass dieser Werdegang so ungewöhnlich nicht ist. Fast alle lebensreformerisch orientierten Naturheiler beschreiben ein Erweckungserlebnis, das sie dazu brachte, ihr Leben zu ändern und dadurch Gesundheit, Kraft und Schönheit zu gewinnen. Drittens verschweigt der Artikel, dass die Methoden, die Hauser in seinen Bestsellern wie *Here's How to Be Healthy* (1934) oder *Eat and Grow Beautiful* (1939) propagiert, keineswegs allein auf seinen Entdeckungen basieren. Hauser stützt sich hierbei auf seine persönlichen Erfahrungen in europäischen Sanatorien und die Vorarbeiten von naturheilkundlich orientierten Ärzten wie Adolf Just, Arnold Rikli, Heinrich Lahmann und Maximilian Bircher-Benner. Ihre Diätetik und ihre therapeutischen Praktiken importiert er in die USA und passt sie den dortigen Verhältnissen an.

Ohne ein ordentliches Medizinstudium absolviert zu haben, wird er ein einflussreicher Ernährungsapostel. Einer seiner Leitsprüche lautet: «Reduce and Rejuvenate». Hauser empfiehlt Bewegung in der freien Natur, Sonnenbaden und möglichst naturbelassene und unverarbeitete Lebensmittel, die nach einem genauen Plan eingenommen werden sollen. Auf eine Kurzform gebracht, könnte man eine ewige Jugend so zusammenfassen: Buchweizen, Joghurt, Saft und regelmäßige Reisen nach Taormina! Denn dieser Ort bezaubert, verführt und verjüngt seiner Meinung nach gleichermaßen. Von italienischer Küche hingegen, mit ihrer Pizza und dem Rotwein, rät Hauser entschieden ab. Der befreundete amerikanische Kritiker Thomas Quinn Curtiss erinnerte sich aber daran, dass er Hauser oft eine Menge Pasta habe essen sehen. Das sieht man seinem auf Fotos keck zur Schau gestellten Bäuchlein auch an, gerade im Vergleich zur gertenschlanken Garbo an seiner Seite.[31]

Als Vision schwebt Hauser die erste schwimmende Beautyfarm vor, also Schönheitskreuzfahrten im Mittelmeer ausschließlich für Frauen. «Die glücklichen Damen könnten sich sonnen, schwimmen, die exotischen Früchte und die einheimischen Lebensmittel jedes Landes in Picknicks und Banketten genießen.» Unter Leitung der Direktorin seines Pariser Schönheitscenters steuert das Schiff in seiner Vorstellung die schönsten griechischen Inseln und Sizilien an. Auf Landausflügen besichtigen die Frauen die vergangenen Schönheiten, die Statuen und Tempel. Eine Führung durch Taormina würde er selbst übernehmen und ihnen «das Land der Zyklopen, den Teich der

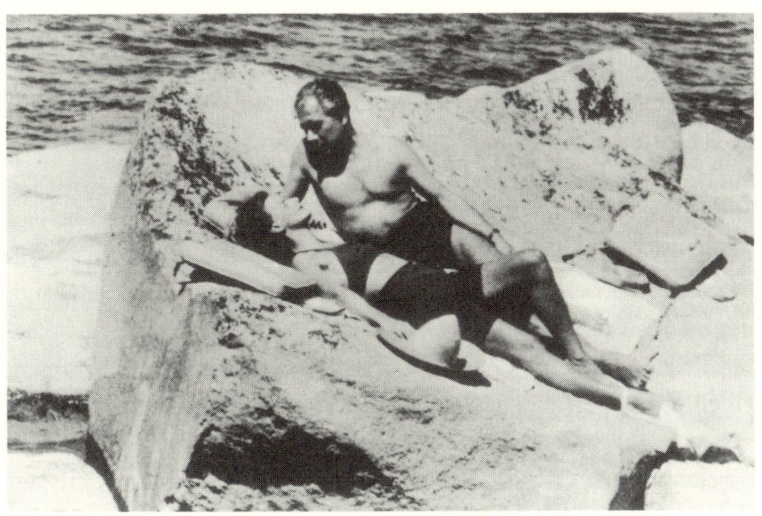

Der Ernährungsberater und Fitnesspapst Gayelord Hauser sonnt sich am Strand mit Greta Garbo, die oft in seiner Taormineser Villa weilt.

Jungfrauen, in dem traditionell nur Jungfrauen baden dürfen, das 2500 Jahre alte griechische Theater und den zum Himmel strebenden Vulkan Ätna» zeigen. Er verspricht seinen zukünftigen Kundinnen, dass die Schönheitskreuzfahrt nicht teurer werde als ein Aufenthalt in einer Beautyfarm in Florida, Kalifornien oder Arizona. Die Werbung für sein zukünftiges Projekt endet mit der Aufforderung: «Ich hoffe, dass Sie jetzt Geld für Ihre Kreuzfahrt auf der ersten schwimmenden Beautyfarm der Welt zu sparen anfangen.»[32] Das Sparen wäre vergeblich gewesen, denn Gayelord Hauser hat dieses Projekt, das für die 1950er Jahre revolutionär anmutet, nicht realisieren können.

Dafür posiert er auffallend oft mit Leinwandstars wie Mae West, Claudette Colbert und Alice Faye auf Fotografien. Dem elfjährigen Kinderstar Shirley Temple, mit dem er sich ebenfalls ablichten lässt, empfiehlt er für regelmäßiges Wachstum zum Frühstück eine Mischung aus Orangen- und Spinatsaft. Der Boxer Jack Dempsey soll hingegen Zwiebeln, Champignons, Ananas, Erdbeeren und Eidotter zu sich nehmen.[33] Auch Greta Garbo, Marlene Dietrich, Rita Hayworth und Gloria Vanderbilt vertrauen ihm und suchen seine Nähe. Oft besuchen sie ihn in seiner zweiten Taormineser Villa am Meer, wo sie ungestört von Paparazzi ihre Ferien verbringen. In Boulevardzeitschriften wird sogar das Gerücht kolportiert, er habe sich mit Greta Garbo verlobt. Das ist aber vollkommen erfunden, denn die streng auf ihre Linie achtende, ja häufig hungernde Garbo befolgt nur den von ihm aufgestellten Diätplan. Der Schönheitsguru hat anderes im Kopf: «Denn während die Männer Taorminas die Leinwandgöttinen anstarrten, interessierte sich Hauser mehr für die verfügbaren lokalen Götter.»[34] Zusammen mit seinem Freund Frey Brown, einem vielversprechenden Schauspieler, der seine Karriere seinetwegen aufgibt, lebt er bis zu dessen Tod 1979 in der Villa, die heute unter dem Namen «Villa Garbo» an eine kapitalkräftige Kundschaft vermietet wird.

Geschmeidige, sonnenstarke Körper

Der Schriftsteller D. H. Lawrence kehrt 1919 zusammen mit seiner deutschen Frau Frieda von Richthofen, von der im Monte-Verità-Kapitel noch die Rede sein wird, dem kalten und regnerischen England den Rücken. Für eine längere Zeitdauer wird er nicht mehr dorthin zurückkehren. Nach einem Kurzaufenthalt auf Capri leben die beiden von Februar 1920 bis Februar 1922 im Haus Fontana Vecchia in Taormina, nur unterbrochen durch eine mehrwöchige Reise nach Sardinien, woraus der Reisebericht *Das Meer und Sardinien* hervorgeht. 1922 folgen er und Frieda einer Einladung der Exzentrikerin Mabel Dodge Luhann in die Künstlerkolonie Taos in New Mexico.

In Fontana Vecchia – heute ein Bed & Breakfast, an dem eine Tafel an den Aufenthalt des Schriftstellers erinnert – fühlen sich D. H. Lawrence und Frieda von Richthofen sofort wohl. Sie genießen die Sicht auf das Ionische Meer, linker Hand die Straße von Messina, und halten sich oft im großen Garten mit den duftenden Blumen, den Mandelbäumen und dem Schatten spendenden Johannisbrotbaum auf. Lawrence beobachtet, wie Bauern von den Bergen kommen, um ihre Produkte auf dem Markt zu verkaufen. Er deckt sich dort mit Gemüse ein, das er mit Frieda in der charakteristisch blauen Küche kocht.

Der Asthmatiker Lawrence, der mit gesundheitlichen Problemen zu kämpfen hat, fühlt sich in Fontana Vecchia bald wie zu Hause. Belastend sind für ihn bloß die fortgesetzten Geldsorgen: Überweisungen aus England brauchen lange, und der Wechselkurs ist miserabel. Im Sommer klagt er manchmal über die Hitze: «Woche für Woche, Tag für Tag herrschte eine heiße, blendende Sonne. Es war so heiß, dass es mir zu viel wurde. Während Wochen lebte ich im Pyjama und mit nichts anderem – barfuß. Und selbst dann war es zu heiß.»[35]

Die Beziehung von Lawrence mit Frieda von Richthofen ist von Höhen und Tiefen geprägt. Ihre Konflikte eskalieren nicht selten zu Schreiduellen und dem Schmeißen von Geschirr durch die Küche. Auch die zahlreichen Affären Friedas, etwa mit dem Eseltreiber Peppino d'Allura, belasten die Ehe, die trotz dieser Schwierigkeiten bis zum Tode von D. H. Lawrence halten wird.

Ungeachtet dieser Probleme ist D. H. Lawrence in Taormina in einer produktiven Schaffensphase. Wie nebenbei übersetzt er 1922 mit Hilfe eines russischen Freunds Iwan Bunins Erzählung *Der Herr aus San Francisco* ins Englische.[36] Herausragend in seinem eigenen Schaffen ist insbesondere die Erzählung *Sonne*; in ihr bündelt er seine Sizilienerfahrung und verknüpft sie mit einer philosophischen Weltsicht, die für diese Zeit charakteristisch ist. Ihr Inhalt ist schnell zusammengefasst: Am Hudson in New York verabschiedet sich Juliet von ihrem Ehemann Maurice und fährt mit ihrem Sohn über das Meer in das sonnige Sizilien. «Die Mimosen dufteten, und auf dem Vulkan drüben glänzte der Schnee.»[37] Selbst in dieser traumhaften Umgebung kann Juliet ihren unbestimmten Groll gegenüber ihrem Ehemann und auch ihrem Sohn nicht vollständig unterdrücken. Als der Junge weinend auf sie zurennt, bleibt sie innerlich reserviert und denkt: «er sollte nicht so ein Häufchen Schwäche sein! Wenn er die Sonne in sich hätte, würde er hochspringen.» Sie möchte nicht, dass ihr Sohn so wird wie sein Vater, «ein Wurm, den nie die Sonne beschienen hat!»[38]

Bereits in dieser Passage lässt sich der Einfluss Friedrich Nietzsches auf das Schreiben von D. H. Lawrence erkennen. In Nachfolge des deutschen Philosophen verachtet Lawrence die Schwäche und wendet sich gegen die mitleidvolle Kultur des Christentums. In einer neuen Zeit solle dem Vitalismus des naturhaft Starken zum Durchbruch verholfen werden. Unter der südlichen Sonne wird die apollinische Rationalität zugunsten einer Entfesselung der dionysischen Triebe zurückgedrängt.[39] Im Fortgang der Erzählung wird dies noch deutlicher: Kurz nach ihrer Ankunft in Sizilien verspürt Juliet den Wunsch, nackt in der Sonne zu gehen, gar *zur* Sonne und sich mit ihr zu vereinigen. Hinter einem Kakteendickicht und unter einer Zypresse entledigt sie sich ihrer Kleider: «Juliet spürte den sanften Hauch des Meeres auf ihren Brüsten, die sich anfühlten als wollten sie niemals reifen.»[40] Sie präsentiert sich der Sonne in einer Art, die an das «Lichtgebet» des Malers Fidus erinnert: «Sie stand aufrecht und nackt neben dem vorspringenden Felsen und glühte vor Sonne und warmem Leben. [...] Der Lotus in ihrem Schoss war weit offen, breitete sich beinah klaffend in den violetten Strahlen der Sonne aus – wie eine große Lotusblüte.»[41]

Bereits in den Reaktionen auf den Roman *Der Regenbogen* von 1915 ist D. H. Lawrence Obszönität vorgeworfen worden, und auch in *Sonne* sind anstößige Stellen schnell gefunden. Als Juliet in der Ferne einen kräftigen sizilianischen Bauern sieht, der Reisigbündel hebt, fragt sie sich, ob sie nicht mit ihm durchbrennen sollte. Der aus den Vereinigten Staaten angereiste Ehemann Maurice wirkt hingegen wie fehl am Platz, die Sonnenlosigkeit macht ihn buchstäblich zu einem Nichts. Er hat ein «graues Mönchsgesicht» und eine «graue Kaufmannsmentalität», er wirkt wie ein überlebtes Exemplar einer rationalen, verwalteten Welt, wie sie der Philosoph Max Weber, der mit Friedas Schwester Else eine Affäre hatte, so teilnahmsvoll analysiert hat.

Die Entfremdung ist gegenseitig: Aus der Sicht von Maurice hat sich Juliet in eine Nymphe mit einem «geschmeidigen, sonnenstarken Körper» verwandelt. Sie möchte für immer an der Sonne bleiben, niemals in seine graue Welt zurückkehren. Definitiv hat sie die Welt der Hierarchie und der Herrschaft des Rationalen hinter sich gelassen. Aus der Ferne sieht sie erneut den sizilianischen Bauern, stämmig, breit, vital und mit einem sich abzeichnenden Phallus in der Hose. Sie träumt von ihm und weiß doch, dass der verheiratete Bauer aus Angst vor einem Konventionsbruch niemals einen Annäherungsversuch ihr gegenüber machen würde. Auch sie wird es unterlassen, sie wird, wie es im für Juliet bitteren Ende der Erzählung heißt, sich wieder ihrem Mann hingeben: «Und der gebleichte kleine Körper ihres Mannes, der von der Großstadt gebrandmarkte, würde sie besitzen, und sein verrückter kleiner Penis würde wieder ein Kind in ihr zeugen. Sie konnte es nicht ändern. Sie war an das riesige starke Rad der äußeren Umstände gefesselt, und im ganzen Weltall war kein Perseus, die Fesseln zu sprengen.»[42]

Für einmal siegt die Konvention über den Freiheitsdrang, die verwaltete Welt über die Ekstase, die Erziehung über den Sexualtrieb, und nicht zufällig ist es die Frau, welche in ihrer Begierde unerfüllt zurückgelassen wird. Aber in ihrem Effekt kann die Erzählung auch als Anklage genau dagegen verstanden werden – mit D. H. Lawrence, dem hüstelnden Asthmatiker, als Propheten eines ungebändigten Vitalismus.

↑ Truman Capote ↓

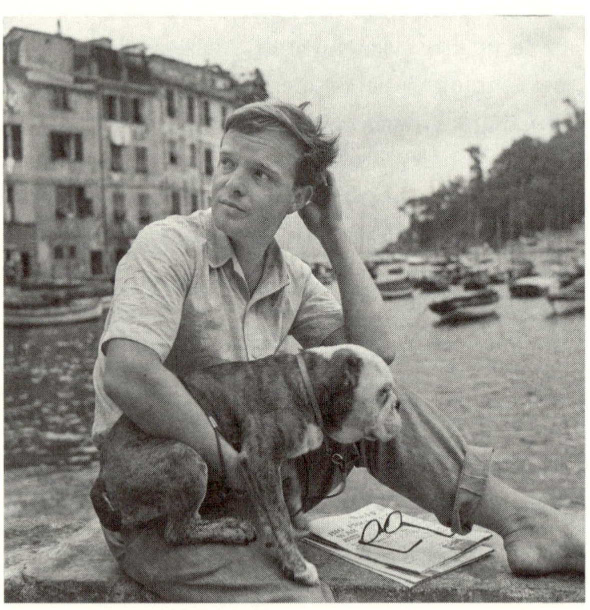

Truman Capotes Verleger ist froh, dass sein häufig abgelenkter Autor in Taormina zu einem regelmäßigen Arbeitsrhythmus findet.

In einer dreiwöchigen Überfahrt auf einem norwegischen Frachter reist Truman Capote 1950 mit seinem Freund, dem Tänzer und Möchtegernschriftsteller Jack Dunphy, von New York nach Europa. In Taormina beziehen sie in der Villa Fontana Vecchia, in der zuvor schon D. H. Lawrence mit seiner Ehefrau lebte, eine doppelstöckige Wohnung. Im oberen Stockwerk befinden sich zwei Schlafzimmer und ein Bad, im unteren ein Wohn- und Esszimmer sowie eine Küche. Die Zimmer sind großzügig, bieten aber wenig Komfort. Es gibt weder ein Telefon noch einen Kühlschrank. Geheizt wird mit dem offenen Kamin, gekocht auf einem kleinen zweiflammigen Herd.[1] Ein schöneres Refugium hätte sich

Capote, der sich bereits in den ersten Briefen begeistert über seinen neuen Aufenthaltsort zeigt, kaum wünschen können: «Man fühlt sich ein bisschen wie im Flugzeug oder in einem Schiff auf dem Scheitelpunkt einer Riesenwelle. Sobald man aus dem Fenster guckt oder auf die Terrasse hinaustritt, wähnt man sich in einem Schwebezustand zwischen Gebirge und Meer, genau wie die vorbeisegelnden Möwen. Die Dimensionen reduzieren die Umgebung zu einer Spielzeuglandschaft. Die Zypressen schrumpfen zu Schreibfedern, und man meint, ein vorbeifahrendes Schiff mühelos in die Hand nehmen zu können.»[2]

In dieser Wohnung arbeitet Capote ausdauernd. Er kann Stunden damit verbringen, einen einzigen Absatz umzuformulieren, bis er mit ihm zufrieden ist. «Wir führten ein geordnetes, fast spartanisches Leben», erinnerte sich Jack Dunphy später. «Wunderbarerweise konnten wir uns gut gegen die reisenden Schwuchteln und die schlimmsten Neurotiker abschirmen. Es war eine soldatische Form von Existenz, aber wir wussten sie sehr zu genießen, weil wir uns beide vor nichts fürchteten.»[3] Auch Capotes New Yorker Verleger ist froh, dass sein häufig unzuverlässiger Autor in Taormina zu einem regelmäßigen Arbeitsrhythmus gefunden hat. Er ist viel weniger abgelenkt als im pulsierenden New York. Als ihm Capote zwei Kapitel des entstehenden Romans über die Kindheit eines von seiner alkoholkranken Mutter und seinem abwesenden Vater vernachlässigten Jungen in Louisiana schickt, telegrafiert er umgehend «WUNDERBAR, WUNDERBAR, WUNDERBAR» zurück. Er ermahnt den Schriftsteller, mit der Rückkehr nach New York noch abzuwarten: «es wäre zu schade, so ideale Arbeitsbedingungen aufzugeben, bevor die Arbeit getan ist».[4] Capote befolgt seinen Ratschlag, und *Die Grasharfe* wird zu einem Welterfolg.

Taormina ist genau das richtige Pflaster für die beiden Männer. «Es bietet sämtliche Vorzüge eines Touristenzentrums (fließendes Wasser, einen Zeitungsladen mit internationaler Presse, eine Bar, in der man einen guten Martini kriegt), und das ganz ohne Touristen.» Denn in der Nachkriegszeit sind die Touristen noch kaum nach Sizilien zurückgekehrt. Das kurze Zwischenfazit von Capote: «I love it.»[5] Er spaziert gerne an den Stränden; den von Mazzarò hält er zwar für übervölkert, aber die geschützte Bucht von Isola Bella «mit Wasser so klar wie aus einer Regentonne» ist ganz nach seinem Geschmack.[6] Bei einem Aperitif auf der Piazza, gerne bei einem trockenen Martini, hören die beiden einem «wunderlichen aber attraktiven Konzert» der städtischen Kapelle zu.[7] Im Herbst bricht der Ätna aus, ein Schauspiel, das sich Capote und Dunphy nicht entgehen lassen. Sie gesellen sich zu den Schaulustigen, die Essen und Wein in Körbe packen und sich, so nahe wie ihr Mut reicht, an die feurigen Flüsse wagen. Einige werden Opfer des Zorns der Bauern, die ihr Hab und Gut verloren haben, und beziehen Prügel.[8]

Ein steiniger Pfad führt von der rosa gestrichenen Fontana Vecchia bis nach Taormina. Schon früh am Morgen wird er von den Marktfahrern begangen. Nach getaner Arbeit geht auch Capote gerne selbst auf den Markt einkaufen. Er findet immer gutes Obst, Fisch und Pasta, aber leider kein «genießbares Fleisch».[9] Gaetano Saglimbeni erinnert sich daran, dass sich Capote nicht übers Ohr hauen ließ: «Er war ein Bohémien mit der Ausstrahlung einer braven Hausfrau, der wusste, wie man auf dem Markt die guten Früchte und die frischen Fische auswählt, und auch um den Preis feilschte.»[10]

Einkaufen gerne, aber was soll mit den eingekauften Lebensmitteln geschehen? «Besonders misslich ist, dass keiner von uns kochen kann – was unsere Köchin leider mit einschließt.» Die junge Frau von achtzehn oder neunzehn Jahren sei zwar bezaubernd, aber auch ein wenig abergläubisch. Einmal habe sie, schreibt Capote, mehrere Stunden ein Huhn für den Fotografen und Freund Cecil Beaton zubereitet. «Sie hatte das Huhn nicht nur gekocht, sondern nacheinander gebraten, frittiert und am Schluss noch einmal gekocht.» Der Anblick sei entsetzlich gewesen: «Zuoberst auf dem dampfenden Kadaver lag noch immer der Kopf und schaute uns aus blinden Augen an, auch der verkohlte Kamm war noch dran.»[11] Wie so oft übertreibt und erfindet Capote in seinen Briefen, die ein Feuerwerk an Ideen sind. Denn ein anderes Mal schreibt er ein wenig stolz, dass er Aprikosen und Feigen eingekocht habe. Zwar sei es eine unmännliche Tätigkeit, räumt er etwas schuldbewusst ein, doch das Resultat habe für die Mühe entschädigt.[12]

Immer wieder vermisst Capote das gesellschaftliche Leben in Taormina. «Nichts passiert hier – oder zumindest nichts Interessantes, wenn man nicht mit den Menschen vertraut ist.»[13] So ergötzt er sich an dem Anblick einer Metzgerin, die mit ihrem kaum schultergroßen Verlobten promeniert. Normalerweise schwinge sie die Fleischeraxt wie zwei Kerle zusammen.[14] Fast flehentlich schreibt er seine Freunde an, ihn doch zu besuchen. Dafür streicht er alle Vorzüge des Ortes heraus und betont, wie billig das Leben in Sizilien sei. Obschon sie auf Geld nicht achten muss, folgt die Kunstsammlerin Peggy Guggenheim dieser Aufforderung. Sie verlässt ihren venezianischen Palazzo und macht mit Capote eine sechstägige Reise durch Sizilien, die gemäß der mitreisenden Pearl Kazin «schauerlich» verlaufen ist: «Peggy flirtete mit Jack, der aber überhaupt kein Interesse zeigte, und als sie damit scheiterte, wandte sie sich dem Fahrer zu. [...] Er war ungefähr 35 Jahre alt und Peggy selbst war 52. Ich erinnere mich an ihr Alter, weil Truman einen Blick in ihren Pass erhaschte, zu mir rannte und sagte: ‹Schau, wie alt sie ist!› Damals erschien uns beiden 52 als unglaublich alt.»[15]

Ein persönliches Treffen mit Capote verhindert nicht in allen Fällen, dass er sich später nicht böse über die betreffende Person äußerte; Capote ist als Lästermaul berüchtigt. In einem Gespräch mit einem Journalisten verspottet er den Nobelpreisträger André Gide, der als hochbetagter Mann, über fünfzig Jahre nach seinem ersten Aufenthalt, wieder einige Zeit in Taormina verbringt. Gide sei eine «alte französische Tunte mit einem groben Gesicht», er nehme, fügt Capote in einem Brief an, Knaben von elf oder zwölf Jahren mit nach Hause. Aber nicht das sei der Skandal, sondern dass er ihnen nur zweihundert Lire zahle. Die Tochter von ihm sei dreiundzwanzig oder vierundzwanzig Jahre alt und ausnehmend hässlich. Ob wirklich Gide, diese alte Ziege, für sie verantwortlich sei? Und so weiter.[16]

Im August 1950 kündigt Truman Capote seinen Abgang aus Taormina ironisch an. In einem Schönheitswettbewerb werde bald die Miss Taormina gekürt. Sollte er gewinnen, versichert er seinem Briefpartner, werde er ihm ein Telegramm schicken. Das ist nicht nötig, in der nächsten Postkarte teilt Capote ihm mit, die Tochter seiner Hausbesitzerin habe gewonnen, «natürlich hat das meinem Ego nicht gut getan». Deshalb habe er beschlossen, Taormina zu verlassen.[17] Aber bis es wirklich so weit ist, werden noch mehr als zwei Jahre vergehen.

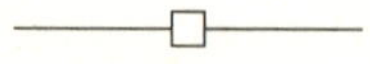

Neun Stunden für 112 Kilometer! Die Bahnreise durch Spanien war grässlich, beklagt sich Truman Capote in einem Brief. Aber die Stadt, die «wie ein weißer Umhang auf der nordafrikanischen Küste» liegt, entschädigt für die Mühe. Nicht einmal die lärmige Absteige El Farhar, bestehend aus einem viktorianischen Haupthaus und mehreren Bungalows, in welcher er und Jack Dunphy untergekommen sind, kann seine Laune trüben.[18] Cecil Beaton bemitleidet die beiden in seinem Tagebuch: «Das Hotel ist höllisch heiß und unattraktiv, aber Truman kann es sich nicht leisten, umzuziehen, und er hat die Gabe, aus einer üblen Situation das Beste zu machen.»[19] Das sieht so aus: Am Morgen schreibt Capote mit der einen Hand an seinem Roman, während er sich mit der anderen Luft zufächelt. Manchmal sitzen ihm dabei die zwei Papageien auf der Schulter, die er sich gekauft hat. Am Nachmittag schläft er, und gegen Abend streunt er bis tief in die Nacht hinein durch die Kasbah, das Ausgehviertel Tangers.[20] Meistens trinkt er zunächst auf dem Petit Socco, dem ständig überlaufenen Hauptplatz Tangers, einen Aperitif. Dann stürzt er sich ins Nachtleben. Zwar empfindet er dieses als weder spektakulär noch sonderlich vielseitig, «aber Nachtschwärmer brauchen nicht vor dem Morgengrauen ins Bett zu gehen».[21] Immerhin das.

Capote fällt auf, dass zahlreiche Ausländer Tanger bloß für kurze Zeit besuchen wollten, aber erschreckend viele hier hängen geblieben seien. In einem Feuilleton, das er nach seinem Aufenthalt veröffentlicht, beschreibt er Estelle. Halb chinesischer, halb schwarzer Herkunft sei sie mit ihrem Kavalier mit einer Yacht nach Tanger gekommen. Als dieser ihr davonlief, habe sich zunächst ein anderer ihrer angenommen, aber nur so lange, bis er erstochen worden sei. Also sei sie in einem Bordell namens Black Cat gestrandet. Oder die junge Frau Jonny Winter: sie sei allein durch Marokko und die Sahara gereist und lebe inzwischen seit zwei Jahren in Tanger. Sie habe es sich zur Aufgabe gemacht, den Grand Socco zu retten, den großen Platz, auf dem die Berber ihre Waren verkaufen und Geschichtenerzähler, Flötenspieler und Magier ihre Künste einem staunenden Publikum präsentieren. Offenbar hatte die Stadt Pläne, aus ihm einen Park zu machen. Tagelang sieht Capote Jonny mit verweinten Augen durch die Straßen gehen. Der Grand Socco bleibt, vielleicht auch wegen ihres Engagements, unverändert bestehen.[22]

Capote und Dunphy bewegen sich hauptsächlich unter den vielen Ausländern von Tanger. Sie freunden sich mit dem illustren Schriftstellerpaar Paul und Jane Bowles an, die schon lange hier leben und quasi als Anlaufstation für die amerikanischen Künstler auf Stippvisite dienen. Das arabische Essen empfindet Capote mehr als schrecklich, nämlich «das schrecklichste von allen». Mehrfach schreibt er in Briefen, dass er sich den Magen verdorben habe. Er ist ein aufmerksamer Beobachter der arabischen Kultur, deren Fremdheit er akzentuiert und auch etwas klischeehaft darstellt. «Vor dem Abendgebet erklingen von fernen Türmen die Serenaden der Oboenspieler, hinter verschlossenen Türen werden Trommeln laut, und aus den Moscheen dringen Koran-Suren auf die schmalen, mondbeschienenen Straßen.»[23]

In einem Brief an einen alten Freund beschreibt er eine rätselhafte Szene, die er selbst so beobachtet haben will: Vier Araber spazierten an seinem Haus vorbei, worauf einer in einen kaum sichtbaren übergelaufenen Kanalisationsschacht fiel. Die drei verbliebenen Freunde lehnten sich nur darüber und riefen: «Miktoub, miktoub» (Schicksal, Schicksal). Dann spazierten sie still weiter und schüttelten ihre Köpfe.[24] Die Szene zeugt in ihrer Unglaubwürdigkeit bestimmt von der Erfindungsgabe Capotes; sie wirft aber auch ein Licht darauf, wie er die Araber sieht: als nach westlichen Maßstäben undurchschaubare Menschen, die etwas initiativlos und schicksalsergeben durchs Leben gehen, nein: spazieren.

Zu Jacks Dunphys fünfunddreißigstem Geburtstag, im Jahr 1370 nach dem arabischen Kalender, kommen Capote und er bei einem ekstatischen Fest am Strand von Sidi Kacem mit der arabischen Kultur in Berührung: «Die Nacht nahm uns an die Hand, und wir ließen uns mitziehen, bis wir selbst Teil der maskierten ekstatischen Menge im flackernden Fackelschein geworden waren. Überall spielten kleine Kapellen. Heißblütige Stimmen, süß wie Kif, sangen zu Trommelrhythmen.» Sie erwachen im bläulichen Frühlicht am Strand und sehen die Sonne aufgehen. Diesem sich alltäglich wiederholenden Vorgang gewinnt Capote in seiner Beschreibung eine eigene Poesie und symbolische Tiefe ab: «Wie ein sich hebender Vorhang kroch die Sonne am Strand auf uns zu, und wir sahen ihr mit Schauder entgegen, denn wir wussten, sobald sie uns erreichte, befänden wir uns wieder in unserem Jahrhundert.»[25]

Mit dem von Jane Bowles geschenkten Pekinesenhündchen namens Manchester auf dem Arm besteigen Truman Capote und Jack Dunphy Mitte September 1949 ein Schiff, das sie nach Marseille bringen wird. Begleitet werden sie erneut von Cecil Beaton. Insgesamt ist Capote hin- und hergerissen, was er von dem am Horizont entschwindenden Tanger halten soll. Ist es «der aufregendste Ort, an dem ich je war» oder doch bloß eine «zerlumpte Stadt»? Wahrscheinlich beides zugleich.[26]

Tanger

Eine Stadt der Fassaden und falschen Fährten

Wie mit einem Mythos umgehen? Mit der Stadt, in der William S. Burroughs seinen legendären Roman *Naked Lunch* geschrieben hat? Der deutsche Beatnik Jürgen Ploog besucht 1990 Tanger, seine Idole, die großen Beat-Autoren Jack Kerouac oder Brion Gysin sind längst tot oder, wie William S. Burroughs und Allen Ginsberg, in die USA zurückgekehrt. Bei der Ankunft von Ploog regnet es, die Atmosphäre ist eher unfreundlich. Unschlüssig geht er durch die Stadt, besucht die geschichtsträchtigen Schauplätze, den Grand Socco und den Petit Socco, trinkt im Café Tingis einen Tee, vertut die Zeit mit Nichtstun. Ein marokkanischer Reiseführer nähert sich ihm und möchte ihm die «Medina der Medina» zeigen, die unsichtbare innere Stadt, von der, so Ploog, alle wissen, dass es sie nicht gibt. «Wie abgedroschen & enttäuschend solche Szenen sind, die ich in verschiedenen Variationen immer wieder erlebt habe. Sogar das Gesicht des Mannes, der sich neben mich gesetzt hat, kommt mir bekannt vor. Hat er sich nicht letzte Woche in Kairo an mich herangemacht, um mir einen Teil des Basars zu zeigen, in den sich angeblich noch kein Tourist verlaufen hat?»[1]

Tanger wirkt auf Ploog desillusionierend; er verpasst die Leute, von denen er sich Zugang zum kulturellen Leben versprochen hat. Entweder sind sie nicht eingetroffen oder gerade abgereist. Bei aller Exotik und zur Schau gestellten Lebensfreude, bei allen überfüllten Läden im Basar, den engen Gassen in der Medina, den ockerfarbenen bröckelnden Hausfassaden, den Cafés mit den wohlklingenden Namen, dem Wind, dem Geruch von Kif, den verschleierten Frauen, den Schuhputzern, die auf Kundschaft warten, dem regelmäßigen Ruf des Muezzins aus dem plärrenden Lautsprecher, befällt ihn ein Gefühl der Einsamkeit und der Enttäuschung. Die Exotik wirkt wie aufgesetzt, Rucksackreisende aus allen Kontinenten driften durch die Stadt, um sich – ähnlich wie in Marrakesch – vom Orientalismus, von den Gerüchen und den billigen Absteigen einnehmen zu lassen. Das Kulissenhafte der Stadt fällt Ploog auf; es könnte sein, überlegt er sich, dass es sich bei Tanger bloß um eine Attrappe handle, auf welche die Touristen hereinfallen. «Irgendwie ist das Feld abgegrast.»[2] Der Mythos der Stadt ist brüchig geworden.

Immerhin kann Jürgen Ploog die damals noch lebende Legende Paul Bowles in seiner Wohnung besuchen. Ständig hat der inzwischen greise Komponist und Schriftsteller, der 1932 von Gertrude Stein nach Tanger geschickt worden war und seit 1947 fest in der Stadt lebt, Besuch, Fernsehteams gehen ein und aus und wollen etwas von ihm wissen. Wahrscheinlich entsteht gerade eine der zahlreichen Fernsehdokumentationen zu Paul Bowles' Leben und Wirken in Tanger, in der der Schriftsteller mit seiner somnambulen Stimme auf Englisch – wahlweise auch auf Französisch, Spanisch oder auf Mohgrebi, dem lokalen arabischen Dialekt – befragt wird und dabei einen Einblick in sein Büro mit den zahlreichen Bücherregalen und auf seinen mit Papieren überfüllten Schreibtisch erlaubt. In der Küche trifft Ploog auf Mohammed Mrabet, den analphabetischen marokkanischen Schriftsteller, dessen Werke Paul Bowles auf Tonband aufgenommen und ins Englische übertragen hat. Erst abends hat der Maestro selbst Zeit für ein Treffen: «Er trägt Krawatte & einen hellen Pullover. Er wirkt wie ein älterer englischer Gentleman auf Sommerfrische.»[3]

Letztlich kann Jürgen Ploog Tanger nicht recht fassen – eine chimärenhafte Stadt, in deren engen Gassen man sich ebenso verirren kann wie in der Literatur, die in ihr und über sie geschrieben worden ist. «Eine Stadt der Fassaden & der falschen Fährten. Wer dem Bild traut, das er sieht, ist verloren.»[4] Anders als beispielsweise Paris, das genau zu verorten sei, komme Tanger einem Nichtort gleich, einem Zufluchtsort für das aus allen Bezügen geworfene heutige Bewusstsein. Das scheint ein Topos zu sein: In vielen Tanger-Texten wird die Unerzählbarkeit der Stadt betont, ihr brüchiger, nicht fassbarer Charakter, die Unübersichtlichkeit und Abgründigkeit, Tanger sei ein geheimnisumwitterter Spiegel und Ort der Sehnsuchtsvertiefung[5] – die Liste verrätselnder Zuschreibungen ließe sich problemlos fortsetzen.

Tor zum Orient

Im 19. Jahrhundert wird Tanger von den Europäern als attraktive Reisedestination entdeckt. In der Stadt an der Nordküste Afrikas fängt der Orient an, mit dem viele Klischeebilder verknüpft sind. Dazu gehören Szenen aus den *Märchen aus Tausendundeiner Nacht,* eine riesige Prachtentfaltung in den Palästen, Paschas und Sultane, erotische Bilder aus dem Harem, die Sklavenmärkte, aber auch Kamelkarawanen, die von Männern in langen Gewändern mit Turbanen begleitet werden – eine exotische Gegenwelt, die in opulenten Gemälden von so bekannten Malern wie Eugène Delacroix, Henri Regnault und Henri Matisse, die sich alle in Tanger aufhielten, in Szene gesetzt wird.

Genau an Neujahr 1890 besteigt Hermann Bahr zusammen mit dem österreichischen Maler Johann Viktor Krämer im spanischen Cadiz ein Schiff, das ihn nach Tanger bringen wird. Auch er wird, wie Jürgen Ploog exakt hundert Jahre nach ihm, unmittelbar nach der Ankunft von einem Fremdenführer angesprochen, von einem «baumlangen schwarzen Kerl», wie er in einem herablassenden Duktus schreibt, «ein Mohr, halbnackt, einen purpurnen Fetzen umgewunden und Englisch, Französisch, Spanisch durcheinander heulend in wüsten Brocken, mich beschwörend, doch ja keinem von allen diesen diebischen Schurken zu trauen, und nur er allein könne mich sicher nach Tetuan geleiten». Auch Modelle könne er Bahr, den er offensichtlich für einen Maler hält, verschaffen.[6]

Aber Bahr, der gemäß einem Brief Krämers mit seinen langen Haaren eine auffällige Erscheinung ist, ist nicht daran interessiert. Er verbringt seinen Aufenthalt in Tanger hauptsächlich damit, Roulette zu spielen. Nach einem anfänglichen großen Gewinn verspielt er alles wieder. Ein spanischer Maler, der selbst überschuldet ist, schenkt ihm tausend Peseten mit der Begründung: «ob ich mich um tausend Peseten früher erschießen muß, ist gleichgültig, aber Sie können vielleicht noch das Leben wiederfinden.» Der auf diese Weise dem Sündenbabel glücklich entronnene Bahr nimmt das Geld an und investiert es in eine Rückfahrkarte nach Wien.[7]

Johann Viktor Krämer verbringt insgesamt zwei Monate in Tanger. Er malt fleißig und schreibt seinen Eltern: «Ich bin aber schon überaus glücklich, die Gelegenheit zu haben nach der Natur zu arbeiten, was ich so lange entbehrt habe.» Während seines Aufenthalts entstehen, zumeist auf Holz, Bilder von arabischen Frauen und Männern in ihren exotischen Kostümen, Stadtansichten von Tanger, etwa eine, die die weiße Stadt im Hintergrund der wenig belebten Meeresbucht mit ihrem Sandstrand zeigt. «Ich war gar nicht vorbereitet auf so viel Arbeit, aber zum Glück gibt es hier eine kleine Handlung, wo alle möglichen Malerutensilien zu finden sind.» Die Weiterreise führt ihn zusammen mit dem ungarischen Maler Gyula Tornai, der insgesamt zehn Jahre in Tanger verbringt, über Málaga nach Algier, Tunis, Karthago und Neapel, bis er schließlich in Rom ankommt.[8]

In die Wüste

Das kosmopolitische Flair, das Tanger ausstrahlt, hängt maßgeblich von seiner rechtlichen Sonderstellung ab. Ab 1923 ist die Stadt offiziell eine selbstverwaltete internationale Zone, die erst 1956 in das Königreich Marokko eingegliedert wird. Tanger steht für eine Mischung der Kulturen, ist weder Europa noch Afrika, sondern ein Ort dazwischen, ein Schmelztiegel, in dem Moscheen, Synagogen und Kirchen gleichberechtigt nebeneinander stehen. Nicht zufällig ist es Schauplatz zahlreicher Spionagebücher und -filme, etwa von *Two Tickets for Tangier*, einem Agententhriller von Francis Van Wyck Mason, oder von den Filmen *Mission à Tanger* mit Louis de Funès (1949) und *Spionage in Tanger* (1964).

Tanger, der Zufluchtsort von Geheimagenten, Schmugglerinnen, Schwarzhändlern und Schieberinnen, ist nicht zuletzt auch ein Begegnungsort von arabischen, US-amerikanischen und europäischen

Intellektuellen – eine Zwischenzone, nach Burroughs eine «Interzone», gefährlich auch im Wortsinne: Zwar werde er, schreibt Paul Bowles 1955 in einem Brief, nicht belästigt, wenn er durch die Straßen gehe. Doch der Gedanke, überfallen zu werden, lasse sich kaum jemals ganz verdrängen; er habe dies an hundert kleinen Gesten und Reaktionen von europäischen und amerikanischen Freunden beobachtet.[9] Gerade diese Rauheit der Stadt, in der Drogen an jeder Ecke zu haben sind, macht für viele Künstlerinnen und Schriftsteller einen Teil ihres Reizes aus. Zudem ist das Leben für westliche Ausländer in der stark segmentierten und durch unterschiedlichste Bevölkerungsgruppen geprägten Stadt ausgesprochen preiswert. Sie können sich ohne Probleme Angestellte leisten.

Tanger ist ein Abenteuer und gleichzeitig die Pforte zu einem noch größeren Abenteuer: Vielen Reisenden dient die Stadt als Ausgangspunkt für eine Exkursion in das Atlasgebirge und die dahinterliegende Sahara, angefangen bei Abenteurern wie Gerhard Rohlfs, der seine Entdeckerberichte für die brave heimische Leserschaft, die sie am warmen Ofen liest, in den grellsten Farben ausmalt. Ein wahrer Abenteurer darf nicht zimperlich sein, und Rohlfs ist es bestimmt nicht, etwa wenn er beschreibt, wie er sich aus der stark eiternden Wunde an seinem Arm selbst einen «zollgroßen Knochensplitter» mit der Pinzette zog, um bald darauf mit seiner Karawane weiterzuziehen.[10]

In Paul Bowles' bekanntestem Werk *The Sheltering Sky* (Der Himmel über der Wüste) macht sich ein existenzialistisch bewegtes Paar – unverkennbar Paul Bowles und seine Ehefrau Jane selbst – mit einem dritten Mitreisenden von einer nordafrikanischen Küstenstadt in die Wüste auf, um sich in ihr zu verlieren. Die Geschichte ist alles andere als eine idyllisierende Aussteigerfabel (das wurde sie erst mit in der Verfilmung von Bernardo Bertolucci), sondern ein von Qualen und Entbehrungen geprägter Selbstfindungstrip in die Wüste, der in der Absage an jegliche individuelle Sinnsuche gipfelt. Also eine radikale Hymne an die Resignation und den Nihilismus, aber eine mit phänomenalen Verkaufszahlen. Unmittelbar nach seinem Erscheinen 1949 wird der Roman zu einem Überraschungserfolg.[11]

Der Fotograf Peter W. Häberlin unternimmt von 1949 bis 1952 vier große Nordafrikareisen und folgt den alten Karawanenrouten. Bei einem Autounfall am Vorabend einer weiteren Reise nach Mexiko verstirbt er in Zürich; daher fragte der Manesse-Verlag Paul Bowles an, ob er ein Vorwort für den Bildband *Yallah* mit Häberlins Fotografien aus der Sahara beisteuern könne. Obschon sich Bowles selbst nicht gleich weit in die Sahara vorgewagt hatte, rekonstruiert er in einer minutiösen Kleinarbeit die Route von Häberlin und verfasst die Bildlegenden dieser bewegenden Fotoreportage.[12] In seiner kenntnisreichen Einführung stellte er die Kultur der verschiedenen Völker der Sahara dar, mit besonderem Akzent auf den Tuareg, welche die patriarchalischen muslimischen Traditionen nicht übernommen hätten. In seinem Essay stellt er fest: «Und wie wichtig ist es, daß der Westen die Religionen, die Musik und die Tänze der bedrohten afrikanischen Kulturen studiert! Wenn wir nur wollten – wieviel könnten wir von ihnen über die Beziehungen des Menschen zum Kosmos lernen, über die bewußte Verbindung zur eigenen Seele! Statt dessen reden wir davon, den Lebensstandard dieser Menschen zu heben! Dort, wo wir lernen könnten, das Warum zu begreifen, versuchen wir ihnen unser überbewertetes Wie beizubringen, auf daß sie so entwurzelt und oberflächlich und materialistisch werden, wie wir es sind.»[13] Die Verbesserung der Beziehungen zwischen der arabischen und der westlichen Welt entwickelt sich zu einem Lebensthema von Paul Bowles, der sich, obschon er über ein halbes Jahrhundert in Tanger lebt, immer als Außenseiter und niemals als Einheimischer empfindet; immer ist er der *Nasrani*. Die arabische Kultur sieht er vom Verschwinden bedroht. Also macht er sich, mit einem Tonband ausgerüstet, auf, die lokale berberische Musik aufzunehmen und für die Nachwelt zu erhalten, ein Projekt, das ihn jahrelang beschäftigt, ebenso wie die Übersetzung von zumeist mündlich überlieferter marokkanischer Literatur ins Englische. Dadurch wird er zu einer der großen Mittlerfiguren zwischen den Kulturen Nordafrikas und denen Europas und der USA.

In Tanger ist Paul Bowles in dem ihm entsprechenden Milieu gelandet. Während der puritanischen McCarthy-Ära hätte er in den

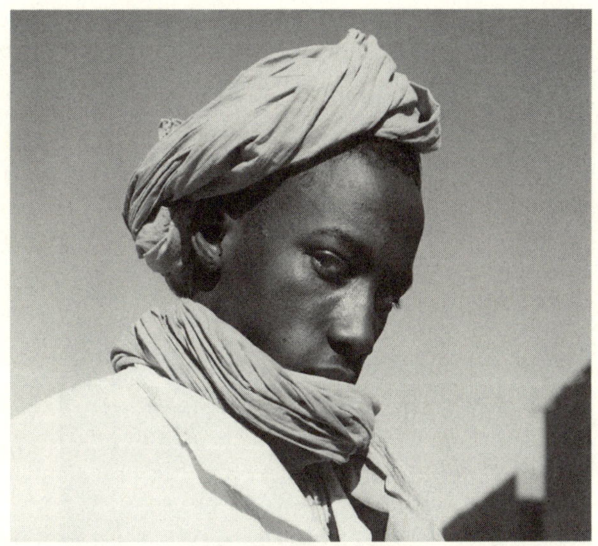

Der Fotograf Peter W. Häberlin unternimmt von 1949 bis 1952 vier große Nordafrikareisen und folgt den alten Karawanenrouten. Das Vorwort seines posthum veröffentlichten Bildbands *Yallah* schreibt Paul Bowles.

USA nie die gleiche persönliche Freiheit gehabt. Mit seiner Ehefrau Jane, Schriftstellerin wie er, lebt er wie Bruder und Schwester zusammen. Das Wort «Liebe» wenden sie nicht auf ihre Beziehung an, obschon sie einander sehr verbunden bleiben und eine Trennung für beide nicht zur Diskussion steht. Sie lassen einander individuelle Freiheiten.[14] Jane Bowles hat zahlreiche Affären mit Frauen, eine besonders intensive und verheerende zu Cherifa, einer marokkanischen Marktfrau, die einen schlechten Einfluss auf sie ausübt. Sie entwickelt Depressionen und Phobien, die durch ihre Drogen-, Medikamenten- und Alkoholsucht noch verstärkt werden. Im Alter von vierzig Jahren erleidet sie einen Gehirnschlag, der ihr so stark zusetzt, dass Paul sie in eine psychiatrische Klinik nach Málaga bringen lässt. In dieser stirbt sie 1973 mit gerade einmal sechsundfünfzig Jahren.[15]

In ihrem kaum kaschierten autobiografischen Erzählfragment *The Iron Table* hat Jane Bowles ein Porträt ihrer Ehe gezeichnet.[16] Ein amerikanisches Paar sitzt einander auf der Terrasse eines marokkanischen Küstenorts gegenüber. Sie verstehen sich nicht, sie streiten in einer routinierten Intensität, im Bewusstsein dessen, dass sie

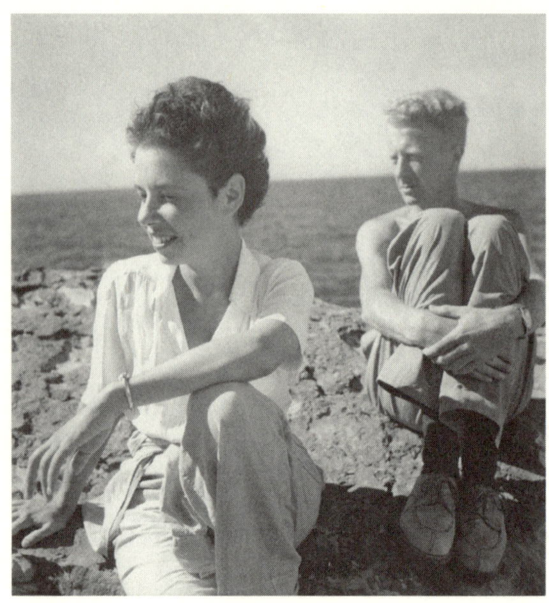

Das Schriftstellerpaar Jane und Paul Bowles lebt wie Bruder und Schwester zusammen. Sie lassen einander individuelle Freiheiten, das Wort «Liebe» wenden sie nicht auf ihre Beziehung an.

Der Fahrer von Paul Bowles' Jaguar, Mohammed Temsamany, posiert im Atlasgebirge vor dem luxuriösen Gefährt.

keine Einigkeit erzielen werden. Der Mann spricht davon, dass die westliche Mentalität den Islam korrumpiert habe, ihm werde nichts anderes übrig bleiben, als in die Wüste zu fahren. Er äußert den Wunsch, die Frau möge ihn begleiten. Doch diese fühlt sich hin- und hergerissen zwischen der Verpflichtung, ihrem Mann zu gefallen und mitzugehen, und der Einsicht in die Sinnlosigkeit solchen Tuns: «Ich bin es überdrüssig, das Wort *Zivilisation* zu hören. Es hat keine Bedeutung.»[17]

Auch in der Realität macht Paul Bowles zahlreiche Reisen durch Marokko ohne seine Frau. In seinem Jaguar-Kabriolett mit zurückklappbarem Segeltuchdach lässt er sich mehrfach von einem Fahrer in das Atlasgebirge und in die Wüste chauffieren. 1948 unternimmt er eine gemeinsame Reise mit Libby Holman, einer amerikanischen Lebefrau, die in den Künstlerkreisen Tangers verkehrt.[18] Noch lieber lässt er sich von jungen Männern begleiten, etwa vom Maler Ahmed Yacoubi. Bowles und er führen eine – nach außen hin diskret gehandhabte – enge homosexuelle Beziehung, die der Tradition eines Initia-

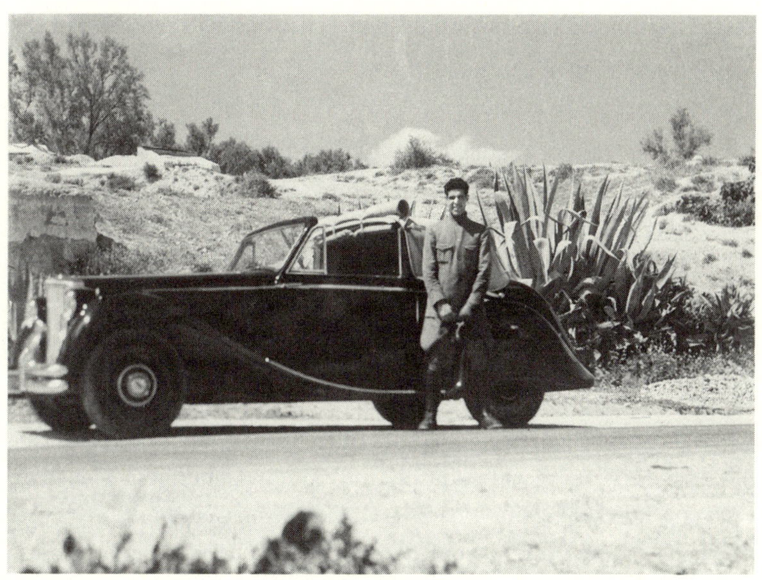

tionsrituals folgt: Ein älterer westlicher Mann nimmt einen jüngeren Einheimischen unter seine Fittiche, verschiedene libidinöse Codes treffen aufeinander und setzen im besten Fall schöpferische Energien für beide Seiten frei. Bowles fotografiert den attraktiven Yacoubi ständig, beispielsweise auf der Dachterrasse des Hotels Palais Jamaï in Fez, auf der der junge Mann mit der bronzefarbenen Haut und den markanten Gesichtszügen in einer erotisch aufgeladenen Pose mit nacktem Oberkörper steht.[19]

Über Cecil Beaton verschafft Bowles seinem Freund Yacoubi Zutritt ins Atelier von Francis Bacon, der wie viele Maler vor ihm Tanger als zeitweiligen schöpferischen Aufenthaltsort gewählt hat. Bacon besorgt Yacoubi Ölfarben, die in Marokko normalerweise nicht erhältlich sind. Angeleitet durch Bowles und mit der Hilfe von Libby Holman, die ihre Kontakte an der amerikanischen Ostküste spielen lässt, startet Yacoubi eine internationale Karriere als Maler mit Ausstellungen in New York, Madrid und Tanger; Bowles und Yacoubi besuchen die exzentrische Kunstsammlerin Peggy Guggenheim in Venedig, die sich zum Entsetzen Yacoubis im Hof ihres Palazzos Venier dei Leoni nackt sonnt.[20]

Flüchtige Bekanntschaften und intensive Beziehungen

Ähnlich wie Taormina ist Tanger ein großer Anziehungspunkt für Homosexuelle. Neben den schon Genannten halten sich auch Tennessee Williams und Frank Merlo, Jean Genet, Roland Barthes und William S. Burroughs für längere oder kürzere Zeit in der Stadt auf – nicht zu vergessen die arabischen Männer Mohammed Mrabet, Ahmed Yacoubi oder Mohamed Choukri. Untereinander verbindet sie ein dichtes Geflecht von mann-männlichen Beziehungen. Mohamed Choukri beschreibt in seinem Tagebuch *Jean Genet und Tennessee Williams in Tanger* die verschiedenen Örtlichkeiten, an denen Homosexuelle in Tanger Kontakte anbahnen. Für die simple Lustbefriedigung gibt es ein Knabenbordell, dessen Geschäftsmodell auf dem ökonomischen Ungleichgewicht zwischen den westlichen Männern, die Sex kaufen, und den einheimischen Strichjungen basiert. Jean Genet wurde dafür 1973 vom marokkanischen Autor Tahar Ben Jelloun angegriffen.

Bei der Kontaktanbahnung auf Augenhöhe sind die Strategien unterschiedlich. Manche Homosexuelle tummeln sich ständig in den Restaurants, Bars und Cafés auf der Jagd nach Sexualpartnern, «während Roland Barthes im Café Central saß, Zigarette im Mund, Asche auf der Jacke, und wartete, daß sein Wild vorüberkommt, mit dem Schwanz wedelt und sich ihm in die Arme wirft».[21] Hier findet Barthes auch die Muße, die kleinen Szenen zu notieren, die er beim Flanieren durch Tanger beobachtet hat, etwa wie ein Hippiepaar sein Kind, «ein kleines, blondes Pummelchen», das Geschäft auf dem Trottoir verrichten lässt, ohne dass jemand daran Anstoß nimmt.[22]

Ein Kristallisationspunkt des gesellschaftlichen Lebens von Tanger bildet die Villa Mektoub von David Herbert südlich der Medina. Hier organisiert der aus englischem Adelsgeschlecht stammende Liebhaber von *Garçons* Kostümpartys, Galadinners und aufwändige

Spektakel, an denen er selbst oft in Abendroben auftritt. Ein kontinuierlicher Strom von Besucherinnen, unter ihnen die siebenfach verheiratete Woolworth-Erbin und Jet-Set-Ikone Barbara Hutton oder Filmstars wie Greta Garbo und Jack Nicholson, genießt über die Jahre die Gastfreundschaft von Herbert, der sich gleichermaßen als Schauspieler, Regisseur und Puppenspieler in Szene setzt. In keiner anderen Stadt als Tanger hätte er diese Rollen so ungezwungen ausleben können, schreibt Herbert in seinen Memoiren.[23] Damit mag er recht haben: Die ostentative Zurschaustellung eines befreiten Lebensstils, wie sie auf Herberts Partys zelebriert wurde, konnte nur an einem Ort wie Tanger gelingen, an dem die gesellschaftlichen Normen gerade für Ausländer weniger einschränkend waren als in den Herkunftsländern.

Ende der Welt

Nicht unbedingt nach Gesellschaft ist es William S. Burroughs zumute, als er 1953 New York verlässt und sich erst in Rom, später in Tanger niederlässt, das er nur aus den Romanen von Paul Bowles kennt. Es ist nicht übertrieben, ihn eine gescheiterte Existenz zu nennen: Burroughs ist drogensüchtig und als Schriftsteller nicht nur erfolglos, sondern auch unproduktiv. 1951 hat er in Mexiko-Stadt in der Umnachtung eines Drogenrauschs seine eigene Frau Joan Vollmer Adams erschossen – eine Tat, die weder je vollständig aufgeklärt wurde noch für Burroughs eine härtere Strafe als vierzehn Tage Untersuchungshaft nach sich zog.

In Tanger bezieht Burroughs ein Zimmer in einem Knabenbordell hinter dem Petit Socco. Er trifft keinen Menschen, fühlt sich einsam, mies, unfreiwillig gestrandet. Geld hat er so gut wie keines. Jeden Morgen geht er aus dem Haus, um sich in der Apotheke Eukodol, eine synthetische Form von Kodein, zu besorgen. Die Wirkung fängt wie bei Kokain mit euphorisierenden Gefühlen an, jedoch halten diese nicht lange an, gehen unmerklich in eine depressive Phase über, die Burroughs wiederum nur mit Eukodol überwinden kann. Paranoide Halluzinationen plagen ihn. Die Vene, in die er sich jeden

Tag spritzt, bleibt offen «wie ein roter, schwärender Mund, geschwollen und obszön».[24]

In einem Brief an seinen Beatnik-Freund Jack Kerouac entwirft Burroughs eine apokalyptische Szene: In einer Bar tritt ein anderer Exilant an ihn herant und sagt: «Das Leben ist verdorben hier, Bill. Verdorben. Tanger ist das Ende der Welt. Spürst Du das nicht, Bill?» Seine düsteren Visionen sucht Burroughs in flüchtig hingeworfenen Erzählfragmenten zu bändigen, in einer Stadt ohne Recht und Gesetz dämmert der Weltuntergang herauf: «Dieses totale Laissez-faire [in Tanger] hat etwas Unheilvolles.» Auch mit der einheimischen Bevölkerung kann er nichts anfangen, an den Beatnik Allen Ginsberg schreibt Burroughs: «Und fall mir bloß nie auf diese Kacke von wegen orientalischer Unergründlichkeit rein, wie Bowles sie zu Papier bringt (der schamlose Fälscher).»[25] Ausnahmslos alle sind für ihn «Drecksschwänze», die Araber, die Frauen, die Händler, der Präsident der USA und Ali Baba.[26]

Eine Besserung setzt ein, als Burroughs seinen spanischen Freund Kiki kennenlernt, der zu diesem Zeitpunkt erst achtzehn Jahre alt ist. Zwar gelingt es ihm auch mit Kiki nicht auf Anhieb, sich von der Drogensucht zu befreien, das schafft er erst in einer Londoner Entzugsklinik. Zurück in Tanger aber, macht er sich in der Villa Muniria (auch «Villa Delirium» genannt) zum ersten Mal in seinem Leben an eine planvolle und disziplinierte Schreibarbeit, gleichsam als Vollzeitjob. In seinem kleinen, mit einem Spiritusofen ausgestatteten Zimmer befolgt er einen strengen Tagesrhythmus. Zur Vorbereitung raucht er Marihuana und setzt sich für eine Weile in den Orgonakkumulator, einen auf den Theorien Wilhelm Reichs basierenden simplen Holzkasten mit einer quadratischen Grundfläche, der innen mit Metall ausgekleidet ist. Wie die von Brion Gysin erfundene «Dreamachine» setzten die Beatniks den Orgonakkumulator als kreativitätssteigerndes Hilfsmittel ein. Mit dessen Hilfe wollten sie Verdrängtes, hauptsächlich solches sexueller Natur, wieder ins Bewusstsein holen und so für die Literatur fruchtbar machen. Nach dieser rituellen Einstimmung folgen sechs Stunden intensives Schreiben von Hand oder an der Schreibmaschine. Burroughs' Ge-

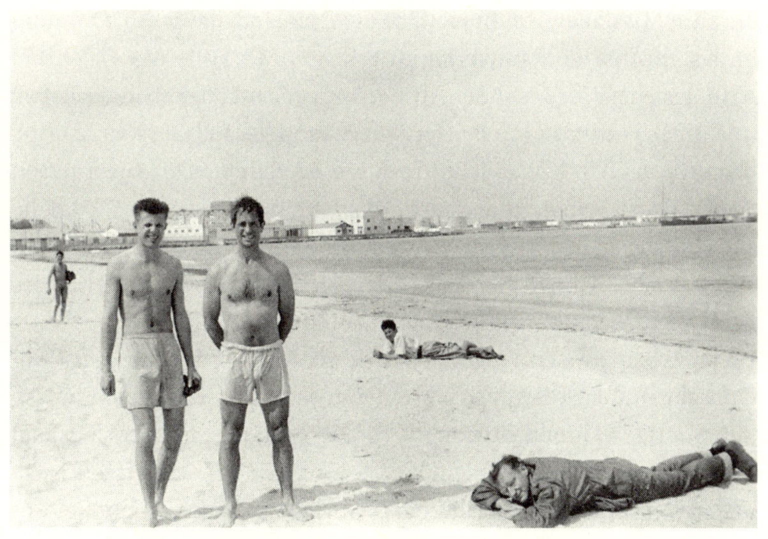

Friedliche Szenen in einer verdorbenen Stadt:
Peter Orlovsky und Jack Kerouac posieren am Strand von Tanger,
während William S. Burroughs in der Sonne liegt.

danken entladen sich in frenetischen Impulsen auf großformatiges gelbes Papier. Wenn er eine Seite fertig geschrieben hat, wirft er sie auf den Zimmerboden. Jack Kerouac, der sich 1957 in das Zimmer hineinwagt, sieht den ganzen Boden mit «seltsamen etruskisch-unentzifferbaren Zeichen» bestreut; Burroughs erinnert ihn an den genialischen Psychoanalytiker Doktor Mabuse.[27]

Bewusst versucht sich Burroughs mit der Cut-up-Technik vom traditionellen Aufbau und der Sprache eines Romans zu emanzipieren; sein Stil wirft Ordnung, Abfolge und Logik über den Haufen, er macht keinen Unterschied zwischen Halluzinationen und echtem Leben. Warum der Buchinhalt von *Naked Lunch* denn so ekelhaft, so scheußlich sei, will Kerouac von Burroughs wissen. «Damit scheiße ich meine Mittelwest-Bildung ein für alle Mal aus», lautet die lapidare Antwort, das Schreiben habe für ihn eine kathartische Wirkung.[28]

Jack Kerouac setzt sich mit Allen Ginsberg und Peter Orlovsky, die zum Missfallen von Burroughs ein Paar sind, dafür ein, Ordnung in das chaotische Manuskript zu bringen. Mit Hilfe des Gelehrten Alan Ansen gelingt es ihnen, in zweimonatiger konzentrierter Arbeit und unter Einbezug von Briefen von Burroughs aus den Manuskriptblättern und den Notizbüchern ein sauber getipptes Manuskript von zweihundert Seiten zu erstellen. «Es ist ein hübsches Stück Literatur – Bills geballte Energie & Prosa, kombiniert mit unserer Organisation & Säuberung & Struktur, damit sich eine lesbare, entzifferbare Folge ergibt», lautet Ginsbergs uneigennütziges Fazit.[29]

In Arbeitspausen vergnügen sich die Männer am Strand. Peter Orlovsky und Jack Kerouac präsentieren sich dem Fotografen in weißen Shorts, während Burroughs in der Sonne liegt. Orlovsky steigt auf Kerouacs Schultern, sie tollen herum. Die Szenen wirken friedlich, der Strand kaum belebt, die Männer jung und unschuldig, was im merkwürdigen Kontrast zu dem verruchten Bild steht, das sie von Tanger gezeichnet haben, etwa Burroughs: «Tanger ist der warnende Puls der Welt, ein Traum, der sich aus der Vergangenheit in die Zukunft erstreckt.»[30] Auf den Fotografien ist davon nichts zu sehen.

Am ehesten ist es wohl so: In kürzester Zeit zeigte sich, ob ein Künstler dieser Stadt gewachsen war oder eben nicht. Aaron Copland, der Komponist und Lehrer von Paul Bowles, mit dem dieser 1931 zum ersten Mal nach Tanger kam, konnte der Stadt jedenfalls gar nichts abgewinnen. Er fasste seine Eindrücke mit «it's a madhouse» zusammen und reiste nach kurzer Zeit wieder ab.[31]

↑ John Singer Sargent ↓

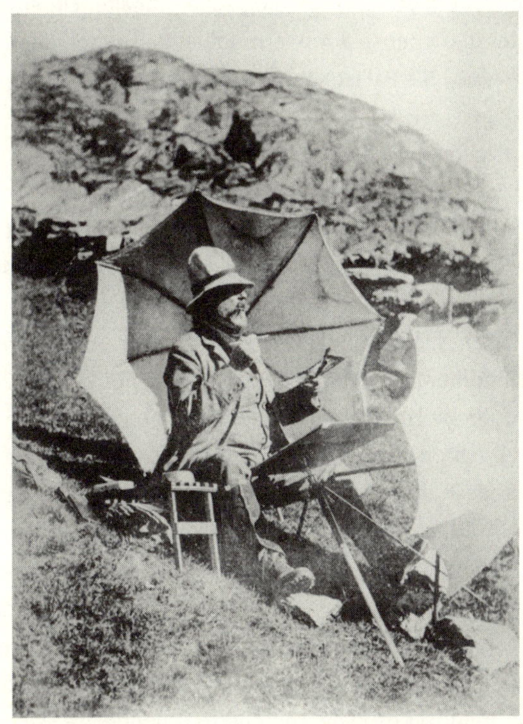

John Singer Sargent ist ein ungemein produktiver Künstler, der von Norwegen über die Alpen bis Palästina und Syrien zahlreiche Länder und Regionen erkundet. Wie hier am Simplonpass arbeitet er gerne *pleinair.*

Kaum einer ist so ungemein produktiv wie dieser Erfolgsmaler amerikanischer Herkunft. Der zehnbändige kommentierte Werkkatalog über seine fünfzig Schaffensjahre, herausgegeben von der Yale University Press, umfasst 4500 Seiten mit einem Gesamtgewicht von über zwanzig Kilogramm. Als ob das nicht schon genug wäre, ist auch kaum einer stilistisch so vielseitig wie John Singer Sargent: Von seiner Hand stammen ausdrucksstarke Skizzen in Bleistift und Kohle, Aquarelle, flirrend-impressionistische Bilder ebenso wie naturalistische Gemälde in großer Zahl (manche Erfolgsmotive gleich in mehrfacher Ausführung), dazu riesige Wandbilder oft mythologischen Inhalts. Ein eminent effizienter Künstler und ebenso ein unermüdlich Reisender, der von Norwegen über die Alpen bis Palästina und Syrien zahlreiche Länder und Regionen erkundete.

Als Zwanzigjähriger besucht er 1876 Grez-sur-Loing, ein Jahr später arbeitet der Hochbegabte in Cancale in der Bretagne, wo ein bemerkenswertes Gemälde mit Austernfischerinnen entsteht, das sich vor vergleichbaren Studien von P. S. Krøyer und Max Liebermann keinesfalls zu verstecken braucht. 1878 unterhält er seine Freunde im Hotel Pagano in Capri am Klavier, das beherrscht er offensichtlich auch, während diese die Innenwände bemalten. Wie später die mit ihm befreundeten Marianne und Adrian Stokes malt er die siebzehnjährige Rosina Ferrara, wie sie auf einer Dachterrasse und unter einem Olivenbaum tanzt. Daneben entstehen Landschaftsbilder in großer Zahl und Strandszenen mit nackten Jungen. In Künstlerkreisen war es ein offenes Geheimnis, dass er Männer anziehender fand als Frauen, obschon Sargent dies in der Öffentlichkeit geheim hielt.[1]

Über Spanien reist Sargent Anfang 1880 nach Tanger, wo er bis Ende Februar bleibt. Zusammen mit einem französischen Künstlerkollegen mietet er ein maurisches Haus mit einem Innenhof, dessen Arabesken und maurische Verzierungen ihn faszinieren. Sargent schwärmt, kein anderes Land sei so «wild und pittoresk und vollständig orientalisch» wie Marokko, nicht einmal Algerien und Ägypten.[2] Seine Begeisterung scheint keine Grenzen zu kennen, doch immerhin ist er nicht frei von Zweifeln an der Originalität seiner Empfindung: «Die poetische Erregung, welche Schriftsteller ergreift, sobald sie ein paar Längen- und Breitengrade überschritten haben, ist natürlich zu einem überwiegenden Teil konventionell; aber sicherlich, der Ort ist eindrucksvoll, die Kostüme grandios und die Araber häufig großartig.»[3]

In Sargents Briefen ist nicht überliefert, dass er die laufenden Entwicklungen zur Kenntnis genommen hat. Politik gehört offensichtlich weniger zu seinen Interessengebieten. In der Madrider Konferenz, die im Jahr seines Besuchs stattfindet, wird verfügt, dass der marokkanische Sultan das Land zwar eigenständig regieren kann, es aber trotzdem stärker unter die Einflusssphäre der westlichen Mächte kommt. Wie andere Reisende auch sammelt Sargent Fotografien mit exotischen Motiven, die zum Kauf angeboten werden. Sie stehen sinnbildlich für sein Interesse an der arabischen Kultur, aber er benutzt sie nicht als Malvorlage. Stattdessen skizziert er in der Tradition der Pleinair-Maler mehrere Marokkanerinnen sowie architektonische Details.

Von Tanger aus macht Sargent eine Exkursion über Ceuta nach Tetuan. Auf dem Weg gelangt die kleine Gruppe in einen schrecklichen Hagelsturm. Sargent sorgt sich um die halbnackten arabischen Begleiter, die «auf die alarmierendste Weise» zittern. Eine Nacht verbringt er in einer Karawanserei, was er im Rückblick als «schreckliche Erfahrung» bezeichnet. Besser sei es, erklärt er einem Freund, den Gewaltritt in einem Tag auf sich zu nehmen oder andernfalls im eigenen Zelt zu übernachten. Für Touren außerhalb der Stadt empfehle es sich, einen einheimischen Führer zu engagieren.[4]

Noch in Tanger fängt Sargent mit dem Malen des Gemäldes *Fumée d'ambre gris* an (Tafel 10). Ganz in der Tradition der exotisch-arabischen Malerei zeigt es eine vollständig in Weiß gekleidete Frau, die ihre Kopfbedeckung hebt, um den aus einem Räuchergefäß aufsteigenden Rauch einzuatmen. Ihr Gesicht ist kaum sichtbar, was den Reiz noch erhöht. Kaum hat Sargent das Bild in Paris fertiggestellt, ist es ab Mai 1880 bereits im Salon zu sehen. Es erntet hervorragende Kritiken, die wiederum die orientalischen Klischees von Geheimnis und Verführung bedienen. Die sich parfümierende Frau, steht es in einer von ihnen, wecke Leidenschaft: «Es ist ein entzückendes Bild für ein privates Schlafzimmer.»[5]

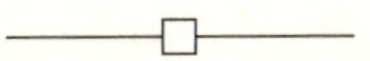

Die beiden Dienstmädchen sind von Venedig aus zwei Tage früher nach Brindisi an Italiens Stiefelabsatz gefahren, um sich in Ruhe um das Einschiffen des Gepäckes zu kümmern. Die engere Reisegruppe, zu der

Dienstmädchen bekanntlich nicht zählen, umfasst John Singer Sargent, seine Schwester Emily, das Künstlerehepaar Jane und Wilfrid de Glehn sowie die fünfzigjährige Eliza Wedgwood. Letztere ist eine treue Freundin Sargents, die ihn oft auf Reisen begleitet und von ihm auch mehrfach porträtiert wird. Die Reise mit dem Nachtzug kommt ihnen beschwerlich vor. Immerhin ist in Brindisi alles vorbereitet, so dass sie unverzüglich die Fähre besteigen können, die sie nach Korfu bringt. Ende September 1909 kommen sie an.

Sie mieten sich im Hotel St. Georges ein. Über einen anschließenden Ausflug ins nahe gelegene Potamos ist wenig bekannt, außer dass sie eine zunächst ins Auge gefasste Villa nicht mieten können oder wollen. In der Villa Soteriotisa, ein paar Kilometer nördlich der Stadt Korfu, finden sie aber mehr als Ersatz: Das herrschaftliche Gebäude wirkt von außen elegant, der Blick von der Terrasse auf das Meer und die gegenüberliegende Küste Albaniens ist schlicht atemberaubend. An den Bäumen hängen pflückreife Zitronen und Orangen, wie Eliza Wedgwood begeistert feststellt.

Nur das Innere, das sie danach besichtigen, vermag sie weniger hinzureißen. Zwar sind die Räume großzügig, leider jedoch fast gar nicht möbliert, und draußen mag sich zunächst auch niemand aus der Reisegruppe aufhalten: Es regnet. Ein Eindruck der eher gedrückten Stimmung, die das hervorgerufen haben mag, gibt Sargents Gemälde *Corfu: A Rainy Day*, auf dem Jane und Wilfrid de Glehn es sich auf einem Sofa vor einer kahlen Wand so gemütlich machen, wie es die Umstände zulassen. Während Wilfrid skizziert, schmiegt sich Jane im warmen Mantel in ein Kissen, was darauf hindeutet, dass in der schönen Villa eher frostige Temperaturen geherrscht haben mögen.[6]

Bald wird es besser, das Wetter und auch die Laune. Frühmorgens nehmen sie ein Bad, dann folgt das Frühstück, das sie meist auf der Terrasse einnehmen, worauf John Singer Sargent sich hinter seine Staffelei setzt, um diesen Platz bis in die Abenddämmerung nur noch für den kurzen Lunch zu verlassen. Exkursionen in die Umgebung mag er nicht, sie halten ihn von der Arbeit ab. Nach dem Abendessen singen sie Duette oder spielen Schach und gehen danach früh zu Bett. Während Sargent arbeitet, lernt Wedgwood im hohen Alter von fünfzig Jahren

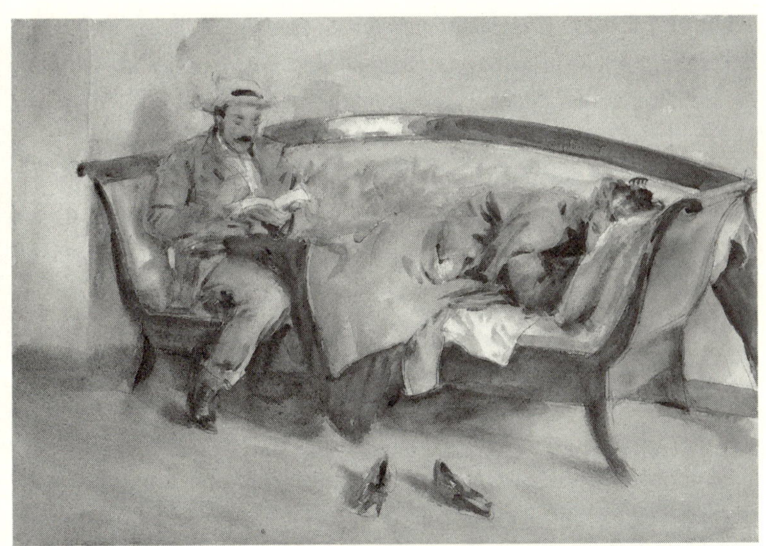

In der Villa Soteriatisa, die die Reisegruppe gemietet hat, herrschen an diesem Regentag frostige Temperaturen; die Stimmung ist gedrückt. John Singer Sargent porträtiert seine Mitreisenden Jane und Wilfrid de Glehn.

schwimmen und geht mit Emily Sargent auf Shoppingtouren in die nahe gelegene Stadt Korfu.[7] Auf einem dieser Ausflüge haben sie ein exquisites und vielfältig interpretierbares Erlebnis, wie Jane de Glehn in einem Brief schreibt: «In der Stadt sahen sie eine albanische Frau mit einer schönen Tracht. Sie verfolgten sie in ihre Behausung in einem Dorf auf der anderen Seite der Stadt, und kauften ihr die Kleider auf der offenen Straße vom Hintern weg. Eliza zog sie sich danach an und [...] fuhr unter dem Applaus des Dorfes nach Hause.»[8]

Unterdessen sucht Wilfrid de Glehn die Stelle, an der Odysseus der Sage nach den Lockrufen von Nausikaa und ihren Dienerinnen erlegen ist und Korfu betreten hat; er will dort malen. Sargent hingegen setzt den Pinsel lieber vor der gemieteten Villa auf die Leinwand. Ein naturalistisches Meisterwerk soll entstehen, und dafür muss Jane de Glehn lesend Modell sitzen bzw. so tun, als lese sie. Damit ihr nicht zu langweilig wird, liest ihr Eliza Wedgwood laut aus G. M. Trevelyans historischem Erfolgsschmöker *Garibaldi* vor. Später muss sie ebenfalls Modell sitzen, sogar in zwei unterschiedlichen Posen, denn sie wird auf dem entstehenden Bild *Ein Garten in Korfu* von Sargent gleich doppelt abgebildet (Tafel 11).

Im Zentrum des Bildes sitzt jedoch Jane de Glehn, ein Buch in der Hand, versunken in der Lektüre. Einen golden glänzenden Kaschmirschal hat sie über die Arme gelegt, die Chignon-Frisur wird mit einem Band sorgsam zusammengehalten. Ihr elegantes Kleid hat Sargent so naturalistisch gemalt, dass man das Rascheln zu spüren meint, wenn man in Gedanken mit der Hand darüberstreicht. Flankiert wird die Lesende von den beiden ebenfalls in ein Buch vertieften Elizas zu ihrer Linken und Rechten.

Die bis ins kleinste Detail ausgearbeitete Figurenzeichnung gibt dem Gemälde eine artifizielle, fast bühnenhafte Atmosphäre; die drei Frauen wirken so stark von ihrer Lektüre absorbiert, so vollständig ohne Interaktion, als säßen sie jede für sich allein im Bild. Eine unergründliche Spannung durchzieht das Ensemble, worüber auch das klassische Dekor mit den eleganten Balustraden und der Blumenvase nicht hinwegtäuschen kann. Sehen die Frauen sich möglicherweise als Konkurrentinnen? Der Himmel, den Sargent mit rabiaten, fast expressionistisch anmutenden Pinselstrich malt, mag von dem schlummernden Konfliktpotenzial zeugen. Aber vielleicht auch nicht, vielleicht ist die Ahnung einer Spannung bloß ein Hirngespinst – wer kann schon in den Kopf von lesenden Frauen, die bekanntlich gefährlich sind, hineinblicken?[9]

Genau wegen solcher technisch perfekt ausgearbeiteten Bilder rühmen Zeitgenossen John Singer Sargent als weltbesten Maler. Spätestens mit seinem Tod wird das Lob seltener; Sargent wird fortgesetzt Oberflächlichkeit vorgeworfen, so dass er heute – zu Unrecht, wie ich finde – beim europäischen Publikum weitgehend in Vergessenheit geraten ist. Jüngst allerdings hat die Ausstellung «Boston's Apollo» im Bostoner Isabella Stewart Gardner Museum das Leben und Werk Sargents nicht nur neu beleuchtet, sondern vor dem Hintergrund der «Black-Lives-Matter»-Bewegung geradezu in die Schlagzeilen gebracht.

Wie der Untertitel der Ausstellung «Thomas McKeller and John Singer Sargent» andeutet, steht das Verhältnis der beiden Männer im

Zentrum dieser neuerlichen Aufregung. Dass in ihr Grundsätzliches zur Diskussion gestellt wird, vermittelt schon die gegen die Konvention verstoßende Reihenfolge der Namensnennung: zuerst das Modell, erst danach der Künstler.

1916 lernte Sargent Thomas McKeller kennen, der im Bostoner Hotel Vendome als Liftboy arbeitete. Der Schwarze war von North Carolina in die Stadt an der Ostküste gezogen. Was sich genau zwischen den beiden Männern ereignete, ist unbekannt, aber jedenfalls engagiert Sargent den viel jüngeren McKeller als Modell. Er fertigt zahlreiche Skizzen von ihm an, die als Vorlage für imposante Gemälde dienen. Eines von ihnen, das Deckengemälde *Atlas und die Hesperiden* im Bostoner Museum of Fine Arts, basiert auf diesen Skizzen. Im antikisierenden Gemälde trägt der gebeugte Atlas die Welt mit ihren himmlischen Sphären; ihm zu Füßen liegen die nackten Hesperiden. Atlas erscheint als imposanter, muskulöser Titan – nur ist auf ihm, wie auch auf anderen ausgeführten Arbeiten Sargents, nicht nur der Name McKellers, sondern auch dessen schwarze Herkunft vollständig getilgt, geradezu ausradiert.

Für die Gemälde im Museum erhielt Sargent die damals astronomische Summe von 40 000 Dollar, während McKeller erwiesenermaßen in ökonomisch beengten Verhältnissen lebte. Als privilegierter alter Mann bediente Sargent sich seines Modells. Er gab McKeller zur öffentlichen Zurschaustellung frei und radierte ihn gleichzeitig als Schwarzen aus. Damit hat Sargent, wie der Kritiker des *Guardian* Thomas Henry Adams argumentiert, in einem Akt der Manipulation, der Ausnützung und der Gewalt einer weißen «Supremacy» Vorschub geleistet. In der eindringlichen Performance «Dear Mr McKeller. An ode to one man's impact» erweisen schwarze Performer und Rapper dem übergangenen Modell ihre Referenz. Zu bedenken bleibt aber, dass Sargent als Homosexueller selbst aus einer gesellschaftlichen Außenseiterposition agierte. Denn genau zu der Zeit, als er den Auftrag der künstlerischen Ausgestaltung des Museums erhielt, unternahm die Universität Harvard Anstrengungen, um Homosexuelle zu enttarnen und von der Universität auszuschließen.[10]

Korfu wird Sargent nach mehreren Wochen verlassen. Von dort bringt er ein Bild mit, auf dem mehrere Frauen in albanischen Trachten am Boden Oliven aufsammeln, die ein Mann mit einem Stock hinuntergeschlagen hat. Das Sonnenlicht tritt durch die belaubten Äste. Ob Eliza Wedgwood und seine Schwester Emily die Tracht, die sie der albanischen Frau abgekauft haben, mitgenommen und später nochmals angezogen haben?

Korfu

Griechenlandbegeisterung vom Oberdeck

Nach Griechenland zu fahren ist immer mit einem Risiko verbunden. Zumindest für klassisch Gebildete, die in der hellenischen Kultur ihr Ideal einer Gesellschaft von umfassend freien Menschen sehen. Aus Furcht, dass die neugriechische Wirklichkeit hinter den Epen Homers zurückbleibt, verzichten sogar manche Gelehrte auf einen eigenen Besuch in Griechenland. Johann Winckelmann, der die Antikenrezeption im 18. Jahrhundert entscheidend prägte – auch er ein Homosexueller –, begnügte sich mit der Ansicht der griechischen Statuen in Rom, Pompeji und anderen italienischen Städten. Friedrich Hölderlin fuhr nicht einmal dahin; sein *Hyperion* basiert allein auf der Lektüre antiker Texte. Auch Friedrich Nietzsche, der die antike Kultur der lebensschwächeren Gegenwart als herausforderndes Beispiel gegenüberstellt, sieht von einer Reise nach Griechenland ab.

Dazu beigetragen hat auch, dass bis zur Verbreitung des Flugverkehrs Griechenland von Westeuropa nur umständlich zu erreichen ist. Die Reiseroute führte meist von Triest oder Brindisi aus mit dem Schiff zur Insel Korfu. Alternativ können Reisende in den 1930er Jahren in Hamburg oder Bremen ein Kreuzfahrtschiff besteigen und in elf bis dreizehn Tagen direkt nach Griechenland fahren.[1] Die Überfahrt ist ein exklusives und entsprechend teures Vergnügen. In zahlreichen Zeugnissen der Zeit wird mit einem elitären Selbstverständnis darauf hingewiesen, dass eine Griechenland-Reise der «guten Gesellschaft» vorbehalten sei und sich nicht für Krethi und Plethi eigne.[2]

Die von italienischen Hafenstädten am schnellsten erreichbare griechische Insel ist das vor der Küste Albaniens liegende Korfu. Im 19. Jahrhundert weist die rund sechzig Kilometer lange Insel mit ihrem gleichnamigen Hauptort an der Ostküste noch kaum eine nennenswerte touristische Infrastruktur auf. In der Stadt Korfu mit ihren 19 000 Einwohnern residieren 1889 ein griechischer Erzbischof, ein katholischer Bischof und ein deutscher Konsul. Die Industrie ist noch sehr schwach vertreten. Immerhin wird in Meyers Konversationslexikon vermerkt, dass Korfu ein kleines Handelszentrum sei, wenn auch keine besonders lichte oder freundliche Stadt: «Die Straßen sind eng und finster, die Häuser auf venezianische Manier gebaut, mit Arkaden nach der Straße zu.»[3]

Gegen Ende des 19. Jahrhunderts gelangen trotzdem immer mehr Reisende, Künstler zumal, nach Korfu, dessen Fremdenverkehr sich langsam entwickelt. Manche von ihnen hätten es besser unterlassen, so wenig sagt ihnen der Aufenthalt zu. Missmutig setzt Hugo von Hofmannsthal, der in Altaussee noch von den primitiven Bauernhäusern geschwärmt hatte, seinen Fuß auf die Insel. Sie enttäuscht seine Erwartungen, ein Genius Loci will sich nicht einstellen. Sein Reisebegleiter Harry Graf Kessler erinnert sich: «Hofmannsthal in Griechenland war ein Fehlschlag: er kam nicht zu sich selbst. Beinahe immer war er verstimmt oder übellaunig oder ohne Gefühl für die Umgebung. Nach zehn Tagen voller Leiden verließ er uns, zu unserer gegenseitigen Zufriedenheit [...]»[4]

Seine wahre Begegnung mit Griechenland hat Hofmannsthal erst nachträglich, daheim am Schreibtisch. In seinem Essay *Griechenland* drechselt er schöne Sätze, in denen er seine philosophisch grundierte Hingerissenheit etwas gar wortverliebt zelebriert und seine reale Enttäuschung mit keiner Silbe anspricht: «Der erste Eindruck dieser Landschaft, von wo man sie betrete, ist ein strenger. Sie lehnt alle Träumereien ab, auch die historischen. Sie ist trocken, karg, ausdrucksvoll und befremdend wie ein furchtbar abgemagertes Gesicht: aber darüber ist ein Licht, dessengleichen das Auge nie zuvor erblickt hat und in dem es sich beseligt, als erwache es heute erst zum Sinn des Sehens. Dieses Licht ist unsäglich scharf und unsäglich mild zugleich. Es bringt die feinste Einzelheit mit einer Deutlichkeit heran, einer sanften Deutlichkeit, die einem das Herz höher schlagen macht, und es umgibt das Nächste – ich kann es nur paradox sagen – mit einer verklärenden Verschleierung.»[5]

Der Philosoph Martin Heidegger zweifelt lange, ob er sich wirklich dem unsäglich scharfen griechischen Licht aussetzen soll. Im Grunde genommen hat er mehr zu verlieren als zu gewinnen. Entweder würde die Reise sein Denken verändern, wodurch alle seine Schriften über das antike Griechenland sich als defizitär herausstellen würden. Die zweite Option ist nicht viel besser: Fügte die Reise nichts zum durch die Lektüre der Klassiker vorgeformten Bild hinzu, reduzierte sich die Fahrt auf einen Urlaub im Land der Griechen.[6]

Folgerichtig macht Martin Heidegger 1955, nach einer anfänglichen Zusage für eine Reise nach Griechenland, zu der ihn seine Frau Elfriede und Erhart Kästner bewegen wollten, einen Rückzieher. Er kann seine Scheu nicht überwinden. Sieben Jahre zögert er, doch dann, 1962, fährt er mit seiner Frau im Zug nach Venedig. Schon die Lagunenstadt kommt einer Enttäuschung gleich: «Es ist zum Objekt der Historie, zum Reizbild ratloser Schriftsteller, zum Tummelplatz internationaler Kongresse und Ausstellungen, zum Raubstück der Fremdenindustrie herabgesunken.»[7] Im Hafen besteigen sie das Schiff «Jugoslavija», das sie auf einer Kreuzfahrt zu den schönsten griechischen Inseln bringen wird.

In seinem nachträglich verfassten Bericht *Aufenthalte* erinnert sich Heidegger an diese Fahrt, die weder eine Vergnügungs- noch eine Bildungsreise sein sollte, sondern ein ernstes Nachspüren nach dem Erbe der alten Griechen. Die Insel Korfu zeigt sich ihnen am Morgen nach der zweiten Nachtfahrt, doch das «Geahnte und Erwartete» findet Heidegger nicht vor: «Der erste Anblick wollte mit dem, was der Dichter [Homer] im VI. Buch der Odyssee gestaltet hat, nicht zusammenstimmen. Ich blieb dann mit dem Kollegen Overking auf dem Oberdeck des Schiffes. Erinnerungen aus der gemeinsamen Privatdozentenzeit in Freiburg verbanden sich mit dem ausruhenden Blick auf das griechische Land und seine Gebirge.»[8] Diese Verweigerungshaltung wird sich fortsetzen. Während der gesamten Fahrt bleibt Heidegger fast ständig auf der «Jugoslavija». Er mischt sich nicht unter die anderen Touristen. Wenn ein Landausflug angesagt ist, geht er höchstens missmutig und kritisch mit. In Ithaka begegnet ihm «Morgenländisches, Byzantinisches»; während die jüngeren Gäste mit den Schiffsleuten sich «bei den freundlichen Bewohnern der Insel bis gegen Mitternacht» vergnügen, versagt sich Heidegger diese Abwechslung. Er kehrt auf das Schiff zurück. Olympia lohnt den Besuch ebenfalls nicht: «Armselige Häuser reihten sich mit geschmackslosen Neubauten am staubigen Fahrweg.» Konsequenterweise verlässt er in Herakleion, in Rhodos, in Kos und Patmos das Schiff nicht, lieber vertieft er sich in seine Bücher, von denen er leider in der Kabine nicht alle greifbar hat. In der Stuttgarter Staatsbibliothek wäre er besser bedient, seufzt er. Ansonsten mangelt es ihm in der Kabine an nichts: «Im Gespräch mit Heraklit ging der Tag dem Abend zu, an dem begeisterte Besucher von Lindos zurückkehrten, dessen hoch über dem Meer terrassenförmig gebaute Akropolis zu sehen, ich versäumt hatte.»[9] Die hochmütige Abwehrhaltung Heideggers auf dem Oberdeck wirkt nahezu grotesk; er verweigert jede Erfahrung, die eine Berichtigung seiner Vorstellungen hätte sein können.[10]

Ein anderer Aspekt in Heideggers Bericht, dem 1967 ein zweiter folgen wird, ist indes gut beobachtet. Heidegger kritisiert den «rücksichtslosen Ansturm des Tourismus», der nur noch ein normiertes Reiseerlebnis bietet. Bei den Tempeltrümmern auf der Insel Delos fallen ihm die fotografierenden Leute auf: «Sie werfen ihr Gedächtnis weg in das technisch hergestellte Bild.»[11] Auf der Akropolis zeigt sich das gleiche Bild, Heidegger registriert mit Argwohn das «Funktionieren der Photo- und Filmapparate», das ein nur noch «technisch-informatorisch gesichertes Zuhause» biete. Ein unverfälschter Anblick der alten Ruinen, gar eine Einfühlung in die Geisteswelt der alten Griechen, scheint unter diesen Umständen illusorisch. Die Touristen, so sein Fazit, «verzichten ahnungslos auf das unbekannte Fest des Denkens», sie bekommen nichts anderes als ein standardisiertes Erlebnis vorgesetzt. Auch andere Kalamitäten des Kreuzfahrttourismus bleiben dem scharf beobachtenden Philosophen mehr als nur suspekt: «Der Aufenthalt in Delphi endete mit einer Abfütterung, zu der die Fahrgäste unseres Schiffes mit anderen Reisegruppen in einem Hotelsaal zusammengedrängt wurden.»[12] Unter diesen Vorzeichen erscheint die trotzige Behauptung Heideggers, die er an anderer Stelle notiert, wenig überzeugend: «Nie kam mir während der ganzen Fahrt in den Sinn, das Rechte und Erfreuliche solcher Griechenlandreisen zu bestreiten.»[13] Vielleicht auf dem Oberdeck, abseits der lärmenden Touristengruppen.

Sehnsuchtsort

Für die künstlerische Elite der Habsburgermonarchie gehörte Korfu zu den bevorzugten Reisezielen. Der Sohn von Kaiserin Elisabeth von Österreich, Kronprinz Rudolf, finanziert 1887 für den Künstler Emil Jakob Schindler, der stark von der Barbizon-Schule inspiriert ist, eine Reise durch Dalmatien. Schindler hat die Aufgabe, Illustrationen von den Küstenorten Triest, Pula, Split und Dubrovnik für die vierundzwanzigbändige landeskundliche Enzyklopädie *Die österreichisch-ungarische Monarchie in Wort und Bild* anzufertigen. Ein ebenso ehrenvoller wie angenehmer Auftrag! Den Winter 1888 verbringt Schindler folglich zusammen mit seiner Familie, der auch die elfjährige Tochter Alma angehört, auf Korfu. Hier entsteht das melancholische kleinformatige Ölgemälde *Das Ionische Meer bei Korfu*, das heute zur Sammlung des Wiener Belvedere zählt. 1891 wird Schindler mit der Goldenen Staatsmedaille ausgezeichnet, 1892, in seinem Todesjahr, kauft der Kaiser eines seiner Bilder auf der Jahresausstellung des Wiener Künstlerhauses, was einem Ritterschlag gleichkommt.

Sieben Jahre später heiratet Anna Sofie Schindler mit Carl Moll den früheren Assistenten ihres verstorbenen Ehemannes – und die Tochter, die später unter dem Namen Alma Mahler-Werfel bekannt werden wird, fühlt sich unglücklich – und noch unglücklicher, als ihre Halbschwester geboren wird. Korfu ist für sie ein Sehnsuchtsort und Synonym für eine ferne, heile Welt. In ihr Tagebuch notiert sie: «Fort, fort, nicht nach Wien, wo ein verliebtes Ehepaar und ein Säugling meiner harren. Nein, hinaus ins Leben, in die Ferne. Italien,

Corfu. Unser liebes Haus am Sattel des Berges – 2 Stunden entfernt von der Stadt Corfu. Auf der einen Seite die Aussicht auf die Adria, auf der anderen Seite das jonische Meer.»[14]

Der Wiener Künstler Johann Viktor Krämer, dem wir bereits in Taormina und Tanger begegnet sind, nimmt im Sommer 1903 in Korfu wiederum seine übliche Arbeit auf. Einquartiert im Hotel St. Georges, streift er – wie drei Jahre zuvor bereits in Ägypten und Palästina – mit seiner Kamera durch die Stadt und die Umgebung. Seine Eltern, denen er auch von dort regelmäßig schreibt, hält er an, ihm Filme und Belichtungspulver zu schicken, die auf Korfu nicht erhältlich sind. Auf mehreren Ausflügen erkundet er die gesamte Insel; er reist mit einer «Dampfbarkasse» und lässt sich von der «Frau Consul» mit dem Wagen zum Tee bei einer Korfioten-Familie chauffieren. In Krämers fünfundzwanzigseitigem handschriftlichem Reisebericht, den er nach seinem Aufenthalt schreibt, sind seine Aktivitäten im Stile eines nüchternen Rapports akribisch aufgelistet – so nüchtern, dass daraus Krämers Einstellung gegenüber der Insel kaum greifbar wird.[15] Als Maler und Fotograf ist seine bevorzugte Ausdrucksform eben das Bild und nicht der Text. Wiederum malt Krämer im vielfach eingeübten Tagesrhythmus Gemälde, die der Schriftsteller und Kunstkritiker Ludwig Hevesi anlässlich einer Ausstellung im folgenden Jahr enthusiastisch preist: «Seine letzte Ernte hat er vorigen Sommer auf Korfu gehalten, dessen blühender Pflanzenwuchs ihn besonders begeistert. Diese Wald- und Blumenszenen sind bei ihm von unverwischbarem Zauber.»[16]

Achilleion – mehr Stuttgart als antikes Griechenland

Von Korfus Kulturgeschichte bekommen viele heutige Touristinnen am ehesten beim Besuch des Achilleions etwas mit. Kaiserin Elisabeth von Österreich lässt diese Prachtvilla, die sieben Kilometer entfernt von der Stadt Korfu auf einer Anhöhe liegt, 1888 für sich und ihre Gefolgschaft erbauen. Sisi, wie sie volkstümlich genannt wird, ist 1861 zum ersten Mal nach Korfu gereist. In den folgenden Jahren hält

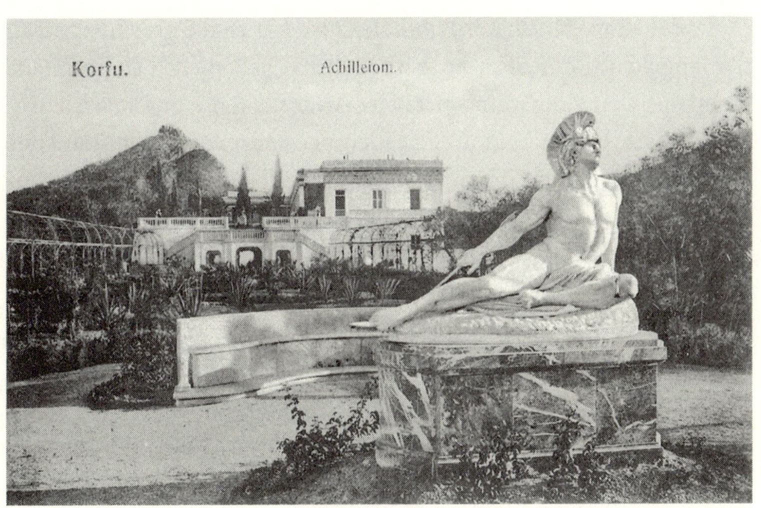

Kaiserin Elisabeth von Österreich lässt 1888 das Achilleion nahe der Stadt Korfu mit 128 Zimmern erbauen. Die Prachtvilla ist Achilles, ihrem Lieblingshelden der griechischen Mythologie, geweiht.

sie sich wegen ihres unerklärlichen Nervenleidens, das, wie der Hof munkelt, auch etwas mit der Distanz zu ihrem pflichtbewussten Ehemann Kaiser Franz Joseph zu tun haben mag, immer wieder im Süden auf, neben Korfu auch auf Mallorca und Madeira. 1888 fasst sie den Plan zum Bau einer Villa, die Achilles, ihrem Lieblingshelden der griechischen Mythologie, geweiht sein soll. Nicht weniger als 128 Zimmer und viele Prunksäle weist das vom neapolitanischen Architekten Raffaele Carito konstruierte Gebäude auf. Weiter zum Anwesen gehören Nebengebäude für Wächter und Bedienstete, ein Telegrafenamt, mehrere Stallungen sowie eine Maschinenhalle bei der Mole. In ihr erzeugen Generatoren den Strom, mit dem das destillierte Meerwasser ins Achilleion hinaufgepumpt wird. Die weit ausladenden Lüster werden mit elektrischem Licht erleuchtet, was 1892, im Jahr der Fertigstellung der Villa, ein unerhörter Luxus ist. Für Sisis Obersthofmeister Baron Franz Nopcsa besteht die Schönheit des Achilleions genau darin, «den pompejanischen Stil mit der heutigen Bequemlichkeit zusammen zu verbinden».[17]

Das Bildprogramm des Achilleions ist eng an die griechische Antike angelehnt, der Sisis höchste Gefühle gelten. Im Treppenhaus hängt das Gemälde *Triumphierender Achilleus* von Franz Matsch, worüber Sisis Chronist und Privatlehrer Constantin Christomanos schreibt: «Es ist der Triumphzug des Achilleus, der den Leichnam Hektors um die Mauern Trojas schleift. Nach all dem Gesehenen ist es bei dem Bilde, als ob die Welt der Schönheit, die Achilleus personificiert, mit ihm entstanden wäre.» Im Garten lässt Sisi die Marmorskulptur *Sterbender Achilles* des Bildhauers Ernst Herter aufstellen, die sie 1882 auf einer Kunstausstellung gesehen und von der sie 1883 eine vergrößerte Ausführung in Marmor bestellt hat. Skulpturen der neun Musen erinnern an die Beschützerinnen des künstlerisch-geistigen Schaffens, eine lange Wand mit Büsten an die berühmten griechischen Denker Homer, Euripides, Demosthenes, Sophokles und Platon. Die aus dem Rahmen fallende Büste von William Shakespeare kann ebenso als Zeichen des persönlichen Geschmacks der Kaiserin wie ihrer imperialen Willkür angesehen werden. Bis ins kleinste Detail mischt sich Sisi in die Gestaltung ein: Sie lässt selbst das Geschirr mit ihrem Lieblingstier, dem Delfin, verzieren[18] – für Henry Miller ist dies zu viel des Guten, das «Irrenhaus» scheint ihm der schlimmste Kitsch, den er je gesehen hat. «Es würde ein ausgezeichnetes Museum für surrealistische Kunst abgeben. [...] Ich weiß, dass hier alles mit Homer verbunden ist, aber für mich hat es mehr mit Stuttgart gemein als mit dem antiken Griechenland.»[19]

Ein Tempelchen mit weißen Säulen widmet die Gelegenheitsdichterin Sisi ihrem erklärten Vorbild Heinrich Heine. Eine vom dänischen Bildhauer Ludvig Hasselriis geschaffene Statue des Dichters lässt sie in dessen Mitte aufstellen. «Heine selbst würde mit diesem Platz zufrieden sein», schreibt Sisi, «denn hier ist alles, was er liebte! Die schöne Natur, der lachende Himmel über sich, die prächtige Umgebung, Palmen, Zypressen und Pinien.» Das Tempelchen kann immer noch besichtigt werden, nicht jedoch die Statue. 1907 lässt sie der deutsche Kaiser Wilhelm II., der das Achilleion inzwischen erstanden hat, umgehend entfernen, da er kein Denkmal des «größten Schmutzfinks im deutschen Dichterwald» in seinem Garten stehen haben will. Der Verleger Heinrich Julius Campe erwirbt die Statue und lässt sie nach Hamburg transportieren. Doch mit der Machtübernahme der Nationalsozialisten kann der verfemte Dichter Heine auch hier nicht bleiben. Es findet sich kein Käufer für die Statue, woraufhin sie vom französischen Ehemann der Tochter Campes in den Jardin de Mourillon nach Toulon vermittelt wird. So kommt es, dass der deutsche Exilschriftsteller Heine nun nahe beim Exilort Sanary-sur-Mer an der Côte d'Azur sitzt.[20]

Gorgo-Kult

Sehnsüchtig denkt der frühere deutsche Kaiser Wilhelm II. in seinem vergleichsweise luxuriösen Exil im holländischen Doorn an seine Zeit in Korfu zurück. Damals, vor dem verlorenen Ersten Weltkrieg, war er noch in Amt und Würden. Zusammen mit dem Archäologen Wilhelm Dörpfeld leitete er, wie er in seinen Erinnerungen schreibt, die Ausgrabung des Artemis-Tempels in der Nähe der Stadt Korfu. Oft seien sie auch von englischen und amerikanischen Archäologen besucht worden – ein Beispiel für eine frühe internationale Zusammenarbeit –, und gemeinsam hätten sie die Frage nach dem asiatischen Einfluss auf die frühhellenische Kunst erörtert. Noch Jahre später empört er sich: «Solcher Gestalt war die Beschäftigung des Deutschen Kaisers der, auf Raub und Eroberung sinnend, blutdürstig den Weltkrieg herbeigeführt haben soll, im Frühjahr 1914! Derentweil ich in Korfu über Gorgonen, dorische Säulen und Homer forschte und diskutierte, wurde im Kaukasus und in Russland schon gegen uns mobil gemacht!»[21]

Bis 1914 legt das Archäologenteam um Wilhelm II. die Fundamente des Tempels frei und gräbt alle erhaltenen Teile des Westgiebels aus. In mehreren Telegrammen an die Generaldirektion der Königlichen Museen in Berlin berichtet Wilhelm von den Grabungsarbeiten.[22] Der wichtigste Fund ist eine Gorgo-Figur, ein eindrücklicher Moment für Wilhelm II.: «Welch ein Anblick! In mächtiger Größe, in der üblichen Darstellung des archaischen Knielaufs, grinst alle die zähnefletschende Gorgo oder Medusa an, hohnlachend ihre

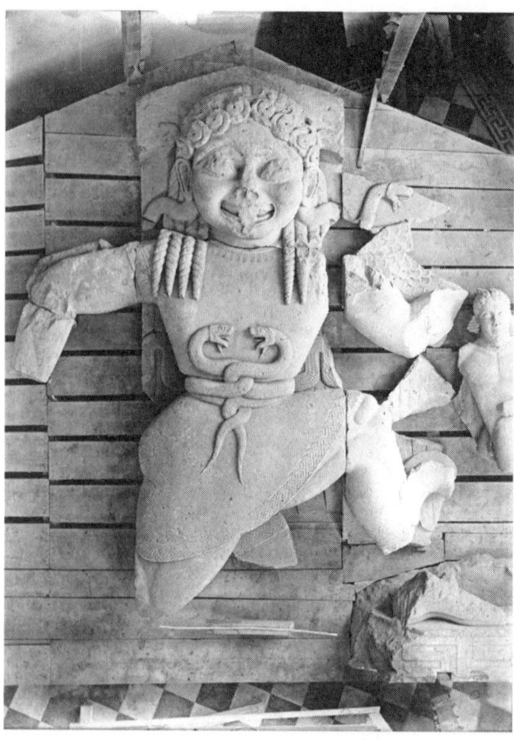

Der deutsche Kaiser Wilhelm II. beteiligt sich 1914 an der Ausgrabung des Artemis-Tempels nahe der Stadt Korfu. Der wichtigste Fund ist eine Gorgo-Figur, ein «scheußliches Ungetüm», das sinnbildlich für die Triebe der Dunkelheit steht.

Zunge ausstreckend. Schlangen im Haar, Schlangen um den Leib und von Schlangen umgeben, ein scheußliches Ungetüm.»[23] Nach der Interpretation Erich Neumanns verkörpert die Gorgo die Triebe der Dunkelheit, als «Todesschoß oder auch als Nachtsonne». Gemeinsam mit ihrem Gegenstück, der Pallas Athene, stehe sie sinnbildlich für den Kult der Großen Mutter. Nach diesen auf der Mythologie fußenden Vorstellungen soll in Griechenland ursprünglich ein Matriarchat bestanden haben. Erst später sei es durch das Patriarchat abgelöst worden.[24]

Im eigens errichteten Gorgo-Saal des Archäologischen Museums in Korfu ist die Giebelrekonstruktion eine der Hauptattraktionen. Mit seiner zurückhaltenden Präsentationsweise, die die steinernen Ausgrabungsstücke in den Vordergrund rückt, ist das neu eröffnete Museum kaum imstande zu zeigen, welche Phantasien sich einmal an der mythologischen Figur der Gorgo entzündeten. Für Wilhelm II. stellt sich nach Ausgrabung der Gorgo die Frage, wie ein derart fratzenhaftes Gebilde mit der griechischen Vornehmheit und Schönheit einhergehen konnte. Er interpretiert Gorgo als eine Kulturbrücke zwischen Asien und Europa, eine Position, die in der archäologischen Fachwelt weder viel Resonanz noch gar Bestätigung gefunden hat.[25]

In seinen pathetischen *Erinnerungen an Korfu* von 1924 stilisiert er Griechenland und Korfu zum Gegensatz des nördlichen Machtstaats, den er in dem «verschneiten, lärmenden Berlin» verkörpert sieht – ein ziemlich schiefes Bild! Die Figur der Gorgo imponiert Wilhelm II. so stark, dass er ab 1932 ein selbst gestaltetes Gorgo-Abzeichen an verdiente Wissenschaftler seiner Doorner Arbeitsgemeinschaft verleiht. Diese beschäftigt sich mit (häufig spekulativen) Fragen der Urgeschichte und Religionswissenschaft. Fern jeder überprüfbaren historischen Evidenz bietet der Topos der Großen Mutter für Wilhelm II. die Möglichkeit, sich in eine vermeintlich heile Gegenwelt zu flüchten. Elegant löst er sich so von der manchmal überharten männlichen Politik, die ihm doch nur Verluste eingebracht hat.

Im Widerspruch zu seiner ansonsten zur Schau gestellten Schneidigkeit wendet er sich in seinen Korfu-Erinnerungen einer empfindsameren Gefühlswelt zu. Er gibt seiner schwärmerischen Neigung für junge Männer nach, zum Beispiel für zwei Seekadetten, «zwei ausnehmend schöne Bengels».[26] Lobend hebt Kaiser Wilhelm II. die zutrauliche Untertänigkeit der Korfioten hervor. Er selbst schreibt sich die Phantasierolle des Achilles zu, des «selbstbewussten und stolzen [...] achäischen Fürsten der Myrmidonen», der den unterentwickelten Einheimischen und den von Schmutz starrenden Kindern «tausend Seifeneier» gebracht hat.[27] Der Reiseschriftsteller Victor Auburtin wendet sich gegen diese als typisch deutsch empfundene Großmannssucht. In seinem satirischen Buch *Nach Delphi* (1924) verkörpert Wilhelm II. den Typus des grobschlächtigen Teutonen, den er ablehnt. Der Reisebericht ist eine bittere Abrechnung mit dem Wilhelminismus und nachfolgenden völkischen und nationalistischen Strömungen.[28]

Ein Fall von literarischem Puritanismus

Gewissermaßen als surrealen Epilog zu dem surrealistischen Palast des Achilleion kann die Verleihung des literarischen Prix Formentor 1963 gelten. Sie muss von Mallorca nach Korfu verlegt werden, weil die Franco-Regierung den italienischen Verleger Giulio Einaudi zur Persona non grata erklärt hat. Rund sechzig Schriftsteller, Verleger und Kulturjournalistinnen verbringen mehrere Tage in einem Bungalowhotel und diskutieren über die eingereichten Romane, darunter solche von John Updike, Alexander Solschenizyn und Jorge Semprún. Letzterer erhält für seinen Roman *Die große Reise* schließlich den Preis zugesprochen. Die Preisverleihung findet im Achilleion statt, eine reichlich groteske Zeremonie, wie der Reporter der *Zeit* süffisant berichtet: «Unter den Palmen und Pinien des Parks, die im elektrischen Flutlicht aussehen, als wären sie aus Pappmaché, marschiert eine uniformierte Kapelle auf; ihre blinkenden Helme tragen die Aufschrift ‹suum cuique›, und während abwechselnd Kaisermärsche und griechische Volksmusik und ‹Im Grunewald ist Holzauktion› gespielt werden, tanzt ein Reigen von Mädchen aus dem Dorf Gasturi den korfiotischen und den Kaiamata-Tanz (sie erzählen sich heute noch empört, wie der Kaiser ihren Großmüttern Seife, deutsche Seife, zum Geschenk machte – als wären sie ungewaschen); ihre Trachten sind eine Leihgabe des griechischen Fremdenverkehrsbüros, und nachher dürfen sie die Reste vom kalten Büfett essen.»[29]

Dem Schriftsteller Uwe Johnson ist dies alles zu viel. Unter Protest gibt er seine Preisrichterfunktion auf. Die luxuriösen Arbeitssitzungen und die Verleihung des Prix Formentor selbst stünden in einem zu krassen Gegensatz zu den Lebensumständen vieler Schriftsteller. Zudem passten sie auch nicht zum ausgezeichneten Roman, der eine «Reise» ins Konzentrationslager Buchenwald beschreibt. Also marschiert er in seiner schwarzen Lederjacke davon. «Ein simpler Fall von literarischem Puritanismus», urteilt der britische *Observer*.[30]

Dass Johnson keineswegs nur ein protestantisch strenger Puritaner war, verdeutlicht eine Stelle aus dem Tagebuch des Feuilletonisten Fritz J. Raddatz. In ihr beschreibt er, wie sie gemeinsam mit dem Jeep über die Insel fuhren: «Wir beide allein, und ich wundere mich über seltsame Schreie von den Bergen, meinte, es seien wohl Pfauen; da lachte er sein trockenes, leicht zynisches Johnson-Lachen und sagte: ‹Fritzchen, Sie sind naiv – es sind die Ziegen, die von den Schäfern gefickt werden, und die haben zu große Schwänze für Ziegen, deswegen schreien die.›»[31] Wem eine solche Erklärung in den prüden 1960er Jahren reichlich unwahrscheinlich vorkommt: Johnson hat dafür, ohne dies gegenüber Raddatz deutlich zu machen, auf eine literarische Quelle zurückgegriffen – auf Lawrence Durrells *The Prospero's Cell*, in dem genau das von einsamen Schäfern, die halbe Jahre abseits der Dörfer verbringen müssen, berichtet wird.[32]

Gefühl des Losgelöstseins von der realen Welt

Auf viele Reisende wirkt Korfu gerade wegen seiner abseitigen Lage und seiner Rückständigkeit sympathisch. Ihrer Einschätzung nach haben die Menschen dort, die Einheimischen wie die Zugezogenen, Zeit füreinander, sie leben in enger Gemeinschaft und genießen die Früchte der Natur. Das Leben ist weniger von Hektik und Leistungsdruck geprägt als im industrialisierten Großbritannien, Deutschland oder Österreich. Korfu erscheint als freiere, bessere Welt, eine Insel im toten Winkel der Weltgeschichte, die zudem die Vorteile eines angenehmen Klimas und einer zugewandten Bevölkerung aufweist.

Einen Rückzugsort bildet Korfu auch für die Familie Durrell. 1935 übersiedelt die verwitwete Mutter Louisa Durrell mit ihren vier Kindern aus dem fernen England auf die Insel. Gerald Durrell, der jüngste Sohn, der später Zoologe und Schriftsteller werden wird, beschreibt in seinem Erinnerungsbuch *Meine Familie und anderes Getier* auf humoristische Weise, welch turbulente Abenteuer die Familie in ihrer neuen Heimat erlebt. Das Buch und seine beiden Nachfolgebände über die liebenswerte britische Exzentrikerfamilie sind so erfolgreich, dass sie als Vorlage für die britische Fernsehserie *The*

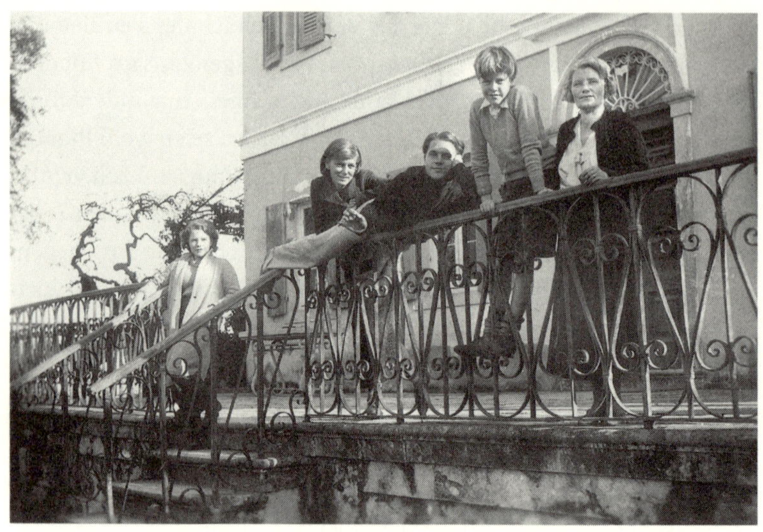

Die verwitwete Louisa Durrell übersiedelt 1935 mit ihren vier Kindern nach Korfu. Der jüngste Sohn Gerald beschreibt in seiner Autobiografie *Meine Familie und anderes Getier* das turbulente Familienleben.

Durrells dienen, von der 2019 schon die vierte Staffel ausgestrahlt wurde. Vor der traumhaften Kulisse Korfus wird in ihr romantisch und etwas nostalgisch die Familiengeschichte der Durrells mit ihren zahlreichen Verwicklungen erzählt – aus einer Zeit, in der das Leben vermeintlich einfacher und authentischer war.

Gerade aber der Familientrubel wird Geralds älterem Bruder Lawrence Durrell, genannt Larry, bald zu viel. Zusammen mit seiner Frau Nancy, einer Malerin, zieht er sich in ein Haus nach Kalami an der nordöstlichen Küste Korfus zurück. Wie Henry David Thoreau in seinem *Walden* verzichten sie bewusst auf Luxus. Ihre Art zu leben, schreibt Lawrence Durrell, beweise, «dass man eine Menge Klimbim zum Leben nicht braucht, dass man mit einem Messer, einer Gabel, einem Teelöffel und einem Glas ganz gut zurechtkommt».[33] Für ihn liegt der Wert eines Lebens nicht in dessen materiellen Umständen begründet, sein gelebter Minimalismus steht im Gegensatz zu der schon damals allgegenwärtigen Konsumkultur.

Lawrence und Nancy zeigen sich begeistert von der Landschaft und der Natur. Oft beobachten sie die in der Sonne liegenden oder in eine Ritze flitzenden Eidechsen. Ihre Mahlzeiten sind wie die der Einheimischen einfach und schmackhaft. Einige bürgerliche Genüsse dürfen dennoch nicht fehlen: Während Nancy «lazy pleasant paintings» malt, hört Larry sich gerne das Klavierkonzert Nr. 4 von Beethoven an.[34] Mit ihrem eigenen Boot «Van Norden» machen sie Ausflüge zu einsamen Buchten. Nachdem sie sich versichert haben, dass ihnen niemand zuschaut, legen sie die Kleidung ab und stürzen sich nackt ins Meer. Oder Larry setzt sich mit der Schreibmaschine auf dem Schoß unter einen Feigenbaum – wegen der starken Gischt in einen Regenmantel gehüllt – und schreibt an seinem Roman *The Black Book* (Die schwarze Chronik).[35]

Trotz der poetischen Sprache wirken Durrells tagebuchähnliche Aufzeichnungen über Korfu nicht kitschig und aufgesetzt. Immer wieder reflektiert Durrell die von ihm heraufbeschworenen Bilder und befragt sie nach dem Anteil seiner eigenen Projektionen. Er wendet sich gegen allzu pittoreske und klischeehafte Darstellungen, wie sie in der Reiseliteratur oft gezeichnet wurden: «Die Gefühle, die man für das ländliche Leben in diesen malerischen Gemeinden [...] aufbringen kann, sind sehr übertrieben worden.»[36]

Einmal begleitet Lawrence Durrell den Fischer Anastasius, der beim Schein der Karbidlampe in der Nacht auf das Meer hinausfährt, um einen Oktopus mit einem altertümlichen Dreizack zu fangen. In seine Beschreibung des Kampfs mit dem großen Oktopus flicht er poetische Bilder ein über die «blau[en] und geometrisch[en] Nächte» und den Mond, der von der Wölbung des Himmels wie von einer Umarmung umfangen werde, «so rein und glänzend».[37] Durrell ist den Elementen nah, er macht auf diesem Fischerboot Erfahrungen, die ihm auf einem Luxusdampfer versagt bleiben würden.

In solchen archaischen Momenten liegen für ihn die wahren Schätze unserer Existenz, mehr als in lauten Parolen und ständiger Geschäftigkeit. «Das ist es, was den Reiz des Insellebens ausmacht: unsere Existenz hier in dieser bezaubernden Landschaft, weit weg von der Verantwortlichkeit eines aktiven Lebens in Europa, hat uns ein Gefühl des Losgelöstseins von der realen Welt gegeben.»[38] Gegenüber lautstarken Menschen, die ihre Überzeugungen auf der Zunge tragen und andere missionieren, bleibt Durrell skeptisch: «Sie haben den inneren Kampf mit dem äußeren verwechselt.»[39] Seit seinem fünfjährigen Aufenthalt in Korfu, von wo aus er und Nancy 1941 wegen der anrückenden deutschen Armee nach Ägypten übersiedeln, begreift sich Durrell aus grundsätzlichen Überlegungen als apolitischer Mensch. Allein seiner Seelenhygiene wegen wird er seinen Skeptizismus gegenüber allen Weltverbesserungsideologien nie mehr ablegen.

Konsequenter Eskapismus

Das verbindet ihn mit seinem großen Vorbild Henry Miller, dem Durrell nach der Lektüre des Romans *Wendekreis des Krebses* (1934) einen völlig hingerissenen Fanbrief schreibt, der nach ein paar einleitenden Floskeln so anfängt: «Ich halte es für das einzige Werk von wirklich großem Format, dessen sich unser Jahrhundert rühmen darf. Vom ersten Satz an ist es ein einziger Triumph.» Der geschmeichelte Miller schreibt erfreut zurück, dass Durrell der erste Brite sei, der so intelligent über sein Buch geschrieben habe. «Sie sind überhaupt der erste, der den Nagel auf den Kopf getroffen hat.»[40] Zudem sei Durrells Brief so anschaulich und leidenschaftlich – ob er es vielleicht ebenfalls mit einem Schriftsteller zu tun habe? Aus dieser Annäherung in gegenseitiger Hochachtung entwickelt sich eine lebenslange Freundschaft zwischen den beiden. Während der folgenden fünfundvierzig Jahre schreiben sie sich regelmäßig, der Briefwechsel umfasst nicht weniger als zwei Millionen Wörter.

1939 besucht Henry Miller die Durrells im Weißen Haus in Kalami. Er steht in der Kritik, eben sind seine Romane *Wendekreis des Krebses* und *Wendekreis des Steinbocks* wegen ihrer sexuell freizügigen Szenen als pornografisch bezeichnet und mit Publikationsverboten belegt worden. In den ruhig dahinplätschernden Tagen auf Korfu fallen die Sorgen und der Stress sogleich von ihm ab; er fühlt sich gut. An seine Geliebte Anaïs Nin schreibt er am 9. September 1939, kurz nachdem die deutsche Armee Polen überfallen hat: «Eine Woche Krieg und ich bin hier in diesem kleinen Dorf – Kalami – und schreibe dir heute Abend. Das Merkwürdigste von allem ist, dass ich mich vollkommen ruhig fühle, irgendwie sicher, dass alles gut herauskommen wird.»[41]

In seinem nachträglich veröffentlichten Griechenland-Buch *Der Koloss von Maroussi* hat Henry Miller diesen Gedanken nochmals aufgegriffen und in einen größeren Zusammenhang gestellt: «Ich war wie Robinson Crusoe auf der Insel Tobago. Stundenlang lag ich in der Sonne und tat nichts, dachte an nichts. Den Geist leer zu halten, ist eine Fähigkeit, die auch gut für die Gesundheit ist. Den ganzen Tag lang zu schweigen, keine Zeitung zu lesen, kein Radio zu hören, keinem Klatsch zu lauschen, völlig und gründlich zu faulenzen, völlig und gründlich gleichgültig dem Schicksal der Welt gegenüber zu sein, ist die beste Medizin, die sich ein Mensch verschreiben kann. Alles aus den Büchern Erlernte fällt allmählich ab, Probleme schmelzen und zergehen, Fesseln werden sanft gelöst, Denken, wenn man sich überhaupt dazu herablässt, wird sehr primitiv [...] man weiß, dass Krieg ist, aber man hat nicht die leiseste Ahnung, worum es geht oder warum Menschen Gefallen daran finden, sich gegenseitig umzubringen.»[42]

Miller vertritt eine radikal eskapistische Haltung, selbst in den Jahren der faschistischen Bedrohung von ganz Europa, den Jahren des Vernichtungskriegs und der Verfolgung von Hunderttausenden von Juden. Bewusst hält er sich aus den politischen Diskussionen der Zeit heraus: «Das Fehlen von Zeitungen, das Fehlen von Nachrichten über das, was die Menschen in den verschiedenen Erdteilen tun», schreibt er, «ist der größte Segen. [...] Zeitungen erzeugen Lügen, Hass, Gier, Neid, Misstrauen, Furcht, Bosheit. Die Wahrheit, die uns von den Zeitungen aufgetischt wird, brauchen wir nicht. Wir brauchen Frieden und Einsamkeit und Muße. [...] Wir könnten lernen, ohne Telefon, ohne Radio, ohne Zeitungen auszukommen, ohne Maschinen irgendwelcher Art, ohne Fabriken, ohne Bergwerke, ohne Sprengstoffe, ohne Kriegsschiffe, ohne Politiker, ohne Advokaten, ohne Konserven, ohne Feuerzeug und ähnliche Erfindungen, sogar ohne Rasierklingen oder Zellophanpackungen oder Zigaretten oder Geld.»[43]

Miller deutet mit seinem Robinson-Vergleich selbst an, dass er eine utopische Situation beschreibt. In Wirklichkeit lebt er auf Korfu und schon gar nicht in Paris so abgeschieden, wie er sich selbst darstellt. Doch heute, in Zeiten des weltumspannenden Internets und der Instantkommunikation mittels der sozialen Medien, in der selbst die gedruckte Zeitung schon im Verschwinden begriffen ist, muten solche Gedankenexperimente noch verwegener an als damals.

↑ Carl und Gerhart Hauptmann ↓

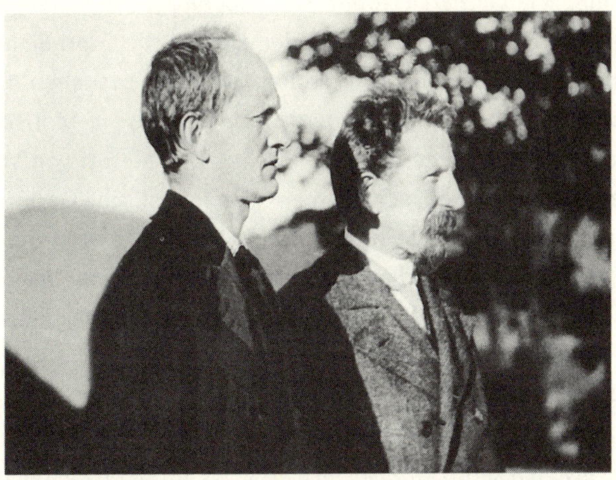

Als junge Männer reisen Gerhart und Carl Hauptmann gemeinsam nach Capri. Später ist der Erfolg ungleich verteilt. Während Gerhart 1912 mit dem Nobelpreis ausgezeichnet wird, erhält Carl nicht die Anerkennung, die er verdient zu haben glaubt.

Als Carl und der drei Jahre jüngere Gerhart Hauptmann im Frühling 1883 zu ihrer Reise nach Italien aufbrechen, stehen die Brüder am Anfang ihrer Kariere als Schriftsteller. Eigentlich sogar vor dem Anfang, denn die beiden knapp über zwanzig Jahre alten Hotelierssöhne aus Schlesien haben noch nichts veröffentlicht. In Genua, wohin Carl und Gerhart gemeinsam gereist sind, trennen sich ihre Wege. Während Carl im Schlafwagen entlang der Küste bis nach Livorno fährt, zieht Gerhart das Schiff vor. Wieder vereint, machen sie einen Abstecher nach Pisa; von dort geht es über Sorrent nach Capri. Als Reisebibliothek hat Gerhart eine Auswahl von antiken Klassikern im Gepäck, denn sein wahres Ziel ist Griechenland, nicht Italien. Immer wieder erwägt der zukünftige Dramatiker in Briefen aus Capri eine Weiterreise zu den griechischen

Inseln – eine Idee, die er schweren Herzens einzig wegen Geldmangels fallen lässt.[1]

Gewissermaßen als Verlegenheitslösung, aber immerhin standesgerecht für zukünftige Künstler, quartieren sich die beiden Brüder im Hotel Pagano ein. Wie Gerhart Hauptmanns Biograph Peter Sprengel etwas maliziös festhält, absolvieren die beiden das übliche Capri-Sightseeing-Programm mit der standardisierten Romantik. Sie besuchen die Blaue Grotte und die Tiberiusvilla, Gerhart skizziert typische Motive wie Fischermädchen und Netze flickende Fischer. Der Auftritt von Volkssängern, dem sie beiwohnen, scheint mehr eine touristische Darbietung als authentische Folklore zu sein. Ein Fischermädchen singt «mit einigen Knaben im Kahn ein herrliches liebliches Lied», notiert der beeindruckte Gerhart und fügt hinzu: «Das klang wie Wellengesang der umstrickenden Wasserfrauen u schwang sich in leisen tönenden Aeolsharfen von Fels [z]u Fels die schroffe Mauer empor.»[2]

Lange muss Gerhart warten, bis er sich den Traum einer Griechenlandreise erfüllen kann. Inzwischen sind beide Brüder längst Schriftsteller geworden. Allerdings ist der Erfolg unterschiedlich verteilt. Gerhart Hauptmann hat mit naturalistischen Dramen wie *Vor Sonnenaufgang* (1889) oder *Die Weber* (1892), in denen er das Elend und die sozialen Nöte der schlesischen Arbeiterschaft auf eindringliche Weise darstellt, seinen Ruhm begründet. Er ist ein Großschriftsteller mit entsprechendem Habitus, der mit seinen wechselnden Ehefrauen in gründerzeitlichen Villen residiert. 1907 endlich ergibt sich die Möglichkeit einer Reise nach Griechenland. Zusammen mit seiner zweiten Ehefrau Margarete Marschalk, dem gemeinsamen Sohn Benvenuto, dem Sohn Ivo aus erster Ehe (er wird sich bald entnervt von der Familiengruppe entfernen) und dem Malerpaar Eleonore und Ludwig von Hofmann schifft er sich in Triest auf der «Salzburg» nach Korfu ein. Die Fahrt auf dem «überaus mäßigen Lloyd-Schiff» dauert rund dreißig Stunden. Die Verpflegung und Bedienung entsprechen nicht den Ansprüchen des Dichters, der zudem unter Seekrankheit leidet. Ein Glasgefäß mit «den verschmierten Resten einer schwarzbraunen Fruchtmarmelade steht in unappetitlicher Nähe», notiert er um sechs Uhr in sein Tagebuch. Eine halbe Stunde später hat er bereits wieder etwas auszusetzen: «Ich habe seit 6 Uhr vergeblich Kaffee bestellt.»[3] Vergisst er aber seinen Ärger über den schlampigen Service, kann er der Fahrt einiges abgewinnen: «Es gibt schwerlich eine reizvollere Art, Landschaft zu genießen, als von der See aus, vom Verdeck eines Schiffes. Die Küsten, so gesehen, versprechen, was sie nie halten können.»[4]

In Korfu, wo sie zwei Wochen bleiben, absolviert die Reisegruppe um Hauptmann ein typisches Touristenprogramm. Das Achilleion will ihm wenig gefallen, es erscheint ihm trivial, die Wandmalereien sogar «herausfordernd unangenehm». Andere Ausflüge fallen mehr nach seinem Geschmack aus.[5] Im Landesinnern entdeckt er geradezu idyllische Bilder wie «Dickichte von Orangen, Granaten und Himbeeren» oder einen korfiotischen Hirten, der fünf Ziegen hütet. Den größten Zauber üben die vielen fremdartigen Blumen der Insel auf ihn aus, blühender Weißdorn und Margeriten wie Schnee. Der Königsgarten Monrepos in Korfu kommt ihm als wunderbare Wildnis vor; bei einem Tempelchen im Garten ereilt ihn die «unsägliche Wollust des Daseins», und er beginnt, umschwärmt vom Gesumme der Bienen, ein Gedicht zu schreiben.[6] Die friedlichen bukolischen Landschaften rufen religiöse Empfindungen in ihm wach: «Ich bin hier, um die Götter zu suchen, die Götter zu verehren, sie zu lieben und sie herrschen zu machen über mich.»[7] Allein, die Einsamkeit und das Einssein mit der korfiotischen Natur sind nicht von langer Dauer. Hauptmann beobachtet im «Garten der Kirke» eine Reisegruppe von «300 Philistern». Ein fotografierender Spießbürger erregt seinen speziellen Zorn: «Lieber das letzte Schwein in Deinem Garten, als solch ein Europäischer Wurstkönig der Reisen macht.»[8]

Gerhart Hauptmann verschließt die Augen nicht vor den konkreten und oft prekären Lebensumständen der Menschen auf Korfu. «Lumpen, Lumpen. Höhlen der Armuth und Bettelei», schreibt er im Tagebuch ergriffen, um anzufügen: «Es riecht nach Müll. Man sieht Männer bei der Feldarbeit. Die Weiber faulenzen im Dreck und sonnen sich.»[9] Bettelnde Kinder lassen sich nur schwerlich abweisen. Hauptmann beobachtet angeekelt, wie ein Bettler hinter dem Hotel, in dem er abgestiegen ist, im Unrat wühlt und die Schalen von ausgekauten Orangen hinunterschluckt. Die Szene erinnert Hauptmann typischerweise an Homer, der dem spätgriechischen Historiker Pausanias zufolge als blinder Bettler von Ort zu Ort gezogen sei.[10]

Schroffe Gegensätze zwischen idealem Griechentum und heruntergekommener Lokalbevölkerung durchziehen Hauptmanns Aufzeichnungen, die häufig melancholisch grundiert sind: «Diese, dem Untergang verfallenen Reste einer edlen, tüchtigen, mir verwandten Race, erfüllen mich mit schmerzlicher Trauer.» Er inszeniert sich als letzter Zeuge, bevor noch die wenigen verbliebenen Reste wahren Griechentums verschwunden sind.[11] In den Korfioten vermag Hauptmann nichts Südländisch-Italienisches zu erkennen, vielmehr seien sie in ihrer Wesensart mit den Germanen verwandt. Verwundert beschreibt er Begegnungen mit einem blonden, blauäugigen Mädchen mit zartweißer Haut und einem rotbärtigen und ebenso blauäugigen Korfioten, der sich in Helgoland nicht als fremdartig ausgenommen haben würde.[12]

Zwei Wochen bleibt die Gruppe auf Korfu, bevor sie zu anderen griechischen Inseln und entlang der türkischen Mittelmeerküste weiterreist. Ein Jahr nach der Reise gibt Gerhart Hauptmann seine stark bearbeiteten Tagebuchaufzeichnungen als *Griechisches Tagebuch* heraus. Der Band trifft den Nerv der Zeit und dient als Vorlage für viele weitere Korfu-Reiseberichte kontinentaleuropäischer Schriftsteller, die in ihren mythologischen Referenzen oft ähnlich, in der Plastizität der Beschreibung aber meist weniger anschaulich sind.

In vielen zukünftigen Werken Hauptmanns, nicht nur in seinen gelehrten Versepen, finden sich Anspielungen, die auf seinen griechischen Aufenthalt verweisen. Auch sein bei der Kritik (aber nicht beim Publikum) durchgefallener utopischer Roman *Die Insel der Großen Mutter* von 1924 scheint wie die Ausarbeitung einer Tagebuchnotiz, die er auf der Fahrt nach Korfu geschrieben hat: «Im Reiche des Ideellen taucht die Insel auf und die ‹glückselige Küste› als Symbolum letzter Ziele.»[13] Der hochgradig unwahrscheinlichen Erzählung Hauptmanns nach haben sich rund hundert Frauen und ein einziger zwölfjähriger Knabe namens Phaon nach einem Schiffbruch auf eine Südseeinsel retten können. Alle Männer, die mit ihnen von Cuxhaven aus unterwegs waren, sind in den Meeresfluten ertrunken.

Das bald «Île des Dames» genannte Eiland, auf dem sie gestrandet sind, erinnert in seiner Beschaffenheit verblüffend an Korfu und andere griechische Inseln, was dadurch noch unterstrichen wird, dass Hauptmann in der Beschreibung ständig Versatzstücke aus der griechischen Mythologie einflicht. Mit einem Garten der Götter vergleicht er die Insel, die gestrandeten Frauen mit hesperischen Nymphen, «die den Baum des Lebens mit seinen Hesperidenäpfeln, den goldenen Geschenken der Erde an Hera, bewachten».[14]

Eine unfreiwillig komische Note erhält die *Die Insel der Großen Mutter*, wenn die Frauen in der paradiesischen Umgebung anfangen, in emsiger germanischer Kolonistinnenmanier nicht nur Häuser in deutscher Bauweise, sondern unter der Führung der resoluten Malerin Anni Prächtel ein recht formales Staatswesen zu zimmern. Sie fabrizieren deutsche Gemütlichkeit. Nicht eigentlich aus einer feministischen Perspektive geschrieben, sagt der Roman doch etwas über das große Selbstbewusstsein und die Fertigkeiten aus, mit der Frauen in der Vorstellung Hauptmanns agieren, wenn sie denn von den Männern nur gelassen werden. In ihrer vorwärtsgerichteten Weltsicht scheint ein Gefühl wie Trauer über die ertrunkenen Männer nicht vorzukommen.

Als eine theosophisch inspirierte Kolonistin unverkennbar schwanger wird, obschon es auf der Insel weit und breit keinen Mann gibt, kommt die Frage der Traszendenz ins Spiel: Die Frau erzählt von einer mystischen Vereinigung mit dem Schlangengott Mukalinda. Die Siedlerin Miss Hobbema fängt daraufhin an, sich als Prophetin des Mutterkultes zu inszenieren: «Dieser Hesperidenmythos ist es, der dem Atmungsbedürfnis meiner Seele am meisten entspricht», deklamiert sie und fährt fort: «Ich empfinde und sehe die Insel, die, wie unsre, außerhalb der Welt gelegen ist, dicht bei den Gorgonen, hart an den Grenzen des ewigen Dunkels.» Worauf sie fast nicht anders kann, als sich selbst als Hygieia, eine der «lichtberauschtesten Töchter der Nacht», zu fühlen.[15] Im weiteren Fortgang des Romans, der hier nur angedeutet werden soll, werden immer mehr Kinder geboren. Die Knaben unter ihnen verbannen die Kolonistinnen auf die andere Seite der Insel. Am Schluss kommen die beiden Geschlechter wieder zusammen, und dies nicht nur im übertragenen Sinn, sondern in einer veritablen dionysischen Orgie. Die Macht des Eros triumphiert.

Lange nach seinem Aufenthalt in Griechenland kommt Gerhart Hauptmann seinen Erfahrungen in Korfu noch einmal nahe. Mit großer Zustimmung liest der in Nazideutschland verbliebene Dichter 1938 die Abhandlung Studien zu Gorgo von Kaiser Wilhelm II. «Großartig» kritzelt er an den Rand, unmittelbar neben den Satz: «In den grausigen Höhlen des Erdinnern war [die Gorgo] nicht das freundlich strahlende Tagesgestirn, sondern eine unheilbringende Macht der Finsternis, die Furcht und Entsetzen verbreitete».[16] Ein letztes Mal beschäftigt ihn die Frage, wie die Krisensymptome der gesellschaftlichen Ordnung, die er bemerkt, spirituell gedeutet werden können. In der Flucht in einen imaginär mythologischen Raum unter weitgehender Ausklammerung der konkreten politischen Prozesse bestätigt sich erneut sein früheres Griechenland-Bild: Er sucht, sogar noch zu einer Zeit, als die Verbrechen der Nationalsozialisten längst offensichtlich sind, nach einer Einheitserfahrung, in der die Zersplitterung der Moderne aufgehoben ist: Die dionysischen Urtriebe sollen mit der apollinischen Klarheit zur Versöhnung gebracht werden. Am besten gelingt dies auf einer idealen südlichen Insel, ob sie nun Korfu oder Île des Dames heiße.

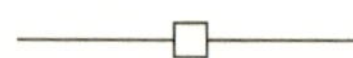

So eng verbunden wie seinerzeit in Capri sind die beiden Brüder Carl und Gerhart Hauptmann später nur noch selten. Ihre Wege trennen sich, obschon sie 1890 mit ihren Familien ein gemeinsames Haus in Schreiberhau, im heutigen polnischen Riesengebirge nahe der sächsischen Grenze, beziehen. Trennend wirkt vor allem der auch weiterhin ungleich verteilte Erfolg. Der Ältere, Carl Hauptmann, hinkt dem Jüngeren immer hinterher, als promovierter Naturwissenschaftler, der auch Dichter sein möchte, erfährt er mit seinen ersten Dramen kaum Anerkennung, während Gerhart schon fast zu einer Institution aufgestiegen ist und 1912 den Nobelpreis erhalten wird.

1898 lässt Gerhart Hauptmann sein von Presse wie Publikum begeistert aufgenommenes Märchendrama *Die versunkene Glocke* vom Worpsweder Künstlers Heinrich Vogeler illustrieren. In bester Jugendstilmanier steuert dieser besinnliche Zeichnungen mit geschwungenen Formen

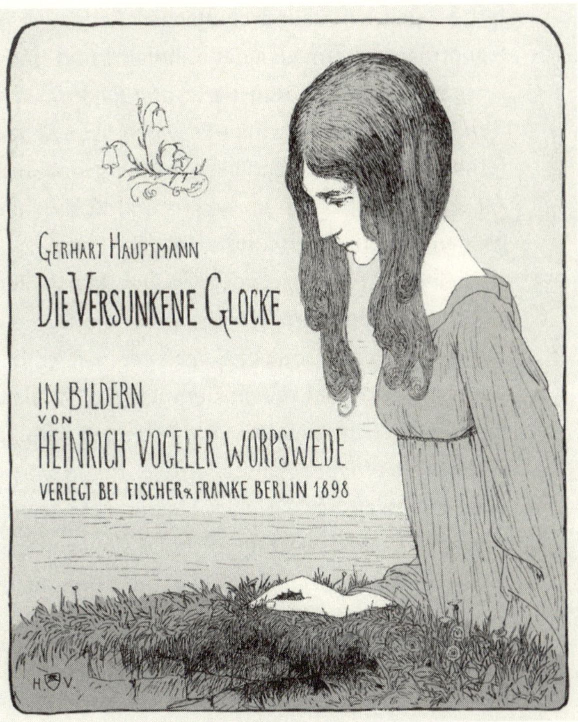

Gerhart Hauptmann lässt sein Märchendrama *Die versunkene Glocke* vom Worpsweder Jugendstilkünstler Heinrich Vogeler illustrieren.

und floralen Mustern bei. Trotz seiner Bekanntschaft mit Vogeler wird Gerhart Hauptmann selbst nicht nach Worpswede im Teufelsmoor nördlich von Bremen fahren, wohl aber sein Bruder Carl. Ein Jahr später, ohne jemanden in der Künstlersiedlung dort zu kennen, mietet er sich ganz allein in einem «rothen, niedrigen, strohdachenen Häuschen» ein, was auch als Flucht vor seinem übermächtigen Bruder gesehen werden kann, mit dem er nicht mehr unter einem Dach leben will.

Die «Verpflegung und die Enge der Räume» wollen ihm in Worpswede anfänglich nicht recht behagen. Aber fokussierte Schreibarbeit ist hier auch gar nicht sein Ziel. Er unternimmt lange Spaziergänge ins Moor und entlang der Kanäle. Bewusst nimmt er die Eigenheiten der 1889 gegründeten Künstlersiedlung wahr.[17] Bald freundet er sich mit den in Worpswede ansässigen Künstlern an, in erster Linie Otto Modersohn und Heinrich Vogeler. Bei seinem zweiten Aufenthalt im Jahr darauf liefert er sich ein freundschaftliches Rededuell mit Rainer Maria Rilke. Hauptmann nimmt an einer Kahnfahrt und einem Schützenfest teil, das er später in seinem Künstlerroman *Einhart, der Lächler* nur wenig verfremdet beschreiben wird: «Es waren helle Zelte gebaut nahe einem Kiefernhügel, der gegen den blauen Äthergrund der weiten Nacht ragte. [...] Alt und jung strömte um Wurst- und Kuchenbuden und hin in das von grünen Reisern durchduftete Zelt, worin die jungen Paare tanzten.»[18]

Seiner zu Hause gebliebenen Frau Martha teilt Carl Hauptmann mit: «Zum Schreiben kam ich nicht, aber die Tage sind reich an fruchtbaren Gefühlen.»[19] Das Gedicht *Erdgeboren*, das er ihr in einem anderen Brief beilegt, umschreibt seinen Gemütszustand, als ob er nach langem Umherirren endlich ein Stück Erde gefunden hätte, auf dem sein Geist sich in die Lüfte erheben könnte: «Ueber mir in wolkigen Lüften / Jubeln Lerchen traumverloren / Tief im Heidekraute lieg ich / Fühl mich erdgeboren. [...] Ganz als ob ich der Scholle / Ausgeflogen wär mit Schwingen, / Hoch im Sommerwind aufsteigend / Erde halb – und halb auch Klingen.»[20]

Wie sehr dieses Gefühl der Beschwingtheit und Freiheit auf Autosuggestion beruht, muss offenbleiben. Denn in seinen Briefen, die Carl Hauptmann später hauptsächlich mit den Künstlern Otto Modersohn und Heinrich Vogeler wechselt, tritt uns häufig ein Zweifelnder entgegen, der sich nicht mit den festgefügten Verhältnissen abfinden mag. Mit den beiden Künstlern verbindet ihn die Ablehnung der «Industriemenschen». Ihr «Tiefgrund vulkanischen Feuers» sei noch nicht von den Schlacken der «öffentlichen Industrie- und Genusswelt» überschüttet worden sei, schreibt er in einem Brief an Otto Modersohn.[21]

Am 23. September 1900 findet im Stadttheater Altona die Hamburger Premiere von Carl Hauptmanns Stück *Ephraims Breite* statt, wozu er alle seine Worpsweder Freundinnen und Freunde einlädt. Diese leisten der Einladung gerne Folge und verbinden den Aufenthalt in Hamburg mit einer Reihe von anderen Aktivitäten wie dem Besuch der Privatgalerie Behrens und der Kunsthalle. Für das im gebirgsschlesischen Dialekt geschriebene und aufgeführte Stück können sie sich wenig erwärmen. Dem links liegen gelassenen Autor schreibt Paula Becker, die bald Otto Modersohn heiraten wird, später entschuldigend über das Worpsweder

Grüppchen, das zu viel mit sich selbst beschäftigt gewesen sei: «Wir haben uns alle hinterher Vorwürfe gemacht, rücksichtslos gewesen zu sein. [...] Aber die große Stadt und das Glück, die hatten uns benommen.»[22]

Gleichgültigkeit ist das eine, vernichtende Kritik das andere. Letztere erntet Hauptmann bei der Berliner Premiere seines Stücks im Dezember 1900. Der sozialistische Publizist Franz Mehring trifft schon zu Anfang seines Verrisses, wahrscheinlich ungewollt, einen wunden Punkt: «Wenigstens ist Carl Hauptmann erst mit seinem dritten Stücke, ‹Ephraims Breite›, einem Schauspiel in fünf Aufzügen, auf die Berliner Bühne gedrungen, und auch nur erst ins Schiller-Theater, das den rauen Pfad des beginnenden Bühnendichters nicht so zu ebnen vermag wie das Deutsche Theater, an dem Gerhart Hauptmann heimisch ist.» Nichts an dem Stück mag den Kritiker zu überzeugen: Der krampfhaft verwendete schlesische Dialekt, «der unter den deutschen Dialekten sicherlich nicht der anmutigste ist», stört ihn ebenso wie die Dorfgeschichte «von nicht gerade großer Originalität». Zwar habe der Dichter «mit großem Fleiß und sinnigem Talent gearbeitet», ein vergiftetes Lob, das wie ein Hohn klingt, denn die Charaktere wie den «braven, eigensinnigen, polternden Bauernvater bis zu dem leichtfertig-sentimentalen Harfenmädel» sind Mehrings Urteil zufolge zu sehr nach der Schablone gezeichnet. Und die Hauptgeschichte, in der gezeigt werde, wie «Bauernblut und Zigeunerblut» nicht miteinander fertigwerden, scheint ihm ebenfalls zu hölzern.[23]

Jeder Autor, der Herzblut in sein Werk investiert und Hoffnungen mit ihm verbunden hat, wird von so einer Kritik geknickt sein. Carl Hauptmann schüttet den Worpsweder Freunden in langen Briefen sein Herz aus. Mit Bitterkeit und Sarkasmus schreibt er an Otto Modersohn: «das volle Herz von Wohlwollen und Achtung, was die Berliner Zeitungsschreiber über einen ausschütten, könnte einen schier vergraben, und wenn man nicht den Blick einfach ganz abwendete, und in die eigene zukünftige Welt, die man wahr machen will, hineinschaute, könnte man arm werden an Lebensgefühl.» Eine alte Wunde ist wegen des Stücks ebenfalls neu aufgerissen: Sein Bruder Gerhart hat es versäumt, eine Aufführung von *Ephraims Breite* zu besuchen. «Vielleicht wünschte er, die Welt mag glauben, ich sei ihm gleichgültig», schreibt der hoch enttäuschte Carl Hauptmann, der diese «Feigheiten des Charakters» nur schwer verwinden kann. Aber er verberge seine aufrichtigen Schmerzgefühle immer. «So leben wir nebeneinander, wissen, dass wir uns in tiefster Seele verwandt und in innersten Lebensgefühlen verbunden sind, und können nicht zueinander.» Otto Modersohn sendet ihm daraufhin in einem Brief Zuspruch und schickt ihm Skizzen von mehreren Gemälden, die er gerade ausarbeitet, darunter *Elfenreigen* und *Birkendamm* (Tafel 12).[24]

Die beiden Männer, den Dichter und den Maler, verbindet ihr kompliziertes Verhältnis zu Frauen. Hauptmann nimmt Anteil, als Modersohns erste Frau nach langer Krankheit stirbt, und erneut, als die zweite Frau, die vielversprechende Malerin Paula Becker, ihren Ehemann und Worpswede in Richtung Paris verlässt, um dort selbstbestimmt eine künstlerische Ausbildung anzufangen. In dieser Zeit gerät auch Carl Hauptmanns Ehe in die Krise, was ebenfalls mit Worpswede zu tun hat: Seine Frau Martha fühlte sich unter seinen Künstlerfreunden nie gut aufgehoben, rückblickend schreibt sie, dass sie das peinigende Gefühl hatte, «als ob er mich in diesem Kreise nur etwas verlegen, oder doch spröde einführe».[25] Carl Hauptmann fängt an, sich innerlich von ihr zu lösen. Bei einem erneuten Aufenthalt in Worpswede verliebt sich der Achtundvierzigjährige bei Fotoaufnahmen in die deutlich jüngere Malerin und Generalstochter Maria Rohne.

Ende 1907 besucht sie ihn in seinem Haus in Schreiberhau. Auch aus Gründen der Diskretion reist das Ehepaar Vogeler mit. Den Silvester verbringen sie bei Bruder Gerhart in dessen 1900 erbautem Haus Wiesenstein im nahe gelegenen Agnetendorf. Es ist eine prächtige Villa, einer Burg ähnlich, mit bemalten Wänden und Räumen, in denen Statuen, schwere Teppiche und Möbel mit Intarsien vom Reichtum und Geschmack seines Besitzers zeugen. Beim späteren Sozialisten Vogeler löst dies, wie mutmaßlich auch bei Carl Hauptmann, gemischte Gefühle aus: «Die Üppigkeit von Gerharts Dichterheim stand im direkten luxuriösen Gegensatz zu Carls Heim. Eine fürstliche Verpflegung, die wir genossen, überbot alle mein lukullischen Lebenserfahrungen, ohne meine Sympathien für den Dichterfürsten zu vergrößern.»[26]

Die Gesellschaft gießt Blei, notiert Gerhart Hauptmann im Tagebuch: «Und der die Schmelzkelle hielt sagte: ich halte das Schicksal in der Hand!» Dasjenige seines Bruders sieht er in «Frl. Maria Rohne», damit sich dessen vereinsamtes Haus in Schreiberhau wieder belebe.[27] Er hat mit seiner Prophezeiung recht: Die beiden heiraten im kommenden Oktober. Bevor sie als frisch vermähltes Paar auf Hochzeitsreise in die USA fahren, besuchen sie zunächst für ein paar Tage Worpswede.

Worpswede

Farbdämon

Fritz Mackensen schaukelt auf dem Dach des Omnibusses «zwischen Körben, Säcken und Paketen» hin und her. Er hört dem Getrappel der Pferde zu und fährt in luftiger Höhe von Lilienthal an seinen Bestimmungsort. Ungestört sammelt er auf dieser Fahrt Eindrücke der Landschaft. Was er sieht, beflügelt ihn. In Worpswede angekommen, lässt ihn die Aussicht vom nahe gelegenen Weyerberg in Begeisterungsstürme ausbrechen: «Ich weiß nicht, ob sie schon einmal beobachtet haben, wenn bei sinkender Sonne verschieden hoch übereinander schwebende Wolkengebilde das Licht fangen. Dann gibt es Farben von Dunkelviolett, Kupferrot, Gold und Silber, und da wo der Äther aufblitzt, erscheint er grünlich oder in den Gebieten der silbernen Cyrruswolken seidig blau. Unter einer solchen Herrlichkeit lagen die dunklen Äcker mit den Hafergaben, den weinroten Stoppeln des Buchweizens, den schwarzen Schollen der umgepflügten Erde [...].» Mit dieser farbintensiven Umschreibung der Naturlandschaft Worpswedes streicht Mackensen im Rückblick den Charakter des Ortes heraus, dem er seinen Erfolg als Künstler zu verdanken hat.

Was für eine Steigerung zu Mackensens erstem bekannten Brief aus Worpswede! 1884 hat er den Ort einzig mit «sehr hübsch» umschrieben und zusätzlich die malerischen Heideflächen und die alten Häuser mit Strohdächern lobend hervorgehoben.[1] Damals ist Worpswede ein unbedeutendes Dorf in der Moorgegend beim Weyerberg rund dreißig Kilometer nördlich von Bremen. In der vierten Auflage von Meyers Konversationslexikon 1890 kommt Worpswede überhaupt noch nicht vor. In der fünften Auflage von 1897 werden immerhin die evangelische Kirche, die Ziegelbrennerei, das bis heute auf dem Weyerberg bestehende Denkmal Findorffs (mit der Erklärung, dass er der Begründer der Moorkolonien sei) sowie die Einwohnerzahl von 700 als erwähnenswert befunden. Zusätzlich ist dort zu lesen: «Seit 1895 ist W. oft genannt als Sitz einer Kolonie von Figuren und Landschaftsmalern, welche die dortige Natur mit strenger Wahrheitsliebe in naturalistischem Sinn wiedergeben.»

Wie Barbizon ist auch Worpswede nahe einer Stadt gelegen und ohne beschwerliche Reise erreichbar. Hans Bethge meint jedoch 1907 zwischen beiden Künstlerkolonien einen gravierenden Unterschied feststellen zu müssen. Anders als Barbizon sieht er Worpswede nicht als «Ableger eines größeren Kunstzentrums. Es ist selbst ein Kunstzentrum.»[2] Beide Ort eint jedenfalls, dass sie für die Natürlichkeit ihrer Umgebung bekannt sind. Doch weder hier noch dort ziehen die Künstlerinnen in eine Wildnis: In Worpswede ist die Gegend um die Flüsse Wümme, Hamme und Wörpe erst in der Mitte des 18. Jahrhunderts mit der Urbarmachung unter der Aufsicht des Moorkommissars Jürgen Christian Findorff so verändert worden, dass sich die typischen, scheinbar «natürlichen» Merkmale wie die schnurgeraden Moorgräben zeigen. Die ganze Landschaft ist vom Torfbau und der Moorkultivierung geprägt.

Mackensens Erinnerungen, in denen er seine Ankunft in Worpswede wie ein religiöses Erweckungserlebnis beschreibt, sind keineswegs einzigartig. Sie entsprechen geradezu einem Genre. Sehr ähnlich hat Richard Muther über die Farben der Landschaft geschrieben, als er 1901 in den Künstlerort fährt: «Eine Fahrt nach Worpswede ist eine Staroperation: als schwinde plötzlich ein grauer Schleier, der sich zwischen die Dinge und uns gebreitet.» Er fragt sich: «Haben diese Bauern einen Farbendämon im Leib? Oder ist's nur die Luft, die weiche feuchtigkeits-durchsättigte Luft, die alles so farbig macht, so tonig und strahlend?»[3] 1897 notiert Paula Becker in ihr Tagebuch: «Worpswede, Worpswede, Worpswede! Versunkene Glocken-Stimmung! Birken, Birken, Kiefern und alte Weiden. Schönes braunes Moor, köstliches Braun», und ihr späterer Ehemann Otto Modersohn schreibt: «Ich fand ein höchst originelles Dorf; der hügelige sandige

Boden im Ort selbst, die großen bemoosten Strohdächer und nach allen Seiten, soweit man sehen konnte, alles so weit und so groß wie am Meer.»[4] Endlos ließen sich solche Zitate aneinanderreihen. Beliebt in Katalogbeiträgen ist auch Fritz Overbecks Ode an den Worpsweder Himmel: «Was hülfen uns unsere Strohhütten, Birkenwege und Moorkanäle, wenn wir diesen Himmel nicht hätten, welcher alles, selbst das Unbedeutendste adelt, ihm einen unsagbar koloristischen Reiz verleiht, der Worpswede schließlich erst zu dem macht, was es ist.»[5] Soll es noch ein Zitat mehr sein? Rainer Maria Rilke – als Elfjähriger hatte er 1886 schon Altaussee besucht[6] – bietet sich an: «Flach liegt [das Land] da, fast ohne Falte, und die Wege und Wasserläufe führen weit in den Horizont hinein. Dort beginnt ein Himmel von unbeschreiblicher Veränderlichkeit und Größe.»[7]

Zitate, wie geschaffen für die Fremdenverkehrswerbung: Die Bedeutung des Künstlerorts wird allein auf seine «natürlichen» Eigenschaften zurückgeführt. Dabei wird außer Acht gelassen, wie stark solche Zuschreibungen der Selbststilisierung der Künstler dienen und wie austauschbar sie im Grunde genommen sind. In Worpswede besteht die «Einzigartigkeit» aus dem rauen flachen Land, dem schweren Moorboden und ganz besonders aus dem Himmel mit seinen Wolkenspielen, in Barbizon sind es die Felsformationen im Wald und in Skagen die bewegte Dünenlandschaft. Diese landschaftlichen Eigenheiten heben den Ort im Vergleich zu anderen heraus und verleihen ihm eine spezifische Eigenschaft, die ihn unverwechselbar macht. Als mit nahezu beliebigen Inhalten auffüllbare Signifikanten stehen sie für eine besondere Nähe zur Natur, die im Gegensatz zum städtischen Leben zu sehen ist.[8]

Gegen den Akademismus

Die Anfänge der Künstlerkolonie Worpswede verlaufen schleppend. Zwar haben sich in den späten 1880er Jahren eine Handvoll Maler definitiv entschieden, ihren Wohnsitz ganzjährig in das Dorf zu verlegen. Zu ihnen zählen neben Fritz Mackensen auch Hans am Ende, Fritz Overbeck und Otto Modersohn, 1894 stößt Heinrich Vogeler hinzu. Der in Bremen gebürtige Carl Vinnen lebt auf dem väterlichen Gut Osterndorf in mehr ideeller als geografischer Nähe. Zunächst kommen die Maler bei Bauern unter, doch bald ziehen sie in eigene Häuser, die sie nach ihren Vorlieben umgestalten und ausbauen. Schnell verstehen die Maler sich als Gruppe; trotz aller individuellen Eigenheiten verfolgen sie gemeinsame Ziele. Zur Durchsetzung ihrer Interessen gründen sie 1894 den «Künstler-Verein Worpswede». Erst mit der Zeit schließen sich der stark männlich geprägten Gruppe auch Malerinnen wie Paula Becker, die 1901 den verwitweten Otto Modersohn heiraten wird, Ottilie Reylaender und die Bildhauerin Clara Westhoff an.

Auffallend ist, dass alle prägenden Figuren Worpswedes deutscher Muttersprache sind. Anders als bei französischen, italienischen oder skandinavischen Künstlerkolonien scheint die internationale Anziehungskraft besonders in der Anfangszeit gering. Gleichwohl ist in Worpswede der französische Einfluss unübersehbar, nicht nur weil viele Malerinnen mehr oder weniger direkte Verbindungen zur Pariser Kunstszene pflegen. Dem französischen Beispiel verpflichtet ist in Worpswede auch die Wendung gegen den «Akademismus». Die Maler sind bestrebt, außerhalb des Ateliers, in der freien Natur zu malen und sich von den rigiden Vorgaben der durch den Kaiserhof geförderten Salon- und Historienmalerei zu befreien. Deren altbackener Prunk, mit dem beispielsweise Anton von Werner die Kaiserkrönung Wilhelms I. im Spiegelsaal von Versailles 1871 in Szene gesetzt hat, steht quer zu ihrem Lebensgefühl.[9] Mit Pathos schreibt Otto Modersohn in sein Tagebuch: «Wir werden Feuer und Flamme, fort von den Akademien, nieder mit den Professoren und Lehrern, ‹die Natur ist unsere Lehrerin, und danach müssen wir handeln›.»[10]

Gleichsam mit den Augen Jean-François Millets, des wichtigsten Vorbilds der frühen Worpsweder Maler, hält Modersohn in der Umgebung nach malenswerten Motiven Ausschau. Begeistert notiert er sich: «Herrlich grauer Tag. Weib auf dem Acker gegen die Luft – Millet. Bleiben auf der Brücke, die dort über den Kanal führt, stehen, nach allen Seiten die köstlichsten Bilder. Wie wäre es, wenn wir überhaupt hierblieben?»[11] Richard Muther sieht den Maler Fritz Mackensen ebenso verwachsen mit der Bevölkerung «wie Millet in Barbizon».[12]

Unübersehbar sind viele Worpsweder Gemälde vom Einfluss Barbizons geprägt. Typisch sind Landschaftsgemälde, in denen die Menschen entweder ganz fehlen oder als klein und verwundbar dargestellt sind. Gerne malt Fritz Overbeck ziehende Wolken über einer menschenleeren Landschaft. Nirgendwo scheint die Stadt ferner als auf solchen Bildern.[13] In ihrem Stimmungsrealismus wenden sich die Worpsweder Maler der Landbevölkerung zu. Sie entdecken archetypische Szenen von tiefer emotionaler Bedeutung, von denen sie sich gerne affizieren lassen: «Dort ruht ein Moorbauer, die Pfeife qualmend, vor der Haustür aus. Oder ein Kind ist gestorben. In der weiten Diele haben sich die Leidtragenden – in schwarzem altväterischem Rock, hohe rauhhaarige Zylinder auf dem Kopf – versammelt. Doch sie klagen nicht. Stumm, wie steifgefroren, sitzen sie da. Alles rührselig Pathetische ist diesen harten, wortkargen Menschen fremd.»[14]

Ihren Durchbruch schaffen die Worpsweder Maler erst 1895 mit einer Ausstellung im bemerkenswerten Münchner Glaspalast. Der zweistöckige Bau im Münchner botanischen Garten verströmt mit seiner transparenten Bauweise aus Glas und Eisen Modernität. Nach dem Vorbild des Glaspalasts der Londoner Weltausstellung von 1851 aus vorgefertigten Teilen errichtet, spiegelt sich in ihm das Zeitalter der aufkommenden Eisenbahnen und der Elektrifizierung. In diesem hypermodernen Ambiente werden nun Werke ausgestellt, in denen jegliche Spuren der Modernität getilgt sind, idyllische Bilder, die eine heile Landschaft mit Birken und strohbedeckten Katen zeigen und Ziegen, die am Wegesrand grasen. Für sein Gemälde *Gottesdienst im Freien* wird Fritz Mackensen die Goldmedaille zugesprochen. Der Bayerische Staat kauft für seine Pinakothek Otto Modersohns *Sturm im Teufelsmoor.*[15]

Doch im Erfolg ist bereits das Scheitern angelegt. 1899 kommt es zum Bruch in der Künstlervereinigung Worpswedes. Modersohn, Overbeck und Vogeler treten nacheinander aus dem Verein aus. Alle wollen ihren Stil individuell weiterentwickeln. Auch das einstige verschlafene Dorf im Moor beginnt sich zu verändern, wie in der *Wümme-Zeitung* hervorgehoben wird: «Die Anwesenheit dieses lustigen Künstlervölkchens bringt natürlich unserem Ort viel Nahrung, ganz abgesehen von dem Ruhm, welcher sich durch die Erfolge der Künstler naturgemäß auch an den Namen Worpswede knüpft.»[16] Beschreibt diese Aussage noch die inspirierende Atmosphäre einer Künstlerkolonie, oder ist sie bereits als Standortmarketing zu werten? Die Künstler jedenfalls nehmen die Entwicklung mit gemischten Gefühlen auf. 1900 beklagt sich Vogeler: «Dabei ist alles hier so trostlos geworden. Worpswede wird Villencolonie.»[17] 1903 wird schon der Verschönerungsverein Worpswede gegründet, der erste seiner Art in Deutschland.

Mädchen mit Freiheitsdrang

Zum Worpswede-Boom beigetragen hat der Dichter Rainer Maria Rilke. Im Sommer 1900 besucht er auf Einladung Heinrich Vogelers nach einer Russlandreise erstmals dessen «rosenbehangenen Barkenhoff». Er schließt Bekanntschaft mit zahlreichen Malern, von denen er sich in ihre Ateliers einladen lässt. Seine einflussreiche Monografie über Worpswede erscheint im Frühling 1903, als der Dichter bereits wieder in Paris lebt. In fünf Einzeldarstellungen nähert sich der Dichter Fritz Mackensen, Otto Modersohn, Fritz Overbeck, Hans am Ende und Heinrich Vogeler an. Die Frauen werden in seiner Darstellung weitgehend übergangen, obschon Rilke mit Paula Modersohn-Becker viel engeren Kontakt gepflegt hat als mit ihrem Ehemann.

Die 1876 in Dresden geborene Paula Becker nahm nach dem Besuch des Lehrerinnenseminars privaten Malunterricht. Als Frau blieb ihr aber die Möglichkeit verwehrt, an einer Kunstakademie zu studieren. 1897 lässt sie sich in Worpswede nieder, wo sie unter den dort niedergelassenen Malern sogleich Anschluss findet. Bei Fritz Mackensen nimmt sie Unterricht. Die Heirat mit dem elf Jahre älteren und verwitweten Otto Modersohn 1901 macht sie mit einem Schlag zur Hausfrau und zur Stiefmutter. Sie will sich aber nicht allein auf die häusliche Sphäre beschränken. Regelmäßig malt sie in ihrem «Lilienatelier» auf dem Brünjes-Hof.

Hier wird sie von Rilke mehrfach besucht; in seinen Notizen hält Rilke vier Abendgespräche fest, die von großer Übereinstimmung geprägt sind. Die beiden verbindet die gleichen Lesevorlieben (Jens Peter Jacobsen, Maurice Maeterlinck, Richard Beer-Hofmann), und beide sind der Auffassung, dass das wahrhaft Künstlerische sich aus dem Kindlichen entwickeln müsse. Die Gespräche helfen ihnen, ihre Gedanken zu schärfen. Rilke notiert sich: «Dann war ich im Lilienatelier. Tee erwartete mich. Eine gute und reiche Gemeinsamkeit in Gespräch und Schweigen. Es wurde wundersam Abend; wovon die Worte gingen: von Tolstoj, vom Tode, [...] vom Leben und von der Schönheit in allem Erleben, vom Sterbenkönnen und Sterbenwollen, von der Ewigkeit und warum wir uns Ewigem verwandt fühlen. Von so vielem, das über die Stunde hinausreicht und über uns. Alles wurde geheimnisvoll. Die Uhr schlug eine viel zu große Stunde und ging ganz laut zwischen unseren Gesprächen umher. – Ihr Haar war von florentinischem Golde. Ihre Stimme hatte Falten wie Seide. Ich sah sie nie so zart und schlank in ihrer weißen Mädchenhaftigkeit.»[18]

Häufig rückt Rilke in seinen Notizen Paula Becker selbst in die Nähe eines Kindes, indem er sie verniedlichend als «Mädchen» bezeichnet. Sein Verhältnis zu ihr und Clara Westhoff, die er ebenfalls in Worpswede kennenlernt und alsbald heiratet, drückt er in einem Gedicht wie folgt aus: «Keine darf sich je dem Dichter schenken, / wenn sein Auge auch um Frauen bat; / denn er kann euch nur als Mädchen denken.»[19] Eine ferne Inspirationsquelle sind sie dem Dichter. Aber seinen schwelgerischen Zeilen ist auch zu entnehmen, dass er sie, bei aller Hochachtung vor ihnen, nicht als gleichberechtigte Künstlerinnen anerkennt.

In dieses festgefügte Schema möchte sich Paula Modersohn-Becker nicht pressen lassen. Ihr Freiheitsdrang ist ungebrochen, sie hat den Wunsch, möglichst unabhängig zu sein. Immer wieder bricht sie nach Paris auf, was ihr Ehemann Otto Modersohn zwar nicht gerade begrüßt, aber zähneknirschend zur Kenntnis nimmt, aus Angst, sie sonst ganz zu verlieren. Ihn selber reizt die Großstadt nicht, er fühlt sich der Worpsweder Landschaft verbunden.

In Paris lernt Paula Modersohn-Becker die Bilder von Cézanne und Gauguin kennen. In ihrer eigenen Malerei beginnt sie sich allmählich vom realistischen Worpsweder Stil zu lösen; sie malt flächiger und tendiert immer stärker zu fast abstrakt scheinenden Vereinfachungen. Ihre Porträts von Erwachsenen und Kindern, die in der Folge entstehen, sind getragen von ihrer genauen Beobachtungsgabe. Die großen Augen strahlen Unschuld und Arglosigkeit aus. In ihren Bildern ist nichts Hochfahrendes, Revolutionsbesessenes und auf den ersten Blick Avantgardistisches, dafür eine tiefe Empathie und Menschlichkeit. «Stille herrscht, kein Lärm, keinerlei modernetypisches Schlachtengetümmel.»[20] 1907, nach ihrer Rückkehr nach Worpswede und wenige Tage nach der Geburt ihrer Tochter, stirbt Paula Modersohn-Becker an einer Embolie. Ihr Ruhm überstrahlt inzwischen den aller anderen Künstlerinnen und Künstler Worpswedes.

Hosendamen

Den Fuß auf den sandigen Moorboden gesetzt haben auch die Künstlerin Julie Wolfthorn und ihre Freundin Adele von Finck. In ihrem Tagebuch vermerkt Paula Becker leicht entrüstet, dass es die beiden ganz offensichtlich am nötigen Respekt mangeln lassen. Am Mittagstisch greifen sie ungeniert mit jugendlichem Heißhunger zu, «Hosendamen» sind sie, emanzipierte Frauen, die im Habitat der Großstadt Berlin besser aufgehoben scheinen als in der Worpsweder Moorlandschaft.

Julie Wolfthorn steht bei ihrem Studienaufenthalt 1897 in Worpswede erst ganz am Anfang ihrer langen Karriere. Geboren wurde sie 1864 in Thorn in Westpreußen, im heutigen Polen. Der Geburtsort war ihr so wichtig, dass sie ihn an ihren ursprünglichen Nachnamen anhängte. Wie viele andere Frauen ihrer Generation studierte Julie Wolfthorn an der privaten Akademie Colarossi in Paris. In München und in der Künstlerkolonie Dachau, wo sie anschließend lebte, stellten sich erste Erfolge ein. Ihre Arbeiten wurden in der Zeitschrift *Jugend* publiziert, zweimal durfte sie sogar das Titelbild gestalten.

Das Leben in Worpswede bringt keine Saite in ihr zum Klingen, die Gegend sagt ihr wenig zu. In einem Brief schreibt sie: «Kleine schmutzige Bauernkinder animieren mich nicht. Nur zu einer Kleinen fühle ich etwas: sie heißt Gescha.» Ob es das Mädchen ist, das Julie Wolfthorn mit einfühlsamem Gestus im Wald sitzend porträtiert hat? Ein klassisches Bild aus Worpswede, nicht einmal die Birken fehlen (Tafel 13).

Julie Wolfthorn vermisst das gesellschaftliche Leben, wie sie ihrer Freundin Ida Dehmel mitteilt. «Die Maler sind nicht zu sehen. Sie bewohnen alle eigne Häuschen, sind zum Teil verheiratet oder beinah, u. zeigen keinerlei Neigung zum Verkehr.» Wie schade! Sie reist bald wieder ab und gehört ein Jahr später zu den Mitbegründerinnen der Berliner Secession, die sich explizit gegen die konservativ-nationalistische Malerei wendet. Eine ebenso große wie tragische Karriere als Künstlerin steht ihr bevor, die sie später auch nach Grez-sur-Loing und Ascona führen wird.[21]

Deutscher Protest und Protest gegen den Protest

Maler aus Worpswede mögen ganz unterschiedliche Ansichten vertreten haben, aber in einem Punkt waren sie sich einig: Malerisch haben Hütten mehr zu bieten als Paläste. «Doch ob die Hütte noch so arm ist, ist sie doch reich an malerischen Schätzen», meint Fritz Overbeck, der mit Gemälden von einsamen Moorlandschaften Bekanntheit erlangt. Um seine Haltung zu erklären, zieht er einen großen Vergleich heran: «Hier hätte Rembrandt sein mystisches Helldunkel gefunden, doppelt geheimnisvoll, wenn ein verirrter Sonnenstrahl durch eine Dachspalte oder die grünlichen Scheiben der Fensterchen in den vom blauen Rauche des Torffeuers erfüllten Raum fällt.»[22] Doch ähnlich wie bei den Gemälden von Jean-François Millet fällt auch bei den Worpsweder Malern auf, dass sie sich lediglich aus malerischen Beweggründen den einfachen Menschen und den Bauern

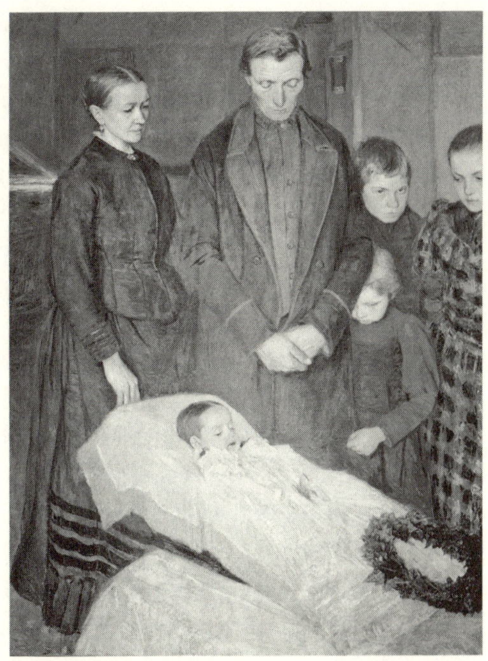

In einer berühmten Studie malt Fritz Mackensen 1896 eine Bauernfamilie, die ihr totes Kind betrauert. Später nähert sich der Maler modernitätskritischem und völkischem Gedankengut an.

zuwenden. Sie romantisieren das Landleben der Moorbauern und stilisieren es zur vermeintlich authentischen Lebensweise, die in den Städten verloren gegangen sei. Häufig berufen sie sich auf Julius Langbehns einflussreiches Werk *Rembrandt als Erzieher*, das in zahlreichen Auflagen erschien. Darin verbinden sich urbanitätskritische mit antisemitischen Tönen zum antimodernen, kulturpessimistischen Refrain. Was als künstlerische Erneuerungsbewegung angefangen hat, gerät so zumindest in Teilen in ein rückwärtsgewandtes Fahrwasser mit zunehmend völkischen Tendenzen.

Besonders Fritz Mackensen tut sich dabei hervor. Je länger er in Worpswede bleibt, desto stärker heroisiert er die einfachen Männer und Frauen des Landes, ablesbar etwa an seinen Gemälden *Trauernde Familie* (1896), *Trinkender Bauer* (1900) oder *Die Scholle* (1910). Schon früh zeigen sich beim militärbegeisterten Mackensen Tendenzen zu einer völkischen Verherrlichung des Landlebens, die sich ab 1933 in einer unverhohlenen Bejahung der nationalsozialistischen

Ideologie und ab 1938 in der Mitgliedschaft in der NSDAP äußern werden.[23]

Auch Carl Vinnen, ein wohlsituierter Bürgersohn, der sich nach Worpsweder Anfängen gerne im belgischen Seebad Knokke aufhält, schlägt 1911 als Initiator der Kampfschrift *Protest deutscher Künstler* in diese Kerbe. «Angesichts der großen Invasion französischer Kunst, die sich seit einigen Jahren bei uns vollzieht, scheint es mir ein Gebot der Notwendigkeit zu sein, dass deutsche Künstler ihre warnende Stimme erheben.»[24] Er polemisiert gegen die gekünstelte französische Kunst, welche den deutschen Markt überschwemme, und betont die Echtheit der deutschen. Zwar gebe es ab und zu «Perlen» unter den französischen Werken, «aber die Menge ist doch derartig, dass es für die Überlegenheit der französischen Kunst keine Beweise liefert».[25]

Sein ressentimentgetriebener nationalistischer Furor bleibt nicht unwidersprochen: In einer Gegenschrift nennt Cuno Amiet, der sein Lehrjahr in Pont-Aven nicht vergessen hat, den Protest das, was er ist, nämlich «für die deutsche Kunst eine Schmach». Er fährt fort: «Es wäre viel stolzer und viel deutscher, wenn die Herren Protestierenden versuchen würden, Bilder zu malen von der Güte eines geschmähten Cézanne und eines verhassten van Gogh.»[26] Und der später staatenlose Emigrant in Frankreich Wilhelm Uhde bemerkt so maliziös wie ironisch: «In Paris sind die Bilder und die Champagnerweine gut; in Deutschland ist es vieles andere.» Er greift Vinnen als Maler und Autor direkt an: «Nachdem seine [Carl Vinnens] literarische Tat nicht glänzender war als seine malerische, warten wir mit Spannung auf den großen Mann, der den Ruhm der sympathischen Torflandschaft rechtfertigen wird.»[27]

In dieser Zeit ist Worpswede längst auf dem absteigenden Ast, eine gewisse Behäbigkeit beginnt sich einzuschleichen. 1914 sieht Curt Stoermer das Interesse an der Künstlerkolonie erlahmt, die Kunstwelt habe sich inzwischen größeren Erregungen zugewandt.[28] Doch der kritische Rezensent, selbst ein junger expressionistischer Maler, kann nicht ahnen, dass nach dem Ersten Weltkrieg in Worpswede unter ganz anderen Vorzeichen eine neue Blütephase anbrechen wird. In erster Linie zu verdanken ist dies Heinrich Vogeler, dem ehemaligen Jugendstilmaler, der sich nach dem Ersten Weltkrieg zum Revolutionär und «Sowjet-Künstler» wandelt. Den Barkenhoff, seinen ehemaligen Rückzugsort, transformiert er in ein sozialistisches Siedlungsexperiment.

Düngerkarren und Bildermalen

1895 hat Heinrich Vogeler mit dem Erbe seines verstorbenen Vaters die alte strohbedeckte Bauernkate Barkenhoff erstehen können. Nach dem Vorbild der englischen Arts-and-Crafts-Bewegung wandelt er sie in ein Gesamtkunstwerk um. Die gesamte Inneneinrichtung gestaltet Vogeler selbst. Dem Erscheinungsbild nach beschreibt ihn Carl Hauptmann als etwas schrullig: «Vogeler ein lieber, stilisirter junger Mann, treuherzig und so im Ganzen mit Häuschen und grünem Pfeifchen und Vatermördern und vorgekämmter Schläfenlocke zierlich und gebrechlich, wie aus der Wertherzeit entnommen.»[29] Vogeler ist in einer Person Möbel- und Schmuckdesigner, Maler, Grafiker und Buchkünstler sowie 1908 Begründer der Worpsweder Werkstätten. Auch der Bahnhof von Worpswede wird nach seinen Entwürfen gebaut, genau wie die Bahnwaggons «der Kleinbahn Osterholz – Scharmbeck – Bremervörde». 1904 folgt ein weiterer Triumph: Vogeler wird eingeladen, die Güldenkammer des Bremer Rathauses zu gestalten, eine Aufgabe, die er mit einem golden-ornamentalen Jugendstilinterieur mit Hingabe löst. Er kann sich vor Aufträgen kaum retten, seine idyllischen Bilder ernten die uneingeschränkte Bewunderung des zumeist bürgerlichen Publikums.[30]

In seinen Gedichten – ja, Dichter ist Vogeler ebenfalls – besingt er eine helle, reine, frühlingshafte Welt: «Die Luft ist warm und von Blüthenduft trunken. / Im steilen Gras, in Blumen versunken, / Ruhn still zwei Menschen Hand in Hand / Und träumen von einem Wunderland» (1899).[31] Die Gedichte erscheinen hoffnungsfroh, zukunftsgewandt. Als die zwei träumenden Menschen mag man sich Vogeler und seine Frau Martha vorstellen. Geheiratet haben sie 1900 mit einer klaren Rollenverteilung: er, der «suchende Ritter» – sie, die ihn inspirierende Muse. Allein, das Glück hält nicht lange, nach we-

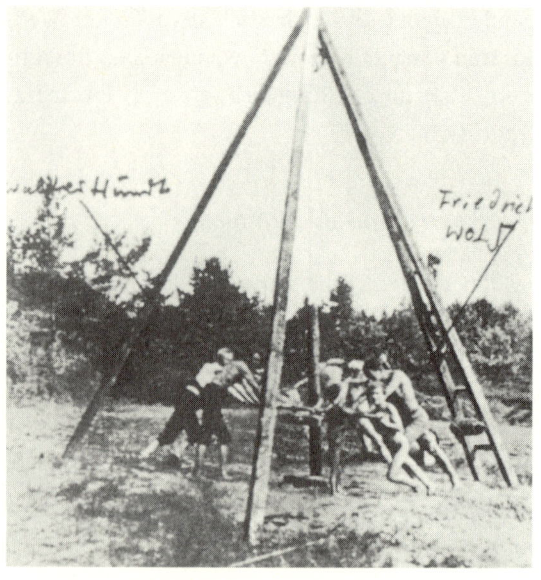

nigen Jahren beginnt es in der Ehe zu kriseln. Sie möchte sich seinen Ansprüchen nicht mehr ständig fügen, er hat noch vor dem Weltkrieg den Eindruck, dass sein Leben und auch seine Kunst in eine Sackgasse geraten sei. Der Kriegsausbruch im August 1914 erscheint ihm als «reinigendes Gewitter», er meldet sich wie viele andere deutsche Künstler sogleich als Kriegsfreiwilliger. Dann die Wandlung: Kurz vor Kriegsende wird er wegen defätistischer Umtriebe in die Beobachtungsstation eines Bremer Krankenhauses für Geisteskranke verbracht. Zurück nach Hause kommt er als radikal politisierter Mensch, als Pazifist und Kommunist. Er stellt sich nun in den Dienst des arbeitenden Volks und verfasst Schriften mit Titeln wie *Das Neue Leben* (1919) oder *Proletkult* (1920).

Er selbst will nicht mehr an seiner privilegierten Stellung als bürgerlicher Künstler festhalten. Im Barkenhoff gründet er eine Kommune nach dem theoretischen Vorbild Gustav Landauers und Pjotr Kropotkins.[32] Sie besteht von 1919 bis 1923 mit dem Ziel, die zukünftige Gesellschaft zu antizipieren. Eine kommunistische Insel im kapitalistischen Staat, eine «Aufbauzelle der klassenlosen menschli-

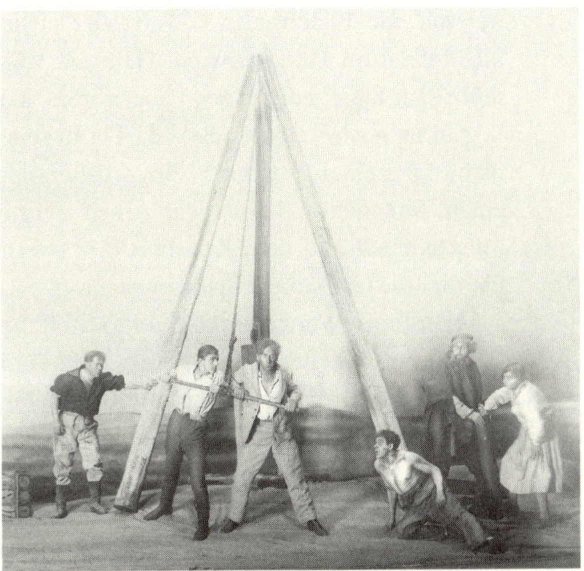

1921 bohren die Kommunarden des Barkenhoffs vergeblich nach einem Brunnen (links). Diese Erfahrung verarbeitet der Schriftsteller Friedrich Wolf zum Agitprop-Drama *Kolonne Hund*, das der Berliner Arbeiter-Theater-Bund 1929 mit einem Bühnenbild Heinrich Vogelers zur Aufführung bringt.

chen Gesellschaft», in welcher sich der «neue Mensch» entfalten kann. Selbstverständlich ist innerhalb der nach dem kommunistischen Rätesystem konzipierten Kommune das Geld abgeschafft.[33]

Zu den Siedlern der ersten Stunde gehören ein Tischler, ein Zimmermann, ein Schlosser, ein Schmied, zwei Landwirte, ein Gärtner, ein Gärtnerschüler, eine Lehrerin, vier Frauen für Küche und Haushalt sowie zehn Kinder. Der Arzt und Schriftsteller Friedrich Wolf ist mit dabei, Martin Bubers Sohn Rafael und Marie Griesbach, wegen ihrer roten Haare auch «rote Marie» genannt. Sie wird zunächst Vogelers Geliebte, verlässt den deutlich älteren Künstler aber nach einer Fehlgeburt, um sich dem Verwalter des Barkenhoffs, Walter Hundt, zuzuwenden.

Arbeit ist im Barkenhoff keine Schande, Blumenrabatten werden in Obst- und Gemüsegärten umgewandelt; Kultur hingegen gerät in den Verdacht, unnützer bürgerlicher Ballast zu sein. Ein Gartentheater wie noch 1911, als zur Uraufführung von Carl Emil Uphoffs *Potiphar* eigens Max Reinhardt aus Berlin angereist war, ist jetzt undenkbar.[34] Das neue Credo lautet: «Düngerkarren ist genau so wertvoll wie Bildermalen.» Wertvoller vielleicht, nur eignen sich nicht alle zum Düngerkarren. Heinrich Vogeler beispielsweise bemüht sich zwar redlich, zeigt aber für die körperliche Arbeit weder Begabung noch Neigung. Bald darf er in sein Atelier zurückkehren, nicht ohne einzugestehen: «Ein Arbeiter, der in der Gemeinschaft einem Künstler die körperliche Arbeit abnimmt, ist in Wirklichkeit Mitschaffender an dem Kunstwerk, das vermittelst seiner Arbeitsübernahme von Künstlerhand entsteht.»[35]

Allerdings: Wer hier mitschafft, schuftet nicht selten bis zur Erschöpfung, wie die Kommunardin Else Dreibholz sich ausdrückt: «... der hiesige schwere Kampf mit Böden, Mensch und Umwelt verbraucht die Barkenhöffer sehr schnell; der Barkenhoff frißt die Menschen ...»[36] In einem Brief, aus dem die Faszination für das Aufbauwerk ebenso anklingt wie die Überforderung, schreibt der Arzt, Schriftsteller und Aktivist Friedrich Wolf, dass er täglich acht bis zehn Stunden hart körperlich arbeite. Eine Fotografie zeigt ihn mit nacktem Oberkörper am Bohrgerät. Doch die Wassersuche muss schließlich erfolglos abgebrochen werden.

Wolf verarbeitet seine Erfahrungen zu einem Agitprop-Drama, in dem die Frage des individuellen Engagements für die große Sache verhandelt wird. Titel: *Kolonne Hund*. Jede der Schlag auf Schlag einander folgenden Szenen behandelt ein Dilemma und gibt eine eindeutige Antwort darauf. Soll Jost, einer der Kommunarden, sich dem Wohlergehen der Kommune widmen oder doch besser seinem kranken Kind? Eindringlicher bittet ihn seine Frau Sabe um Letzteres: «Ich weiß, der Hof braucht dich, doch auch ich brauche dich ... du bist gegen alle barmherzig und hilfsbereit, sei es auch gegen mich und dein Kind!»[37] Jost muss nicht lange überlegen: Das Verantwortungsgefühl gegenüber der Kommune wiegt schwerer als die familiären Verpflichtungen. Soll der vom Ministerialdirektor repräsentierte Staat im Gegenzug dafür, dass er Geräte, Saatgut und zehntausend Mark bereitstellt, ein Mitverfügungsrecht über den Hof bekommen? Auch hier ist die Antwort klar: Das darf und wird niemals geschehen.[38] Der Arbeiter-Theater-Bund bringt das Stück 1929 in Berlin im Bühnenbild Heinrich Vogelers zur Aufführung.[39]

Der harten Arbeit zum Trotz kommt die Arbeitsschule wirtschaftlich kaum vom Fleck. Es besteht wenig Kontinuität bei den Bewohnern. Besonders die Intellektuellen fallen durch «Undiszipliniertheit in der Arbeit» auf, obgleich in der strikten Hausordnung Werte wie Arbeit, Fleiß und Pünktlichkeit unmissverständlich aufgeführt sind. Der Hof darbt am Rande des Existenzminimums, es türmen sich die Probleme, welche in den fortwährenden Diskussionen eher zerredet als gelöst werden. Wie häufig bei solchen Experimenten stellt sich der Ausgleich zwischen individuellen und gemeinschaftlichen Ansprüchen als schwierig heraus. Persönliche Differenzen und Streitigkeiten überschatten die Aufbauarbeit.

Das Experiment Barkenhoff findet jedoch in den ersten Jahren der Weimarer Republik große Aufmerksamkeit. Zu den Gästen zählen Henri Barbusse, Diego de Rivera, der Verleger Eugen Diederichs und der Choreograph und Tanztheoretiker Rudolf von Laban, der seine Sommerschule für Bewegungskunst auf dem Monte Verità 1919 aufgegeben hat. In der Nachbarschaft hingegen stößt die Arbeitsschule nicht auf ungeteilte Zustimmung, was noch höflich formuliert ist. Ganz eindeutig lehnen viele Dorfbewohner die roten Kommunarden ab. In einem Leserbrief wehrt sich Vogeler gegen eine Hausdurchsuchung, bei der nichts Verdächtiges gefunden wurde und es zu keiner Festnahme gekommen war: «Die Quellen der unwahren Treibereien sind in Worpswede zu finden, nicht unter Bauern, sondern in sogenannten Künstler- und in Spekulantenkreisen und in der Worpsweder Zeitung.» Belegen lässt sich an diesem Vorwurf zumindest, dass Fritz Mackensen sich aktiv an Denunziationen beteiligt hat.[40]

1923 ist die Kommune Barkenhoff definitiv gescheitert. Sie wird aufgelöst und das Gebäude in ein Kinderheim der Roten Hilfe umgewandelt. Die finanzielle Unterstützung aus der Sowjetunion fließt diskret. Heinrich Vogeler lebt in den folgenden Jahren abwechselnd in der Sowjetunion, in Berlin und in Ascona. 1931 wandert er zusammen mit seiner zweiten Ehefrau Sonja Marchlewska endgültig in die Sowjetunion aus. 1942 stirbt er im Krankenhaus der Kolchose Budjonny in Kasachstan.

Mythos und Paula-Kult

Von seinem um 1900 erworbenen Ruf zehrt Worpswede mit seinen zahlreichen Museen bis heute, obschon die Katen der Moorbauern längst herrschaftlichen Villen des gehobenen Bürgertums haben Platz machen müssen. An Sommertagen können Schaulustige Künstlern über die Schulter blicken, welche ihre Staffeleien an einem Kanal aufgestellt haben und wie ihre berühmten Vorbilder der Pleinair-Malerei nachgehen – doch im Gegensatz zu ihnen gehören sie längst nicht mehr einer künstlerischen Erneuerungsbewegung an, sondern zehren von der Aura einer untergegangenen und vermeintlich heilen Epoche.

Die Popularität Worpswedes gesteigert, sofern dies überhaupt noch nötig ist, haben in jüngerer Zeit auch Fiktionalisierungen des Stoffs, etwa Moritz Rinkes *Der Mann, der durch das Jahrhundert fiel* (2010) oder Klaus Modicks *Konzert ohne Dichter* (2015). Modick nähert sich der Geschichte der Worpsweder Künstler, indem er die Entstehung von Heinrich Vogelers Gemälde *Sommerabend (Das Konzert)* zum Anlass nimmt, die Künstlerfiguren der Gründergeneration zu porträtieren – nicht selten am Rande der Karikatur. Der Erfolgsroman bot sogar Anlass zu einer Gegenschrift, in der «Irreführungen» seitens des Autors in aller Ausführlichkeit enthüllt wurden.[41] Wie so oft aber vermögen historische Klarstellungen ein einmal in den Köpfen festgesetztes Bild kaum zu erschüttern.

Mit zum Ruhm Worpswedes beigetragen hat auch ein veritabler «Paula-Kult», der kurz nach dem Tod von Paula Modersohn-Becker einsetzt. Kaum jemand hat zu diesem Zeitpunkt das ein Jahr vor ihrem Tod in Paris gemalte Aktbild *Selbstporträt am sechsten Hochzeitstag* gesehen, der inzwischen weltbekannte erste Selbstakt einer Frau (Tafel 14). Denn zu Lebzeiten hat Paula Modersohn-Becker nur fünf der 750 von ihr gemalten Bilder verkaufen können. Dank Förderern wie Ludwig Roselius wird 1927 in Bremen ein Paula Modersohn-Becker Museum eröffnet – die weltweit erste Institution, die sich exklusiv dem Werk einer einzigen Künstlerin widmet.

↑ Charlotte Bara ↓

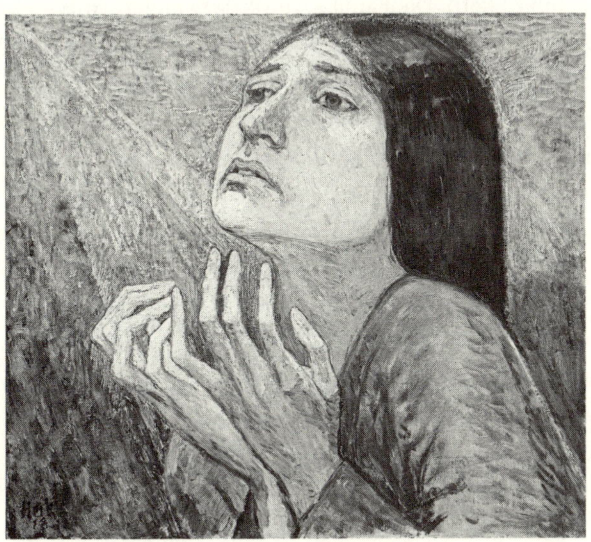

Heinrich Vogeler porträtiert Charlotte Bara 1918 als Betende. Er schreibt über sie: «Im Tanz ist sie wie eine verrückte Nonne, die alles Irdische von sich wirft und mit Blumen, Wind und Sonne eine entzückte Zwiesprache lebt.»

Charlotte Bachrach wuchs als Kind deutsch-jüdischer Eltern in Brüssel auf. Materiell gesehen mangelte es ihr an nichts. Ihr Vater Paul Bachrach hatte im Seidenhandel ein Vermögen verdient und sich von Heinrich Vogeler ein Haus erbauen lassen, das er mit moderner Kunst ausstattete. Die Mutter kümmerte sich hingebungsvoll um ihre einzige Tochter und förderte ihre Tanzausbildung nach Kräften. Charlotte Bara, wie sie sich bald nennen wird, nahm bei einer Schülerin Isadora Duncans in Brüssel Unterricht, später bei Alexander Sacharoff in Lausanne. Mit 16 Jahren trat sie, fast schon ein Kinderstar, zum ersten Mal als Solotänzerin mit dem Programm *Tanz der Mumie* in Brüssel auf.[1]

Doch sie erlebte auch Ablehnung und Ausgrenzung. In der katholischen Schule Sacre Cœur war sie eine Außenseiterin, lernte dort aber eine Form der Religiosität und Mystik kennen, die sie zeitlebens prägen sollte. Im Ersten Weltkrieg beschlagnahmten die belgischen Behörden das Haus ihrer Eltern. Die Familie wurde gezwungen, Brüssel zu verlassen und ins Exil nach Holland zu emigrieren. Hier tanzte Charlotte Bara zusammen mit Raden Mas Jodjana, einem ausgesprochen schillernden Tänzer, der die Traditionen seiner javanischen Heimat, dem mythisch verklärten Orient, mit der Rationalität der europäisch-okzidentalen Avantgarde zu verbinden versuchte.

Im August 1918 nehmen Charlotte Bara und ihre Mutter eine Einladung in den Barkenhoff in Worpswede an; eine «Atempause», die ihnen zur Orientierung diente, nennt Vogeler den Aufenthalt später. Während des mehrwöchigen Aufenthalts setzt Bara ihre tänzerische Arbeit fort. Am Morgen assistiert ihr oft Heinrich Vogeler persönlich, dem ihr außerordentlich trainierter Körper ebenso auffällt wie ihr Tanzstil: «Ihre Tanzbewegungen hatten in der Hauptsache ein ganz langsames Tempo, mit dem sie Trauer, Zusammenbruch und Tod darstellte.»[2]

Was Vogeler hier an der jungen Tänzerin herausstellt, entsprach der Gefühlslage desjenigen, der sich gerade von einem glühenden Unterstützer der deutschen Mobilmachung zu einem radikalen Kritiker der fortgesetzten kriegerischen Auseinandersetzungen gewandelt hatte. In der Endphase des Weltkrieges, in der sich die deutsche Niederlage längst abzeichnete, erfasst ihn eine apokalyptisch gestimmte Endzeitstimmung. Er stellt Charlotte Bara auf mehreren Bildern und Zeichnungen allegorisch überhöht als «Frau im Kriege» oder «Kriegsfurie» dar. Durch das lodernde Rot eines Brandes eilen galizische Frauen mit abwehrenden, verzweifelten Bewegungen. Ihre dunklen Gewänder «gehen vom tiefen Blau über Tiefbraun und Violett fast bis ins Schwarz über». Im Hintergrund brennen die Kreuze eines Friedhofs, an einem Kreuz hängt ein Christus.[3]

1919 besucht Vogeler in Berlin eine Tanzmatinee von Charlotte Bara in den Kammerspielen von Max Reinhardt. Am Piano sitzt der Komponist Leo Kok, der nach einer bewegten Lebensgeschichte und mehrmaliger Internierung in der Casa Serodine in Ascona ein Antiquariat eröffnen wird. Vogeler ist begeistert von ihrem Auftritt und schreibt an Marie Griesbach: «Sie ist die Schülerin eines russischen Tänzers Sacharow, ging aber einen ganz eigenen Weg, lebt wie eine weltverlorene Träumerin in frommer Askese. Im Tanz ist sie wie eine verrückte Nonne, die alles Irdische von sich wirft und mit Blumen, Wind und Sonne eine entzückte Zwiesprache lebt. Seltsam, eine solche Erscheinung in unserem Jahrhundert, sie ist wie aus der Zeit der Gotik.»[4]

In Berlin nimmt Charlotte Bara Unterricht bei Berthe Trümpy und Vera Skoronel, die beide in Ascona bei Rudolf von Laban gelernt haben und nun eine eigene Schule führen. Sie spezialisiert sich auf sakrale und orientalische Tänze. Bald schon folgen Gastspiele in Paris und Florenz. Hier erntet sie die Bewunderung von Gabriele D'Annunzio, der sie mit der göttlichen Eleonora Duse vergleicht.

1921, da ist Charlotte Bara gerade einmal zwanzig Jahre alt, gibt der Autor «Munkepunke», mit bürgerlichem Namen Alfred Richard Meyer, eine Broschüre über sie heraus. Auf dem Titelblatt ist ein Holzschnitt des jüdischen Künstlers Moissy Kogan abgedruckt. Den Text zieren Druckgrafiken der Künstler Heinrich Vogeler und Christian Rohlfs. Mit Ausnahme von Munkepunke werden sie alle wenige Jahre später ihren Wohnsitz nach Ascona verlegen.

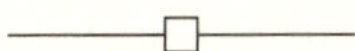

1919 erwerben Paul und Elvira Bachrach das Schloss San Materno in Ascona im schweizerischen Tessin. Die ehemalige Sommerresidenz der Domherren von Mailand mit Fresken in den Innenräumen und einer angeschlossenen Kapelle gleicht zu diesem Zeitpunkt mehr einer Ruine als einem Repräsentationssitz. Seine neuen Besitzer lassen es aufwändig renovieren und verlegen ihren Wohnsitz nach Ascona. Charlotte Bara besucht sie regelmäßig hier, an Vogeler schreibt sie: «Hier ist es jetzt sehr schön, so viele Blumen, ganz seltsame, besonders die Riesenmagnolien, Palmblüten und Amaryllis sind geheimnisvoll aus ganz anderer Welt. Gemüse hat es hier auch und Erdbeeren. Mama und ich sammeln die Früchte.»[5]

1922 tritt Charlotte Bara erstmals im Kursaal-Theater des benachbarten Locarno auf. Zwei Jahre später tanzt sie beim Festspiel *Der Triumph der Kamelie* das Aufblühen einer Kamelie. Ihre Karriere nimmt Fahrt auf. 1924 und 1925 spielt sie in einer Hauptrolle im *Großen Welttheater* nach Calderón. Ihr erster Auftritt in Ascona folgt 1926 auf der Bühne des Collegio Papio. Während des Sommers lebt Charlotte Bara nun in Ascona, im Winter ist sie häufig auf Tournee. In Ascona eröffnet sie eine Schule, in der sie junge Tänzerinnen und Tänzer fördert. Das physische Training, die sogenannte Bewegungskunst, ist dabei nur ein Teilaspekt der Ausbildung. Hauptziel ist die Weiterentwicklung der individuell körperlich-seelischen Anlagen von Tänzern, Schauspielerinnen und Sängern, wie sich Curt Riess erinnert: «Als gute Pädagogin betrachtete es Charlotte Bara keineswegs als ihre Aufgabe, die Schüler zur Nachahmung ihrer Darstellungsweise abzurichten, sondern es ging ihr darum, echte Talente zur vollen Entfaltung ihrer eigenen Ausdrucksmöglichkeiten zu bringen.»[6] Auch Sprechkunst, Musik und Theorie gehören zum Lehrplan. Die «Charlotte-Bara-Schule für Ausdrucksgestaltung und Menschendarstellung» wird zu einer festen Größe in Ascona.

Während Charlotte Bara in das künstlerische Leben von Ascona eintaucht und Kontakte zu zahlreichen Persönlichkeiten pflegt, die bei dem Bankier, Kunstsammler und Hotelier Eduard von der Heydt auf dem Monte Verità ein- und ausgehen, nimmt ihr Vater Kontakt mit dem Architekten Carl Weidemeyer auf, einem ehemaligen Bewohner Worpswedes. Inspiriert von der legendären Stuttgarter Weißenhofsiedlung und der zweiten Ausstellung des Werkbunds in Berlin entwirft Weidemeyer für Charlotte Bara am Dorfeingang von Ascona eine eigene Spielstätte: das Teatro San Materno, ein rigoros im Stil des Neuen Bauens errichteter Flachbau aus Eisenbeton. Als erstes modernes Kammerspielhaus der Schweiz verbindet es traditionelle Elemente wie eine große Guckkastenbühne mit einer expressiven Gestaltung. Der Hauptsaal fasst 180 Zuschauer.

Eigentlich aber gibt es zwei Bühnen im Teatro San Materno. Die Terrasse auf dem Flachdach des perfekt in die Landschaft eingefügten Gebäudes ist wie gemacht für «freien, arkadischen, ohne Zwänge, ohne Kostüme, gar ohne Kleider» ausgeübten Tanz. Hier probt Charlotte Bara und tanzt für sich selbst, das lange Haar gebändigt durch ein Stirnband.

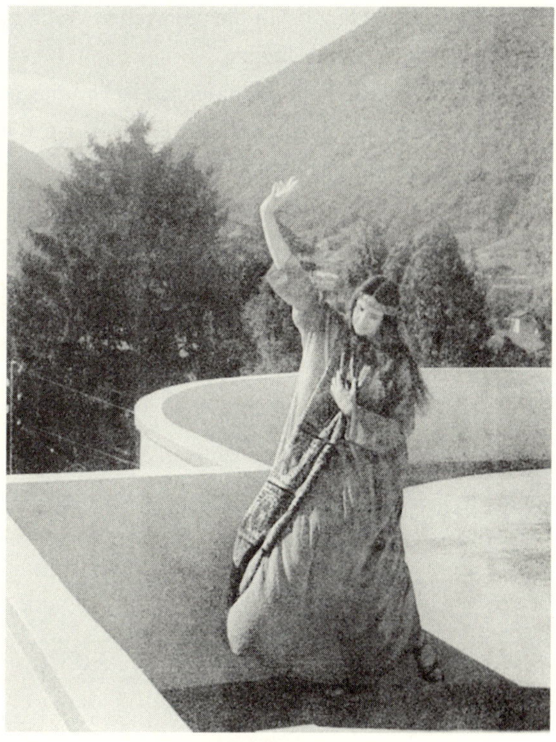

Charlotte Bara bei einem Tanz auf der Terrasse des Teatro San Materno, dem zweiten szenischen Raum im Freien.

Vor Publikum führt sie ihre Tanzchoreographien dagegen auf der Bühne im Innenraum des Theaters auf: 1932 *Die Visionen der Jeanne d'Arc* und *Eitelkeit-Vergänglichkeit*, 1934 *Das verlorene Paradies* und *Die Versuchung der Wüste*, 1935 *Alte ägyptische Tänze* sowie 1939 *Mittelalterliche Legenden und Visionen aus dem Orient*. In Themensetzung und Ausdruck erinnern die streng sakralen Aufführungen an Mysterienspiele. Sie weisen starke Bezüge zur orientalisch-altägyptischen Welt auf, die durch die Pariser Schule von Modigliani bis Brâncuşi zu einem europäischen Lieblingsthema geworden war.[7]

Das Teatro San Materno ist auch als Gastspielhaus beliebt. 1934 gastiert hier das Kabarett Pfeffermühle mit Erika Mann, Lotte Goslar und Therese Giehse. Aus dem amerikanischen Exil erinnerte sich Hans Sahl an die Aufführungen im «reizenden, kleinen Theater», die dort noch möglich waren, bevor die politischen Verhältnisse die Bühnenkünstler in die Emigration zwangen.[8]

Charlotte Bara erlangte inzwischen das schweizerische Bürgerrecht. Während des Zweiten Weltkriegs blieb sie in Ascona und erlebte mit, wie sich der Ort danach in den Zeiten des Wirtschaftswunders zu verändern und zu kommerzialisieren begann. Im Juli 1958 steht sie zum letzten Mal selbst auf der Bühne ihres Theaters. Sie tanzt gleichsam ein Best-of ihres Repertoires: ägyptische und indische Tänze sowie Szenen aus der Passion und der christlichen Legende.

Monte Verità

Ein neues Leben

Schon oft sind die Anfänge des Monte Verità geschildert worden: wie sich genau im Jahr 1900 eine Gruppe von sechs Personen in langen Apostelgewändern und Sandalen in München zu Fuß auf den Weg macht; wie sie bei den Oberammergauer Festspielen wegen ihrer Gewänder bestaunt werden; wie sie im Tessin ankommen, mehrere Standorte prüfen, um schließlich auf dem Hügel Monescia fündig zu werden. Hier gründen die Pianistin Ida Hofmann und ihre Schwester Jenny, der belgische Fabrikantensohn Henri Oedenkoven sowie die Brüder Karl und Gusto Gräser die von ihnen lang ersehnte Kolonie. «Monte Verità» soll sie heißen, Berg der Wahrheit. «Keine Naturheilanstalt im gewöhnlichen Sinne» soll es sein, betont Mitbegründerin Ida Hofmann, «sondern vielmehr eine Schule für höheres Leben, eine Stätte für Entwicklung und Sammlung erweiterter Erkenntnisse und erweiterten Bewusstseins».[1]

Einen schöneren Standort hätten sie kaum finden können. Auf der Anhöhe oberhalb des Dorfes Ascona eröffnet sich für die Besucherinnen der Blick auf den tiefblauen Lago Maggiore mit den Brissagoinseln. Mit der Eröffnung des Gotthard-Eisenbahntunnels 1882 ist Ascona näher an die industriellen Zentren des Nordens gerückt. Die meisten Gäste lassen sich am Bahnhof von Locarno mit der Kutsche und später mit dem Automobil abholen, um mitsamt dem Gepäck bequem zum Hotel zu fahren.

Doch was soll der Monte Verità schließlich sein – eine lebensreformerische Kolonie oder ein Sanatorium? Schon nach kurzer Aufbauarbeit, bei welcher die Siedler selbst tatkräftig mit Hand anlegen, entzündet sich an dieser Frage ein Streit. Die Brüder Gusto und Karl

Gräser, denen sich Ida Hofmanns Schwester Jenny zugesellt, sehen im Monte Verità eine utopische Liebeskolonie für alle Interessierte. Die Gegenpartei bilden Ida Hofmann und Henri Oedenkoven. Er, der Industriellensohn aus Antwerpen, hat überhaupt erst das Kapital für den Landkauf und den Bau der Häuser aufgebracht. Ihnen beiden schwebt die Weiterentwicklung des Monte Verità in ein Sanatorium mit Rohkosternährung vor. Entschieden wird der Streit nicht durch die besseren Argumente, sondern dadurch, dass die Kapitalkräftigen die Kapitallosen hinauswerfen. Begleitet von den Verwünschungen Ida Hofmanns zieht der Maler Gusto Gräser in eine in der Nähe gelegene Höhle, um danach als wandernder Prophet während Jahrzehnten durch Europa zu ziehen.

Ungehindert von den lästigen Phantasten setzen Ida Hofmann und Henri Oedenkoven ihre Vorstellungen um. Sie bauen sich ein kleines Paradies für eine zahlungskräftige Kundschaft, die aus zahlreichen Ländern den Weg auf den Monte Verità findet. In der sorgsam kultivierten Parkanlage, die den Charme des Natürlichen gleichwohl behalten hat, leben die Gäste in einer der zwölf sogenannten «Lichtlufthütten». Die Blockhäuser mit ein oder zwei Zimmern sind bewusst einfach gehalten und können nur mit einem Kachelofen beheizt werden.

Für das gemeinschaftliche Leben auf dem Monte Verità stehen ein Zentralhaus mit einer großen Terrasse, auf die zwei mit Ying-Yang-Zeichen verzierte geschwungene Außentreppen führen, sowie die von Henri Oedenkoven selbst entworfene Casa Anatta (der Name bedeutet nach der buddhistischen Lehre «Nicht-Ich») zur Verfügung. In ihnen essen die Gäste gemeinsam, abends finden Vorträge statt. Manchmal setzt sich Ida Hofmann selbst ans Klavier und gibt ein kleines Hauskonzert. Eingerichtet sind die Häuser ausgesprochen spartanisch, anders als in anderen Künstlerhotels sucht man hier vergeblich mit Gemälden verzierte Wände. Auch Teppiche, prächtige Lüster oder verschnörkelte Möbel sind nicht zu finden. Das einzige erwünschte Bild ist die durch die Fenster hindurchscheinende Landschaft.

Obschon sich Ida Hofmann und Henri Oedenkoven vehement

von den «Naturmenschen» und Sektierern distanzieren, werden sie in der Öffentlichkeit doch mit ihnen gleichgesetzt. Denn ihre Ideen sind für die Zeit revolutionär: Ida Hofmann ist eine radikale Frauenrechtlerin und veröffentlicht mehrere Broschüren zur «Frauenbefreiung». In ihnen ruft sie die Frauen zur Emanzipation auf; nicht länger sollen die Männer die Standards setzen, denen sich die Frauen anzupassen haben: «Empfindet Euren Eigenwert, bleibet nicht Herdengeschöpfe, ein Spielball des Mannes, der Familie, der Mode, der öffentlichen Meinung und sogenannter Sittlichkeit, bleibet nicht Puppen, sondern werdet Menschen», ruft sie den Frauen zu.[2] Manche ihrer Forderungen werden erst Jahrzehnte später umgesetzt, etwa die, dass die Frau auch nach der Heirat ihren Namen behalten kann.[3]

Selbst lebt sie, amtlich unverheiratet, in einer sogenannten freien Ehe mit dem elf Jahre jüngeren Henri Oedenkoven. Das bedeutet, dass die beiden es ablehnen, ihre Verbindung vom Staat oder von der Kirche legalisieren zu lassen. Als Henri Oedenkoven 1913 jedoch die Engländerin Isabelle Adderley kennenlernt, die auf dem Monte Verità einen Sommerkurs besucht, bedeutet dies das Aus für die Beziehung. Oedenkoven und Adderley heiraten bürgerlich und bekommen zusammen drei Kinder, die Söhne Gusto und Verus sowie die Tochter Elisabeth. Trotzdem bleibt Ida Hofmann auf dem Monte Verità.

Noch mehr Aufsehen erregt Ida Hofmanns radikaler Vegetarismus oder Vegetabilismus, wie er auf dem Monte Verità genannt wird. Im Sanatorium wird nicht allein auf Fleisch, sondern auf alle tierischen Produkte verzichtet. Fleisch ist für Ida Hofmann des Teufels, seine «Leichengifte» würden beim Verzehr zu ärgsten Schädigungen der Nerven und vieler anderer Organe führen. Sogar den Wert des Trinkens stellt die mutige Querdenkerin in Frage: «Wozu überhaupt das Trinken? Der Wassergehalt des in reichlicher Menge genossenen Obstes genügt völlig zum Löschen des Durstes – auch entsteht Durstgefühl nur nach vorhergegangenem Genuss von Reizmitteln.»[4] Daher sind auf dem Monte Verità selbstredend auch Kaffee, Alkohol und alle Rauchwaren absolut verpönt. Kurz und bündig gilt: «Das ganze sittliche Niveau der arbeitenden Klasse wird gehoben, wenn sie aufgeklärt und der vegetabilischen Ernährungsweise zugeführt wird.»[5]

Sinnsucher und wandernde Vegetarier

Was für ein prachtvolles Sanatorium! Die Naturärztin Klara Ebert gerät bei ihrem Besuch 1911 über die Gründer und ihre Taten ins Schwärmen: «Ihre Absicht, eine Stätte neuen, befreiten Menschentums zu gründen, ist ihnen in zehnjähriger zielbewusster Arbeit gelungen. Eine neue Lebensform wurde geschaffen: ein Leben in feinsinnigster Kultur inmitten der herrlichsten Natur.»[6] Für eine freigeistige Elite wird der Monte Verità in seinem Zusammenspiel von gewollter Einfachheit, ja Primitivität in Verbindung mit hochfliegenden gesellschaftlichen Ideen zu einer bevorzugten Reisedestination. Er bedient die Sehnsucht nach einem völlig anderen Leben und nach einem Ausbruch aus den Konventionen der bürgerlichen Welt. Mit zivilisationskritischen Untertönen werden hier, inmitten einer vermeintlich heilen und unberührten Natur, der Körper, die Natur und die Sinnlichkeit zelebriert. Aus Deutschland, Frankreich, England und sogar aus Russland finden die Besucherinnen den Weg nach Ascona. In der einheimischen Bevölkerung sind die teils merkwürdigen Gäste, die auf die althergebrachten Gebräuche oft wenig Rücksicht nehmen, nicht immer gern gesehen. «Balabiott» werden sie in einem durchaus despektierlichen Sinn genannt – Nackttänzer.

Einer der wenigen Tessiner, der sich vom schlechten Ruf nicht beirren lässt und regelmäßig auf dem Monte Verità verkehrt, ist der in Locarno geborene Maler Filippo Franzoni. Wie Ida Hofmann bewundert er die Theosophin Annie Besant, seine «astralen Bilder» stehen unter dem Einfluss der Theosophie. In einem Brief an Henri Oedenkoven schwärmt er von seiner zehnwöchigen Kur und gesteht, dass er zu einem «Anhänger der vegetabilischen Ernährung» geworden sei. 1904 wandert der Berliner Büroangestellte Bruno Haucks von Berlin nach Ascona, um sich im Sanatorium Monte Verità als Gärtnergehilfe anstellen zu lassen. An seinen Erfahrungen lässt er die Zeitgenossen in einer Broschüre teilhaben. Darin erinnert er sich

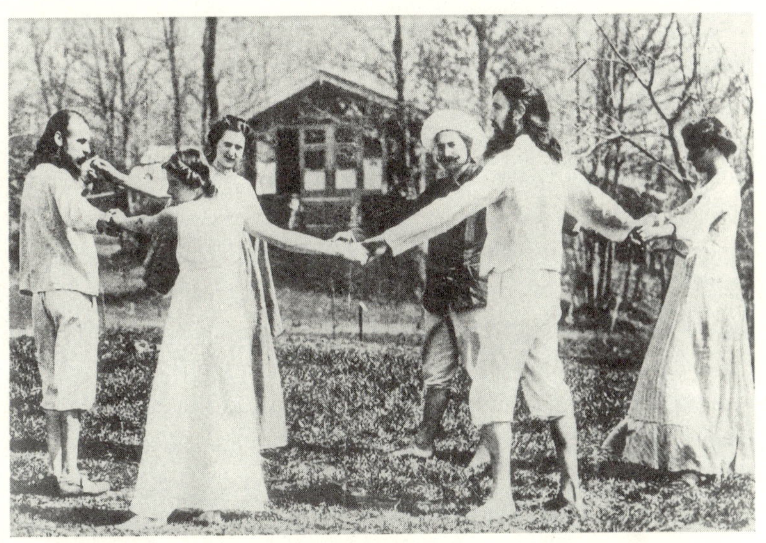

«Balabiott» (Nackttänzer) nennen die Einheimischen die Aussteiger auf dem Monte Verità – und das meinen sie nicht als Kompliment. Auf dem Foto sieht man eine Gruppe um Henri Oedenkoven (ganz links), einem der Mitbegründer des Monte Verità, bei einem eurythmischen Tanz.

mit Grausen an die frühere Zeit, als er in Berlin von morgens bis abends als Bürogehilfe arbeiten musste. Auf dem Monte Verità findet er endlich, was er gesucht hat. Er hat sich von seiner entfremdeten Arbeit in der Großstadt gelöst und ist ein gesunder Gärtner geworden: «Gar nicht beschreiben kann ich, welche Wonne es für mich war, in früher Morgenstunde, wenn der Tau noch auf jedem Grashälmchen blitzte, das Erdreich umzugraben. Mit vollen Zügen sog ich den frischen Erdgeruch ein und fühlte mich wohl und glücklich.»[7]

Dieses Motiv findet sich bei vielen anderen Besucherinnen und Besuchern des Monte Verità. Der Ortswechsel von der degenerierten Stadt aufs Land und der neue vegetarische Lebensstil haben in ihrer Eigenwahrnehmung eine körperliche Gesundung zur Folge. Nicht nur das: Das gesamte Dasein empfinden sie als sinnhafter und erfüllter. Bald schon wird der Monte Verità zu einem eigentlichen Wallfahrtsziel für Schönheits-, Wahrheits- und Gesundheitssuchende. Das gilt auch für Willi Röder, der uns die Beschreibung einer mehrmonatigen Reise einer Vegetariergruppe von Deutschland bis nach Jerusalem hinterlassen hat. Gemeinsam wandern die Freunde von Deutschland ins Tessin. Wie es sich gehört, machen sie auf dem Monte Verità ein paar Tage halt. Dem Berichterstatter fällt dabei besonders auf, dass der Unternehmer Henri Oedenkoven seine Angestellten nicht als Untergebene betrachtet, sondern als Mitarbeitende, die mit «entsprechendem Gewinnanteil an dem Unternehmen beteiligt» sind. Nicht lange verweilen sie in Ascona; weiter geht die Wanderung nach Mailand und Turin. In Florenz, der Stadt der Medici, bleiben sie vier Wochen. Neapel, das nächste Etappenziel, bestätigt seinen Stadtekel, eine «geradezu erschreckende Not und Armut, Schmutz und moralische Verkommenheit» beobachtet der erschütterte Vegetarier. So ist er froh, dass sie nach Taormina weiterwandern können, wo sie, wie viele vor und nach ihnen, die Aussicht beim griechischen Theater bewundern und sich, an den Dichter Platen erinnernd, dessen Verse rezitieren: «Vor mir sehe ich die kleine, felsumschattete Seebucht / Welche zum Bad vormals seligen Nymphen gedienet». Nach vier Monaten endlich erreichen sie wie vormals die Kreuzritter ihr Reiseziel Jerusalem.[8]

Salat von früh bis spat

Zu Fuß sind auch der Anarchist Erich Mühsam und sein Freund Johannes Nohl unterwegs. 1904 besuchen sie das legendäre Sanatorium. Mühsam, aus einem jüdischen Elternhaus stammend, hat sich schon früh einen Namen als politischer Aktivist, Publizist und Schriftsteller gemacht. Mit dem Monte Verità verbindet er die Hoffnung, oberhalb von Ascona eine kommunistische Lebensgemeinschaft, ein Modell gar für eine neue Gesellschaft vorzufinden. Seine anfängliche Begeisterung schlägt angesichts der kompromissbereiten Sanatoriumsleitung aber bald in Ablehnung um. Enttäuscht schreibt er ein Pamphlet gegen das «Salatorium» und seine merkwürdigen Bewohner. Zu unerheblich scheint ihm der Vegetarismus als Weltanschauung, obschon es unter den Vegetariern einige «Individualitäten» gebe. Die Sektiererei verhindert in seinen Augen den Aufbau eines tatsächlich fortschrittlichen Zentrums. Im Betrieb des Sanatoriums, wie ihn Ida Hofmann und Henri Oedenkoven aufgebaut haben, erkennt er wie beim Friedrichshagener Dichterkreis, dem er ab 1902 kurzzeitig angehörte, nichts weiter als eine «Pension mit ethischem Firmenschild». Der Spott gipfelt im «alkoholfreien Trinklied» mit dem Refrain: «Wir essen Salat, ja wir essen Salat / Und essen Gemüse früh und spat.»[9]

Als Alternativvorschlag verschreibt er dem Monte Verità ein radikalanarchistisches Programm. Er soll ein «Zufluchtsort werden für entlassene und entwichene Strafgefangene, für verfolgte Heimatlose, für alle diejenigen, die als Opfer der bestehenden Verhältnisse gehetzt, gemartert, steuerlos treiben».[10] Fürwahr, ein revolutionärer Vorschlag, nur macht Mühsam selbst keinen Versuch, ihn in die Tat umzusetzen. Ihm ist klar: «Mich wird's hier nicht immer halten können. Mein Blut jagt mich weiter durch die Welt.»[11]

Der Tessiner Journalist Angelo Nessi schlägt mit seinem hochironischen Bericht über den Monte Verità in die gleiche Kerbe wie Mühsam. Amüsiert beschreibt er, dass sein Abendessen einzig aus zwei Orangen, zwanzig Kirschen, acht Nüssen und sechs Datteln bestanden habe. Henri Oedenkoven habe ihm erklärt, dass er bald krank werde, sollte er seine Ernährung nicht umstellen; doch Nessis Sorge ist zu diesem Zeitpunkt eher, dass er in Kürze an Hunger sterben werde. Nicht nur das, sogar das Tischtuch habe gefehlt, und um Viertel nach neun sei er vom Gastherrn angehalten worden, in sein Zimmer zu gehen. Als er sich endlich in diesem allein auf dem Bett ausgestreckt hat, steckt er sich eine Zigarette an. In der Nacht träumt er, wen wundert's, von Ossobuco und Salz. Die Gesundheit, überlegt er, sei ihm das Geld nicht wert, welches der Monte Verità kostet – denn ja, das Sanatorium kommt ihm alles andere als günstig vor.[12]

Für den Schriftsteller Hermann Hesse ist der Monte Verità, zumindest solange er ihn noch nicht genauer kennt, ein Sehnsuchtsort. 1906 hat er in Gaienhofen am Bodensee damit begonnen, für seine wachsende Familie ein neues Haus zu bauen, ein Unternehmen, das den Vagabund Hesse allerdings beklemmt, weil er die zu enge Anbindung an eine bürgerliche Existenz scheut. Im April 1907 mietet er sich für vier Wochen in einer Lichtlufthütte auf dem Monte Verità ein, vordergründig zur Linderung seines Augenleidens, aber anscheinend auch zur Alkohol-Entziehungskur. An seinen Freund Max Bucherer schreibt er begeistert: «Hierher solltest Du auch kommen, da wäre eine Ernte für Dich: Alpen, Seen, Inseln, ein wilder Felsenberg, Akte im Freien usw. Unser Luft- und Sonnenbadplatz, wo man nackt geht [...]. Hier bewohne ich eine eigene Holzhütte allein, ganz im Grünen und habe Ruhe und Freiheit genug. Dabei lebe ich streng abstinent und vegetarisch, was mir hier ganz leicht fällt.»[13]

Ein kurzer Text mit dem Titel *In den Felsen,* den Hesse auf dem Monte Verità geschrieben hat, vermittelt demgegenüber ein kritischeres Bild eines naturnahen Lebens. Im Mittelpunkt steht ein Ich-Erzähler, der sich völlig in eine Waldeinsamkeit zurückzieht, in einer Bretterhütte wohnt, sieben Tage lang ohne feste Nahrung lebt und sich einmal bis unter die Achseln in den Boden vergräbt, um «die Heilkraft der Erde zu erproben». Die Erfahrungen sind ernüchternd: Der Naturmensch verhungert fast, die vermeintlich freundliche Natur entpuppt sich immer mehr als Feindin. Statt geistige Unabhängigkeit und Bedürfnislosigkeit zu erreichen, wird die Abhängigkeit vom Körper immer größer, der Geist stumpft zusehends ab. Der Text endet damit, dass der Erzähler mehr oder weniger das Leben eines wilden Tieres fristet, die «Mandeln, Orangen und Nüsse» aber trotzdem in einem Dorf in der Nähe kaufen geht.[14] Diese Kritik noch satirisch zugespitzt hat Hermann Hesse in seiner Erzählung *Doktor Knölges Ende.* In ihr wird ein etwas biederer, aber lebenslustiger Gymnasiallehrer von einem gorillaähnlichen Naturmenschen erwürgt. Auf seinem Grabstein steht eine Tafel mit der kurzen Inschrift: «Dr. Knölge, Gemischtkostler aus Deutschland».[15]

Sommerschule für Bewegungskunst

Die einflussreiche Tänzerin Isadora Duncan forderte 1903: «Die Tanzschule der Zukunft soll die ideale weibliche Gestalt entwickeln.»[16] In Ascona wird dieser Gedanke von der Gruppe um den ungarischen Tänzer Rudolf von Laban aufgenommen. 1913 eröffnet er auf dem Monte Verità eine «Sommerschule für Bewegungskunst». In ihr werden die Tanzschülerinnen und -schüler «ganzheitlich» an den Tanz herangeführt. Neben tänzerischen und rhythmischen Übungen gehört daher zur Ausbildung auch die sogenannte Formkunst, die die Garten- und Küchenarbeit, das Weben und das Nähen von Reformkleidern beinhaltet. Bis 1919 besuchen zahlreiche später berühmt gewordene Tänzerinnen Kurse in dieser Sommerschule, darunter Mary Wigman, Suzanne Perrottet, Sophie Taeuber-Arp und Emmy Ball-Hennings. Getreu der Maxime der Befreiung des Körpers tanzen sie draußen in der freien Natur, in luftigen Gewändern, die dem Körper Bewegungsfreiheit lassen sollen, barfuß oder gänzlich nackt.

Die Sommerkurse werden jeweils mit der Aufführung eines Tanzstücks gekrönt. Den Abschluss eines großen vegetarischen und pazifistischen Kongresses Ende Sommer 1917 bildet das dreiteilige Tanzdrama *Sang an die Sonne* nach einem Text von Otto Borngräber. Es beginnt mit dem Untergang der Sonne, worauf der Tanz der Dämonen der Nacht folgt. Frühmorgens wird die aufgehende, «siegende» Sonne begrüßt.

Auf dem Monte Verità schreibt Rudolf von Laban *Die Welt des Tänzers*, sein tanztheoretisches Hauptwerk. Er fordert, dass der Tanz sich wieder zu einem persönlichen Ausdrucksmittel entwickeln solle, anstatt aus bloßem Drill zu bestehen wie im klassischen Ballett. Emphatisch notiert er: «Tanz ist alles Wissen, Schauen und Bauen, das den Forscher und Tatmenschen erfüllt. Doch das reinste Abbild des Tanzes der Tänze, das Weltgeschehen, ist der Reigen, den der Menschenkörper schwingt.»[17] Große Worte, doch der Alltag verläuft um einiges profaner. Labans ebenfalls anwesende Ehefrau, sekundiert vom Kindermädchen Betty Baaron Samoa, schaut nach den

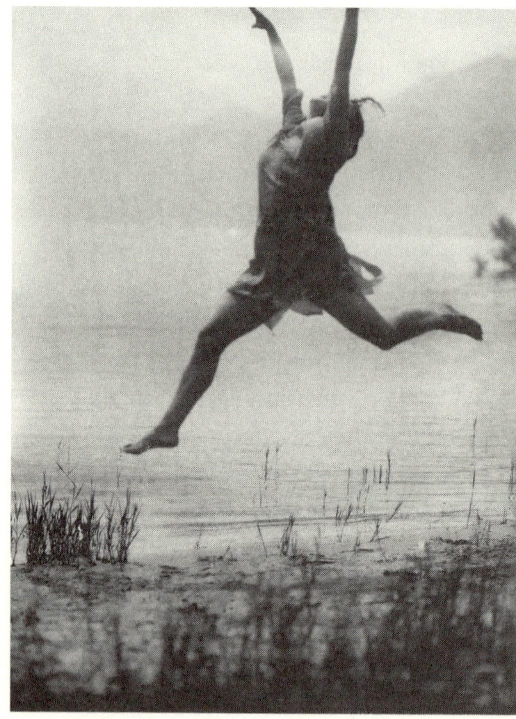

Als die Ufer noch unverbaut waren: Mary Wigman tanzt 1913 am Lago Maggiore.

beiden gemeinsamen Kindern. Er selbst findet genug Zeit, «verschiedene Damen [zu] heilen und spazieren [zu] führen» wie Sophie Taeuber in einem Brief schreibt.[18] Konkret heißt das, dass er wechselnde Liebschaften mit manchen seiner Tänzerinnen pflegt; mit Suzanne Perrottet hat er einen Sohn. Nur Mary Wigman weist seine erotischen Avancen konsequent zurück.

Eine Scheinheirat

Anfang des 20. Jahrhunderts entwickelt sich Ascona geradezu zu einem südlichen Ableger des Münchner Stadtteils Schwabing, wo sich die Bohème in Lokalen wie dem Alten Simpl trifft. Mit Franziska zu Reventlow lebt eine Ikone des Nonkonformismus aus dem Schwabinger Zirkel seit 1910 in Ascona. Erich Mühsam soll sie zu diesem Aufenthalt überredet haben. Schon früh hatte sich die aus Husum in Norddeutschland stammende Reventlow gegen ihr adliges Elternhaus aufgelehnt. Als Schriftstellerin, Übersetzerin, Malerin und Schauspielerin fristete sie ein zumeist karges Leben in der Münchner Bohème. Ihr unkonventioneller Lebensstil war legendär. Ständig pflegte sie wechselnde Männerbeziehungen, unter anderen mit Ludwig Klages und Karl Wolfskehl. Sie ist die Muse der illustren Runde der «Kosmiker». In der Nachfolge des Dramatikers Henrik Ibsen steht sie für einen Erotizismus und eine neue Sexualmoral ein und wendet sich gegen eine Abwertung der lesbischen Liebe. Ihr Engagement für eine erotische Kultur geht einher mit einer Verspottung der politischen Frauenbewegung und der Suffragetten, die sie als verknöchert empfindet. Am liebsten möchte sie Mutter und Hetäre in einem sein, also eine uneheliche Mutter. Folgerichtig erfährt ihr 1897 geborener Sohn Rolf nie, wer sein Vater ist. Sie erzieht ihn mit großer Liebe bewusst feminin und nennt ihn «Bubi». Natürlich und ohne Zwang soll er sein, das Harte und Militärische der wilhelminischen Knabenerziehung, welches Männer wie den «Untertan» von Heinrich Mann produziert, lehnt Reventlow ab. «Bubi hat doch viel Feminines, aber das liebe ich sehr an ihm und protegiere es, damit er später einmal nicht mannsimpelt.»[19] Nicht nur semantisch klingt hier bereits die aktuelle feministische Kritik am *Mansplaining* an.

In Ascona schmiedet sie 1911 einen Plan. Eine Scheinheirat mit dem Baron von Rechenberg, einem chronischen Säufer, soll der ständig unter Geldmangel leidenden Künstlerin eine Erbschaft einbringen. Denn der Vater des auserkorenen Ehemanns hatte eine standesgemäße Ehe des missratenen Sohns als Voraussetzung für die Berücksichtigung im Testament erklärt. Über ihren Zukünftigen schreibt Reventlow wenig schmeichelhaft: «Baron von Rechenberg ist ein sehr merkwürdiger Typ, sieht aus wie ein Seeräuber. Übrigens scheint die ganze Familie zu spinnen, ein Bruder ist Vegetarianer, Theosoph usw. und die Schwester ist fromm und trägt eine blaue Brille. Du lieber Gott, wenn Sie mich hier an der Seite dieses Gatten wandeln sähen!» Die Hochzeitszeremonie indes ist ganz nach ihrem Geschmack: «Sämtliche Dorfbewohner standen mit ihren Kindern

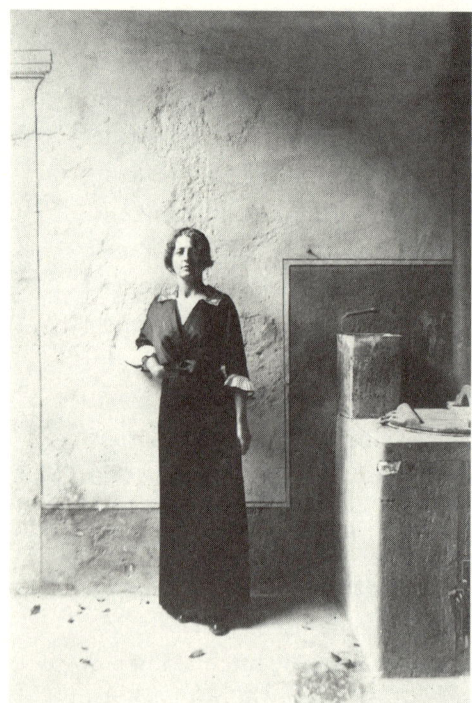

Mit ihrem Sohn Rolf, genannt Bubi, lebt die Schriftstellerin Franziska zu Reventlow ab 1910 in Ascona. Eine Scheinehe mit einem Säufer zahlt sich finanziell nur kurzfristig aus.

am Arm um uns herum, und wir legten unsere Zigaretten nur weg, um ‹Si› zu sagen.»[20]

Während die Gräfin und ihr Sohn 1913 in Palma de Mallorca weilen, stirbt der ihr kaum bekannte Schwiegervater. Da er vor seinem Ableben von der Scheinehe erfahren hat, setzt er die Erbschaft des Sohnes auf den Pflichtteil. Zu ihrem Leidwesen erbt Franziska zu Reventlow kein Bargeld, sondern Aktien der Bahngesellschaft Kiew–Moskau–Woronesh. Als sie mittels komplizierter Transaktionen endlich eine erkleckliche Summe auf das Konto des «Credito Ticinese» hat überweisen lassen können, kann sie sich nicht lange darüber freuen. Die Bank geht 1914 beim großen Bankenkrach Konkurs. Franziska zu Reventlow verliert ihr gesamtes Vermögen. So mondän wie möglich und bescheiden wie nötig lebt sie bis zu ihrem Tod 1918 – sie stürzt unglücklich vom Fahrrad – in Muralto bei Locarno.

Erotomanien

In den Schwabinger Künstlerzirkeln fällt Otto Gross mit seiner bemitleidenswerten äußeren Erscheinung auf; ausgemergelt, in abgerissenen und schmutzigen Kleidern schlurft er durch die einschlägigen Kneipen. Der Psychoanalytiker verströmt eine Aura als genialischer Guru und Bürgerschreck. Anders als Freud, für den die Psychoanalyse eine strenge ärztliche Wissenschaft ist, will Gross sie als politischen Faktor nutzbar machen, um die herrschenden patriarchalen Verhältnisse zu überwinden. Seiner Ansicht nach können Drogen diesen Weg geschmeidiger gestalten. Ohne Scheu animiert er den Gymnasiasten und späteren Schriftsteller Johannes R. Becher zum Kokainkonsum. Auch Gross selbst verfasst seine theoretischen Schriften mit Titeln wie *Das Freud'sche Ideogenitätsmoment und seine Bedeutung im manisch-depressiven Irresein* (1907) oder *Über psychopathische Minderwertigkeiten* (1909) grundsätzlich unter dem offenbar stimulierenden Einfluss von Kokain.

Obgleich Otto Gross 1906 einen Lehrauftrag für Psychopathologie an der Universität Graz erhält, erfüllt er die Anforderungen seines Vaters Hans Gross nie ganz. Als einer der berühmtesten Kriminologen Österreichs sieht dieser seine Lebensaufgabe darin, die Aufklärung von Verbrechen auf eine naturwissenschaftlich-technische Basis zu stellen. Die Essenz seiner Forschungen veröffentlichte er 1893 in seinem mehrfach aufgelegten *Handbuch für Untersuchungsrichter als System der Kriminalistik*. Der Sohn möchte sich den strengen väterlichen Werten nicht unterordnen. Stattdessen predigt er als bekennender «Sexualimmoralist» die freie Liebe. Einzig die Ausschweifung ist für ihn Pflicht, jede andere bürgerliche Pflichterfüllung lehnt er ab. Seine Anhängerinnen will er von ihren sexuellen Hemmungen befreien. Orgien sind ausdrücklich erwünscht.[21]

1905 trifft sich Otto Gross erstmals mit Erich Mühsam auf dem Monte Verità. Die Gegend gefällt ihm, also verlegen er und seine Ehefrau Frieda Gross-Schloffer für die kommenden Jahre ihren Lebensmittelpunkt zumindest teilweise nach Ascona. Hier beabsichtigt

Gross eine Schule für die Befreiung des Menschen zu gründen, mit welcher die Wiederherstellung des ursprünglichen Matriarchats befördert werden soll. Wie der Mutterrechtler Johann Jakob Bachofen hat er an dessen einstiger Existenz keinen Zweifel. Doch es ist mehr als zweifelhaft, ob Gross dieses hehre Ziel ernsthaft verfolgt hat.[22] Denn seine wissenschaftliche Tätigkeit und besonders die zahlreichen Beziehungen mit Frauen absorbieren seine gesamte Energie.

1907 werden Otto Gross und seine Frau Eltern des gemeinsamen Sohns Peter. Im gleichen Jahr bringt Else Jaffé ihr zweites Kind zur Welt, einen Sohn, den sie ebenfalls Peter nennt. Der Vater ist ebenfalls Otto Gross. Beide Frauen kennen und schätzen sich aus dem Heidelberger Universitätsmilieu. Else von Richthofen, wie sie vor ihrer Heirat mit dem Nationalökonomen Edgar Jaffé noch hieß, promovierte als eine der ersten Sozialwissenschaftlerinnen Deutschlands über die «Arbeiterschutzgesetzgebung» bei Max Weber. 1900 wurde sie zur badischen Fabrikinspektorin in Karlsruhe ernannt. Als schillerende Persönlichkeit verkehrte sie in den erlesensten intellektuellen Kreisen. Mit Alfred Weber, dem jüngeren Bruder von Max und wie er Soziologe, hatte sie von 1910 bis 1915 ebenfalls eine Affäre. Ihre Schwester Frieda von Richthofen, der wir schon in Taormina begegnet sind, lebte in England in einer weitgehend unglücklichen Ehe mit dem Professor Ernest Weekley. Auch mit ihr hat Otto Gross ein kurzzeitiges Verhältnis. Nach ihrer Scheidung heiratet die dreifache Mutter 1914 den Schriftsteller D. H. Lawrence.[23]

Als ob es nicht schon so kompliziert genug wäre, unterhält Otto Gross eine weitere Beziehung mit der Schweizer Schriftstellerin Regina Ullmann. Diese wird 1908 mit der Tochter Camilla bereits ihr zweites uneheliches Kind gebären und alleine aufziehen – denn ein verantwortlicher Vater zu sein läuft der Freiheitskonzeption von Otto Gross diametral zuwider. Sein zerrütteter psychischer Zustand lässt es auch gar nicht mehr zu. Immer stärker hat er mit den Folgen seiner Drogensucht zu kämpfen. Auf Wunsch des Vaters wird er 1908 von Sigmund Freud persönlich in die psychiatrische Universitätsklinik Burghölzli in Zürich eingewiesen. In ihr soll er sich einer Drogenentzugskur unterziehen. Lange hält Gross es nicht aus, die Analyse durch C. G. Jung bricht er mit einem Sprung über die Klinikmauer ab. Bald ist er wieder in Ascona anzutreffen.

Der ständigen Eskapaden ihres Ehemanns müde, wendet Frieda Gross sich dem ebenfalls in Ascona ansässigen Anarchisten Ernst Frick zu. Die Affäre wird von Otto Gross mehr als nur geduldet. Zu dritt statten sie Otto Gross' Eltern in Graz einen Besuch ab, wobei unklar bleibt, inwieweit diese über die wahren Verhältnisse informiert sind. Nachdem Frieda Gross erst eine Fehlgeburt erleidet, kommt am 9. September 1910 die Tochter Eva Verena zur Welt. Biologischer Vater ist Ernst Frick, obschon Otto Gross das Kind juristisch als sein eigenes anerkennt.[24]

Das Einvernehmen zwischen Gross und Frick bleibt davon zunächst ungetrübt. Das ändert sich erst mit dem Fall Sophie Benz. Die Professorentochter aus Württemberg, ebenfalls eine Geliebte von Gross, wird von diesem im Winter 1910 nach Ascona gelotst. Ganz harmonisch fängt es an: Frick und Benz lassen es sich gut gehen, Otto Gross schreibt seine Abhandlungen, und Frieda beschäftigt sich mit der Kindererziehung und der Beaufsichtigung des Dienstmädchens. Ganz unerheblich, dass dabei niemand Geld verdient. Die Zuwendungen von Hans Gross garantieren einen standesgemäßen Lebensstil.[25]

Doch Sophie Benz leidet an Depressionen und hat mit den Folgen ihrer Kokainsucht zu kämpfen. In der *Tessiner Zeitung* wird vermeldet: «Gross lebte mit seiner Begleiterin nicht durchwegs im besten Einvernehmen. Die beiden wurden sogar in öffentlichen Restaurationslokalen bei heftigen Wortwechseln getroffen. [...] Das Paar wurde aus verschiedenen Restaurants in Locarno verwiesen.» In ihrer Verzweiflung beginnt Sophie Benz eine Affäre mit Frick. Am 2. März 1911 trinkt sie ein Glas Sekt, dem eine Überdosis Kokain beigemischt ist. Der herbeigerufene Arzt lässt sie ins Krankenhaus nach Locarno transportieren, wo sie stirbt. «Mysteriöser Selbstmord», lautet die Schlagzeile in der *Tessiner Zeitung*.[26]

Nach diesem Schock tritt Otto Gross freiwillig in die psychiatrische Klinik Mendrisio ein. Er hat Angst, dass Ernst Frick ihn umbringen werde, weil er ihn für den Tod seiner Geliebten verantwort-

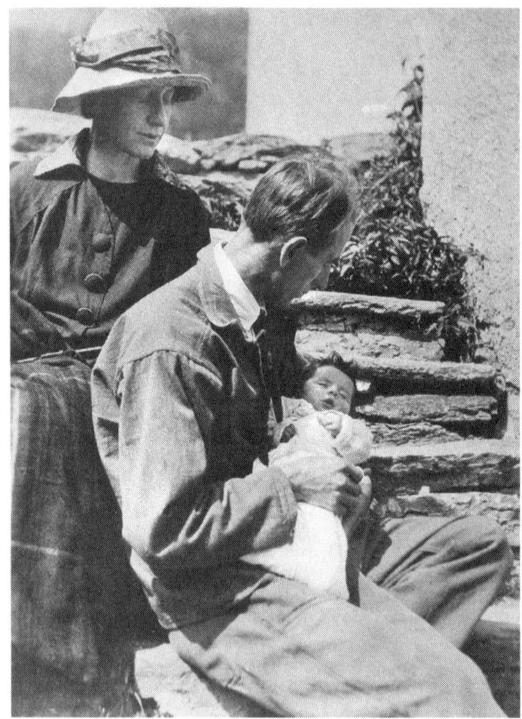

Frieda Gross und Ernst Frick 1920 mit dem gemeinsamen Töchterchen Ruth. Max Weber konstatiert bei Frieda Gross 1913 eine «furchtbar strapazante Polygamie». Sie ist mit Otto Gross verheiratet, hat aber mit Ernst Frick drei Töchter.

lich machte. Gegen alle aufkommenden Gerüchte, er sei am Tod von Sophie Benz mitschuldig, wird er sich zur Wehr setzen und betonen, sie sei in eigener Verantwortung aus dem Leben geschieden. Sein Vater, der Wind von der Sache bekommen hat, lässt ihn kurz darauf gewaltsam durch zwei «Irrenwärter» in die Wiener Heil- und Pflegeanstalt Steinhof überführen.[27] Endlich will er die Verhältnisse auch juristisch ins Lot rücken: Sein Sohn Otto, bei dem Dementia praecox (Schizophrenie) diagnostiziert wurde, sei zu entmündigen. Das Prozessurteil fällt zu seiner vollständigen Zufriedenheit aus: Er selbst wird als Vormund seines Sohns eingesetzt.[28]

Das Desaster ist nachgerade komplett – für Otto Gross ebenso wie für die doppelt betrogene Frieda Gross. In Ascona nähert sie sich ein zweites Mal Ernst Frick an, sogar so intensiv, dass sie davon schwanger wird. Als Frick zu Frieda Weekley nach England reist, erleidet sie, die mit den beiden Kleinkindern Peter und Eva Verena alleine in Ascona geblieben ist, erneut eine Fehlgeburt. In einem Brief schreibt Frieda, sie sei danach für zwei Wochen «in einem kleinen, steinernen Loch» gelegen.[29] Sie muss zudem befürchten, dass sie ihren Sohn Peter infolge der juristischen Attacken ihres Schwiegervaters an einen Vormund verliert. Dann stünde sie mit Eva Verena mittellos da.

Daher ist es nicht überraschend, dass der Soziologe Max Weber, der im Frühling 1913 zum Kuraufenthalt nach Ascona gefahren ist, bei ihr «viel Aussprache-Bedürfnis» feststellt, Frieda sei «*sehr* neurasthenisch». Seiner Frau Marianne schreibt er, Frieda habe ihm in langen Gesprächen am Kamin von der «furchtbar strapazanten Polygamie» erzählt. Wie nicht anders zu erwarten für einen Soziologen, der die verschiedenen Formen der Herrschaft so messerscharf analysierte, neigt Weber auch in dieser menschlich schwierigen Lage zu Rationalisierungen: Ernst Frick träume von einer «eifersuchtsfreien Zukunftsgesellschaft» einer wirklich freien – innerlich befreiten – Liebe, konstatiert er. Doch er, Weber, frage sich gleichwohl, ob hier nicht «eine wahnsinnige seelische Kraftverschwendung getrieben werde». Mit seiner juristischen Hilfe, die er ihr daraufhin anbietet, schafft es Frieda Gross, dass sie das Sorgerecht für ihre Kinder behält.[30]

Später führt Max Weber auch lange Gespräche mit Ernst Frick. Ihre Positionen sind trotz gegenseitiger Hochachtung weit voneinander entfernt. Zwar kann Weber seine Bewunderung für utopische Weltverbesserer, die sich der Anpassung an die gegebenen Verhältnisse verweigern, nicht verhehlen. Jedoch reicht sein Skeptizismus gegen deren fundamentalistische Gesinnungsethik tief. Er gibt Frick zu bedenken, dass auch tugendhafte Ansichten und sogar gutes Handeln negative Folgen zeitigen können. In einer irrationalen Welt seien utopischen Ansätzen stets Grenzen gesetzt.[31] Gerade in derlei Auseinandersetzungen schärft Weber seine eigenen Positionen über die drei Typen der legitimen Herrschaft, die er in seiner bahnbrechenden Studie *Wirtschaft und Gesellschaft* konzise zusammenfassen wird.

Bei all diesen theoretischen Diskussionen und Erotomanien tritt uns Max Weber als zwar hochinteressierter, jedoch distanzierter Zaungast entgegen. Eigentlich ist er gar nicht deswegen in dieses «Italienernestchen» gefahren, er wollte sich bloß erholen und möglichst ein paar Kilos abnehmen. Seinem geliebten «Schnäuzele», wie er seine Frau in Briefen liebkosend anredet, teilt er mit, dass die Hotelküche für seine Bedürfnisse eigentlich viel zu gut sei. Er esse jeden Morgen Biscuit und gedörrte Feigen, die er in der «Handlung für die Naturmenschen» bekomme. Auch im folgenden Jahr gönnt er sich wieder eine Auszeit in Ascona: «Ich faste jetzt seit Freitagabend, d.h. trinke nur Wasser, esse nichts. [...] Bis heute Abend setze ich es durch. Dann wieder Pause bis morgen Abend, dann wieder 48 Stunden fasten. [...] Schlaf ausreichend.»[32]

Foxtrott, Walzer, Mazurka

In Ascona halten einige Personen die Erinnerung an das im Rückblick immer legendärer werdende Rohkostsanatorium wach. Dessen Betreiber Ida Hofmann und Henri Oedenkoven, er mit Familie, sind 1920 über Spanien nach Brasilien ausgewandert, wo sie eine neue vegetarische Kolonie gründen. Der längst aus Samoa nach Ascona zurückgekehrte Karl Vester (er war dem Ruf des Kokosnusspredigers August Engelhardt gefolgt), eine unverkennbare Gestalt in seinem Reformgewand, den Jesuslatschen und den langen Haaren, pflegt das allmählich verwildernde Gelände des Monte Verità. Kaum etwas funktioniert mehr, obschon sich Vester eifrig bemüht und bei kaltem Wetter sogar einheizt. Ein für Silvester 1922 vorgesehener Kostümball muss angesichts betrüblicher Umstände, die Vester im Tagebuch leider nicht weiter ausführt, abgesagt werden. Auch Wladimir Straskraba aus der bedeutenden russischen Emigrantengemeinde in Ascona betreibt weiterhin die vegetarische Pension «Heidelbeere». Um sein Einkommen aufzubessern, geht er – auch er mit seinem weißen Bart und dem Tolstoi-Wanderstab eine unverkennbare Gestalt – in Ascona von Haus zu Haus und verkauft seine Reformware.[33]

Im Umkreis des Monte Verità verkehrte auch der Morphinist, Dada-Zaungast und spätere Kriminalschriftsteller Friedrich Glauser. Er ist aus der Heil- und Pflegeanstalt Münsingen bei Bern entwichen, dem «Irrenhaus», wie er selbst schreibt, und kommt 1919 in Ascona in der Casa Günzel unter. Hier pflegt er engen Kontakt mit dem Schriftsteller Bruno Goetz, den Malerinnen Marianne von Werefkin und Paula Kupka, der Tänzerin Katja Wulff sowie dem Theosophenpaar Gertrud und Heinrich Goesch. Mit der zehn Jahre älteren Elisabeth von Ruckteschell fängt er eine Beziehung an. Gemeinsam leben sie in einer baufälligen alten Mühle in der Nähe des Monte Verità. Es bleibt nicht lange harmonisch, Glauser erleidet einen Rückfall in die Morphiumsucht und fängt zusätzlich an, Kokain zu schnupfen. Die Beziehung zerbricht. Elisabeth von Ruckteschell heiratet später Bruno Goetz, der schon früher um sie geworben hatte. In seinem späteren Text *Ascona. Jahrmarkt des Geistes* erinnert sich Friedrich Glauser an diese Zeit. Er lässt, wie die Literaturwissenschaftlerin Christa Baumberger in einem schönen Bild beschreibt, Personen wie Paradiesvögel in kurzen Szenen aufflattern; hinter seinen Beschreibungen steckt keine Systematik, dafür viel avantgardistisches Ascona-Ambiente.[34]

Die einheimische Caterina Beretta erinnert sich später an das pulsierende Leben Asconas in den 1920er Jahren, wie in den verschiedenen Bars zu den Klängen des Orchestrions, in dessen Schlitz man zwanzig Rappen werfen musste, Foxtrott, Walzer und Mazurka getanzt wurde. Im neuen Restaurant auf dem Monte Verità spielt die Kapelle der Gebrüder Hugel den Hit der Saison *Io cerco la Titina*. Später wird das Lied durch den Film *Modern Times* von Charlie Chaplin noch berühmter.[35] Eine Leichtigkeit erhält in Ascona Einzug, eine neue Lebensfreude. «Überdies trifft man jetzt eine Fülle von Prominenten aller Künste, Fakultäten und Branchen, die da mit- und voneinander sich erholen, arbeiten oder bedeutende schöpferische Pausen erleben.»[36] Das ruft doch gleich die Erinnerung an die «Snoozers» von Barbizon wach.

Eine der wenigen Künstlerinnen, die auch unter den Einheimischen großes Ansehen genießt, ist die Russin Marianne von Werefkin. 1918 kommt sie mit dem an der Spanischen Grippe erkrankten

Alexej von Jawlensky nach Ascona, weil ihm aus Kurgründen empfohlen wurde, in den Süden zu ziehen. Längst führen sie nicht mehr die gleich enge Beziehung wie in Murnau, wo sie der Künstlervereinigung *Der Blaue Reiter* angehörten. In Ascona empfangen sie das Tanzpaar Alexander Sacharoff und Clothilde von Derp ebenso wie Lily und Paul Klee. In ihrem Tagebuch notiert Lily Klee verwundert, dass die beiden nur noch eine «platonische Freundschaftsliebe» verbinde. Kurze Zeit später schreibt ihr eine ernüchterte Werefkin, nachdem Jawlensky sie verlassen hat: «Und nun liegt unser 27jähriges Leben auf der Piazza von Ascona in Staub und Dreck.» Im Mai 1922 setzt Jawlensky in einem Brief an seine ehemalige Gefährtin und Ehefrau den definitiven Schlusspunkt: «Ich kehre nicht mehr zu Dir zurück. [...] Dort, wo so ein Hass und solch eine Verachtung herrscht – kann keine Liebe sein, und ohne Liebe kann es kein gemeinsames Leben geben. Zwischen uns ist jetzt ein Abgrund.»[37]

1924 ist Marianne von Werefkin zusammen mit sechs Männern Mitbegründerin der Künstlervereinigung *Der große Bär*, die längst nicht mehr die kulturelle Dynamik des *Blauen Reiters* erreichen wird. In ihrem Bild *Die leidende Stadt* (1930) malt sie drei offenbar trauernde Frauen vor einem an Ascona erinnernden Ort mit leuchtend bunten Häusern (Tafel 16). 1927 widmet ihr Bruno Goetz den Roman *Das göttliche Gesicht*, eine Ascona-Satire ersten Ranges in der Nachfolge Erich Mühsams, der unter dem Namen «Schwierig» selbst im Roman auftaucht. Später ist die «Baronessa» ein Original von Ascona und gehört quasi zum Ortsbild: «Ohne Zweifel war sie die malerischste Figur Asconas und von einer faszinierenden, ich möchte fast sagen gestalteten Häßlichkeit. Sie trug Kleider in den lebhaftesten Farben, Wasserfälle von Holzperlenketten und einen Turban. Mit ihrem strahlenden Gemüt eroberte sie alle.» Materiell geht es ihr trotz ihrer Beliebtheit nicht besonders gut, häufig muss sie Leute um einen Kredit anpumpen, den sie zurückbezahlt, sobald sie ein Bild verkauft hat.[38]

Die Klarwelt der Seligen

Als begüterter baltischer Adliger ist Elisàr von Kupffer nicht auf den Verkauf von Bildern angewiesen. Zusammen mit seinem Weggefährten und Lebenspartner Eduard von Mayer lässt er sich 1915 in Sichtdistanz zum Monte Verità in Muralto nieder. 1925 kaufen sie ein Grundstück im nahe gelegenen Minusio und lassen darauf einen Palazzo errichten – sie nennen ihn Sanctuarium Artis Elisarion, denn der 1872 in Sophiental (heute Reval/Talinn, Estland) geborene von Kupffer sieht sich zum Religionsbegründer berufen. 1927 beziehen sie die Weihestätte des Klarismus, wie sie ihre Religion nennen, als Wohnhaus.

Nach vielfältigen Studien in Sankt Petersburg und München besuchte Elisàr von Kupffer in Berlin die Malakademie. 1891 lernte er den 1873 in Sankt Petersburg geborenen Eduard von Mayer kennen, der 1897 sein Freund und Weggefährte wird. Bildungsreisen führen sie durch ganz Europa. 1900 veröffentlicht Elisàr von Kupffer das Buch *Lieblingsminne und Freundesliebe in der Weltliteratur*, die erste bekannte Anthologie homoerotischer Literatur. In ihr versammelt Elisàr von Kupffer Texte von Sophokles bis Shakespeare, die er selbst aus zahlreichen Sprachen übersetzt hat. In dem in Pompeji verfassten Vorwort betont er, dass die «Lieblingsminne» – die homosexuelle Liebe – nicht als Verfallserscheinung zu betrachten sei. Alles, was nicht Gewalttat sei, gehöre an die Sonne des öffentlichen Lebens, «so auch das innige Verhältnis von Mann zu Mann». Ganz entschieden lehnt Elisàr den «Unteroffizierston» ab, der zwischen Männern vorherrschend sei, denn er ersticke die Keime der feineren Kultur.[39]

Bald etabliert sich bei dem Männerpaar eine Rollenverteilung, die die beiden bis zum Tod von Kupffers beibehalten werden: Während Elisarion, wie er sich als Religionsbegründer nennt, das ikongrafische Progamm des Klarismus ausgestaltet und als dessen zentrale Gestalt nach außen hin auftritt, agiert Eduard von Mayer stärker im Hintergrund. Neben der Publikation zahlreicher philosophischer und kunsthistorischer Schriften zu so unterschiedlichen Themen wie der Kunst

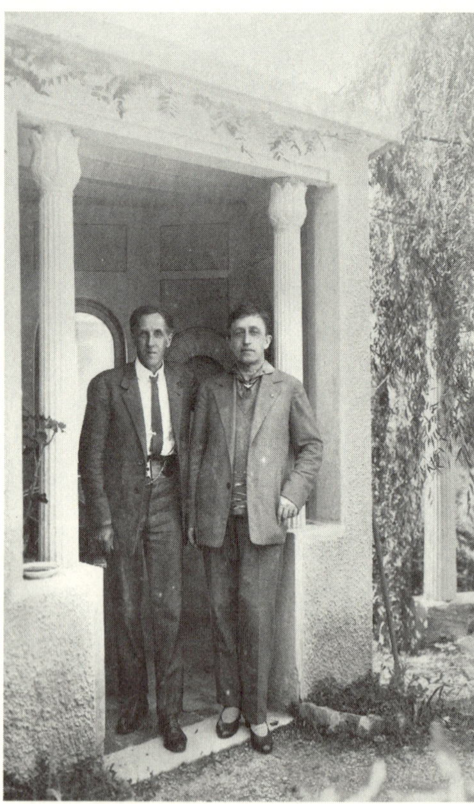

Elisàr von Kupffer und Eduard von Mayer posieren 1929 zwischen zwei Säulen beim Sanctuarium Artis Elisarion.

Pompejis oder zur Zukunft der Natur sieht er seine Aufgabe hauptsächlich darin, in Schriften und Lichtbildvorträgen auf den neuen Kult aufmerksam zu machen.[40]

Als Oberhaupt des Klarismus führt sich Elisàr von Kupffer selbst ein. Seine Kunstreligion fußt auf neureligiösen Ansätzen wie der Theosophie und dem Monismus und vertritt den Anspruch, naturwissenschaftliche, philosophische und künstlerische Zeitströmungen zu einer höheren Einheit zu führen. Ihr Fernziel besteht in der Entwicklung des «Araphroditen» – einer idealisierten Vision des Menschen, welcher die geschlechtlichen Grenzen überwunden hat. Laut Elisàrs Abhandlung *Das Mysterium der Geschlechter* (1923) strebt die beseelte, zweigeschlechtliche Urzelle rhythmisch von der Wirrwelt der Klarwelt zu. Es entstehe ein «transzendenter Körper», ein sogenannter Araphrodit, zusammengesetzt aus dem Kriegsgott Ares und der Liebesgöttin Aphrodite. Innerhalb dreier Generationen solle aus der früheren «Wirrwelt» eine neue Weltordnung staatenübergreifend erblühen. Dann werde die «Harmonisierung des männlichen Geistes und der weiblichen Seele, als die Verkörperung einer höheren Entwicklungsstufe, in der alle Erdenschwere und derbe Fleischlichkeit überwunden ist», vollzogen sein.[41]

Begleitet ist der Klarismus von einer starken Theoriebildung. In zahlreichen, heute teilweise schwer verständlichen Texten führen die beiden Gründer ihre Konzeption aus und behandeln dabei auch Themen wie Staatserneuerung, Sexualreform und, mit Bezug auf die damals breit diskutierten Rassentheorien, die Entwicklungsgeschichte der Menschheit. Auf Gemälden stellt Elisàr sich selbst als «Gralshüter» und «Ritter der Heiligen Burg» dar. Ikonografisch von besonderer Bedeutung für den Klarismus ist der heilige Sebastian, dessen jugendlicher Körper von Pfeilen durchbohrt wurde. Für Elisàr ist er ein «vollendet schöner Mensch nach göttlichem Ebenbilde in der entfalteten Blüte unverhüllter Kraft und Anmut», aber auch ein Sinnbild für die soziale Außenseiterposition des Künstlers, dessen «Ahnungen einer höheren Weltordnung» in der übrigen Bevölkerung noch auf Unverständnis stießen. Auf Fotografien inszeniert sich Elisàr selbst als Wiedergänger dieses «Märtyrers der Schönheit».[42]

Bevor sie sich im Tessin niederlassen, leben Elisàr von Kupffer und Eduard von Mayer von 1902 bis 1915 in Florenz: Der Süden, ganz besonders Griechenland und Italien, entspricht ihrem idealisierten Arkadien. In der Broschüre *Klima und Dichtung* versucht Elisàr 1907 den Beweis zu führen, dass die unterschiedlichen Mentalitäten der Nord- und Südländer auf die klimatischen Bedingungen zurückzuführen seien. Die Geistesgeschichte müsse neu als Psychophysik geschrieben werden. Wie viele andere sieht er die antiken Griechen als ideale Menschen; sie seien «klar und licht wie die Sonne von Hellas».[43] Daher ist es für Elisàr von Kupffer nur logisch, dass im Süden die Toleranz gegenüber Homosexuellen größer ist: «Die Liebe des Mannes zur männlichen Jugend z. B. hat in gewissen Klimaten nie so feindselig verfolgt oder wissenschaftlich missverstanden werden können, wie in Europa, besonders Mittel- und Nordeuropa, und gar Nordamerika!»[44]

In Italien suchen die beiden auch Kontakt zu jungen Männern oder Knaben, beispielsweise zu Fino von Grajewo, wie sich von Mayer in seiner Lebensbeschreibung erinnert: «Im Februar 1910 habe ich ihn dann, da der Vater einverstanden war, sozusagen aus dem Kloster befreit, und der Prior konnte es nicht verhindern.»[45] Auf zahlreichen Fotos und Gemälden zeigt Elisàr den Knaben als idealisierten Epheben. Auf dem Gemälde *Der neue Bund* (1915/16) inszeniert sich Elisàr als Friedenstifter: Der blonde und der dunkelhaarige Mann reichen sich, wie Eduard von Mayer schreibt, «im violetten Dämmer des alten Domes» als «Friedensschwur der verfeindeten Rassen» die Hand. Elisàr reicht ihnen einen Blütenkelch «als Weihetrank und Sakrament» dar (Tafel 15).[46]

Dem Sanctuarium Artis Elisarion in Minusio fügen Elisàr von Kupffer und Eduard von Mayer 1939 einen Rundbau an. Er ist eigens dafür gebaut, das Rundbild *Die Klarwelt der Seligen* aufzunehmen. Das malerische Hauptwerk des Klarismus stellt in einem Zyklus wechselnder Jahreszeiten und Landschaften 84 vollkommen unbekleidete, oftmals mit Blumen oder Wadenbändern geschmückte Gestalten in 33 Motivgruppen dar. Zu jeder dieser Motivgruppen hat Elisàr von Kupffer ein Gedicht verfasst. Eine Szene, in der ein nackter Ephebe vor dem Hintergrund des Meeres rittlings auf einem anderen sitzt, hat er wie folgt umschrieben: «Du bist mein schaukelndes prächtiges Ross, / Mein Wildfang-Genoss, / Du bist mein Ross und ich reite / Dem Meer entlang und ins Weite». Alle, so betont Elisàr im weiteren Fortgang des Gedichts, dürften sich in dieser «freien Gotteswelt» freuen.[47]

Ein Besuch in ihrem modernen Tempelbau sollte sich nach den Vorstellungen der beiden Religionsbegründer von dem eines Museums unterscheiden. Daher haben sie den Ablauf der Besichtigung einem Gralsweg in der Art von Richard Wagners Bühnenweihfestspiel *Parzifal* nachempfunden. Bereits im mit Säulen verzierten Garten soll sich bei den Besuchenden ein Gefühl der Besinnung einstel-

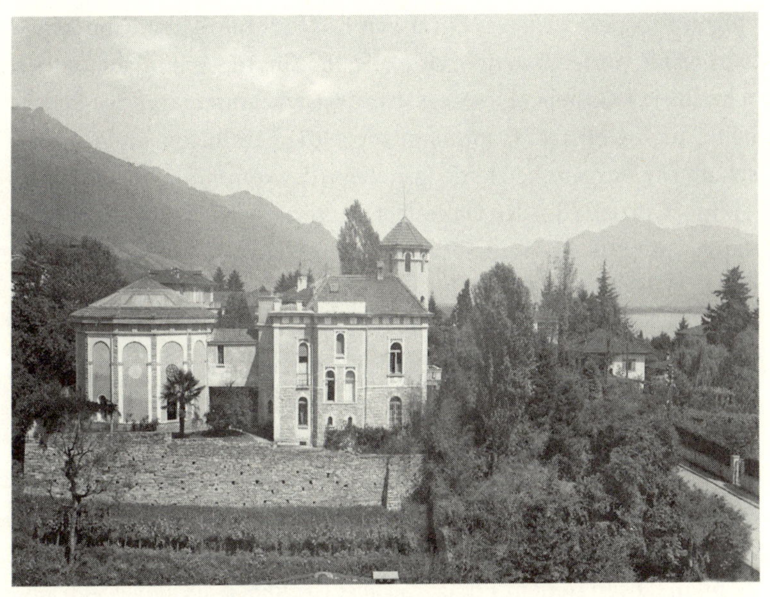

Das 1927 in Minusio eröffnete Sanctuarium Artis Elisarion ist ein moderner Tempel. Das Panoramabild «Die Klarwelt der Seligen» ist im 1939 angefügten Rundbau (links) ausgestellt.

len. In der Empfangshalle werden sie darauf von Eduard von Mayer und der Haushälterin begrüßt. Sie ziehen weite Gewänder über und vollziehen in der Aula das Initiationsritual. Der Weg führt über die Treppe in den ersten Stock, wo sie mit Teppichen und Gemälden verzierte Räume durchqueren. Auf der dunklen Gruftbrücke, der vorletzten Station, werden sie mit der beengten Atmosphäre des Hier und Jetzt, mit der «Wirrwelt» konfrontiert. Dann endlich, nachdem sie all diese vorbereitenden Stationen durchlaufen haben, treten sie in den lichtdurchfluteten Rundbau ein. Von der Dunkelheit ins Licht! Wenn sie Glück haben, werden sie hier von Elisarion empfangen, der sie als Hohepriester der Wallfahrt persönlich einem spirituellen Erleuchtungsmoment zuführt.

Das Sanctuarium Artis Elisarion entwickelt sich zu einem oft besuchten touristischen Ziel; in einem 1936 veröffentlichten dreisprachigen Prospekt nehmen Elisàr von Kupffer und Eduard von Mayer zahlreiche wertschätzende Urteile auf. Ein Ingenieur aus Zürich schreibt ins Gästebuch: «Mein Herz ist erschüttert von der Schönheit»; auch Gerhart Hauptmann sowie die Feministin und Gewerkschafterin Margarethe Hardegger, die in der kommunitären Siedlung Villino Graziella in der Nähe lebt, äußern sich lobend. In *Westermanns Monatsheften* schreibt Friedrich Düsel im Juli 1931: «Entgegen der uns in diesem Leben umgebenden Schwere und Pein entfaltet sich hier eine Lichtsymphonie aus schöner Landschaft und schönem Menschentum, die sie als ‹Spur des Göttlichen auf Erden› festzuhalten sucht.» Das Kunstwerk löse eine «Entspannung der Seele» und eine «beschwingte Zuversicht» aus.[48]

Die weihevolle Welt des Klarismus kann jedoch auch zu Spott reizen. Kurt Tucholsky, der das Sanctuarium in Minusio während seiner Sommerferien im Tessin 1930 mindestens zwei Mal besuchte, verpflanzt es in seinem Roman *Schloss Gripsholm* als «Polysandrion» nach Kopenhagen: «Da standen und ruhten nun die Jünglinge, da schwebten und tanzten sie, und es war immer derselbe, immer derselbe. Blaßrosa, blau und gelb; vorn waren die Jünglinge, und hinten war die Perspektive.»[49] Deutlich herabwürdigender ist die Kritik, die 1945 in der schweizerischen Zeitschrift *Der Beobachter* erscheint: «Dass die dort gebotenen Bilder von einer geschlechtlichen Unsauberkeit eingegeben sind, darüber besteht sowohl unter Künstlern und Kunstfreunden unsers Landes wie auch unter dem bescheidnen Volk nur eine Ansicht.»[50] Und ein Artikel in der Literaturzeitschrift *Der grüne Heinrich* ergeht sich in homophoben Witzeleien über diesen «brüderlichen Reigen».[51]

In einer Gegenschrift antwortet der tief getroffene Eduard von Mayer, der seinen 1942 verstorbenen Lebenspartner Elisàr von Kupffer vertritt, den Verleumdern. Er betont, dass niemand gezwungen werde, sich das Bild anzuschauen, die Artikel seien eine «Spekulation auf aktuelle politische Ressentiments des Publikums». Aus «weltpolitischen Gründen» werde «das monumentale Lebenswerk als ‹homosexueller› Kitsch verlästert», und das ausgerechnet von linker Seite, die doch sonst über die verlogenen bürgerlichen Moralbegriffe spotte.[52]

Nach Eduard von Mayers Tod im Jahr 1960 fällt das Gebäude samt Inhalt an den Kanton Tessin und das Grundstück an die Gemeinde Minusio. Mit der Renovierung und Umwandlung in ein Kulturzentrum in den 1970er Jahren wird das Innere des Baus trotz heftiger Proteste weitgehend zerstört. Die Fremdheit des Werkes und eine latente Homophobie im Umgang mit dem Nachlass zweier Männer mögen der Grund dafür gewesen sein. 1978 rettet Harald Szeemann das bereits abgehängte Rundbild und integriert es in seine Monte-Verità-Ausstellung. Damit hat er dazu beigetragen, das Andenken an die beiden Pioniere, die sich mit ihren Schriften und ihrem Wirken für die Akzeptanz nichtkonformer Lebensentwürfe einsetzten, zu bewahren. Seit 2021 ist das frisch restaurierte Rundbild *Die Klarwelt der Seligen* samt dem rekonstruierten Baldachin und einer kleinen Begleitausstellung erneut im ehemaligen Lichtluftbad auf dem Monte Verità zu besichtigen.

Flachdach oder Landesstil?

1929 treffen sich Heinrich Vogeler und der Künstler und Architekt Carl Weidemeyer zufällig in den engen Gässchen von Ascona, eine Begegnung mit ambivalenten Gefühlen. Nach der Jahrhundertwende waren sie in Worpswede eng miteinander verbunden gewesen, Weidemeyer wohnte nahe des Barkenhoffs in einem von ihm selbst entworfenen traditionellen strohbedeckten Haus im Heimatstil. Im beschwingten Gemeinschaftswerk *Das Liebesleben der Natur* von 1905, das aus einer Festlaune heraus entstanden war, hatten beide zusammen mit Paula und Otto Modersohn sowie Martha und Mieke Vogeler mitgearbeitet. Jetzt ist Vogeler auf Besuch beim Buchdrucker Fritz Jordi, der ebenfalls zu den früheren Siedlern des Barkenhoffs in Worpswede zählte und nun die sozialistische Siedlung Fontana Martina in Ronco sopra Ascona führt und eine gleichnamige Zeitschrift herausgibt.[53] Weidemeyer hat sich vom Buchillustrator und Künstler zum Architekten gewandelt. Nach dem erfolgreichen Bau des Teatro San Materno für Charlotte Bara kann er sich vor Aufträgen kaum retten. Zumeist von Industriellen beauftragt, baut er insgesamt acht

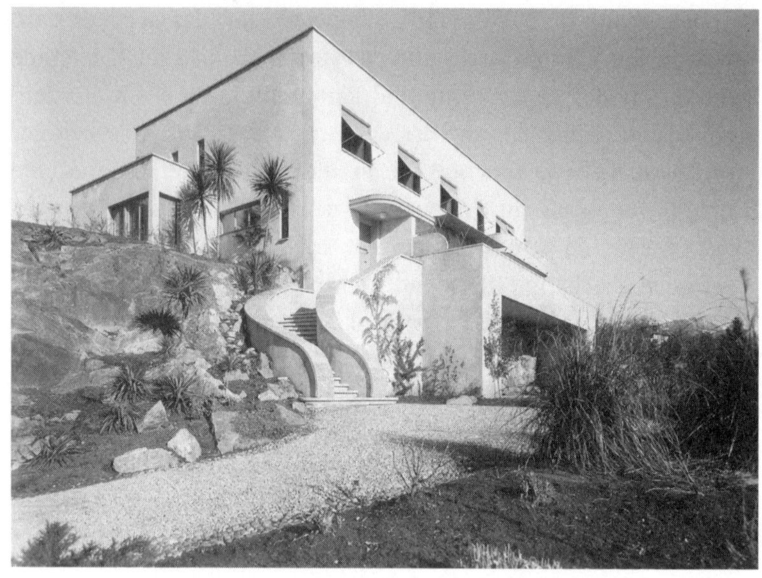

Das Haus Rocca Vispa des Architekten Carl Weidemeyer darf 1929 erst nach langen politischen Diskussionen gebaut werden. Die kantonale Denkmalschutzkommission kritisiert, die Villa entspreche nicht dem örtlichen Baustil.

Villen in Ascona: weiß verputzte Häuser im Stile der Neuen Sachlichkeit, mit klaren Linien und auffälligen Außentreppen.[54]

Doch das Neue Bauen lässt sich in Ascona nicht ohne Widerstände durchsetzen. Der Streit entzündet sich 1929 am Haus Rocca Vispa. Die Baueingabe wird von den Gemeindebehörden, gestützt auf ein Gutachten der kantonalen Denkmalschutzkommission, abgelehnt. Die Begründung dafür lautet, dass die nicht dem lokalen Baustil verpflichteten Gebäude auf örtliche Begebenheiten keine Rücksicht nähmen. Sie seien bloß «nordische Einfuhrware» und damit nicht bewilligungsfähig. Walter Gropius mischt sich mit einem Brief an Carl Weidemeyer in die Diskussion ein: «ihre arbeiten zeigen, dass sie die gegend in der sie bauen, durch die harmonische gliederung ihrer bauwerke bereichern. ich wünsche ihnen besten erfolg und hoffe, dass die dortigen behörden, die vielleicht noch nicht gelegenheit hatten, den lauf der dinge in der übrigen welt ausgiebig zu verfolgen, die unhaltbaren widerstände gegen die anwendung des flachen daches aufgeben werden.»[55] Ermöglicht wird der Bau schließlich dadurch, dass bei einer Baustellenbegehung der Behördenvertreter entgegen der eigenen Bauordnung den Bau auf einmal akzeptabel findet – worauf er in dieser Form genehmigt wird.[56] Diese Entscheidung lässt sich ebenso als Provinzposse wie als symptomatische Episode des von Spannungen nie ganz freien Zusammenlebens der Einheimischen mit den Zugezogenen deuten. Carl Weidemeyer wird nach seiner Pensionierung die Architektur an den Nagel hängen und wieder zu seinen Anfängen als freier Maler zurückkehren, obschon er für seine Bilder, anders als für seine Villen, kaum je öffentliche Anerkennung erfahren hat.

Bankier des Kaisers im Lufthemd

Der Monte Verità unterdessen, nach einer kurzen Zwischenphase mit expressionistischen Künstlern (Kurzzusammenfassung: künstlerisch wertvoll, ökonomisch katastrophal), erhält 1926 einen neuen Besitzer. Der Bankier Eduard von der Heydt kauft ihn für 160 000 Franken. Aus einem alten adligen Geschlecht abstammend, ist der Baron, wie er in Ascona genannt wird, eine schillernde Figur. Er ist Bankier des deutschen Kaisers Wilhelm II., Sammler moderner und außereuropäischer Kunst und später Mitglied der NSDAP, ein Mann mit vielen Widersprüchen, der sich auch im Rückblick nur schwer fassen lässt. Schon seinen Zeitgenossen kam sein Lächeln ebenso undurchdringlich vor wie sein gesamter Charakter.

Auf dem Monte Verità gewöhnt er sich ein lockeres Leben an. Seine Arbeitskleidung in Berlin, den steifen Cut mit Zylinder, tauscht er gegen einen von ihm selbst erfundenen «Luftdress» ein. Auch isst er kaum noch Fleisch. «So habe ich wenigstens auf dem Gebiet die Tradition der naturfreudigen Gründer fortgesetzt, ohne allerdings ihre sonstigen konfusen Ideen einer neuen Lebensart und Weltverbesserung zu übernehmen», beeilt er sich später zu versichern.[57] Für den Bauhaus-Fotografen László Moholy-Nagy posiert er in der Pose

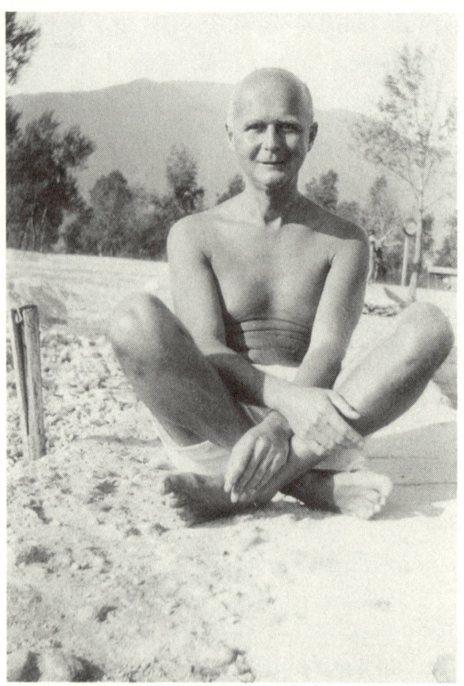

Zeitgenossen beschreiben den Charakter von Eduard von der Heydt als ebenso undurchdringlich wie sein Lächeln. 1926 lässt der Bankier und Kunstsammler ein neues Hotel im Stil des Modernen Bauens auf dem Monte Verità errichten.

eines Buddhas. Eine weitere Fotografie zeigt ihn am Lido von Ascona im Kreis mehrerer junger Frauen, obwohl immer wieder unbewiesene Gerüchte aufkommen, dass er den Männern mehr zugetan sei als den Frauen.

Das alte Gemeinschaftshaus des Sanatoriums kommt von der Heydt zu wenig repräsentativ vor. An seiner Stellte lässt er durch den Berliner Architekten Emil Fahrenkamp, einen ausgewiesenen Experten des neuen Bauens, ein Hotel im modernen Stil errichten. Die Casa Anatta baut er zu seinem Wohnhaus um. Der Architekturtheoretiker Siegfried Giedion nimmt sie in seinem einflussreichen Werk *Befreites Wohnen* als positive Beispiele auf. Lobend erwähnt er das Flachdach, das als begehbare Terrasse dient.[58]

Ohne jede Sicherung hängen zahlreiche Meisterwerke aus von der Heydts Sammlung im Hotel und der Casa Anatta. Sie überwuchern den Monte Verità geradezu, wie Alfred Salmony schreibt: «Eine

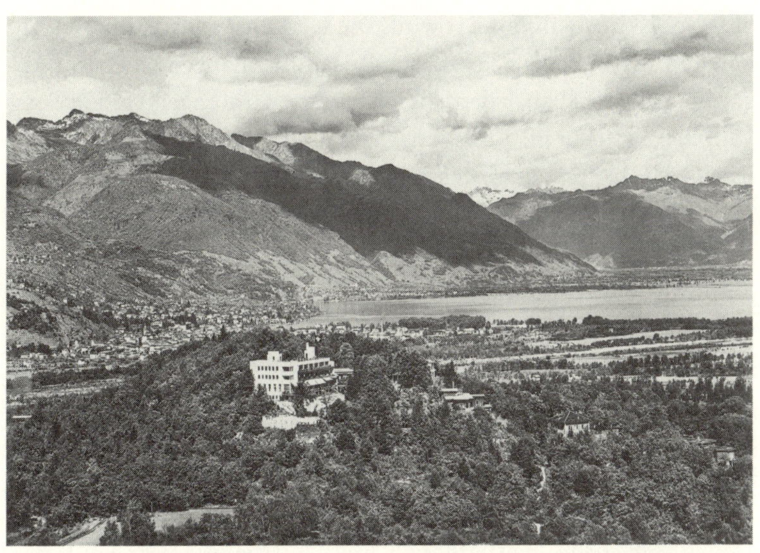

Diese Luftaufnahme zeigt den Monte Verità mit dem 1928 eröffneten markanten Hotelneubau im Stil des Neuen Bauens. Die Umgebung dieses legendären Hügels oberhalb des Lago Maggiore hat Harald Szeemann als «Reformkulturlandschaft» bezeichnet.

große Terrasse dient nicht nur der Aussicht. Hier schreitet eine archaische Griechin, der nackten Üppigkeit steinerner Frauenkörper aus Cambodgia dient die unvergleichliche Landschaft zum Hintergrund. Im Hause hängen viele Zeichnungen von Seurat, Bilder von Gauguin, van Gogh und Munch. Negermasken und Skulpturen aus allen indischen Bezirken stehen herum. Jeder Gast darf das alles sehen. Die Schätze haben längst auf Hotel und Chalets übergegriffen.»[59]

Eduard von der Heydt hat die Sammlung von seinen Eltern übernommen und nach eigenen Vorlieben erweitert. Seine Sammelschwerpunkte sind die moderne Kunst sowie Kunstwerke außereuropäischer Herkunft, also, im Jargon der Zeit, die «primitive» Kunst der «Naturvölker». Zu den Widersprüchen in der Persönlichkeit von der Heydts gehört, dass er von seinen Sammlungsvorlieben auch dann nicht ablässt, als diese Kunst von den Nazis als «entartet» oder als «Negerkunst» diffamiert wird. Die Herkunft der von ihm erstandenen Kunstwerke aus kolonialen Zusammenhängen ist erst in Ansätzen aufgearbeitet. Jedenfalls erweitert er, in enger Verquickung von Geschäftlichem, Künstlerischem und Privatem, seine Sammlung. 1926 lässt er einen Tessiner Anwalt sechs Ankäufe zugunsten holländischer Kapitalgesellschaften mit dem Ziel der Steueroptimierung abwickeln. Nell Walden, der Witwe des expressionistischen Verlegers Herwarth Walden, kauft er ein Konvolut von 80 Werken außereuropäischer Herkunft ab.[60]

Unter Eduard von der Heydt herrscht auf dem Monte Verità eine Atmosphäre von Liberalität und Weltläufigkeit. Auch durch die ungezwungene Kleiderordnung scheint der gesellschaftliche Rang unter den Gästen aufgehoben.[61] Im Gästebuch verewigen sich unterem anderem die Söhne von Kaiser Wilhelm II., Prinz August Wilhelm (Auwi) und Prinz Eitel Friedrich, das Unternehmerpaar Edith und Karl Haniel, der Sexualwissenschaftler Magnus Hirschfeld, der Kunsthändler Alfred Flechtheim und die Schriftstellerin Annette Kolb. Der elsässische Dichter René Schickele schreibt ein expressives Gedicht hinein und fügt hinzu, dass er nur für acht Tage habe kommen wollen, aber fast acht Wochen geblieben sei.[62]

Und wie lässt sich das alles erklären? Warum hat gerade Ascona sich als Zentrum der Weltverbesserung, des Vegetarismus und des Künstlertums einen Namen gemacht? Viele Gründe sind dafür angeführt worden: die landschaftliche Schönheit mit dem See und den Bergen, die gute Verkehrsanbindung, die geografische Mittellage, symbolisiert durch die Palmen und Eichen, die hier beide wachsen. Aber man kann auch einfach Emil Szittyas kurze Erklärung heranziehen: «Die Schweiz war von jeher ein berühmtes Spinnest.» Und «Askona», wie er es nennt, ganz besonders.[63]

↑ Harald Szeemann

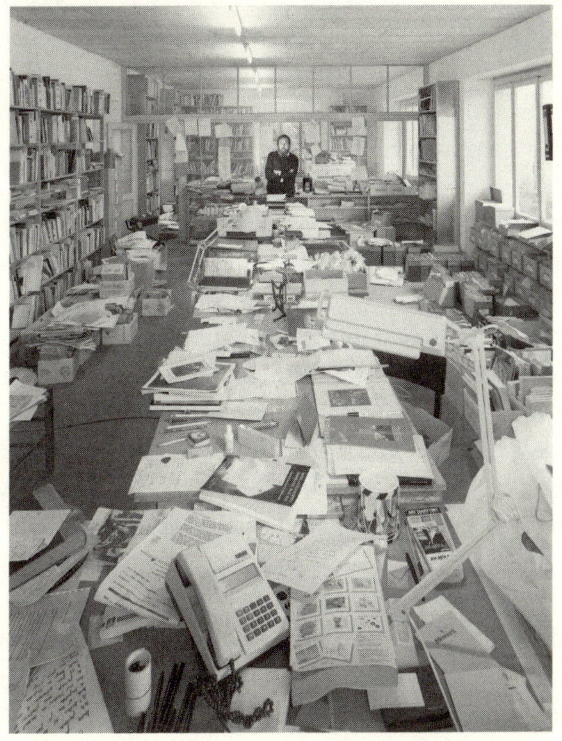

Der «wilde Denker» Harald Szeemann posiert in seinem persönlichen Archiv, seiner Fabbrica in Maggia im Tessin. Er strebt eine Kunstgeschichte der «intensiven Intentionen» an und findet im Monte Verità ein ideales Anwendungsgebiet.

Jahrzehnte nach Emil Szittya wird ein «wilder Denker» eine weitere Erklärung für die Attraktivität Asconas präsentieren. Diese Geschichte hat viele Anfänge. Einer davon trägt sich Ostern 1973 zu. Zu diesem Zeitpunkt ist Harald Szeemann nicht mehr Direktor der Kunsthalle in Bern, wo er zum Abschluss seiner Ära die umstrittene Ausstellung *When attitudes become form* kuratiert hat. Als ehemaliger Generalsekretär der documenta V in Kassel muss er sich gegen Vorwürfe zur Wehr setzen, dass er die Schuld am entstandenen Defizit trage. Zusammen mit seinem Sohn Jérôme hilft er dem Künstler Guy Harloff, in den Cantieri Navali in Loreo bei Chioggia die Kabinen und Toiletten des fast fertigen Schiffsneubaus zu lackieren. «Der Gestank der Farbe in Verbindung mit dem Whisky, der uns von allen Seiten gereicht wurde, hatte schreckliche Hangovers zur Folge», erinnert sich Szeemann später. Ihm ist nicht klar, welcher Tätigkeit er in Zukunft nachgehen will; innerlich schließt er aus, sich je wieder von einer Institution anstellen zu lassen. Lieber will er seine eigene Institution gründen, wenn auch keine klassische. Bei der Arbeit auf dem Schiff mit dem sinnigen Namen «Le Devenir» (Das Werden) kommt ihm die Idee zu seinem «Museum der Obsessionen». Dieses fiktive Museum soll alle seine vergangenen und zukünftigen Ausstellungen beinhalten, auch solche, die nur im Kopf seines Gründers bestehen. Deshalb kann es nie in seiner Gesamtheit ausgestellt werden. Das Museum der Obsessionen negiert die Maßstäbe des konventionellen Museums, vertraut aber weiterhin auf dessen legitimierende und bewahrende Funktion.[1]

Szeemann strebt eine alternative, utopische Wirklichkeit an, also eine Kunstgeschichte der «intensiven Intentionen», wobei er nie genau definiert hat, was er darunter versteht. Man muss also Indizien zusammentragen, um seinem Intensitätsbegriff auf die Spur zu kommen. Offensichtlich geht es ihm um die Erweiterung der menschlichen Ausdrucksfähigkeit in Kunst und in der Lebensführung, also ganz grundlegend um die Grenzbereiche menschlicher Erfahrung. Das drückt sich auch in seiner Umdeutung der Obsession aus: «Obsession ist also durchaus positiv zu werten und meint nicht nur die landläufige Gleichsetzung mit primitiver Teufelsbessenheit als auszutreibendem Trieb. Und auch der Begriff Museum ist von der Freiheitsdimension, die dieser kulturelle Ort heute bietet, her anzusehen und meint nicht den ambivalenten Diskussionsgegenstand der letzten Jahre. Museum als Möglichkeit und Form, Zusammenhänge auszuprobieren, Fragiles zu bewahren, Triebe zu dokumentieren.»[2] Szeemanns Museum der Obsessionen steht daher nicht für ausgeprägte Werke, die Trennung von Kunst und Nichtkunst ist in ihm aufgehoben. Dementsprechend kombiniert Szeemann ohne Scheu in vielen seiner Ausstellungen Werke der Hochkultur, obskure Schriften, Pamphlete, sakrale Gegenstände und Gerümpel, solange sie nur einzeln oder in Verbindung untereinander eine häretische Intensität aufweisen.[3]

Sogleich sucht er ein Anwendungsgebiet, bei dem sich diese theoretischen Vorstellungen als nun freier Kurator in die Tat umsetzen lassen. Als Kopf und einziger Mitarbeiter der ebenfalls neu gegründeten «Agentur für Geistige Gastarbeit» entdeckt er den Monte Verità. 1976 nimmt er die Recherchetätigkeit auf. Mit einem ungeheuren Arbeitspensum besucht er Zeitzeugen und forscht in Archiven und Bibliotheken. Am 6. Juli 1978 abends findet die glanzvolle Eröffnung der Monte-Verità-Ausstellung mit mehreren hundert Gästen in Ascona statt. Als Alternativausstellung ist sie eine Spurensuche in Randgebieten der modernen europäischen Kulturgeschichte, so dass Szeemann nicht zu Unrecht als «Schliemann Asconas» bezeichnet wird.[4] Mit Hunderten von Exponaten – Kunstwerke, Briefe, Zeitungsausschnitte, Bücher – hat Szeemann die Geschichte des Monte Verità samt vielen Nebengeschichten eindrücklich für ein großes Publikum aufbereitet. Dieses strömt in Scharen, nach den fünf Originalstandorten in Ascona wird die Ausstellung in Zürich, Berlin, Wien und München gezeigt.

Ein zentrales Exponat hängt gleich am Anfang der Ausstellung. Es zeigt eine Isogonenkarte der Schweiz, auf der eindeutig drei geografische Räume mit erhöhten magnetischen Werten zu erkennen sind. Die damit unzweifelhaft festgestellte und vom kantonalen geologischen Amt bestätigte Magnetanomalie von Ascona zieht Szeemann in der Folge als Erklärung für dessen kulturelle Bedeutung herbei. Dazu passen wunderbarerweise auch die beiden anderen Regionen, in denen fast ebenso hohe magnetische Werte festzustellen sind: das Engadin, wo Friedrich Nietzsche in Sils Maria residierte, und die Genferseeregion um das Schloss Chillon, wo Lord Byron und Mary Shelley berühmte Schauergeschichten wie *Frankenstein* verfassten.[5] Zusätzlich hat Szeemann den Vizedirektor der Swissair angefragt, ob in Ascona wegen des dort herrschenden erhöhten Magnetismus regelmäßig Verkehrsflugzeuge von ihrem Kurs abkämen. Nein, dieser Sachverhalt sei ihnen noch nie zur Kenntnis gebracht worden, es gebe dazu weder Beobachtungen noch Reklamationen von Pilotenseite, ist die freundliche, jedoch abschlägige Antwort. Diese hat Szeemann nicht publik gemacht.[6]

Die Verleger des linken Merve-Verlags Peter Gente und Heidi Paris, die auch privat ein Paar sind, besuchen Szeemanns Monte-Verità-Ausstellung bei ihrem Gastspiel in der Berliner Akademie der Künste. Begeistert schreiben sie an Michel Foucault nach Paris: «Wir haben in dem, was da in Ascona geschah an Gesamtkunstwerk, Weltanschauung, Leitmotiv, alles auch schön alternativ, in ein schallendes Gelächter über uns selbst ausbrechen müssen.» Sogleich nehmen sie mit dem umtriebigen Szeemann Kontakt auf, der sie an seinen Wohnort ins Tessin einlädt. Da sie jedoch keinen Flug ins Tessin finden können, buchen sie einen nach Capri, in ein «anderes Aussteigernest».[7]

Die Reaktion von Heidi Paris und Peter Gente legt nahe, dass die Aussteigerorte Monte Verità und Capri für sie austauschbar waren: Die Intensitäten des Monte Verità, die Szeemann in seiner Erfolgsausstellung so herausragend auf den Punkt brachte, würden sich auch anderswo finden lassen. Es geht ihnen, wenn man den Gedanken weiterspinnt, eben um mehr als um einige Lichtlufthütten auf dem Berg der Wahrheit, um mehr als das Gewirr der Gässchen im Borgo von Ascona. Paris und Gente sind auf der Suche nach Antworten auf die Frage, was mit der Linken in der desillusionierenden Phase der späten 1970er Jahre, als die Utopien der 1968er-Bewegung alle gescheitert oder versandet sind, weiter geschehen soll. Mit anderen Worten: Sie suchen einen Ort auf, um dort auf Ideen zu stoßen, die ihnen weiterhelfen sollen. Warum lesen sie nicht einfach ein Buch oder lassen eines schreiben?

Wahrscheinlich deswegen, weil Intensitäten, um bei diesem Begriff zu bleiben, sich vorzugsweise in einer bestimmten Umgebung zu einer bestimmen Zeit realisieren. Sie lassen sich folglich aufsuchen, lassen sich begehen, anschauen, riechen und spüren. Das ist durchaus gewollt, wie Szeemann sich in einem Interview ausgedrückt hat: «Man zieht sich in der Hoffnung zurück, als Beispiel genommen zu werden.»[8] Die Verbindung mit den Schauplätzen schafft eine Nähe zu den Ideen, die ohne ihre örtliche Verankerung abstrakt bleiben würde. Daher bleibt die Auseinandersetzung mit einem realen Ort so wichtig, selbst wenn dort nur noch marginale Spuren vorhanden sind. An ihnen kann sich die Phantasie entzünden. Doch für sich allein genommen bleibt ein Ort wie Ascona stumm. Die Intensitäten ergeben sich erst im Zusammenspiel mit den durch historische Recherchen zutage geförderten Zeugnissen.

Der eigenartige Doppelcharakter der Künstlerkolonien besteht darin, dass sie einerseits eindeutig auf einer Landkarte lokalisierbar sind. Doch andererseits sind sie genauso starke Projektionsflächen: Sie rühren an die Sehnsucht nach einem anderen Leben. Ihre Intensitäten ergeben sich besonders daraus, dass sie Tummelplätze für wilde Ideen sind. Die Weltverbesserer, Anarchisten und Künstlerinnen, die diese ersonnen, ausgestaltet und gelebt haben, verdienen es, dass man sich ihrer erinnert, an ihre Visionen wie auch an ihr Scheitern. Das hat Harald Szeemann, selbst ein großer Visionär, mit seiner Ausstellung über den Monte Verità eindrücklich vorgeführt.

Anmerkungen

Alle fremdsprachigen Zitate, soweit sie nicht aus einer bereits übersetzten Quelle stammen, wurden von Andreas Schwab ins Deutsche übertragen.

Einleitung

1 Zit. nach Thomas Steinfeld, Der Arzt von San Michele. Axel Munthe und die Kunst, dem Leben einen Sinn zu geben, München 2007, S. 88.
2 Zit. nach Estelle Voisin Fontenau, Marianne Preindlsberger Stokes. Les années de formation, Paris 2012, S. 78.
3 Die in der älteren Literatur häufig vertretene Ansicht, die Künstler hätten sich vom modernen Leben abgeschottet und einen nahezu reaktionären Weg in eine vormoderne Idylle gewählt, blendet ihre Bezogenheit auf die Zentren allzu stark aus. Stellvertretend für viele andere: Hans Peter Thurn, Die Sozialität der Solitären. Gruppen und Netzwerke in der bildenden Kunst, in: Kunstforum, Nr. 116, 1991, S. 100–130.
4 Vgl. Stephan Wackwitz, Die Bilder meiner Mutter, Frankfurt am Main 2015, S. 197–207.
5 Thomas Maier/Bernd Müllerschön, Barbizon. Die Mutter aller Kolonien?, in: Thomas Andratschke (Hg.), Mythos Heimat. Worpswede und die europäischen Künstlerkolonien, Dresden 2016, S. 107–128, hier S. 115.
6 In meiner Darstellung gehe ich von einem weiten Kunstbegriff aus, was sie von Nina Lübbrens Grundlagenwerk «Rural artists' colonies in Europe» (2001) und den immens materialreichen Ausstellungskatalogen «Künstlerkolonien in Europa. Im Zeichen der Ebene und des Himmels» (2001) oder «Mythos Heimat. Worpswede und die europäischen Künstlerkolonien» (2016) unterscheidet.
7 Roger Peyrefitte, Exil in Capri, Karlsruhe 1960, S. 211.
8 Barbara Piatti, Literaturgeografische Streifzüge. Der Lago Maggiore als literarische Landschaft, in: Lago Maggiore. Literarische Topografie eines Sees, Quarto, Nr. 45, 2018, S. 16–26, hier S. 19.

Jean-François Millet ↓

1 Julia Cartwright, Jean-François Millet. Sein Leben und seine Briefe, Leipzig 1908, S. 170.
2 Patrick Daguenet, Fontainebleau et ses villages d'art (1850–1950). Le Tout-Paris dans la forêt, Paris 2017, S. 138.

3 https://www.musee-orsay.fr/de/kollektionen/werkbeschreibungen/suche/commentaire_id/des-glaneuses-341.html?no_cache=1&cHash=8b09f88a49
4 Zit. nach Cartwright, Millet, S. 152.
5 Zit nach ebd., S. 116.
6 Ingrid Kessler, Jean-François Millet. Landschaftsdarstellung als Medium individueller Religiosität, München 1976, S. 39.
7 Ebd., S. 181 f.
8 Daguenet, Fontainebleau et ses villages d'art, S. 139.
9 Cartwright, Millet, S. 164.

Barbizon

1 Matthias Hamann, Im Bannkreis des Waldes. Künstlerkolonien um Fontainebleau, in: Claus Pese (Hg.), Künstlerkolonien in Europa, 2001, S. 25–39, hier S. 29. Lübbren, Artist's colonies, S. 166.
2 Cartwright, Millet, S. 146 f. Das Gemälde befindet sich heute im Museum in Barbizon.
3 Maier/Müllerschön, Barbizon, S. 113.
4 Robert Louis Stevenson, Fontainebleau – Village Communities of Painters, in: Travels with a Donkey in the Cevennes, Oxford 1992, S. 318.
5 Journal Amusant, 18.9.1875, abgedruckt in: Andratschke, Worpswede und die europäischen Künstlerkolonien, Dresden 2016, S. 98.
6 Zit. nach ebd., S. 100.
7 Stevenson, Fontainebleau, S. 323.
8 Vgl. Alexandra Herlitz, Grez-sur-Loing revisited. The international artists' colony in a different light, Halmstad 2013.
9 C.M. Kauffmann, The Barbizon School, London 1965, S. 5.
10 Andratschke, Worpswede und die europäischen Künstlerkolonien, S. 27.
11 Daguenet, Fontainebleau et ses villages d'art, S. 136.
12 Stevenson, Fontainebleau, S. 320.
13 Hamann, Bannkreis des Waldes, S. 25.
14 Thurn, Die Sozialität der Solitären, S. 104.
15 Daguenet, Fontainebleau et ses villages d'art, S. 136.
16 Nancy Mowll Mathews (Hg.), Cassatt and her circle. Selected letters, New York 1984, S. 20, S. 40 f.
17 Michael Jacobs, The good and simple life. Artist colonies in Europe and America, Oxford 1985, S. 12–17.
18 August Strindberg, Unter französischen Bauern. Eine Reportage, Frankfurt am Main 2009, S. 28.
19 Ebd., S. 26.
20 Zit. nach Thomas Steinfeld: Zweifelnder Fanatiker des täglichen Lebens, in: August Strindberg. Unter französischen Bauern. Eine Reportage, Frankfurt am Main 2009, S. 237–260, hier S. 248.
21 Hans Läng, Indianer waren meine Freunde. Leben und Werk Karl Bodmers 1809–1893, Bern/Stuttgart 1976, S. 144.

22 Hamann, Bannkreis des Waldes, S. 26.
23 Journal amusant, 18.9.1875, abgebildet in: Andratschke, Worpswede und die europäischen Künstlerkolonien, S. 97.
24 Henri Murger, Bohème. Bilder aus der Pariser Künstlerwelt, Berlin 1925, 76–81.
25 Zit. nach Daguenet, Fontainebleau et ses villages d'art, S. 106.
26 Murger, Bohème, S. 307.
27 Thomas Mann, Gladius Dei, in: Gesammelte Werke, Frankfurt am Main 1990, S. 197–200.
28 Maier/Müllerschön, Barbizon, S. 111.
29 Anne Higonnet, Berthe Morisot, New York 1990, S. 102.
30 Pierre Miquel, Félix Ziem 1821–1911, Bd. 1, Maurs-la-Jolie 1978, S. 112.
31 Maier/Müllerschön, Barbizon, S. 113.
32 Lübbren, Rural artists' colonies in Europe, S. 166.
33 Der Lebenslauf folgt Catalina Macovei, Nicolae Grigorescu, London 1999. Razvan Moceanu, Portret: Nicolae Grigorescu – maestrul din Câmpina, pictorul naţional al României, Radio Romãnia Cultural, 21.7.2020 (https://radioromaniacultural.ro/portret-nicolae-grigorescu-maestrul-din-campina-pictorul-national-al-romaniei/).
34 Ana-Maria Şchiopu, Viata lui Grigorescu in Franta, in: Historia, Nr. 208, Mai 2019 (https://www.historia.ro/sectiune/general/articol/viata-lui-grigorescu-in-franta-satul-scoala-barbizon-2?fbclid=IwAR1wumosY-N9_1TIPC3dc3alSThupTix9FXOCrsjERMr1AtgcOyjk4DD17M).
35 Macovei, Nicolae Grigorescu, S. 141–153.
36 Zit. nach ebd., S. 30.
37 Toru Arayashiki, Frederick Delius and Grez-sur-Loing. Some Japanese perspectives, in: Lionel Carley (Hg.), Frederick Delius. Music, Art and Literature, Aldershot 1998, S. 154–167, Zitate S. 158.

↑ *Ida Gerhardi* ↓

1 Ida Gerhardi, «Wozu die ganze Welt, wenn ich nicht malte». Ida Gerhardi (1862–1927). Briefe einer Malerin zwischen Paris und Berlin, bearb. von Annegret Rittmann, Essen 2012, S. 108–110. Frank Meier-Barthel, Der Weg der Brücke von Grez-sur-Loing. Zum 150. Geburtstasg der Malerin Jelka Rosen, in: Rosenland. Zeitschrift für lippische Geschichte, Nr. 21, Dezember 2018, S. 26.
2 Kathrin Umbach, Die Malweiber von Paris. Deutsche Künstlerinnen im Aufbruch, Berlin 2015, S. 29 f.
3 Meier-Barthel, Brücke von Grez-sur-Loing, S. 14, S. 24.
4 Ebd., S. 21 (Übersetzung angepasst).
5 Gerhardi, Briefe, S. 110.
6 Meier-Barthel, Brücke von Grez-sur-Loing, S. 14 f., S. 23. Umbach, Malweiber, S. 37.
7 Zit. nach Meier-Barthel, Brücke von Grez-sur-Loing, S. 29.
8 Ebd., S. 30.
9 Gerhardi, Briefe, S. 37.

10 Ebd., S. 41.
11 Ebd., S, 42.
12 Ebd., S. 42.
13 Ebd., S. 43.
14 Ebd., S. 43.
15 Ebd., S. 45.

Pont-Aven

1 Madeleine Zillhardt, Louise-Catherine Breslau et ses amis, Starnberg 1979, S. 29 f.
2 Matthias Hamann, Künstlerkolonien in Frankreich. Das Modell von Barbizon und seine Töchter, in: Andratschke, Worpswede und die europäischen Künstlerkolonien, S. 83–95, hier S. 91.
3 Zit. nach Catherine Puget, Die Künstlerkolonie von Pont-Aven und Le Pouldu im 19. und 20. Jahrhundert, in: Pese, Künstlerkolonien, S. 57–64, hier S. 58.
4 Gauguin et la Bretagne, Pont-Aven, Le Pouldu 2017, S. 6–10.
5 Henry Blackburn, Breton Folks. An Artistic Tour in Brittany, London 1880, S. 130.
6 Stockholms Dagblad, 24.10.1890. Zit. nach Jos Pennec, Le voyage initiatique de Jarry à Pont-Aven en 1894, in: Henri Béhar/Julien Schuh, Alfred Jarry et les Arts, Paris 2007, S. 31–52, hier S. 33 f.
7 Zit. nach Puget, Künstlerkolonie von Pont-Aven, S. 57.
8 Zit. nach ebd., S. 58.
9 Zit. nach Estelle Voisin Fontenau, Marianne Preindlsberger Stokes. Les années de formation, Paris 2012, S. 84.
10 Blackburn, Breton Folks, S. 152.
11 Barbara Beuys, Helene Schjerfbeck. Die Malerin aus Finnland, Berlin 2018, S. 122.
12 Blanche Willis Howard, Guenn. Eine Welle am Strand der Bretagne, Stuttgart 1889, S. 44.
13 Ebd., S. 76.
14 Ebd., S. 90.
15 Ebd., S. 176.
16 Ebd., S. 153.
17 Ebd., S. 202.
18 Ebd., S. 90.
19 Jacobs, The good and simple life, S. 64–70.
20 Charles Louis Borgmeyer, Alexander Harrison, in: Fine Arts Journal, Bd. 29, 1913, S. 514–544.
21 Zit. nach Karin Plaschy Huchler, «Du selbst bist dein Hauptwerk.» Cuno Amiets Selbstbildnisse zwischen Selbstpropaganda und künstlerischer Selbstreflexion, Zürich 2012, S. 147.
22 Cuno Amiet, Erinnerungen an die Bretagne, in: Das Werk. Architektur und Kunst, Heft 1, 1922, S. 7–9.

23 Cuno Amiet an Giovanni Giacometti, Pont Aven, 5.1.1893, zit. nach: Cuno Amiet/Giovanni Giacometti. Briefwechsel, hg. von Viola Radlach, Zürich 2000, S. 122.
24 Roderic O'Conor and the Moderns. Between Paris and Pont-Aven, Dublin 2018, S. 10–17.
25 Zit. nach Beuys, Helene Schjerfbeck, S. 122.
26 Ebd., S. 121.
27 Jacobs, The good and simple life, S. 71.
28 Gauguin et la Bretagne, S. 5.
29 Alastair Brotchie, Alfred Jarry. Ein pataphysisches Leben, Bern 2014, S. 139.
30 Gauguin et la Bretagne, S. 41
31 Puget, Künstlerkolonie von Pont-Aven, S. 57–64.
32 Gauguin et la Bretagne, S. 21.
33 Brotchie, Alfred Jarry, S. 123.
34 Pennec, Le voyage initiatique de Jarry à Pont-Aven en 1894, S. 31–52.
35 Brief vom 6. August 1895, zit. nach: André Cariou, Présentation de Filiger, in: Galerie Malinge, Filiger, Paris 2019, S. 6.
36 Brotchie, Alfred Jarry, S. 123.
37 Ebd., S. 162.
38 Zit. nach Puget, Künstlerkolonie von Pont-Aven, S. 58, 61.
39 Lettres de Marie Bashkirtseff, Paris 1922, S. 194.
40 Jacobs, The good and simple life, S. 68 f.

↑ *P. S. Krøyer* ↓

1 Cecilia Lengefeld, Avantgarde im Abseits. Künstlerkolonien in Dänemark, Norwegen, Schweden und Finnland, in: Pese, Künstlerkolonien in Europa, S. 139–149, hier S. 139.
2 Knud Voss, Die Maler des Lichts. Nordische Kunst auf Skagen, Weingarten 1987, S. 147.
3 Krøyer. An international Perspective, Kopenhagen 2012, S. 44.
4 Ebd., S. 189.
5 Zit. nach Voss, Die Maler des Lichts, S. 160.
6 Ebd., S. 164, Abbildung S. 181.
7 Henriette Mendelsohn, Die nördlichste Feste dänischer Kunst, in: Die Kunst für alle: Malerei, Plastik, Graphik, Architektur, 1895–1896, S. 324–327.
8 Voss, Die Maler des Lichts, S. 187.
9 Michael Jacobs, The good and simple life, S. 99.
10 Zit. nach Mette Bogh Jensen, Marie and P. S. Krøyer – an artist couple, in: Skagen. An Artists' Colony in Denmark, Skagen 2017, S. 125–132, hier S. 129.
11 Mendelsohn, Die nördlichste Feste dänischer Kunst, S. 326.
12 Zit. nach Voss, Die Maler des Lichts, S. 187.
13 Krøyer, Bag facaden, Skagen 2012, S. 22.
14 Mendelsohn, Die nördlichste Feste dänischer Kunst, S. 326.

Skagen

1 Charles Edwardes, In Jutland with a Cycle, London 1897, S. 140.
2 Ebd., S. 143.
3 Margaret Thomas, Denmark, past and present, London 1902.
4 Mendelsohn, Die nördlichste Feste dänischer Kunst, S. 326.
5 Zit. nach Uwe Wolff, Künstler in Skagen: P. S. Krøyer, Anna Ancher, Holger Drachmann, 9.9.2019 (https://www.engelforscher.com/index.php/home/2-uncategorised).
6 Anke te Heesen, Theorien des Museums zur Einführung, Hamburg 2012, S. 72–86.
7 Zit. nach Mendelsohn, Die nördlichste Feste dänischer Kunst, S. 326.
8 Heide Grape-Albers, Die Künstlerkolonie Skagen, in: Andratschke, Worpswede und die europäischen Künstlerkolonien, S. 259–269, hier S. 267.
9 Skagen Lexikon: https://sites.google.com/site/skagenleksikon/home/Biografier/andre-kunstnere/altamura-jean
10 Holger Drachmann, Gedichte I, Weimar 1917, S. 22.
11 Thomas, Denmark, past and present, S. 70–78.
12 Jacobs, The good and simple life, S. 95 f.
13 Zit. nach Hans Nielsen, Das Gästebuch von Brøndums Hotel, in: Pese, Künstlerkolonien, S. 153–155.
14 Anne Wichstrøm, Oda Krohg. A Turn-of-the-Century Nordic Artist, in: Woman's Art Journal, Bd. 12, Nr. 2, 1991, S. 3–8.
15 Jacobs, The good and simple life, S. 101.
16 Ebd., S. 107.

↑ *Marianne Stokes* ↓

1 Harriet Ford, The Work of Mrs Adrian Stokes, in: Studio. International Art, Nr. 85, 1900, S. 149–156, hier S. 150.
2 Wilhelm Kienzl, Kinder-Liebe und -Leben. Ein Bilderbuch als Festgabe für Kinder, illustriert von Marianne Preindlsberger, Leipzig 1881.
3 Ebd., S. 131. Es gibt Fotos, die Marianne und Adrian Stokes zusammen mit P. S. Krøyer beim Kaffeetrinken im Brøndums Hotel zeigen. Vgl. P. S. Krøyers fotografier, Kopenhagen 1990.
4 Krøyer, An international Perspective, S. 75–79.
5 W. Fred, Marianne und Adrian Stokes: Eine Malerehe, in: Kunst und Kunsthandwerk. Mittheilungen des k.k. Österreichisches Museum für Kunst und Industrie, 1901. S. 205–218, hier S. 212.
6 Adrian Stokes, Capri, in: Art Journal, Juni 1886, S. 165–169.
7 Johannes Proelß, Unter Don Paganos Dache. Ein deutsches Künstlerheim im Süden, in: «Vom Fels zum Meer», Jg. 1888/89, Spalte 499–517, Spalte 514f.
8 Ebd., Spalte 508 f.
9 Ebd., Spalte 516.
10 Voisin Fonteneau, Marianne Preindlsberger Stokes, S. 123.

Capri

1 August Kopisch, Die Entdeckung der blauen Grotte auf der Insel Capri, Berlin 1997.

2 Dieter Richter. Das blaue Feuer der Romantik. Geschichte und Mythos der Blauen Grotte, in: August Kopisch, Die Entdeckung der blauen Grotte auf der Insel Capri, hg. von Dieter Richter, Berlin 1997, S. 61–107, hier S. 75.

3 Zit. nach https://www.projekt-gutenberg.org/kopisch/grotte/grotte.html (dieser Zusatz fehlt im von Dieter Richter herausgegebenen Nachdruck 1997.)

4 Zit. nach Kilian Matthias Jost, Felsenlandschaften. Eine Bauaufgabe des 19. Jahrhunderts, Zürich 2015, S. 295.

5 Zit. nach ebd., S. 205.

6 Alle Zitate aus: Hanns Heinz Ewers, Mit meinen Augen. Fahrten durch die lateinische Welt, Berlin 1909, S. 109–115.

7 Claudia Wagner, Lieber sterben als meine Ideale verleugnen! Karl Wilhelm Diefenbach (1851–1913), hg. von Michael Buhrs, München 2009, S. 44–49.

8 Ebd., S. 66, Bild S. 73.

9 Ebd., S. 28.

10 Tagebuch von Diefenbach, 10. Januar 1908, zit. nach ebd., S. 68.

11 Ebd., S. 177–187, Bild S. 182. Im kleinen Museum Certosa di San Giacomo auf Capri gibt es bis heute eine kleine Dauerausstellung mit den Bildern Diefenbachs.

12 Ebd., S. 70.

13 Hanns Heinz Ewers, Die Insel der Entgleisten, in: Der arme Teufel, 1903, Nr. 22/23 S. 6–7; Nr. 24, S. 6–7. Vgl. Michaela Lindinger, Sonderlinge, Außenseiter, Femmes Fatales. Das «andere» Wien um 1900, Wien 2015, S. 104.

14 Wagner, Diefenbach, S. 71.

15 Wolfram Setz, Oscar Wilde & Co. Historisch-literarische Spurensicherung, Hamburg 2016, S. 130. James Money, Capri. Island of Pleasure, London 1986.

16 Dieter Richter, Friedrich Alfred Krupp auf Capri. Ein Skandal und seine Geschichte, in: Michael Epkenhans, Ralf Stremmel, Friedrich Alfred Krupp. Ein Unternehmer im Kaiserreich, München 2010, S. 157–178. Vgl. Thomas Blubacher, Frei und inspiriert. Sehnsuchtsorte der Dichter, Denker, Künstler und Aussteiger, München 2013, S. 125–128.

17 Dieter Richter, Bruder Glücklichs trauriges Ende, in: Die Zeit, 25. Juli 2002.

18 Proelß, Unter Don Paganos Dache. Spalte 517. Heinz Hoffmeister veröffentlichte 1887 eine Broschüre «Von Capri nach Jerusalem».

19 Zu Ludwig Victor «Luzi-Wuzi» siehe: Helmut Neuhold, Das andere Habsburg. Homoerotik im österreichischen Kaiserhaus, Marburg 2008, S. 9–206.

20 Ruth Negendanck, Claus Pese, Zauberinsel Capri. Auf den Spuren deutschsprachiger Künstler, Köln 2018, S. 181–185, Abbildung S. 182.

21 Robert Aldrich, The seduction of the Mediterranean: Writing, Art, and Homosexual Fantasy, London 1993, S. 126 f. Money, Capri, S. 51–55. Blubacher, Frei und inspiriert, S. 127. Stefanie Sonnentag, Spaziergänge durch das literarische Capri und Neapel, Zürich 2003, S. 12–15.

22 So die Vermutung von Martin Mosebach, Die Gärten von Capri, in: Vorträge aus dem Warburg-Haus, Bd. 10, Berlin 2007, S. 1–12, hier S. 8.

23 Setz, Oscar Wilde & Co., S. 155.

24 Ebd., S. 127.

25 Ein vergleichbarer Fall: Der homosexuelle Maler und Botaniker Otto Sohn-Rethel überschreibt aus Angst vor Enteignung in der Zeit des Faschismus seine Villa in Anacapri einem befreundeten Einheimischen. Dieser jedoch weigert sich nach dem Zweiten Weltkrieg, das Haus mitsamt den Kunstwerken zurückzugeben. Sohn-Rethel muss zu einem befreundeten Industriellen ziehen. Sonnentag, Spaziergänge, S. 100 f.

26 Zit. nach Marina Soroka, The Summer Capitals of Europe, 1814–1919, London 2017, S. 106.

27 Ebd., S. 106–108.

28 Steinfeld, Der Arzt von San Michele, S. 198–200.

29 Josyane Savigneau, Marguerite Yourcenar. Die Erfindung eines Lebens, Frankfurt am Main 1996, S. 150–186.

30 Karin Burk, Kindertheater als Möglichkeitsraum. Untersuchungen zu Walter Benjamins «Programm eines proletarischen Kindertheaters», Bielefeld 2015, S. 20–24. Martin Mittelmeier, Adorno in Neapel. Wie sich eine Sehnsuchtslandschaft in Philosophie verwandelt, München 2013, S. 26–28.

31 Walter Benjamin. Gesammelte Briefe, Bd. II, Frankfurt am Main 1996, S. 474 f.

32 Ebd., S. 486.

33 Edouard Schneider, Maxime Gorki à Capri, in: Revue des Deux Mondes, 1958, S. 704–717.

34 Zit. nach Geir Kjetsaa, Maxim Gorki. Eine Biographie, Hildesheim 1996, S. 183.

35 Ebd., S. 190.

36 Zit. nach ebd., S. 184.

37 Emanuel Salgaller, Strange Encounter – Rilke and Gorky on Capri, in: Monatshefte. A journal devoted to the study of German language and literature. Vol. 54, No 1, January 1962, S. 11–21. Vgl. Thomas Schmidt (Hg.), Rilke und Russland, Marbach am Neckar 2017.

38 Cornelia von Studnitz, Mit Tränen löschst du das Feuer nicht. Maxim Gorki und sein Leben, Düsseldorf 2003, S. 143–150.

39 Zit. nach ebd., S. 153.

40 Nina Gourfinkel, Gorki. Mit Selbstzeugnissen und Bilddokumenten, Hamburg 1968, S. 52–56. Kjetsaa, Maxim Gorki, S. 197 f.

41 Zit. nach Gourfinkel, Gorki, S. 61 f.

42 Zit. nach Studnitz, Mit Tränen löschst du das Feuer nicht, S. 157 f.

43 Zit. nach Kjetsaa, Maxim Gorki, S. 201.

44 Zit. nach ebd., S. 201.

45 Schneider, Maxime Gorki à Capri, S. 713.

46 Maxim Gorki, Italienische Märchen, Frankfurt am Main 1988, S. 44–52, hier S. 47 f.

47 Ebd., S. 52.

48 Iwan Bunin, Der Herr aus San Francisco, Stuttgart 1975, S. 37.

49 Ebd., S. 49.
50 Ebd., S. 69.

↑ *Alma Mahler-Werfel* ↓

1 Alma Mahler-Werfel, Tagebuch-Suiten 1898–1902, hg. von Antony Beaumont und Susanne Rode-Breymann, Frankfurt am Main 1997, S. 220.
2 Ebd., S. 221.
3 Ebd., S. 222.
4 Ebd., S. 221.
5 Ebd., S. 343.
6 Ebd., S. 341.
7 Ebd., S. 350.
8 Ebd., S. 352 f.
9 Ebd., S. 356.
10 Zit. nach Beaumont/Rode-Breymann, Alma Mahler-Werfel, S. 139.
11 Zit. nach Susanne Rode-Breymann, Alma Mahler-Werfel. Muse, Gattin, Witwe. Eine Biographie, München, 2014, S. 139.

Altaussee

1 Elisabeth von Österreich, Das poetische Tagebuch, hg. von Elisabeth Hamann, Wien 1984, S. 94.
2 Hermann Bahr, Ausgewählte Erzählungen, Berlin 2018, S. 135.
3 Viktor Suchy, Ausseerland – Zuflucht des schöpferischen Geistes, in: Hugo von Hofmannsthal und die Kultur im steirischen Salzkammergut, Bad Aussee 1979, S. 16.
4 Adalbert Stifter, Studien, 1. Band, Stuttgart 1947, S. 138.
5 Thomas Hellmuth et al. (Hg.), Visionäre bewegen die Welt. Ein Lesebuch durch das Salzkammergut, Salzburg 2005, S. 28–33.
6 Ebd., S. 114–118.
7 Ernst Pinchas Blumenthal, Diener am Licht. Eine Biographie Theodor Herzls, Frankfurt am Main 1977, S. 68–73.
8 Rudolf Meringer, Studien zur Germanischen Volkskunde, Separatdruck der Mittheilungen der Anthropologischen Gesellschaft in Wien, 1893, S. 136–138.
9 Rudolf Meringer, Das deutsche Haus und sein Hausrat, Leipzig 1906, S. 2–7.
10 Meringer, Studien zur Germanischen Volkskunde, S. 137.
11 Hellmuth, Visionäre, S. 21.
12 Ferdinand von Andrian, Die Altausseer. Ein Beitrag zur Volkskunde des Salzkammergutes, Wien 1905. Vgl. Alois Mayrhuber, Künstler im Ausseerland, Graz 1995, S. 52–55.
13 Andrian, Altausseer, S. 125 f., ebenso alle weiteren Zitate.
14 Hellmuth, Visionäre, S. 57.
15 Moderne Kunst, Illustrierte Zeitschrift, 1912/1913 (https://digi.ub.uni-heidelberg.de/diglit/moderne_kunst1912_1913/0119/image).

16 Zit. nach Giangiorgio Satragni, Richard Strauss, die «Alpensinfonie» und der Mythos der Natur, in: Mythen der Musik, Bern 1999, S. 100–111.
17 Hugo und Gerty von Hofmannsthal/Hermann Bahr, Briefwechsel 1891–1935, Bd. 1, Göttingen 2013, S. 85.
18 Ebd., S. 85.
19 Mayrhuber, Künstler im Ausseerland, S. 57–60.
20 Alle Zitate von Hofmannsthal nach Mayrhuber, Künstler im Ausseerland, S. 62–69.
21 Hugo von Hofmannsthal, Das Dorf im Gebirge, in: Sämtliche Werke, Bd. 27, Frankfurt am Main 1975, S. 33–36.
22 Marta Karlweis, Jakob Wassermann. Bild, Kampf und Werk, Amsterdam 1935, S. 325 f.
23 Ebd., S. 320.
24 Ebd., S. 417.
25 Ebd., S. 472.
26 Zit. nach Thomas Kraft, Jakob Wassermann. Biografie, München 2008, S. 81 (aus: «Der Literat oder Mythos und Persönlichkeit», 1910).
27 Mayrhuber, Künstler im Ausseerland, S. 79–83.
28 Robert Streibel, Ein Adabei der guten Taten. Eugenie Schwarzwald und ihre Loge am Grundlsee, in: Hellmuth, Visionäre, S. 48–56.
29 Maria Lazar, Die Eingeborenen von Maria Blut, mit einem Nachwort von Johann Sonnleitner, Wien 2015, S. 238–269.
30 Zit. nach Marion Neuhold, Maria Lazar 1895–1948. Analyse ihres Exilromans «Die Eingeborenen von Maria Blut», Diplomarbeit Universität Wien, 2012. S. 20.
31 Zit. nach Lazar, Die Eingeborenen von Maria Blut, S. 248 (Nachwort).
32 Ebd., S. 238, S. 252–262.
33 Carole Duebbert, Hermann Brochs Verzauberung als ‹Anti-Heimatroman›, in: Paul Michael Lützeler, Brochs Verzauberung, Frankfurt am Main 1983, S. 226–236.
34 Hellmuth, Visionäre, S. 45.

↑ *Arthur Schnitzler* ↓

1 Arthur Schnitzler, Tagebuch 1913–1916, Wien 1983, S. 291 (Eintrag vom 30.5.1916)
2 Arthur Schnitzler, Jugend in Wien, Frankfurt am Main 1981, S. 34.
3 Arthur Schnitzler, Frau Beate und ihr Sohn, in: Erzählende Schriften, Berlin 1922, S. 22.
4 Ebd., S. 106.
5 Vgl. Peter Gay, Das Zeitalter des Doktor Arthur Schnitzler. Innenansichten des 19. Jahrhunderts, Frankfurt am Main 2002, S. 91–101.
6 Arthur Schnitzler, Tagebuch 1909–1912, Wien 1981, S. 257 (Eintrag vom 20.8.1911).
7 Arthur Schnitzler, Tagebuch 1923–1926, Wien 1995, S. 83 (Eintrag vom 16.9.1923).

8 Arthur Schnitzler, Tagebuch 1903–1908, Wien 1991, S. 71 (Einträge vom 18.–24.5.1904).

Taormina

1 Johann Wolfgang von Goethe, Italienische Reise, Berlin 2018, S. 219.
2 Victor Klemperer, Curriculum Vitae, Erinnerungen Bd. 2, hg. von Walter Nowojski, Berlin 1996, S. 267.
3 Andrew and Suzanne Edwards, Sicily. A literary guide for Travellers, London 2014, S. 83.
4 Elisabetta Dal Bello, Taorminas Geschichte zwischen bukolischer Welt und Elite-Tourismus, in: Wiener Zeitung, 22.2.2002.
5 Brief von Johann Viktor Krämer vom 1.10.1897, Wienbibliothek im Rathaus, Handschriftensammlung, Nachlass Johann Viktor Krämer.
6 https://www.sicilyartexperience.it/taormina-cult/otto-geleng/
7 Edwards, Sicily, S. 90 f.
8 Selma Lagerlöf, Liebe Sophie. Liebe Valborg. Eine Dreiecks-Geschichte in Briefen, hg. von Holger Wolandt, Stuttgart 2016, S. 61–66. Edwards, Sicily. S. 88. Elisabeth Sandelin, På jakt efter Selma, Ny tid, 3.2.2002.
9 Briefe von Johann Viktor Krämer vom 21.8.1897, 31.8.1897 und o. D., Wienbibliothek im Rathaus, Handschriftensammlung, Nachlass Johann Viktor Krämer.
10 Ekkehard Hieronimus, Wilhelm von Gloeden. Photographie als Beschwörung, Aachen 2018.
11 Die ganze Argumentation folgt: Ella Nowicki, Wilhelm von Gloeden and the Construction of a Sicilian Idyll, MIT Papers, 2016 (https://getinspired.mit.edu/sites/default/files/.../AR215_Report.pdf).
12 Roger Peyrefitte, Exil auf Capri, Karlsruhe 1960, S. 167 f. Wolfram Setz, Jacques d'Adelswärd-Fersen, Roger Peyrefitte und andere, in: ders., Oscar Wilde & Co. Historisch-literarische Spurensicherung, Hamburg 2016, S. 126–157, hier S. 142.
13 Der Name kommt von Karl Heinrich Ulrichs «Theorie der männlichen Homosexualität» (1864).
14 André Gide, Der Immoralist, in: Gesammelte Werke, Bd. 7, Stuttgart 1991, S. 363–481, hier S. 381.
15 Ebd., S. 389.
16 Ebd., S. 393–399.
17 Ebd., S. 400.
18 Ebd., S. 465.
19 Ebd., 481.
20 Ebd., S. 381. Die ganze Argumentation folgt: Dirk Naguschewski, Arabische Jungen/junge Araber. Mit Cadinot auf den Spuren Gides, in: Gerhard Härle (Hg.), Ikonen des Begehrens. Bildsprachen der männlichen und weiblichen Homosexualität in Literatur und Kunst, Stuttgart 1997, S. 217–248.
21 Hansgeorg Schmidt-Bergmann, Futurismus. Geschichte, Ästhetik, Dokumente, Reinbek bei Hamburg 1993.

22 Rebecca L. Edwards, Frank Brangwyn's ‹tragically impressive› Street near Taormina, in: University of Melbourne Collections, Nr. 10, Juni 2012, S. 44–47.
23 Die Beschreibung und Interpretation folgt Francesco Spadaro, Direktor der Casa Cuseni, der sich auf Alfred Barr Jr., den ersten Direktor des Museum of Modern Art in New York, bezieht, nach: https://www.youtube.com/watch?-v=H9Mkdciy52A
24 http://www.blogtaormina.it/2015/09/08/taormina-la-figlia-di-ezra-pound-ri corda-casa-cuseni/206155/
25 Richard Owen, Hemingway in Italy, London 2017, S. 58.
26 Thomas Mann, Tagebücher 1953–1955, Frankfurt am Main 1995, S. 181 (Eintrag vom 16.2.1954).
27 Ebd., S. 179 (Eintrag vom 4.2.1954).
28 Ebd., S. 182 (Eintrag vom 16.2.1954).
29 Gaetano Saglimbeni, Peyrefitte: sulla tomba a Parigi fece scrivere «taorminese», in: Blogtaormina.it, 4.9.2014.
30 Marie Claire, hg. von Jean Prouvost, 8.12.1939.
31 Lisa Gerard-Sharp, Foreign Vices, in: Insight Guides, Sicily, Boston 1994. Plimpton, George, Truman Capote. In which various friends, enemies, acquaintances, and detractors recall his turbulent career, New York 1997, S. 107.
32 Gayelord Hauser, Mirror, Mirror on the Wall. Invitation to Beauty, New York 1961, S. 275 f.
33 Marie Claire, hg. von Jean Prouvost, 8.12.1939.
34 Lisa Gerard-Sharp, Foreign Vices, in: Insight Guides, Sicily, Boston 1994.
35 Zit. nach Michael Squires, D. H. Lawrence and Frieda. A portrait of Love and Loyalty, London 2008, 52–54.
36 Thomas Grob, Nachwort, in: Iwan Bunin, Ein Herr aus San Francisco, Zürich 2017, S. 231.
37 D. H. Lawrence, Sonne, in: Sämtliche Erzählungen, Bd. 3, Zürich 1975, S. 28–57.
38 Ebd., S. 32.
39 Michael W. Weithmann, Lawrence of Bavaria. The English Writer D. H. Lawrence in Bavaria and Beyond, Passau 2003, S. 43.
40 Lawrence, Sonne, S. 31.
41 Ebd., S. 48.
42 Ebd., S. 57.

↑ *Truman Capote* ↓

1 Gerald Clarke, Truman Capote. Eine Biographie, Zürich 2007, S. 285.
2 Truman Capote, Fontana Vecchia, in: Die Hunde bellen. Alle Reportagen, Porträts und Reiseskizzen, hg. von Anuschka Roshani, Zürich 2008, S. 484–497, hier S. 484.
3 Clarke, Capote, S. 299.
4 Ebd., S. 299.
5 Capote, Fontana Vecchia, S. 491. Gerald Clarke, Too Brief a Treat. The Letters of Truman Capote, New York 2004, S. 105.

6 Capote, Fontana Vecchia, S. 488.
7 Clarke, Capote, S. 295.
8 Ebd., S. 287.
9 Capote, Fontana Vecchia, S. 485.
10 Zit. nach https://gaetanosaglimbeni.jimdofree.com/scrittori/truman-capote-e-tennessee-williams/.
11 Capote, Fontana Vecchia, S. 486.
12 Clarke, Too Brief a Treat, S. 118.
13 Ebd., S. 158.
14 Capote, Fontana Vecchia, S. 491.
15 Zit. nach Clarke, Capote. A biography, New York 2005, S. 214 (andere Übersetzung in Clarke, Capote, S. 291).
16 Clarke, Too Brief a Treat, S. 106, S. 110. Bosheiten aus dem Sarg des Dandy, Der Spiegel, 24.3.1986.
17 Clarke, Too Brief a Treat, S. 125 f.
18 Truman Capote, Tanger, in: Die Hunde bellen. Alle Reportagen, Porträts und Reiseskizzen, hg. von Anuschka Roshani, Zürich 2008, S. 463–475, hier S. 463. Clarke, Too Brief a Treat, S. 100.
19 Zit. nach Clarke, Capote, S. 273.
20 Clarke, Too Brief a Treat, S. 93–97.
21 Capote, Tanger, S. 463.
22 Ebd., S. 464.
23 Ebd., S. 472.
24 Clarke, Too Brief a Treat, S. 100.
25 Capote, Tanger, S. 474.
26 Clarke, Too Brief a Treat, S. 92. Clarke, Capote, S. 275 f.

Tanger

1 Florian Vetsch/Boris Kerenski (Hg.), Tanger Telegramm. Reise durch die Literaturen einer legendären marokkanischen Stadt, Zürich 2004, S. 128.
2 Ebd., S. 117.
3 Ebd., S. 120.
4 Ebd., S. 117.
5 Ebd., S. 15.
6 Hermann Bahr, Selbstbildnis. Kritische Schriften, Bd. 18, Weimar 2011, S. 209.
7 Ebd., S. 210.
8 Drei Briefe an seine Eltern aus Tanger, Wienbibliothek im Rathaus, Handschriftensammlung, Nachlass Johann Viktor Krämer. Vgl. Elisabeth Mariel-Seeböck, Johann Victor Krämers Fotografien einer Studienreise in den Orient der Jahre 1898 bis 1900, Magisterarbeit Wien, 2013, S. 17.
9 Christopher Sawyer-Lauçanno, An invisible spectator. A biography of Paul Bowles, New York 1990, S. 328.
10 Gerhard Rohlfs, Reise durch Marokko. Uebersteigung des großen Atlas, Bremen 1868, S. 22.

11 Jens Rosteck, Jane und Paul Bowles. Leben ohne anzuhalten, München 2005, S. 318.
12 Sawyer-Lauçanno, An invisible spectator, S. 327.
13 Peter W. Häberlin, Yallah, Zürich 1956, S. 18.
14 Rosteck, Jane und Paul Bowles, S. 251.
15 Millicent Dillon, Jane Bowles. Lauter kleine Sünden. Eine Biographie, Hamburg 1993.
16 Jane Bowles, Eine richtige kleine Sünde. Prosa etc., München 1988, S. 74–77.
17 Ebd., S. 77
18 Paul Bowles, Wie hätte ich ein Foto in die Wüste schicken können?, hg. von Simon Bischoff, Zürich 1993, S. 7, S. 39.
19 Ebd., 1993, S. 24–27.
20 Paul Bowles, Rastlos. Erinnerungen eines Nomaden, München 1990, S. 355–357.
21 Mohamed Choukri, Jean Genet und Tennessee Williams in Tanger, Hamburg 1995, S. 47.
22 Vetsch/Kerenski, Tanger Telegramm, S. 286.
23 Iain Finlayson, Tangier. City of the Dream, London 1993, S. 288. Siehe dazu auch: Rosteck, Jane und Paul Bowles, S. 349.
24 Steven Watson, Die Beat Generation. Visionäre, Rebellen und Hipsters, St. Andrä-Wördern 1997, S. 173, S. 243 f.
25 Alle Zitate nach ebd., S. 274.
26 Zit. nach Vetsch/Kerinski, Tanger Telegramm, S. 97. Nach dem Roman *Engel, Kif und neue Länder* von Jack Kerouac, in dem Burroughs den Namen Hubbard trägt.
27 Ebd., S. 100.
28 Zit. nach ebd., S. 100.
29 Barry Miles, Call Me Burroughs. A Life, New York 2013, S. 305.
30 Watson, Die Beat Generation, S. 246.
31 Finlayson, Tangier, S. 93.

↑ *John Singer Sargent* ↓

1 Elaine Kilmurray/Richard Ormond (Hg.), John Singer Sargent, London 1998, S. 60.
2 Richard Ormond/Elaine Kilmurray, John Singer Sargent. Complete Paintings, Bd. 4, New Haven 2006, S. 281.
3 Zit. nach ebd., S. 282.
4 Ebd., S. 282.
5 Ebd., S. 302.
6 Richard Ormond/Elaine Kilmurray, John Singer Sargent. Complete Paintings, Bd. 8, New Haven 2006, S. 81–83.
7 Kilmurray/Ormond, John Singer Sargent, S. 20.
8 Ormond/Kilmurray, John Singer Sargent, Bd. 8, S. 81.
9 Vgl. Stefan Bollmann, Frauen, die lesen, sind gefährlich, München 2005.

10 Nathaniel Silver (Hg.), Bostons's Apollo, Thomas McKeller and John Singer Sargent, New Haven 2020. Video «Dear Mr McKeller. An ode to one man's impact»: https://www.youtube.com/watch?v=0qbloih5m5k&list=PLBvyrVXij3YPJGjaJX9FP1b47hpyH9q4H. Vgl. Sophie Lynford, Thomas McKeller was singular among Sargent's pantheon of models, in: Apollo Magazine, 26 March 2020 (https://www.apollo-magazine.com/thomas-mckeller-john-singer-sargent-isabella-stewart-gardner-review/). Michael Henry Adams, Boston's Apollo: Sargent's model and hidden black nobility in American art, in: The Guardian, 5.4.2020 (https://www.theguardian.com/artanddesign/2020/apr/05/bostons-apollo-john-singer-sargent-thomas-mckeller-black-american-art).

Korfu

1 Christopher Meid, Griechenland-Imaginationen. Reiseberichte im 20. Jahrhundert von Gerhart Hauptmann bis Wolfgang Koeppen, Berlin 2012, S. 22.
2 Ebd., S. 21.
3 Meyers Konversationslexikon, Korfu, Bd. 10, 1895, S. 560.
4 Zit. nach Peter Geimer, Frühjahr 1962. Ein Touristenschicksal, in: Wolfgang Ullrich (Hg.), Verwindungen. Arbeit an Heidegger, Frankfurt am Main 2003, S. 44–61, hier S. 46f.
5 Hugo von Hofmannsthal, Griechenland, in: Erzählungen, Erfundene Gespräche und Briefe, Reisen, Frankfurt am Main 1979, S. 629.
6 Gemäß der Interpretation von Peter Geimer, Frühjahr 1962, S. 50.
7 Martin Heidegger, Aufenthalte, in: ders., Gesamtausgabe, Bd. 75, Frankfurt am Main 2000, S. 213–245, S. 217.
8 Ebd., S. 218.
9 Ebd., S. 230.
10 Norbert Wokart, Wie die Wahrheit ans Licht kommt. Heidegger in Griechenland, in: Zeitschrift für Religions- und Geistesgeschichte, Bd. 56, Nr. 4, 2004, S. 374–376.
11 Zit. nach Geimer, Frühjahr 1962, S. 54.
12 Heidegger, Aufenthalte, S. 244.
13 Ebd., S. 219.
14 Zit. nach Beaumont/Rode-Breymann, Alma Mahler-Werfel, S. 15 f..
15 Wienbibliothek im Rathaus, Handschriftensammlung, Nachlass Johann Viktor Krämer.
16 Kunstchronik. Wochenschrift für Kunst und Kunstgewerbe, 1904, S. 373 f.
17 Angelika Dierichs, Korfu – Kerkyra. Grüne Insel im Ionischen Meer. Von Nausikaa bis Kaiser Wilhelm II., Main am Rhein 2004, S. 82–85.
18 Ebd., S. 86–95.
19 Henry Miller, Der Koloss von Maroussi, Reinbek bei Hamburg 1965, S. 15.
20 Alle Zitate nach Manfred Flügge, Die Odyssee von Sisis Heine-Denkmal, in: Frankfurter Allgemeine Zeitung, 8.12.2007.
21 Wilhelm II., Ereignisse und Gestalten 1878–1918, Leipzig/Berlin 1922, S. 170 f.
22 Dierichs, Korfu – Kerkyra, S. 57.

23 Wilhelm II., Erinnerungen an Korfu, Berlin/Leipzig 1924, S. 81.
24 Erich Neumann, Die Große Mutter. Eine Phänomenologie der weiblichen Gestaltungen des Unbewussten, Zürich 1997, S. 163.
25 Vgl. Thorsten Beigel, Der Stolz des Dilettanten. Wilhelm II. und die Gorgo, in: Thorsten Beigel/Sabine Mangold Will (Hg.), Wilhelm II. Archäologie und Politik, Stuttgart 2017, S. 87–99, hier S. 97 f.
26 Ulrich Linse, Der Rebell und die «Mutter Erde». Asconas «Heiliger Berg» in der Deutung des anarchistischen Bohèmien Erich Mühsam, in: Harald Szeemann (Hg.), Monte Verità, Berg der Wahrheit. Lokale Anthropologie als Beitrag zur Wiederentdeckung einer neuzeitlichen sakralen Topographie, Milano 1978, S. 27.
27 Wilhelm II., Erinnerungen an Korfu, S. 56.
28 Meid, Griechenland-Imaginationen, S. 161 f.
29 Dieter E. Zimmer, Die nächste Insel, dasselbe Preisgericht, in: Die Zeit, 10.5.1963.
30 Der Spiegel, 15.5.1963.
31 Fritz J. Raddatz, Tagebücher 2002–2012, Reinbek bei Hamburg 2014, S. 325 f. (Eintrag vom 23.6.2006).
32 Lawrence Durrell, The Prospero's Cell, London 1963, S. 119.
33 Ian MacNiven, Lawrence Durrell. A Biography, London 1998, S. 113.
34 Ebd., S. 114f.
35 Ebd., S. 135.
36 Durrell, Schwarze Oliven, S. 45.
37 Ebd., S. 42.
38 Ebd., S. 25.
39 Zit. nach Ian MacNiven, Lawrence Durrell, S. 139.
40 Lawrence Durrell/Henry Miller, Briefe 1935–1959, hg. von George Wickes, Reinbek bei Hamburg 1967, S. 14 f.
41 Henry Miller, Letters to Anaïs Nin, London 1965, S. 184.
42 Miller, Koloss von Maroussi, S. 35.
43 Ebd., S. 35.

↑ *Carl und Gerhart Hauptmann* ↓

1 Peter Sprengel, Gerhart Hauptmann. Bürgerlichkeit und großer Traum, München 2012, S. 79–86.
2 Zit. nach ebd., S. 83.
3 Gerhart Hauptmann, Tagebücher 1906 bis 1913, hg. von Peter Sprengel, Frankfurt am Main 1994, S. 359–365. Vgl. Ingo Starz, Du lieber, göttlicher Olympier. Die Freundschaft zwischen Gerhart Hauptmann und Ludwig von Hofmann, Erkner 1998.
4 Gerhart Hauptmann, Griechischer Frühling, Berlin 1996, S. 10.
5 Hauptmann, Tagebücher 1906 bis 1913, S. 368.
6 Hauptmann, Griechischer Frühling, S. 24–28.
7 Hauptmann, Tagebücher 1906 bis 1913, S. 374.

8 Ebd., S. 378 f.
9 Ebd., S. 369.
10 Ebd., S. 380.
11 Ebd., S. 383.
12 Ebd., S. 383.
13 Ebd., S. 361.
14 Gerhart Hauptmann, Die Insel der Großen Mutter, in: Sämtliche Werke, Bd. 5, Berlin 1996, S. 705.
15 Ebd., S. 718.
16 Zit. nach Peter Sprengel, Die Wirklichkeit der Mythen. Untersuchungen zum Werk Gerhart Hauptmanns aufgrund des handschriftlichen Nachlasses, Berlin 1982, S. 197 f. Vgl. ders., Der Dichter stand auf hoher Küste. Gerhart Hauptmann im Dritten Reich, Berlin 2009, S. 249–251.
17 Elfriede Berger (Hg.), Carl Hauptmann und seine Worpsweder Künstlerfreunde. Briefe und Tagebuchblätter, Bd. 2, Berlin 2003, S. 168–195, hier S. 168–170.
18 Carl Hauptmann, Einhart der Lächler, Bd. 2, Leipzig 1917, S. 19.
19 Berger, Carl Hauptmann, Bd. 2, S. 173.
20 Ebd., S. 172.
21 Elfriede Berger (Hg.), Carl Hauptmann und seine Worpsweder Künstlerfreunde. Briefe und Tagebuchblätter, Bd. 1, Berlin 2003, S. 27, S. 63 (Briefe vom 12.12.1899 und vom 8.12.1900).
22 Ebd., S. 62.
23 Franz Mehring, Gesammelte Schriften, Bd. 11, Berlin 1981, S. 401–404.
24 Berger, Carl Hauptmann, Bd. 1, S. 65–69.
25 Ebd., Bd. 2, S. 178.
26 Zit. nach ebd., Bd. 2, S. 186.
27 Gerhart Hauptmann, Tagebücher 1906 bis 1913, S. 187.

Worpswede

1 Alle Zitate nach: Friederike Schmidt-Möbus. Worpswede. Leben in einer Künstlerkolonie, Stuttgart 2002, S. 31–34.
2 Zit. nach Katharina Groth/Björn Herrmann, Mythos und Moderne. 125 Jahre Künstlerkolonie Worpswede, Köln 2014, S. 15.
3 Richard Muther, Studien, hg. von Hans Rosenhagen, Berlin 1925 (1901), S. 640.
4 Zit. nach Groth/Herrmann, Mythos und Moderne, S. 18 f.
5 Lübbren, Rural artists' colonies, S. 121.
6 Suchy, Ausseerland – Zuflucht des schöpferischen Geistes, S. 31.
7 Rainer Maria Rilke, Worpswede, in: Sämtliche Werke, Bd. 5, Frankfurt am Main 1965, S. 27.
8 Lübbren, Rural artists' colonies, S. 118.
9 Schmidt-Möbus, Worpswede, S. 39.
10 Zit. nach ebd., S. 65.

11 Zit. nach Friederike Daugelat, Rainer Maria Rilke und das Ehepaar Modersohn. Persönliche Begegnung und künstlerisches Verhältnis, Frankfurt am Main 2005, S. 21 (Otto Modersohn, Tagebuch, 3.7.1889).
12 Muther, Studien, S. 463.
13 Groth/Herrmann, Mythos und Moderne, S. 20 f.
14 Muther, Studien, S. 643.
15 Daugelat, Rainer Maria Rilke und das Ehepaar Modersohn, S. 22.
16 Zit. nach ebd., S. 27.
17 Zit. nach ebd., S. 28.
18 Zit. nach ebd., S. 49.
19 Zit. nach ebd., S. 51.
20 Hans-Joachim Müller, Macht bitte endlich Schluss mit der heiligen Paula, in: Die Welt, 13.3.2017.
21 Andreas Meier (Hg.), Verein memoriart 33–45, Museum, Bern 2017, S. 2–17. Katja Behling/Anke Maigold, Die Malweiber. Unerschrockene Künstlerinnen um 1900, München 2009, S. 66–69.
22 Zit. nach Schmidt-Möbus. Worpswede, S. 88.
23 Vgl. Ferdinand Krogmann, Worpswede im Dritten Reich. 1933–1945, Bremen 2011.
24 Carl Vinnen, Ein Protest deutscher Künstler, 1911, S. 2.
25 Ebd., S. 6.
26 Im Kampf um die Kunst. Die Antwort auf den «Protest deutscher Künstler», München 1911, S. 91.
27 Ebd., S. 90.
28 Curt Stoermer, Heinrich Vogeler-Worpswede, in: Deutsche Kunst und Dekoration. Illustrierte Monatshefte für moderne Malerei, Plastik, Architektur, Wohnungskunst und künstlerisches Frauen-Arbeiten, Bd. 35, 1914–1915, S. 198–203, hier S. 199.
29 Zit. nach Berger, Carl Hauptmann, Bd. 2, S. 270.
30 Stoermer, Heinrich Vogeler-Worpswede, S. 199.
31 Heinrich Vogeler, Dir. Gedichte, Berlin 1899.
32 Sabine Schlenker, Heinrich Vogeler – Künstler, Träumer, Visionär, München 2012, S. 9–14.
33 Ilse Rohde, Heinrich Vogeler und die Arbeitsschule Barkenhoff. Ein Beitrag zur Historiographie der Reformpädagogik, Frankfurt am Main 1997, S. 22.
34 Letizia Tedeschi (Hg.), Carl Weidemeyer. Künstler und Architekt zwischen Worpswede und Ascona, Mendrisio 2002, S. 193.
35 Zit. nach Rohde, Heinrich Vogeler, S. 30.
36 Zit. nach Ute Steinbicker/Hans Jürgen Schmitt, Expressionismus der Liebe. Heinrich Vogeler und die Kommune Barkenhoff in Worpswede, in: Joachim Meißner et al. (Hg.), Gelebte Utopien. Alternative Lebensentwürfe, Frankfurt am Main 2011, S. 181–200, S. 190.
37 Friedrich Wolf, Empörung. Vier Dramen, Berlin 1947, S. 290 f.
38 Ebd., S. 312 f.

39 Walter Fähnders: Friedrich Wolf, Worpswede und Kolonne Hund, in: «Was bleibt und was lohnt!» Friedrich Wolf zum 125. Geburtstag und 60. Todestag. Marburg 2014, S. 79–110, Abbildung S. 93.
40 Zit. nach Ulrich Linse (Hg.), Zurück o Mensch zur Mutter Erde. Landkommunen in Deutschland 1890–1933, München 1983, S. 113.
41 Bernd Stenzig, Rilke und Vogeler. Irreführungen in Klaus Modicks «Konzert ohne Dichter», Berlin 2016. Aus der Fallhöhe der elaborierten Dichtung Rilkes und der teilweise jämmerlichen Figur, die er in seinen Briefen abgibt, lassen sich ganz offensichtlich humoristische Funken schlagen: In Florian Illies' Erfolgsbuch *1913* besteht einer der Running Gags darin, dass der Dichter überall, wo er in besagtem Jahr hinkommt, ungeheuer an seinem Schnupfen oder an anderen Unannehmlichkeiten leidet und darüber lamentiert. Er scheint sich geradezu unter großem Druck zu fühlen, ein wenig leidend zu sein. Florian Illies, 1913. Der Sommer des Jahrhunderts, Frankfurt am Main 2012, S. 195.

↑ *Charlotte Bara* ↓

1 Theo Kneubühler, Die Künstler und Schriftsteller und das Tessin (von 1900 bis zur Gegenwart), in: Harald Szeemann (Hg.), Monte Verità. Le mammelle della verità, Milano 1978, S. 130–133.
2 Zit. nach Karl-Robert Schütze, Charlotte Bara. 1901–1986. Brüssel, Worpswede, Berlin, Ascona, Berlin 2000, S. 63.
3 Ebd., S. 63.
4 Zit. nach ebd., S. 18.
5 Zit. nach Dorothee Baer-Bogenschütz, Der Kaufhauskönig und die Tänzerin, in: Jüdische Allgemeine, 5.8.2018 (https://www.juedische-allgemeine.de/kultur/der-kaufhauskoenig-und-die-taenzerin/).
6 Curt Riess, Ascona. Geschichte des seltsamsten Dorfes der Welt, Zürich 1964, S. 117.
7 Letizia Tedeschi, Ein Theater für den Tanz. Die Begegnung zwischen Charlotte Bara und Carl Weidemeyer, in: Andreas Schwab/Claudia Lafranchi (Hg.), Sinnsuche und Sonnenbad. Experimente in Kunst und Leben auf dem Monte Verità, Zürich 2001, S. 157–168.
8 Hans Sahl, Das Exil im Exil. Memoiren eines Moralisten, Hamburg 1994, S. 219.

Monte Verità

1 Ida Hofmann, Monte Verità. Wahrheit ohne Dichtung, Ascona 1906, S. 94. Vgl. für den gesamten Ascona-Text Andreas Schwab, Monte Verità – Sanatorium der Sehnsucht, Zürich 2003. Stefan Bollmann, Monte Verità. 1900. Der Traum vom alternativen Leben beginnt, München 2017. Peter Michalzik, 1900. Vegetarier, Künstler und Visionäre suchen nach dem neuen Paradies, Köln 2018.
2 Ida Hofmann, Vegetabilismus! Vegetarismus! Blätter zur Verbreitung vegetarischer Lebensweise, Bellinzona 1905, S. 22.

3 Ida Hofmann-Oedenkoven, Wie gelangen wir Frauen zu harmonischen und gesunden Daseinsbedingungen? Ascona 1902, S. 19.

4 Alle Zitate aus: Ida Hofmann, Vegetabilismus! Vegetarismus!, S. 19 f., S. 22.

5 Ebd., S. 27.

6 Klara Ebert, Monte Verità, in: Vegetarische Warte, 11.11.1911.

7 Bruno Haucks, Unser Leben und Unser Ziel, Ascona 1904, S. 7.

8 Willi Röder, Vortrag über wandernde Vegetarier, Berlin 1903 in: Burg Ludwigstein, Lebensreform, Mappe Vegetarismus, Manuskript 29 Seiten.

9 Erich Mühsam, Ascona. Eine Broschüre, Berlin 1982, S. 31.

10 Ebd., S. 82.

11 Ebd., S. 83.

12 Angelo Nessi, Gli adoratori del verde sulla collina di Ascona, in: Giò Rezzonico (Hg.), Antologia di cronaca del Monte Verità, Locarno 1992.

13 Hermann Hesse, «Aus dem Traurigen etwas Schönes machen». Hermann Hesse, Die Briefe, Bd. 2, Berlin 2013, S. 55.

14 Hermann Hesse, In den Felsen, in: März. Halbmonatsschrift für deutsche Kultur, hg. von Albert Langen, zweiter Jahrgang, zweiter Band (April bis Juni), 1908, S. 51–59.

15 Hermann Hesse, Doktor Knölges Ende, in: Der Weltverbesserer. Zwei Erzählungen, herausgegeben von Volker Michels, Frankfurt am Main 1985, S. 73–87. Vgl. Martin Radermacher, Hermann Hesse – Monte Verità. Wahrheitssuche abseits des Mainstreams zu Beginn des 20. Jahrhunderts, in: Zeitschrift für junge Religionswissenschaft, Nr. 6, 2011 (https://journals.openedition.org/zjr/710).

16 Isadora Duncan, Der Tanz der Zukunft, Leipzig 1903, S. 41 f.

17 Rudolf von Laban, Die Welt des Tänzers. Fünf Gedankenreigen, Stuttgart 1920, S. 8.

18 Erica Kessler, Sophie tanzt, in: Aargauer Kunsthaus (Hg.), Sophie Taeuber-Arp. Zum 100. Geburtstag, Aarau 1989, S. 76–86, hier S. 80. Vgl. Mona De Weerdt/Andreas Schwab (Hg.), Monte Dada – Ausdruckstanz und Avantgarde, Bern 2018.

19 Richard Faber, Franziska zu Reventlow, Schwabings matriarchale Revolution und Otto Gross, in: Gerhard Dienes/Ralf Rother (Hg.), Das Gesetz des Vaters, Wien 2003, S. 140–155.

20 Zit. nach Gunna Wendt, Franziska zu Reventlow. Die anmutige Rebellin, Berlin 2008, S. 268. Vgl. Brigitta Kubitschek, Franziska Gräfin zu Reventlow. Leben und Werk, München 1998.

21 Regula Bochsler, Ich folgte meinem Stern. Das kämpferische Leben der Margarethe Hardegger, Zürich 2004, S. 132–134.

22 Gerhard Dienes/Ralf Rother (Hg.), Das Gesetz des Vaters, Wien 2003.

23 Der Historiker Martin Green hat in seiner Studie über diese so außergewöhnlichen Schwestern zusätzlich die unterschiedlichen weltanschaulichen Einstellungen der involvierten Personen analysiert und zu einem faszinierenden menschlichen Ideen-Drama überhöht. Martin Green, Else und Frieda. Die Richthofen-Schwestern, München 1976.

24 Esther Bertschinger-Joos/Richard Butz, Ernst Frick. Anarchist in Zürich, Künstler und Forscher in Ascona, Monte Verità, Zürich 2014, S. 71.
25 Bochsler, Ich folgte meinem Stern, S. 182.
26 Zit. nach ebd., S. 183.
27 Ebd., S. 184.
28 Ebd., S. 92.
29 Bertschinger-Joos/Butz, Ernst Frick, S. 72 f.
30 Sam Whimster, Im Gespräch mit Anarchisten. Max Weber in Ascona, in: Andreas Schwab/Claudia Lafranchi, Sinnsuche und Sonnenbad. Experimente in Kunst und Leben auf dem Monte Verità, Zürich 2001, S. 43–59, hier S. 49.
31 Ebd., S. 56.
32 Ebd., S. 45 und S. 51.
33 Caterina Beretta, Mein Ascona. Erinnerungen und Erlebnisse, Muri bei Bern 1983, S. 27.
34 Christa Baumberger, Wahrheitssucher am Lago Maggiore. Friedrich Glauser und Wachtmeister Studer in Ascona, in: Lago Maggiore. Literarische Topografie eines Sees, Quarto Nr. 47, 2018, S. 27–35.
35 Beretta, Mein Ascona, S. 22.
36 Zit. nach Theo Kneubühler, Künstler und Schriftsteller und das Tessin, in: Szeemann, Monte Verità, S. 170.
37 Zit. nach Lebensmenschen – Alexej von Jawlensky und Marianne von Werefkin, hg. von Roman Zieglsgänsberger et al., München 2019, S. 257–259.
38 Beretta, Mein Ascona, S. 27.
39 Elisàr von Kupffer, Lieblingsminne und Freundesliebe in der Weltliteratur, Berlin 1995 (Neudruck), S. 2–11.
40 Vgl. Fabio Ricci, Eduard von Mayer, nach: www.elisarion.ch/biografien/eduard_von_mayer.html. Überhaupt ist die Webseite des Vereins Pro Elisarion eine reiche Fundgrube mit zahlreichen eingescannten Quellentexten.
41 Zit. nach Fabio Ricci, Ritter, Tod & Teufel. Die Kunst Elisàr von Kupffers (1872–1942), Köln 2007, S. 121.
42 Zit. nach ebd., S. 119–125.
43 Elisàr von Kupffer, Klima und Dichtung. Ein Beitrag zur Psychophysik, München 1907, S. 31, S. 58.
44 Ebd., S. 47.
45 Elisarion, Aus einem wahrhaften Leben, Minusio-Locarno 1943, S. 305
46 Eduard von Mayer, Ein Tempel der Kunst im Tessin, in: Die Schönheit, Nr. 11, Dresden 1929, S. 473–513, hier S. 486.
47 Elisarion, Gespräche der Klarwelt, Minusio-Locarno 1942, S. 22.
48 Mehrsprachiger Prospekt des Elisarions 1936 sowie Abdruck des Gästebuchs, zit. nach: www.elisarion.ch
49 Kurt Tucholsky, Schloss Gripsholm, in: Gesammelte Werke, Bd. 9, Reinbek 1995, S. 17.
50 Der Beobachter, 13.2.1946.
51 Der grüne Heinrich, Nr. 4, Dezember 1945, S. 77–80.
52 Zit. nach Ricci, Ritter, Tod & Teufel, S. 280–282.

53 Andreas Schwab, «Die Wahrheit von heute ist nicht die Wahrheit von morgen.» Die sozialistische Siedlung Fontana Martina und ihre Zeitschrift, in: Quarto, Nr. 45, Lago Maggiore. Literarische Topografie eines Sees, Bern 2018, S. 36–42.
54 Letizia Tedeschi (Hg.), Carl Weidemeyer. Künstler und Architekt zwischen Worpswede und Ascona, Mendrisio 2002.
55 Zitiert nach ebd., S. 148 (Brief vom 2. Juli 1930).
56 Eduard Keller, Ascona Bau-Buch, Zürich 1934, S. 22.
57 Eduard von der Heydt/Werner von Rheinbaben, Auf dem Monte Verità. Gedanken und Gespräche, Zürich 1958, S. 21.
58 Eberhard Illner (Hg.), Eduard von der Heydt. Kunstsammler, Bankier, Mäzen, München 2013, S. 120.
59 Zit. nach ebd., S. 176.
60 Ebd., S. 166.
61 Ebd., S. 26 f.
62 Ebd., S. 250.
63 Emil Szittya, Das Kuriositäten-Kabinett. Begegnungen mit seltsamen Begebenheiten, Landstreichern, Verbrechern, Artisten, religiös Wahnsinnigen, sexuellen Merkwürdigkeiten, Sozialdemokraten, Syndikalisten, Kommunisten, Anarchisten, Politikern und Künstlern ..., Konstanz 1923, S. 93.

↑ *Harald Szeemann*

1 Tobia Bezzola/Roman Kurzmeyer, Harald Szeemann. with by through because towards despite. Catalogue of all Exhibitions 1957–2005, Zürich 2007, S. 390. Doris Chon, Harald Szeemanns Museum der Obsessionen. Zwischen Parodie und Konsekration, in: Glen Philipps (Hg.), Harald Szeemann. Museum der Obsessionen, Zürich 2018, S. 89–110.
2 Harald Szeemann, Museum der Obsessionen, Berlin 1981, S. 103.
3 Philipp Felsch, Der lange Sommer der Theorie. Geschichte einer Revolte 1960–1990, München 2015, S. 175.
4 Widmung von Hermann Müller in seinem Buch, Gusto Gräser. Aus Leben und Werk, Knittlingen 1987. Vgl. Andreas Schwab, «Lei non può lamentarsi di aver passato il suo tempo annoiandosi.» Harald Szeemann e l'esposizione sul Monte Verità, in: Claudia Lafranchi Cattaneo/Andreas Schwab, Dalla visione al chiodo. Dal chiodo alla visione. Il Fonde Harald Szeemann dell'Archivio Fondazione Monte Verità, Bellinzona 2013, S. 173–220.
5 Szeemann (Hg.), Monte Verità, S. 6.
6 Vgl. Schwab, Harald Szeemann e l'esposizione sul Monte Verità, S. 183.
7 Felsch, Der lange Sommer der Theorie, S. 173 f.
8 Zit. nach Whimster, Im Gespräch mit Anarchisten, S. 57.

Bibliografie

Hier ist nur eine Auswahl der verwendeten Werke aufgeführt. Detailliertere Angaben finden sich in den Anmerkungen.

Allgemein

Thomas Andratschke (Hg.), Mythos Heimat. Worpswede und die europäischen Künstlerkolonien, Dresden 2016.

Thomas Blubacher, Frei und inspiriert. Sehnsuchtsorte der Dichter, Denker, Künstler und Aussteiger, München 2013.

Michael Jacobs, The good and simple life. Artist colonies in Europe and America, Oxford 1985.

Nina Lübbren, Rural artists' colonies in Europe, 1870–1910, Manchester 2001.

Joachim Meißner et al. (Hg.), Gelebte Utopien. Alternative Lebensentwürfe, Frankfurt am Main 2011.

Claus Pese (Hg.), Künstlerkolonien in Europa. Im Zeichen der Ebene und des Himmels, Nürnberg 2001.

Hans Peter Thurn, Die Sozialität der Solitären. Gruppen und Netzwerke in der bildenden Kunst, in: Kunstforum, Nr. 116, 1991, S. 100–130.

Barbizon

Julia Cartwright, Jean-François Millet. Sein Leben und seine Briefe, Leipzig 1908.

Patrick Daguenet, Fontainebleau et ses villages d'art (1850–1950). Le Tout-Paris dans la forêt, Paris 2017.

Ida Gerhardi, «Wozu die ganze Welt, wenn ich nicht malte». Ida Gerhardi (1862–1927). Briefe einer Malerin zwischen Paris und Berlin, bearb. von Annegret Rittmann, Essen 2012.

Alexandra Herlitz, Grez-sur-Loing revisited. The international artists' colony in a different light, Halmstad 2013.

Frank Meier-Barthel, Der Weg der Brücke von Grez-sur-Loing. Zum 150. Geburtstag der Malerin Jelka Rosen, in: Rosenland. Zeitschrift für lippische Geschichte, Nr. 21, Dezember 2018.

Robert Louis Stevenson, Fontainebleau – Village Communities of Painters, in: Travels with a Donkey in the Cevennes, Oxford 1992.

August Strindberg, Unter französischen Bauern. Eine Reportage, Frankfurt am Main 2009.

Pont-Aven

Henry Blackburn, Breton Folks. An Artistic Tour in Brittany, London 1880.

André Cariou, Filiger. Correspondances et sources ancinennes, Paris 2019.

Estelle Voisin Fontenau, Marianne Preindlsberger Stokes. Les années de formation, Paris 2012.

Gauguin et la Bretagne, Pont-Aven, Le Pouldu 2017.

Blanche Willis Howard, Guenn. Eine Welle am Strand der Bretagne, Stuttgart 1889.

Roderic O'Conor and the Moderns. Between Paris and Pont-Aven, Dublin 2018.

Jos Pennec, Le voyage initiatique de Jarry à Pont-Aven en 1894, in: Henri Béhar/Julien Schuh, Alfred Jarry et les Arts, Paris 2007, S. 31–52.

Skagen

Mette Bogh Jensen, Marie and P. S. Kroyer – an artist couple, in: Skagen. An Artists' Colony in Denmark, Skagen 2017.

Charles Edwardes, In Jutland with a Cycle, London 1897.

Kroyer. An international Perspective, Kopenhagen 2012.

Krøyer, Bag facaden, Skagen 2012.

P. S. Krøyers fotografier, Kopenhagen 1990.

Knud Voss, Die Maler des Lichts. Nordische Kunst auf Skagen, Weingarten 1987.

Capri

Michael Buhrs (Hg.), Lieber sterben als meine Ideale verleugnen! Karl Wilhelm Diefenbach (1851–1913), München 2009.

August Kopisch, Die Entdeckung der blauen Grotte auf der Insel Capri, Berlin 1997.

Martin Mittelmeier, Adorno in Neapel. Wie sich eine Sehnsuchtslandschaft in Philosophie verwandelt, München 2013.

James Money, Capri. Island of Pleasure, London 1986.

Ruth Negendanck, Claus Pese, Zauberinsel Capri. Auf den Spuren deutschsprachiger Künstler, Köln 2018.

Edouard Schneider, Maxime Gorki à Capri, in: Revue des Deux Mondes, 1958, S. 704–717.

Stefanie Sonnentag, Spaziergänge durch das literarische Capri und Neapel, Zürich 2003.

Adrian Stokes, Capri, in: Art Journal, Juni 1886, S. 165–169.

Altaussee

Ferdinand von Andrian, Die Altausseer. Ein Beitrag zur Volkskunde des Salzkammergutes, Wien 1905

Ulrike Auerböck, Maler und Malerinnen des Ausseerlands, Wien 2019.

Thomas Hellmuth et al. (Hg.), Visionäre bewegen die Welt. Ein Lesebuch durch das Salzkammergut, Salzburg 2005.

Marta Karlweis, Jakob Wassermann. Bild, Kampf und Werk, Amsterdam 1935.

Alois Mayrhuber, Künstler im Ausseerland, Graz 1995.

Christoph Wagner, Kurt-Michael Westermann, Salzkammergut. Natur- und Kulturlandschaft, Wien 1996.

Taormina

Gerald Clarke, Truman Capote. Eine Biographie, Zürich 2007.

Andrew and Suzanne Edwards, Sicily. A literary guide for Travellers, London 2014.

Rebecca L. Edwards, Frank Brangwyn's ‹tragically impressive› Street near Taormina, in: University of Melbourne Collections, Nr. 10, Juni 2012, S. 44–47.

Karen Eva Noetzel, Ewig ergötzt man sich hier. Ein literarischer Spaziergang durch Taormina auf Sizilien, Norderstedt 2008.

Ella Nowicki, Wilhelm von Gloeden and the Construction of a Sicilian Idyll, MIT Papers 2016 (https://getinspired.mit.edu/sites/default/files/.../AR215_Report.pdf).

Michael Squires, D. H. Lawrence and Frieda. A portrait of Love and Loyalty, London 2008.

Tanger

Paul Bowles, Wie hätte ich ein Foto in die Wüste schicken können? Hg. von Simon Bischoff, Zürich 1993.

Mohamed Choukri, Jean Genet und Tennessee Williams in Tanger, Hamburg 1995.

Iain Finlayson, Tangier. City of the Dream, London 1993.

Elaine Kilmurray/Richard Ormond (Hg.), John Singer Sargent, London 1998.

Jens Rosteck, Jane und Paul Bowles. Leben ohne anzuhalten, München 2005.

Christopher Sawyer-Lauçanno, An invisible spectator. A biography of Paul Bowles, New York 1990.

Florian Vetsch/Boris Kerenski (Hg.), Tanger Telegramm. Reise durch die Literaturen einer legendären marokkanischen Stadt, Zürich 2004.

Korfu

Angelika Dierichs, Korfu – Kerkyra. Grüne Insel im Ionischen Meer. Von Nausikaa bis Kaiser Wilhelm II., Main am Rhein 2004.

Lawrence Durrell, Schwarze Oliven. Korfu – Insel der Phäaken, Reinbek bei Hamburg 1963.

Gerhart Hauptmann, Griechischer Frühling, Berlin 1996.

Ian MacNiven, Lawrence Durrell. A Biography, London 1998.

Christopher Meid, Griechenland-Imaginationen. Reiseberichte im 20. Jahrhundert von Gerhart Hauptmann bis Wolfgang Koeppen, Berlin 2012.

Henry Miller, Der Koloss von Maroussi, Reinbek bei Hamburg 1965.

Worpswede

Friederike Daugelat, Rainer Maria Rilke und das Ehepaar Modersohn. Persönliche Begegnung und künstlerisches Verhältnis, Frankfurt am Main 2005.

Elfriede Berger (Hg.), Carl Hauptmann und seine Worpsweder Künstlerfreunde. Briefe und Tagebuchblätter, 2 Bde. Berlin 2003.

Katharina Groth/Björn Herrmann, Mythos und Moderne. 125 Jahre Künstlerkolonie Worpswede, Köln 2014.

Ilse Rohde, Heinrich Vogeler und die Arbeitsschule Barkenhoff. Ein Beitrag zur Historiographie der Reformpädagogik, Frankfurt am Main 1997.

Friederike Schmidt-Möbus. Worpswede. Leben in einer Künstlerkolonie, Stuttgart 2002.

Karl-Robert Schütze, Charlotte Bara. 1901–1986. Brüssel, Worpswede, Berlin, Ascona, Berlin 2000.

Monte Verità

Stefan Bollmann, Monte Verità. 1900. Der Traum vom alternativen Leben beginnt, München 2017.

Eberhard Illner (Hg.), Eduard von der Heydt. Kunstsammler, Bankier, Mäzen, München 2013.

Peter Michalzik, 1900. Vegetarier, Künstler und Visionäre suchen nach dem neuen Paradies, Köln 2018.

Erich Mühsam, Ascona. Eine Broschüre, Berlin 1982.

Andreas Schwab, Monte Verità – Sanatorium der Sehnsucht, Zürich 2003.

Andreas Schwab, «Lei non può lamentarsi di aver passato il suo tempo annoiandosi.» Harald Szeemann e l'esposizione sul Monte Verità, in: Claudia Lafranchi Cattaneo/Andreas Schwab, Dalla visione al chiodo. Dal chiodo alla visione. Il Fonde Harald Szeemann dell'Archivio Fondazione Monte Verità, Bellinzona 2013, S. 173–220.

Harald Szeemann, (Hg.), Monte Verità, Berg der Wahrheit. Lokale Anthropologie als Beitrag zur Wiederentdeckung einer neuzeitlichen sakralen Topographie, Milano 1978.

Abbildungsverzeichnis

Textteil

html | Seite 163: Frank Brangwyn, Via del Trombe, Messina, https://www.europeana.eu/it/item/2048001/Athena_Plus_ProvidedCHO_KIK_IRPA__Brussels__Belgium__AP_10092730 | Seite 165: © mauritius images/History and Art Collection/Alamy Stock Foto | Seite 171: Aus Frederick Sands/Sven Broman, Die Göttliche Greta Garbo, Blanvalet Verlag, München 1979, S. 180, Foto: Oliver Woods | Seite 176: Truman Capote im Hafen von Portofino, um 1950, Foto: © Getty Images/Mondadori Portfolio Editorial/Foto: Leonida Barezzi | Seite 189: © Peter Werner Häberlin/Fotostiftung Schweiz | Seite 190: © Getty Images/Foto: Cecil Beaton | Seite 191: © Fotostiftung Schweiz/Rodrigo Rey Rosa | Seite 195: © Getty Images/Foto: Allen Ginsberg | Seite 197: John Singer Sargent, zeichnend, 1927, Foto: © mauritius images/TopFoto | Seite 201: John Singer Sargent, Corfu: A Rainy Day, 1909, Foto: © mauritius images/Artepics/Alamy | Seite 211: Achilleion (Korfu), historische Postkarte, Archiv des Verlags | Seite 214: Gorgo vom Artemistempel von Korkyra (Korfu), Kunstsammlung Universität Erlangen | Seite 218: © The Estate of Gerald Durrell | Seite 223: Gerhart-Hauptmann-Museum, Erkner b. Berlin | Seite 229: Gerhart Hauptmann, Die versunkene Glocke. Faksimile-Ausgabe, herausgegeben vom Worpsweder Archiv, Worpsweder Verlag 1977 | Seite 243: Fritz Mackensen, Trauernde Familie, Mittelteil eines Triptychons, 1896, Worpswede, Große Kunstschau, Foto: akg-images/© VG Bild-Kunst 2021 | Seite 246: Aus Heinrich Vogeler. Vom Romantiker zum Revolutionär. Ölbilder, Zeichnungen, Grafik, Dokumente von 1895–1924. Ausstellung vom 23. Juni–1. August 1982, Bonner Kunstverein, © Worpsweder Verlag 1982 | Seite 247: Literaturarchiv der Akademie der Künste, Berlin, Friedrich-Wolf-Sammlung Nr. 455 | Seite 251: Heinrich Vogeler, Charlotte Bara, 1918, Worpswede, Barkenhoff-Stiftung, Foto: © akg-images | Seite 255 und 261: Fondazione Monte Verità, Fondo Harald Szeemann | Seite 266: Münchner Stadtbibliothek/Monacensia/Nachlass Hans Brandenburg, Signatur HB F 19, Wigman-5 | Seite 268: Münchner Stadtbibliothek/Monacensia, Nachlass Franziska zu Reventlow, Signatur FR F gelbe Mappe, Fanny allein | Seite 272: Aus Esther Bertschinger-Joos/Richard Butz, Ernst Frick. Anarchist in Zürich, Künstler und Forscher in Ascona, Monte Verità, Zürich 2014, S. 118 | Seite 278 und 281: Centro culturale e museo Elisarion, Minusio | Seite 284: Fondo Carl Weidemeyer, Museo Comunale d'Arte Moderna, Ascona (FCW 16-8-2608) | Seite 286: Foto: Lászlo Moholy-Nagy. Fondazione Monte Verità, Fondo Harald Szeemann | Seite 287: Fondazione Monte Verità, Fondo Harald Szeemann | Seite 289: © Armin Linke

Tafelteil

Tafel 1: Francesco Netti, Festival at Grez, Bari Pinacoteca Provinciale, Foto: © bpk-images/De Agostini/New Picture Library/Fotogramma | Tafel 2: Nicolae Grigorescu, O floare între flori, 1870, Rumänische Nationalgalerie Bukarest, Foto: © mauritius images/The Picture Art Collection/Alamy | Tafel 3: Ida Gerhardi, Bauernhof bei Concarneau, 1891, Privatbesitz, Foto: © akg-images | Tafel 4: Helene Schjerfbeck, Trocknende Wäsche, Ateneum Art Museum Helsinki, Foto: © mauritius images/Artepics/Alamy | Tafel 5: Michael P. Ancher, Der ertrunkene Fischer, 1896,

Kunstmuseum Skagen, Foto: © akg-images/Album | Tafel 6: Peder S. Krøyer, Hip Hip Hurra. Künstlerfest in Skagen, 1888, Kunstmuseum Göteborg, Foto: © Bridgeman Images | Tafel 7: Marianne Stokes, Eine Capri-Hexe, 1884/85, Privatsammlung, Foto: © Bridgeman Images | Tafel 8: Johann Viktor Krämer, Taormina im Sonnenschein, 1897, Foto: © Österreichische Galerie Belvedere, Wien | Tafel 9: Frank Brangwyn, Eine Familie (Ausschnitt), Foto: © Fondazione Casa Cuseni, Taormina | Tafel 10: John Singer Sargent, Fumee d'ambre gris, Sterling and Francine Clark Art Institute, Foto: © mauritius images/History and Art Collection/Alamy | Tafel 11: John Singer Sargent, Ein Garten in Korfu, 1909, Foto: © mauritius images/Painters/Alamy | Tafel 12: Otto Modersohn, Birkendamm, 1901, Nationalgalerie Berlin, Foto: © bpk-images/Nationalgalerie SMB/Klaus Göken | Tafel 13: Julie Wolfthorn, Mädchen im Walde, undatiert, Kunsthalle zu Kiel, © Kunsthalle zu Kiel, Foto: Martin Frommhagen | Tafel 14: Paula Modersohn-Becker, Selbstporträt am sechsten Hochzeitstag, 1906, Bremen, Paula Modersohn-Becker Museum, Foto: © akg-images | Tafel 15: Elisàr von Kupffer, Der neue Bund, 1915/16, Centro culturale e museo Elisarion, Minusio | Tafel 16: Marianne von Werefkin, Die leidende Stadt, um 1930, © Museo Comunale d'Arte Moderna Ascona

Personenregister

Kursiv gesetzte Seitenangaben verweisen auf Abbildungen.